.

独化而相因

郭象《庄子注》思想探微

黄圣平　著

中国社会科学出版社

图书在版编目（CIP）数据

独化而相因：郭象《庄子注》思想探微 / 黄圣平著 . —北京：
中国社会科学出版社，2022. 2
ISBN 978 - 7 - 5203 - 9589 - 2

Ⅰ. ①独…　Ⅱ. ①黄…　Ⅲ. ①道家②《庄子》—注释　Ⅳ. ①B223. 52

中国版本图书馆 CIP 数据核字（2022）第 014279 号

出 版 人	赵剑英	
责任编辑	喻　苗	
责任校对	胡新芳	
责任印制	王　超	

出　　版　中国社会科学出版社
社　　址　北京鼓楼西大街甲 158 号
邮　　编　100720
网　　址　http://www. csspw. cn
发 行 部　010 - 84083685
门 市 部　010 - 84029450
经　　销　新华书店及其他书店

印　　刷　北京明恒达印务有限公司
装　　订　廊坊市广阳区广增装订厂
版　　次　2022 年 2 月第 1 版
印　　次　2022 年 2 月第 1 次印刷

开　　本　710 × 1000　1/16
印　　张　25. 75
插　　页　2
字　　数　366 千字
定　　价　138. 00 元

目　　录

导　　言

　　郭象，字子玄，河南人，约生于魏嘉平四年（公元 252 年），死于晋永嘉六年（公元 312 年），西晋重要的玄学思想家。关于郭象的生平，史料不多，仅《晋书》、《世说新语》和《世说新语》刘孝标注等史籍中略有记载；其著述，据记载，有《庄子注》、《论语体略》、《论语隐》、《老子注》、《致命由己论》和碑论 12 篇等，但除《庄子注》外，余皆佚，仅《论语体略》《老子注》等尚辑有部分佚文。近代以来，由于郭象思想的重要与深刻，学界已经对其作了较为全面的研究，成果颇为丰硕。本论文的目的，就是在学界前人，以及本人前期研究成果的基础上，试图对郭象哲学的核心性命题——"独化而相因"作出个人创新性的理解，然后再将这一思想原则应用于对郭象之安命观、无为论、因循论和圣人心性观、逍遥观等理论环节的解读上。另外，针对学界以郭象哲学没有工夫论，是庸俗的安命论哲学，是自我表现式的诠释定向，是对庄子哲学思想之逆向性诠释典范等观点，本论文集中比较了郭象《庄子注》和《庄子》本文中关于逍遥、安命、坐忘等词的使用情况，探讨了郭象注《庄子》的复杂性与创造性，并分析由此而来的在中国哲学之经典诠释学上的启示。

　　学界的郭象研究，自 20 世纪初期以来，一直到其当代研究的最新成果，基本上是在西方学术思想的背景下确立和展开的。在大陆学界，尽管章太炎先生于 1914 年 7 月《雅言》杂志（第 1 卷第 7 期）发表有《读郭象论嵇绍文》，对郭象的人品认识进行辩诬，但是，作为一种学术传统，对魏晋玄学和郭象思想的现代研究，其发端于汤用彤和冯友兰先生。汤用彤先生在 1940 年发表了《郭象之庄周与孔子》一文，指出了魏晋时期以孔子为圣人，而又将其道家化的时代思潮；他在《魏晋玄学论稿》中关于"魏晋之玄学已不复拘拘于宇宙运行之外用，进而论天地万物之本体"，其与汉代学术的区别在于前者为本体论思考，而后者则主要是宇宙论学说的论断更是对学界产生了深远的影响；在郭象的思想体系方面，汤用彤先生也从"自生，无因"、"多而恒变"，以及"不为而相因"等几个方面加以分析（《汤用彤全集》第四卷），足启后人深思。在 1927 年冯友兰先生即著有《郭象的哲学》一文（载《哲学评论》1 卷 1 期），认为郭象所谓"道""无"乃是数学上的零，而在《中国哲学史》中则专辟两章对魏晋玄学和郭象思想加以分析；在《中国哲学简史》中则以"新道家：崇尚理性的玄学"来定性向、郭的《庄子注》思想，对后来学界"新道家"思想的提出和发展有所影响；到了《中国哲学史新编》中，冯先生更提出"无无论"作为对郭象思想的新概括，并认为其构成魏晋玄学发展过程中的"合"之理论高峰的地位。接续汤、冯两位先生所开辟之传统本体论式的玄学研究传统，汤一介先生发表了《郭象与魏晋玄学》专著，以"造物无物"和"物各自造"为两端，以"有""自性""自生""无待""自然""无心""顺物""独化"等为中心范畴，通过图表的方式对郭象的思想体系做了自己的演示，认为其哲学的主旨在于"求事物自身之统一"，对其后的郭象研究影响深远。王晓毅先生在其《郭象评传》中应用形名学等分析方法，以"性"本体论概括郭象哲学，然后从"性"本论、历史观、心性论、政治学说和人生哲学几个方面对郭象的思想体系加以分析和把握，他认为"性"在郭象思想中具有本体的作用和意义，从而表明了他对郭象研究之传统本体论理路的继承和推进。另外，如楼宇烈先生在《郭象哲学思想剖析》（《中国哲学》第 1 辑）中认为郭象将"无"抽象化，并归结为每个个体的"真性""所以迹"，而他所设计的"玄冥之境"也即此抽象、空洞，无形无象，无迹可寻，不可奈何的"天理""性命"的彼岸世界图式，从而实际上是以"无"本论来解释和概括郭象哲学。可以说，在当前大陆学界，这一传统本体论的研究理路仍然是具有主导性地位和作用的。

但是，20世纪后期以来，随着各种现代西方哲学思潮的涌入，在当代郭象思想研究中，现象学、分析哲学、解释学、存在主义等思想的借鉴和对比成为一大潮流，研究成果亦颇为丰硕。例如，在其所著《从庄子到郭象——〈庄子〉与〈庄子注〉比较研究》一书中，康中乾先生应用现象学方法分析"独化""玄冥"等范畴的含义，强调郭象"独化"论思想中存在着一种"外相因"和"内相因"结构，认为郭象所论"无"是一种活"无"，并将之与西方现象学家如海德格尔之论"无"相类比，令人耳目一新。美国学者任博克（Ziporyn Brook）著有 *The Penumbra Unbound：The Neo-taoist Philosophy of Guo Xiang* 一书，对郭象思想，尤其是其"性""自然""迹""冥""独化"等范畴作了自己的独到分析，其郭象研究中的现象主义特质也是很明显的。冯达文在《郭象哲学的"有"范畴及其文化含蕴》（《道家文化研究》第4辑）中指出郭象主张"物无时非生，生则所在皆本"，故他实际上在证明个体之任何现象和存在状态的合理性。蒙培元1993年发表《论郭象的"玄冥之境"——一种心灵境界》一文，用现象学以及存在主义哲学的观念解析郭象的心灵境界说。王葆玹先生在其所著《玄学通论》一书中，对郭象哲学的诠释则主要参考了萨特的存在主义思想。韩林合教授在所著《游外以冥内——郭象哲学研究》一书中应用维特根斯坦关于物之"理由"和"原因"相区别的思想来诠释郭象之论"独化"与"相因"的关系，并将郭象"习以成性"的观点与麦克道尔关于人性的看法相互对照，均具启发意义。刘笑敢教授在《诠释与定向——中国哲学研究方法之探究》一书中以西方当代诠释学理论为背景，以"逆向性诠释"定性郭象之注庄，亦自成其理，而他之以所谓"表现性定向"来诠释郭象注《庄》之理论动机的观点对学界的郭象研究也较有影响。海外华人学者，如傅伟勋在其《从西方哲学到禅佛教》一书中对郭象哲学从其所谓创造性诠释学的角度作了深入的分析，值得参考。杨立华教授著《郭象〈庄子注〉研究》一书，从"本无"与"释无"的关系角度解读郭象哲学对王弼哲学的继承和发展，其解释学的背景也是很浓厚的。另外，如王江松、暴庆刚等人均有关于郭象思想的专著出版，在其专著中他们都以西方现当代学术思潮为研究的理论背景，也都提出了他们各自对郭象思想的体系性把握之研究结论。总之，近年来大陆学界的郭象研究呈现出繁盛景象，这与学人们对西方现当代学术思潮的借鉴和引入是直接相关的。

在港台学界，郭象研究也成为魏晋玄学研究的热点和重点。王叔岷先生早在 1947 年于大陆即撰有《〈庄子〉向郭注异同考》一文，对《庄子注》的作者问题加以己之裁断，而在上世纪八十年代其弟子苏新鋈更撰有《郭象庄学平议》一书，继续对此问题详加辨析。又，1948 年钱穆先生在其《郭象〈庄子注〉中之自然义》一文中，盛赞郭象"高举自然一义，以建立一首尾完整之哲学系统。……故必俟有郭象之说，而后道家之言自然，乃始到达一深邃圆密之境界"，对郭象的自然思想评价极高，但是在其后之《中国思想史》中则认为郭象思想中"有自然，无人生；有遭遇，无理想；有放任，无工夫"，批判意味甚浓。牟宗三先生著《才性与玄理》一书，对郭象思想从其所谓境界形而上学的角度分篇解读，盛赞其"自生"、"独化"、"逍遥"和"迹冥圆融"等诸义，对港台郭象研究影响甚巨。唐君毅先生著《中国哲学原论·原道篇》，联系魏晋之时代精神，对郭象《庄子注》之言自然独化与玄同彼我之道作了审美观照式的解读。戴琏璋著《郭象的自生说与玄冥论》一文，对《庄子注》中"冥"的多维含义逐层揭示，以最终证成郭象所谓"玄冥"之境界义，颇具说服力。林聪舜著《向郭庄学之研究》，认为郭象通过玄学式的智解妙悟把握庄子的逍遥等思想，由于缺乏主体修证的工夫，使得圣人之主观化境逐渐向客观义而趋，价值意义与现象意义乃告混淆，从而对郭象思想有所批评。与林著有别，庄耀郎著《郭象玄学》一书则继承了牟宗三先生以"境界形而上学"把握郭象思想的理路，并对郭象玄学做了贯通性的体系化把握。要之，港台学界的郭象研究，钱穆先生等重在批判郭象哲学缺乏超越维度，不具备如《庄子》中的心斋、坐忘等功夫论，而牟宗三先生等则以境界形而上学概括道家思想和郭象哲学，对郭象思想的多个方面均有推重和崇扬。

本论文在学界郭象哲学研究的基础上，对前人的研究成果有所继承，也有所创新。所继承者，主要是由汤用彤、汤一介等所开辟的以西方传统本体论哲学为参照而研究魏晋玄学和郭象哲学的研究理路，认为以巴门尼德的"存在"论、亚里士多德的"四因"说，以及莱布尼兹的"单子"论等为理论框架对郭象玄学中的"有""独化""相因"等核心性范畴加以研究和分析是具有合理性和必要性的。本论文认同王晓毅先生对郭象哲学之"性本体论"的根本性理论概括，在此基础上认为郭象哲学是以"独化"范畴为枢纽和核心，在其思想体系中存在着一纵一横的两条逻辑性思想链条。本论文研究的主要内容首先是对郭象思想中这一理论体系的总体性把握，其次是在这一体系结构之下的"独化而相因"之主要逻辑环节及其在命运观、因循论、无为论和圣人迹冥观等具体思想领域中的应用和扩展。近十余年来，学界以现象主义分析郭象哲学颇为流行。这种观点其实发端于汤用彤先生对王弼与郭象思想之间的对比，并在康中乾、Ziporyn Brook、韩林合等学者的郭象思想研究中得到了发展和深化。由于汤一介先生的《郭象与魏晋玄学》一书是传统本体论研究理路的典型，出版早，影响大，所以如 Ziporyn Brook 在其所著 *The Penumbra Unbound：The Neo-taoist Philosophy of Guo Xiang* 中，韩林合在其所著《游外以冥内——郭象哲学研究》中，还有如戴琏璋在其所著《郭象的自生说与玄冥论》一文中等，他们对汤一介先生的诠释理路和具体结论等都有着多处批判。许抗生先生在他主编的《魏晋玄学史》序言中主张以本性论概括魏晋玄学的理论特征，并在《关于玄学哲学基本特征的再探讨》（《中国哲学史》2000 年第 1 期）中就郭象哲学重点做了分析，其反思传统本体论研究理路的思想倾向也是很明显的。另外，王中江教授在《郭象哲学的一些困境及其解体》（《中国哲学与文化》第 2 辑）中从"性分"论与"惑者"说两个方面分析郭象思想中的内在矛盾，尤其是他指出在郭象思想中存在着诸如"适性"与"不适性"的困境、"适性逍遥"与事物不足以"适性"和事物之间的冲突所产生的困境、"定分论"与"变化"论之间的紧张、"自化论"与事物"相互依赖"说之间的紧张等问题,其研究目的也在于指出郭象思想中的诸多内在矛盾,从而批评了学界对于郭象思想过于推重的价值倾向。本论文既然主要继承汤一介、王晓毅等先生在郭象研究上的本体论式研究理路,对于学界就此研究理路所提出的诸种反思和批评,在适当处将会有所商榷和回应。显然,对现象主义理路批评的商榷和回应,以及在此基础上对本体论研究理路的发展和深化,它们构成本论文在前人基础上的主要创新点所在。

本论文建立在笔者前期郭象玄学研究的基础上,对自己的前期研究成果有所继承,也有所创新。在博士论文的基础上,笔者于2007年发表了专著《郭象玄学研究——沿着本性论的理路》,对郭象的哲学思想进行了较为全面的梳理。该专著出版至今已经十年有余,在学界早先确乎寂寞无闻,近两年来则似乎略有回响。而就笔者本人而言,其中有关《庄子注》和《庄子序》作者的考证,以及对郭象神器观、玄冥观、名教观、真知观等思想内容的分析,仍然认为其基本结论是具备合理性的,在学术观点上也是笔者继续坚持的。但是,该专著以所谓"本性论"的研究理路分析郭象哲学,实际上也是秉持现象主义的阐释立场,从而反对"本体论"式的研究框架,这一观点,现在看来是需要做出修正的。而且,由于对郭象思想中的核心性命题——"独化而相因"缺乏专章的深入把握,使得整部专著略显浮泛无根,在立论根基上不够扎实。总之,本论文是对笔者有关郭象哲学前期研究的修正、深化和发展,二者间存在接续关系,需要结合前一专著去体认其中的运思理路和具体观点。当然,本论文不是笔者已经发表之专著《郭象玄学研究——沿着本性论的理路》一书的修订版,就研究内容看二者间也基本上没有重合之处。

就内容而言,本书共为十章,另外附录论文四篇。具体说明如下:

第一章"《庄子注》的思想体系"是对郭象哲学体系的一个总体性把握。与学界普遍认同王弼哲学为"贵无论"不同,学界对郭象哲学的称谓较多，如崇有论、唯有论、玄冥论、无无论、活无论、独化论、自生论、本性论、性本体论等，莫衷一是，而又各具其理。本章强调"独化"范畴在郭象思想体系中的核心性和枢纽性位置，认为以"独化"范畴为中心，郭象思想中存在着一纵一横两条逻辑链条，这两条逻辑链条分别存在于个体物内部和个体物之间，并向圣人心性和政治历史领域延展，从而构成了郭象玄学的基本理论架构。本书的主要理论观点在此章中得到了初步展示，并在接下来的章节中予以展开和证明（当然，有一些观点是在笔者的《郭象玄学研究》一书中已经加以论述过的）。

第二章"独化与时间"是对多层次"独化"主体的揭示，这一揭示是在《庄子注》中传统时间观的视域下进行的。由于对郭象的现象学式诠释框架往往需要建立在对时间本身之现代性理解的前提之下，所以对郭象时间观的传统性和古典性特征的揭示实际上是对学界流行之现象学式诠释理路的商榷和批评。同时，对"独化"之多层次主体的分别把握，也有助于理解郭象思想与魏晋风度的关系。

第三章"独化与相因"是对亚里士多德"四因"说在郭象思想诠释中的具体应用。通过参照亚里士多德的"四因"说理论，分析物"性"之何以为"独"性，以及分别从"性本"（形式因和目的因）和"气化"（质料因和动力因）的角度分析郭象所谓"独化而相因"命题的含义，将有助于理解郭象哲学以个体主义为其理论建构之首要原则的独特性，有助于对郭象哲学在中国思想长河和当代现实社会中的作用进行较好的分析与定位。

第四章"无为论"主要是从流变的历史维度分析郭象无为论思想的基本结构，强调了在动荡乱世，当名教、名法制度不能够发挥其正常的组织、调节和管理功能时圣王需要适时而为、当机而为的道理，从而在一个回环型的理论框架中将《庄子注》中有关有为与无为的不同论述有机地结合起来。本章同时对郭象无为论思想的当代管理学启示作了一定的探讨。

第五章"因循论"将"独化而相因"的理论原则应用于政治领

域，重点揭示了君王与臣民之间的双向因循关系。在中国政治思想史中，对绝对君权的维护和证明往往构成理论思考和思想建构的前提，所以因循大多是单向的，主要局限在君王对臣民的因循上，而臣民是很难反向去因循和要求君王的。对郭象因循论思想的分析有助于理解道家因循论思想传统中的批判主义理论立场，本论文同时对郭象因循论思想在当代市场经济社会条件下的应用做了一定的探讨。

第六章"安命论（上）"将"独化而相因"的理论原则应用于分析郭象的"命"论思想，指出一物之"遇命"建立在该物与相关他物各自"性命"之"独化"的基础之上，需要从二者之分别"独化"，然后彼此"相因""玄合"的角度去加以理解。本章对钱穆先生认为郭象哲学"有遭遇，无理想"的观点提出商榷意见，强调群品安于"遇命"时的自我恢复功能和秩序性底线价值，认为对郭象的"安命"论思想应该给予积极性评价。

第七章"安命论（下）"依照刘笑敢教授有关直接性和朴素性解读方法的思想，对郭象《庄子注》中有关"安命（安于遇命）"的二十三条注文，以及它们与相关《庄子》原文的内容之间的异同和顺逆关系做了较为全面的分析和说明，目的在于揭示郭象与《庄子》在安命思想上的同一性和顺向性，认为不能够以安命论思想上的差异为依据对郭象其人和思想予以过于贬抑式的评价，强调了在比较二者思想时需要注意所比较主体的同一性问题。

第八章"坐忘论"对郭象《庄子注》中涉及"坐忘"的全部十一条原材料进行了全面分析，指出郭象哲学中存在着丰富的"坐忘"论思想，从而批评了学界认为郭象思想中没有"坐忘"论、"心斋"论等工夫论思想的观点。本章对《庄子》和郭象的"坐忘"论思想进行了比较，分析了二者之间的同异、顺逆关系，有助于深入理解郭象对《庄子》"坐忘"论思想的异同对比和具体发展。

第九章"迹冥论"在剖析相关原材料的基础上，对圣人的"冥""迹""无迹""所以迹"等范畴进行了深入的分析，对"迹冥圆融"、"迹冥隔遮"和"迹冥兼忘"的思想做了相应探讨，强调"迹冥"关系建立在圣人"游外冥内"的心性思想的基础之上，同时又与其名教观的伦理哲学和无为观的政治哲学紧密相关，可以由此加深对后二者思想的认识。

第十章"逍遥论"依据《庄子》和郭象《庄子注》中关于"逍遥"的直接性原材料，主要应用了刘笑敢教授所谓"进入实验室条件"的研究方法，探讨和分析了郭象注《庄》之逍遥观上的诠释方向问题。郭象注《庄》是传统经典诠释史上的典型例证，本章的探讨将能够为经典诠释方法的研究提供一些重要的启示。

附录论文之一《〈庄子〉论"孝"探微》是对《庄子》一书中有关"孝"之思想的深入分析。在传统儒家所论"亲亲"之"孝"的基础上，《庄子》提出了"忘亲"之"孝"的观念。论文分析了《庄子》论"忘"的独特理路，并依此探讨《庄子·天运》篇中提出的"孝"之层次的具体含义和《庄子》论"孝"思想的当代启示。本篇论文有助于理解郭象的"坐忘"论和名教观，对于理解郭象注《庄子》中体现出来的道家思想之继承和发展也不无裨益。

附录论文之二《〈庄子〉论"待"及其意义》对《庄子》中关于"待"的思想做了个人的分析，目的在于表明"待"在不同的上下语境下具有不同的思维角度和含义，因此需要联系不同的语境去具体情况具体分析。对于《庄子》中"待"的思想分析有助于理解郭象的无待观，尤其是他在圣人无待性逍遥问题和万物性命之无待问题上的不同观点。

附录论文之三《〈老子〉所谓"德"》剖析了《老子》中的"德"这一核心范畴，并将之分别概括为万物本性之"德"、圣人心性之"德"，以及王者无为治道之"德"等几个方面。郭象认为圣人的至足心性与万物的自足性命是有区别的，但是他们的实现又都可以称得上各自的逍遥，从而具有共通性。高亨先生已经指出《老子》中的"德"相当于后世思想中的"性"字，而比较郭象之论"性命"和《老子》之论"德"，既可见高氏其言之不诬，亦可见郭象性命观之渊源有自矣。

附录论文之四《逍遥与政治：谢安玄学人格探微》以对谢安玄学人格的探讨为主旨，对逍遥与政治的关系作了一些探讨和研究。应该说，谢安其人之"风流宰相"式的独特人格及其政治实践是建立在魏晋玄学，尤其是郭象关于逍遥与政治关系的理论基础之上的，是他有关圣人之无待逍遥观在具体政治实践中的落实和体现。但是，作为传统道家人生思想的重要精华，逍遥能否切实地与政治相结合，从而真实地实现自身之要求在政治领域之中呢？以玄学圣人无待逍遥观的理论为据，谢安将逍遥精神注入了他的为政实践之中，取得了较大的成功，但也暴露出了一些根本性的问题。本文将有助于我们从历史实践本身的维度去审视郭象哲学思想，并由此从一个方面去呈现玄学思考的历史贡献和不足。

第 一 章
《庄子注》的思想体系

摘要："独化"是郭象哲学中的核心性范畴。以"独化"范畴为中心，在郭象的自然观中存在着一纵一横两条逻辑链条。纵向性的逻辑链条存在于个体物自身的领域之内，其内容主要是"无待与自生"进而"独化于玄冥"进而"逍遥与安命"的思想结构。横向性的逻辑链条存在于物与物之间关系的领域之内，其内容主要是"独化与相因"进而"相因与玄合（玄冥之境）"进而"逍遥与安命"的思想结构。在郭象哲学中，这种一纵一横的逻辑链条同时向心性和政治等领域扩展，从而做到了其整个理论体系的完整和统一。分析这一以"独化"范畴为核心和枢纽的思想体系，将有助于我们从整体性的角度深化对郭象《庄子注》思想的把握和分析。

"独化"是郭象哲学中的核心性范畴。以"独化"范畴为中心，郭象建构了一个内容宏大的思想体系。关于这一思想体系的结构，早在 20 世纪 40 年代，汤用彤先生即从"自生，无因"、"多而恒变"，以及"不为而相因"等几个方面加以分析[1]。在 20 世纪 80 年代，汤一介先生又以"造物无物"和"物各自造"为两端，以"有""自性""自生""无待""自然""无心""顺物""独化"等为中心范

---

[1] 《汤用彤全集：第 4 卷》，河北人民出版社 2000 年版，第 139 页。

畴，通过图表的方式对郭象的思想体系做了自己的演示，认为其哲学的主旨在于"求事物自身之统一"①。另外，如余敦康先生指出郭象"独化论"的玄学体系中存在着"原始的和谐"、"原始和谐的破坏"，以及"怎样复归于和谐"等三个层次②；康中乾先生指出郭象独化论的思想体系存在宇宙论和社会论两大部分，其中宇宙论主要包括"自生、自尔、自然"和"性足（物性、人性）"两方面，而社会论则包括"名教"、"无心"和"自然"等方面的内容③。继承前辈、学者们的这些见解，在对这一问题进一步研究的过程中，我们发现，以"独化"范畴为中心，在郭象的自然观中存在着一纵一横两条逻辑链条。同时，郭象也将这种一纵一横的逻辑链条不仅限于自然观的范围，且进一步将它们向心性和政治等领域扩展，从而做到了其整个理论体系的完整和统一。在本文中，我们将集中分析郭象《庄子注》中思想体系之自然观中的这一纵一横的逻辑链条，然后探讨其之向政治、心性等领域予以扩展与延伸的理论过程。在探讨的过程中，我们将重点关注诸范畴之间的逻辑关系。

一　在个体物自身的领域内

在个体物自身的领域内，郭象的自然观中存在着一条纵向性的逻辑链条，其内容主要是"无待与自生"进而"独化于玄冥"进而"逍遥与安命"的思想结构。对此，我们将具体论及之。

（一）无待与自生

郭象在《庄子注》中确实建立了一个个体主义的哲学体系。在其

---

① 汤一介：《郭象与魏晋玄学》（增订本），北京大学出版社2000年版，第228页。
② 余敦康：《魏晋玄学史》，北京大学出版社2004年版，第355页。
③ 康中乾：《从庄子到郭象》，人民出版社2013年版，第221页。

思想中，个体主义原则被上升到了理论建构的首要位置①。个体物，在《庄子注》中，多径直称之为"物""万物"，但是有时亦以"有之为物""有物"等名之。如"物各自造而无所待焉，此天地之正也"（《庄子·齐物论注》）②，"天地者，万物之总名也"（《庄子·逍遥游注》）③，等等，其中所言"物""万物"，尽管是在"天地"之整体性的背景下，其注重点仍然在于强调诸个体物的单一性存在，而不是对物之为物笼统式的普泛而论；又，例如"然则先物者谁乎哉？而犹有物，无已"（《庄子·知北游注》）④，"夫有之为物，虽千变万化，而不得一为无也"（《庄子·知北游注》）⑤，等等，其中的"有之为物""有物"等，尽管也可以做出抽象化的理解，从而视之为"有""存在"等物之为物的最普遍特性（类似于西方思想中的"Being"范畴），或者将它们具体化为万物未曾生发之前宇宙原初性浑沌之"气"的存在，但是，就郭象的关注点而言，还是应该视它们为个体物，其之"千变万化"亦是个体物、具体事物之间的流转变迁。要之，在郭象处，其所谓"有物""物"等主要是就个体物而言的，这是首先需要明确的。

在个体物中，存在着一个内外、本末统一的内在结构。作为其内、本者，个体物之本然性的"性"、本质，或说其"所以迹"；作为其外、末者，个体物之已然性的外在现象存在，或说其"迹"。"所以迹者，真性也"（《庄子·天运注》）⑥，"自然耳，故曰性"（《庄子·山木注》）⑦，等等，这是物之内本的方面；"一生之内，百年之中，其坐起行止，动静趣舍，情性智能，凡所有者，凡所无者，凡所为者，凡

---

① 王江松：《郭象个体主义哲学的现代阐释》，中国社会科学出版社2008年版，第31—55页。

② 郭庆藩：《庄子集释》，中华书局2004年版，第112页。

③ 郭庆藩：《庄子集释》，第20页。

④ 郭庆藩：《庄子集释》，第764页。

⑤ 郭庆藩：《庄子集释》，第763页。

⑥ 郭庆藩：《庄子集释》，第532页。

⑦ 郭庆藩：《庄子集释》，第694页。

所遇者"(《庄子·德充符注》)①等，这是物之外迹的方面。因本末、内外之间的合一，故"任而不助，则本末内外，畅然俱得，泯然无迹"(《庄子·齐物论注》)②，从而使得个体物自身成为一个统一性的存在。相对于外末性的现象之"迹"而言，由于物"性"在个体物中之内、本的位置和作用，可以认为郭象是将物"性"的存在本体化了，亦即他建立了一个"性本体论"的思想体系③。

所谓"无待与自生"的逻辑链条，其主要体现在个体物及其"独"性的发生问题上。在《庄子注》中，郭象言"物各有性，性各有极"(《庄子·逍遥游注》)④，"……以其性各有极也。苟知其极，则毫分不可以相跂……"(《庄子·逍遥游注》)⑤，等等，其所谓物"性"具有独异性和独一性，可称之为物之"独"性。此物之"独"性，尽管它并不排斥普遍的类性，但其着眼点还是在于其存在之特殊性。进一步，在追问个体物及其"独"性的来源和依据时，郭象提出了他的"无待"说和"自生"论。以罔两和景之关系为例，郭象说：

> 世或谓罔两待景，景待形，形待造物者。请问：夫造物者，有耶，无耶？无也？则胡能造物哉？有也？则不足以物众形。故明众形之自物而后始可与言造物耳。是以涉夫有物之域，虽复罔两，未有不独化于玄冥者也。故造物无主，而物各自造。物各自造而无所待焉，此天地之正也。(《庄子·齐物论注》)⑥

其实，所谓"罔两"待"景"、"景"待"形"、"形"待"造物者"式的思路乃是追问根因的一般性常识，而由于个体物本身的本末式结构，此追因的理路就不仅是落实在诸个体物之"形"上，更且应

---

① 郭庆藩：《庄子集释》，第 199 页。
② 郭庆藩：《庄子集释》，第 112 页。
③ 王晓毅：《郭象评传》，南京大学出版社 2006 年版，第 236 页。
④ 郭庆藩：《庄子集释》，第 11 页。
⑤ 郭庆藩：《庄子集释》，第 13 页。
⑥ 郭庆藩：《庄子集释》，第 111 页。

表现在它们各自之"性"上。也就是说，按照"相待""有待"式追因的理路，则不仅有"罔两之形"待"景之形"、"景之形"待"形之形"、"形之形"待"造物者"式的追因理路，且应有"罔两之性"待"景之性"、"景之性"待"形之性"、"形之性"待"造物者"式的追因理路，如此才会有在"性"之本质领域和"形"之现象领域中诸个体物间"有待""相待"关系的辗转追因和彼此统一。但是，问：造物者是"有"还是"无"呢？若是"无"，则是零，什么都没有，何以能够造物，作为万物之"性"与"形"的最终依据而存在呢？若是"有"，则如前已论，"有之为物"主要是个体物，一个个体物，作为有限的存在，又怎么能够作为另外所有他物之"性"与"形"的最终依据而存在，从而作为宇宙万物之根因和来源呢？所以，"形之性"待"造物者"与"形之形"待"造物者"的理论环节和逻辑链条即不能够成立。

然而，为何"罔两"待"景"和"景"待"形"的理论环节也不成立呢？它们之间，在现实世界中，不正是一种依赖和被依赖、决定和被决定的关系吗？对此，郭象说：

> 夫物事之近，或知其故，然寻其原以至乎极，则无故而自尔也。自尔则无所稍问其故也，但当顺之。(《庄子·天运注》)①
>
> 天机自尔，坐起无待。无待而独得者，孰知其故，而责其所以哉？(《庄子·齐物论注》)②

在一般意义上，应该说郭象此论很难成立。因为"罔两"待"景"和"景"待"形"的关系正是"物事之近"，既然"或知其故"，则尽管由于"造物者"等已被否弃和消解，故"寻其原以至乎极，则无故而自尔也"，可以因此否定和消解"形"待"造物者"的

---

① 郭庆藩：《庄子集释》，第496页。
② 郭庆藩：《庄子集释》，第111页。

环节，但是这也无法否定和消解"罔两"待"景"和"景"待"形"等事物之间的相待和依赖关系。但是，如果我们考虑到郭象所谓物"性"之"独"，考虑到其所追问的是"罔两""景""形"等诸个体物之存在中具有特殊性、孤异性的方面，则此诸物之"无待""自生"的论断或亦成立？盖因果、相待关系之所以能够成立，它所面对的就只能够是个体物之间具有必然性、普遍性、同类性的关系和特性，而不能够是个体物之偶然性、特殊性和个体性的方面。以个体物存在的特殊性、偶然性和个体性为依据，把关注的焦点放在事物的独特性以及作为其内在依据之"独"性上，由此可以认为各个体物如罔两等的"独"性是"无故而自尔"的，其在存在状态上的或"坐"或"起"均乃"天机自尔"，从而与"景"之"形"、"性"均无关，故"罔两之形"待"景之形"以及"罔两之性"待"景之性"的理论环节即不成立。同理，"景之形"待"形之形"和"景之性"待"形之性"的逻辑环节也不成立。这样，"罔两"待"景"、"景"待"形"、"形"待"造物者"式追因思路的每一环节均散落、独立，其中的每一个体物亦各自无待、自生，"物各自造而无所待焉，此天地之正也"。

如此，则关于此物之"独"性的内涵，从形式因的角度看，其中所存在着的就不仅只是该个体物在"种""属"方面的具有普遍性特征的内容，而且更在于该"个体物"的个体性、独异性特征方面的内容，在于它与其他个体物之间的差异和区别。从郭象对物"性"概念的使用看，所谓物之"独"性也并不排斥其类性、普遍性，故亚里士多德关于物之本质的"属＋种差"之经典公式自亦可含纳其中，但是就其关注重心看，郭象所推重的却是个体物间"毫芒之际，即不可以相跂"的"个体差"，亦即是个体物间的差异性特征。如此，在个体物之"独性"的内涵上，就不仅只是"属＋种差"，更且是"种＋个体差"。在个体物之"独"性中，这些不同层次的特征（及其"理"）是具有内在结构、合为一体的，故与其他个体物之"独"性相较而言，也都是独异与独一的。由此，方可言物"性"之"独"，并因此而进一步论及其之"无待"与"独化"①。

要之，在个体物自身的领域内，存在着一个"无待与自生"的理论环节。就个体物及其"独"性的发生而言，因其"无因""无故"，可曰"无待"；因其"自尔""自造"，可言"自生"。"无待"重在从反面说，强调的是个体物及其"独"性的发生与他物无关；"自生"重在从正面说，强调的是个体物及其"独"性的发生乃以自身为依据。统合而论，则无论"无待""自生"，从反面说都意味着"非他生"、"非有故"和"非有因"②，而从正面说也都具有"自本"、"自根"、"自尔"、"自然"和"自因"的内涵。因此，所谓"无待"与"自生"，其内涵都在于强调个体物及其"独"性之发生的"无因而自尔"，二者是具有统一性的。

（二）独化于玄冥

但是，问题在于，由于物"性"的发生是"无待""自生"的，也就是说是"非他生"、"非有因"和"非有故"的，则在逻辑化、抽象化的物"性"之本质领域内，一物"性"与他物"性"之间即不应该存在着彼此间的生成、作用、影响和因果等任何关系，因为任何此类关系的存在与作用，即意味着该物之"独"性乃是有因有缘，是有待而非无待，是他生而非自生的。换句话说，在郭象所谓物之"独"性的本质领域内，各物"性"之间是彼此并立的，但亦是相互绝缘的。若套用莱布尼兹的单子论作一类比，则可说郭象的各物之"独"性也正如单子一样，它们之间是没有窗户可供彼此间的出入的。这样的物之"独"性，又当如何而得以实现出来，从而有物之"自生"、"自得"与"独化"呢？分析《庄子注》，我们看到，进一步，郭象主张个体物之"独"性是在物生之"初"被赋予到了物的存在之中的。他说：

---

① 可参考徐长福在《走向实践智慧》（社会科学文献出版社 2008 年版，第 146—152 页）一书中对亚里士多德以个体物为本体思想的相关论述。

② 汤一介：《郭象与魏晋玄学》，第 232 页。

初，谓性命之本。(《庄子·缮性注》)①

一者，有之初，至妙者也。至妙，故未有物理之形耳。夫一之所起，起于至一，非起于无也。然庄子之所以屡称无于初者，何哉？初者，未生而得生，得生之难，而犹上不资于无，下不待于知，突然而自得此生矣。(《庄子·天地注》)②

初，未有而欻有，故游于物初，然后明有物之不为而自有也。(《庄子·田子方注》)③

如前已论，物之"独"性是本体性的存在，它是个体物存在的依据和形式因，其内涵在于逻辑化、抽象化的"理"的存在。这样一种逻辑化、抽象性的"性""理"，其存在的方式不在于通过超绝性的理念世界去与现象世界对立、隔绝，而是就在物生之"初"，当物"未生而得生""未有而欻有"，还"未有物理之形"的刹那间，它"突然而自得此生"，从而不仅是物之存在，且其"独"性亦"突然而自得此生"了④。如此言之，盖因在《庄子注》中，郭象所谓"一"者，如"物皆自然，故至一也"(《庄子·缮性注》)⑤、"大体各归根抱一，则天地之纯也"(《庄子·天下注》)⑥ 等，其之所指不只是物之"形"，更且是物之"性"；或说，指的是物之"性"与"形"的

---

① 郭庆藩：《庄子集释》，第554页。
② 郭庆藩：《庄子集释》，第425页。
③ 郭庆藩：《庄子集释》，第712页。
④ 这样，关于个体物之"性"的存在方式，郭象首先就否弃了它们在物"形"之外的独立的实体性存在，也就是说物"性"不可能以类似"理念"的方式存在于现象世界之外，它们不可能是先天性和超验性的存在，不可能在具体的、经验的个体物尚未成形之前和之先就已经以"理念"和"实体"的方式存在于超验的逻辑性的"理"的世界之中了，因此，一物之"独性"，作为该物存在的本体依据，它只可能是以"形式因"的方式存在于物"形"的现象之领域中。同时，作为一个秉持本质主义思想理路的思想家，郭象也不可能认同物之存在先于本质，不可能认为物"性"是在物"形"的生成过程中后得的，所以他只好将此物"性"的发生和定型放在了此个体物之将"形"而又未"形"的"有之初"，认为它是在此"初"之瞬间而"突然而自得此生矣"。
⑤ 郭庆藩：《庄子集释》，第551页。
⑥ 郭庆藩：《庄子集释》，第1072页。

统一，故此二者都于物"初"之刹那间定型和发生。但是，若进一步追问为何物之"独"性于此"初"时定型与发生，则曰"上不资于无，下不待于知"，而所起之"至一"亦实乃物之各自"一"而不相"待"的状态，故物之"独"性的发生乃"无因而自尔"的。鉴于物"性"之内涵是逻辑性、抽象性的本质存在，故此处之"自生"即指物之逻辑化的"自性"在"块然""掘然""忽然"中被落实到该物生之"初"的具体时空存在之中，并与其形体存在同时并生出来①。问题在于，这种个体物之"独"性在"初"时的落入形体之中，并因此与物"形"一起"自生"出来，这又是如何可能的呢？

个人以为，在此处，关键还是在于"气"之因素的引入。郭象说：

（原文：生有乎萌，死有乎归）萌于未聚也。归于散也。（《庄子·田子方注》）②

变化种数，不可胜计。（《庄子·至乐注》）③

……此言一气而万形，有变化而无死生也。（《庄子·至乐注》）④

知变化之道者，不以死生为异。更相为始，则未知孰死孰生也。俱是聚也。俱是散也。……生死既其不二，万物理当归一。（《庄子·知北游注》）⑤

---

① 对此可以这样来理解。例如，相对于在现象界中的苏格拉底之具体的、经验的存在，不能认为在此现象界之先和之前就有一个苏格拉底的理念式存在以超验的、实体的方式独立存在，也不能认为此苏格拉底之概念式的本体、本性是在现象界的经验发展过程中后天形成的，则只好认为它在苏格拉底成"形"之"初"时"突然而自得"的。苏格拉底的本性、"独性"在此"初"时为什么会被赋予苏格拉底之"形"中呢？郭象的回答是：此乃无因而自尔，乃是偶然而自得之，故称之为无待而自生，即无法解释，不能给出一个根因，尤其是在郭象已经否定造物者和真宰物的情况下。

② 郭庆藩：《庄子集释》，第713页。

③ 郭庆藩：《庄子集释》，第625页。

④ 郭庆藩：《庄子集释》，第629页。

⑤ 郭庆藩：《庄子集释》，第733页。

　　分析以上关于"气"的史料,可知在郭象处:① "气"有聚有散。其聚为一物之生、始,可谓为该物之由"无"而"有";而其散则为一物之死、终,亦可谓为该物之由"有"而"无"。"气"之由聚而散和由散而聚的过程也就是相应之物的"无而有之"和"有而无之"的过程,故可言在此种"气"之聚散的过程中存在着一种"有—无"之内在结构;②一气而万形。从变化之道的角度看,一物之由气聚而生即意味着他物之由气散而死,而该物之由气散而死亦意味着另外他物之因气聚而生,故以气之存在为基质,物形之间变化无极,且彼此相涉、相化,"俱是聚也。俱是散也",故亦可言在此种"气"之聚散的过程中存在着一种"自—他"之内在结构;③由于物"性"有极,而"终始者,物之极也"(《庄子·达生注》)①,故这种"气"之聚、散的过程同时也就是相关之物其物"性"之实现和完成的过程,也就是该物之"独化"的过程本身。由此,可以认为在一物之"独化"的过程中是存在着如上所言之"自—他"和"有—无"结构的,它们构成物"性"之"独"所以能够"化"而出之的动力机制②;④ "独化"首先是"自生"。盖物之"性"、形之间是本末合一、体用合一的关系,也就是说形体之"生"是以物"性"之"生"为本体和依据的关系。这样,郭象所谓"独化",首先就是指在此"初"之时的物"性"与"形"之同时的、并依照本末合一的原则而去显发和产生出来。

----

　　①　郭庆藩:《庄子集释》,第635页。

　　②　可参考康中乾先生在《从庄子到郭象》(人民出版社2013年版,第215—220页)一书中关于此"独化"之内在结构的相关论述。当然,笔者主要是从"气"之聚、散角度分析的,主要原因在于个人以为物"性"之内涵既然是逻辑性、抽象性之"理"的存在,且物"性"之间因"无待"而"非有因"、"非他生"和"非有故",故应彼此虽并立却绝缘,则此种物之"独化"过程中的"有—无"和"自—他"之内在结构还是应该归因于"气"的作用之域,也就是具体的现象领域,而非抽象的本质领域。在现象之域中,确实是无"独"可言的,盖现象之物本来就是多。换句话说,在现象之域中,物之"独化"的过程并不是与他物孤立、绝缘,而是与他物之间相涉、相入,相互作用和影响,从而是有窗户可供彼此之出入其间的。这也就是裴頠在《崇有论》中所言的"夫品而为族,则所禀者偏;偏无自足,故凭乎外资"的"资"的问题。

再进一步，依循传统道家及《庄子》中以物性为本真、朴素、自然、自得之价值性思考的理路，郭象也认为此"初"之时所无待、自生的物之"自性""独"性（及其"性"中之"理"）具有和谐、通畅、本真、朴素的价值性特征。关于物性中之理的价值性特征，郭象言曰：

> 通理有常运。(《庄子·外物注》)①
>
> 泯然与正理俱往。(《庄子·刻意注》)②
>
> 物得其道而和，理自适也。(《庄子·天运注》)③

查《庄子注》，其中"真性""和性"等概念多有，物性"自足""自正"等论述多有，所谓"性命固当"，"其理固当"，"苟知性命之固当，则虽死生穷达，千变万化，淡然自若，而和理在身矣"(《庄子·德充符注》)④ 等，诸如此类之论述亦多有。故在郭象看来，物之"自性""独性"就不仅仅只是物之存在的形式因，同时亦是其目的因，是物之存在的价值根据和源泉，是我们作出价值评判的标准之所在。郭象说，"真在性分之内"(《庄子·秋水注》)⑤，"凡非真性，皆尘垢也"(《庄子·达生注》)⑥，则物之所应做的，就只是将其所自有的"自性""独性"予以不加扭曲、不加遮蔽地实现出来罢了⑦。

然则，物之"自性""独性"当如何才能实现出来呢？郭象说：

---

① 郭庆藩：《庄子集释》，第 940 页。

② 郭庆藩：《庄子集释》，第 539 页。

③ 郭庆藩：《庄子集释》，第 471 页。

④ 郭庆藩：《庄子集释》，第 213 页。

⑤ 郭庆藩：《庄子集释》，第 591 页。

⑥ 郭庆藩：《庄子集释》，第 664 页。

⑦ 又问：若物之"自性"既是形式因，又同时是目的因，则可以之作为依据，得出郭象哲学是境界形而上学的结论否？曰：颇难。原因在于郭象对物之"自性"的如是处理，个人以为，其根因还是应该在自然与名教的辩证关系中去加以体认，而一旦落实到名教、政治之域，应该说郭象的思想是十分现实的，是落在具体的社会境域之中而不是只落在心意领域而论的。故，我们不赞同将郭象思想视作境界形而上学而将之予以心意化，乃至审美化处理的观点。如前所析，这种动力机制实际上在于个体物在其"独化"过程中因其"气"之"聚""散"而来的"有—无"和"自—他"结构之作用的缘故。

夫生之难也,犹独化而自得之矣。既得其生,又何患于生之不得而为之哉!(《庄子·大宗师注》)①

明生物者无物而物自生耳。自生耳,非为生也,又何有为于己生乎?(《庄子·在宥注》)②

物之生也,非知生而生也,则生之行也,岂知行而行哉!……至人知天机之不可易也,故捐聪明,弃知虑,魄然忘其所为而任其自动,故万物无动而不逍遥也。(《庄子·秋水注》)③

类同的句式和内容在《庄子注》中多有,它们的结构均是从物之"自生"直接推导出在物"性"之实现上亦应该任其"自生"与"自成",其推论的方法是类比,其依据则在于"夫生之难也,犹独化而自得之矣",故认为物性,鉴于其实现的难度不可能高于物性之生,所以也应该可以在放任中去任其"自化""自得",也就是自我实现。而能够如此推论,在于郭象同时赋予了物性以自动、自得的动力机制,或说物"性"自身即为其实现之动力因④。郭象说:

提携万物,使复归自动之性。(《庄子·在宥注》)⑤

以性自动,故称为也。此乃真为,非有为也。(《庄子·庚桑楚注》)⑥

---

① 郭庆藩:《庄子集释》,第251页。
② 郭庆藩:《庄子集释》,第381页
③ 郭庆藩:《庄子集释》,第593页。
④ 这样,就"独化"与"自生"的联系而言,"独化"涵盖"自生"于其中,"自生"是"独化"中的一个环节,而就二者的区别而言,"自生"主要强调物之自性之发生的问题,而"独化"则强调物之自性的实现是一个过程,是其自性内容由潜在性向现实性转化的过程,并因此将这一过程自然地、完全地实现。与"独化"一样,在郭象哲学中,"自生"也是一个贯通本体界与现象界的哲学范畴,是指个体物之"性命"在"初"时的自发、自然地产生出来,其"性命"的发生无所依据(在本体界中),但是其"性命"的实现(在现象界中)却是与其母体之"独化"息息相关,从而是生发和实现于其独有的"玄冥之境"(实即其"自得之境")的条件之域的。
⑤ 郭庆藩:《庄子集释》,第396页。
⑥ 郭庆藩:《庄子集释》,第811页。

郭象说"生理已自足于形骸之中，但任之则自生"（《庄子·德充符注》）①，故物性中之"生理"即构成物之"自生"的依据和动力，但同时此"生理"又可是"全理"，所谓"忘善恶而居中，任万物之自为，闷然而与至当为一，故刑名远己，而全理在身也"（《庄子·养生主注》）②，则此"性"中之"理"同时又具有统贯性和连续性，也就是说其存在之展开和作用是需要一直贯通于物之"自性"实现的全部过程之中的。由此，除"自生"之义外，则郭象所谓"独化"，即更指物性实现的，由"初"到"终"的整体性的过程。在此意义上，此"独化"之"独"，既可以说是"独性"，也可说是"独自"。以"独"性而论，讲的是化之主体乃是"独"性之物而不是所谓总混式的天地万物之整体性的大化流行；以"独自"而论，则指的是此"独化"之实现方式乃自化、自尔，也就是无心而自动。既然是自动，当然与外力无关，而这，正与"独"性之自生、无待遥相呼应。要之，"独"性之物独自地各自生化着，此即"独化"。此个体物之"独化"，因为物有始终，"终始者，物之极也"（《庄子·达生注》），所以它表现为物从生到化到得的整个过程之中③。我们说，郭象之论"独化"，及于此处，则还在"独性之物"个我的小圈子里立论，并没有走出去，说到底，也不过就是物之"自性"的自发、自然地实现，亦即所谓"自得"罢了。

而在个体物自身的范围内分析所谓"独化于玄冥"的命题，则所谓"玄冥"者，应该指谓的就是这种个体物之与其"独"性之在其"独化"过程中完全合一的状态。郭象说"物物者无物而物自物耳。物自物，故冥也"（《庄子·知北游注》）④，"约之以至其分，故冥也"（《庄子·秋水注》）⑤，可见所谓"玄冥"者，首先就指谓着这种"物

---

① 郭庆藩：《庄子集释》，第 222 页。
② 郭庆藩：《庄子集释》，第 116 页。
③ 郭庆藩：《庄子集释》，第 635 页。
④ 郭庆藩：《庄子集释》，第 753 页。
⑤ 郭庆藩：《庄子集释》，第 577 页。

自物"的,亦即物与其"独"性、性"分"之无心玄合的状态。物之
"独"性,因其特殊、独异故不可知;"物自物"的状态,因其自尔、
自动,只能够无心、无为,故亦不可知。因其不可知,可谓之"玄";
因其自然而然地与其"性"之"合",可谓之"冥"。故,"独化于玄
冥"者,在个体物的范围内,也就是物之"独化"的状态,只不过是
从其之不可知而又冥然自合的角度加以描述罢了。

(三) 逍遥与安命

我们知道,郭象对庄子的逍遥观作出了相应的改造,认为无论小、
大之殊,万物均以"适性"为逍遥。换句话说,物之个体自由的实现
就在于其"自性"、"独"性之自然地、完整地实现,而这就是逍遥。
郭象说:

> 夫小大虽殊,而放于自得之场,则物任其性,事称其能,各
> 当其分,逍遥一也,岂容胜负于其间哉!(《庄子·逍遥游注》)①
> 苟足于其性,则虽大鹏无以自贵于小鸟,小鸟无羡于天池,
> 而荣愿有余矣。故小大虽殊,逍遥一也。(《庄子·逍遥游注》)②

可见,与《庄子》中的"小大之辨"不同,郭象注《庄》,主
"小大虽殊,逍遥一也",依据就在于万物各自的"自足"其"性",
以及在这种"自足"之中的"适性"之乐。所谓"适性",亦即以
"性"为"适",意味着"自性"是逍遥的依据,同时也是其内容。
如上所析,这一过程其实也就是物之"独化""自得"的过程。

但是,"独化"却是需要以万物之各自无心、无为,进而任性自
为作为前提的。所谓"苟足于其性,则虽大鹏无以自贵于小鸟,小鸟
无羡于天池,而荣愿有余矣",所言即此也。但,若是不能够无心、

---

① 郭庆藩:《庄子集释》,第1页。
② 郭庆藩:《庄子集释》,第9页。

无为，而是心存"小大之辨"，故有胜负之心与之行于其间呢？郭象说：

> 不虑而知，开天也；知而后感，开人也。然则开天者，性之动；开人者，知之用也。性动者，遇物而当，足则忘余，斯德生也。知用者，从感而求，倦而不已，斯贼生也。任其天性而动，则人理自全矣。民之所患，伪之所生，常在于知用，不在于性动也。(《庄子·达生注》)①

> 凡根生者无知，亦不恃息也。夫息不由知，由知然后失当，失当然后不通，故知恃息，息不恃知也，然知欲之用，制之由人，非不得已之符也。(《庄子·外物注》)②

所谓"根生者"是植物，"恃息者"是动物，二者都不存在因"有心""有为"而"开人"，而不是"开天"的问题。显然，只是人才有"知欲之用"，但二者"非不得已之符"，因此应该"制之由人"，也就是说应弃之去之。倘不能弃之去之，而是鼓之荡之，就会造成不是"性动"，而是"知用"，并因为"知则离道以善也。欲则离性以饰也"(《庄子·马蹄注》)③，从而必有"贼生"，而不是"德生"的结果。以魏晋时期动荡、苦难的社会现实为背景，郭象说：

> 人之生也直，莫之荡，则性命不过，欲恶不爽。在上者不能无为，上之所为，而民皆赴之，故有诱慕好欲而民性淫矣。(《庄子·在宥注》)④

> 后世人君，将慕仲尼之遐轨，而遂忍性自矫伪以临民，上下相习，遂不自知也。今以上民，则后世百姓非直外形从之而已，

---

① 郭庆藩：《庄子集释》，第 638 页。
② 郭庆藩：《庄子集释》，第 940 页。
③ 郭庆藩：《庄子集释》，第 337 页。
④ 郭庆藩：《庄子集释》，第 364 页。

乃以心神受之。(《庄子·列御寇注》)①

依郭象所言，"人之生也直，莫之荡，则性命不过，欲恶不爽"，故原"初"性的"性命之本"是自足、自乐的，但是，"天理自有穷通"(《庄子·庚桑楚注》)②，因后世人君之"不能无为"，而"上之所为，而民皆赴之"，且"非直外形从之而已，乃以心神受之"，如此，则民性淫矣，民心荡矣，"物之感人无穷，人之逐欲无节，则天理灭矣"(《庄子·大宗师注》)③。可见，在郭象处，动荡社会中的现实人性是对人性之理想原初状态的逐步失落。

问题在于，针对已经民性失落的社会现实，应该如何"复性"呢？就此，郭象说：

　　厉，恶人也。言天下皆不愿为恶，及其为恶，或迫于苛役，或迷而失性耳。然迷者自思复，而厉者自思善，故我无为而天下自化。(《庄子·天地注》)④

可见，针对物性之迷失，郭象并不认为整个形势会向恶性循环的方向发展，而是认为即使是在物性已失的情况下，作为"迷者"和"厉者"，他们仍然没有丧失其生命本性中内在的积极因素，仍然是"迷者自思复"和"厉者自思善"，仍然会有复归其"真性"和"和性"的可能，整个社会也仍然有可能恢复到原初的和谐的理想状态中去。关于"复性"之方法，郭象说：

　　复之不由于识，乃至也。(《庄子·大宗师注》)⑤

---

① 郭庆藩：《庄子集释》，第 940 页。
② 郭庆藩：《庄子集释》，第 793 页。
③ 郭庆藩：《庄子集释》，第 230 页。
④ 郭庆藩：《庄子集释》，第 452 页。
⑤ 郭庆藩：《庄子集释》，第 230 页。

混沌无知而任其自复，乃能终身不离其本也。(《庄子·在宥注》)①

已治性于俗矣，而欲以俗学复其性命之本，所以求者愈非其道也。(《庄子·缮性注》)②

不知问祸之所由，由乎有心，而修心以救祸也。(《庄子·徐无鬼注》)③

这是认为万物之自性具有自我恢复机制，但此机制的行使却需要在动荡乱世中的仍然无心无为，从而"混沌无知而任其自复"，"复之不由于识，乃至也"，而这也就是"安命"。可见，所以"安命"，其目的在于物性之自复，故"安命"亦可谓之为郭象自然观之逻辑链条中的重要一环也。关于安命，郭象说：

夫我之生也，非我之所生也。则一生之内，百年之中，其坐起行止，动静趣舍，性情知能，凡所有者，凡所无者，凡所为者，凡所遇者，皆非我也。理自尔耳，而横生休戚乎其中，斯又逆自然而失者也。(《庄子·德充符注》)④

在此，郭象将"性""命"同一，故"任性、自然"也因此与"随遇、安命"同一起来。应该说，就万物之生发而言，由于"夫我之生也，非我之所生也"，故物"性"与"形"于"初"之时无待而自生，此时认为"性""命"之间合一和同一是具有合理性的，因为此"初"时的物"性"与"形"之生发确实具有偶然性，带有无因而命定的色彩；但是，由此而认为万物在其展开、实现过程中的所有存在状态均是"性""命"合一和同一的，这是不合理的，因为郭象

---

① 郭庆藩：《庄子集释》，第 391 页。
② 郭庆藩：《庄子集释》，第 547 页。
③ 郭庆藩：《庄子集释》，第 871 页。
④ 郭庆藩：《庄子集释》，第 199 页。

明言了万物在其生发、实现的过程中存在"失性"的可能，故"所遇"之"命"与"自足"之"性"就应该区分开来，相应地"安命"和"任性"也就应该区分开来①。但是，在动荡乱世，郭象仍然强调一切是"理自尔耳"，故不可"横生休戚乎其中"，则他即是在主张在动荡时世中即使已经普遍"失性"，万物、群品仍然应该无心、无为，这也就是要求安命的绝对性。郭象说：

> 夫率性而往，自然也；往而伤性，性伤而能改者，亦自然也。（《庄子·大宗师注》）②

可见，为了证明万物之"性伤而能改"，以及在这一复"性"过程中群品、万物之"无心"与"安命"的必要，郭象甚至对"自然"概念的范围作出了一定的扩充，由此也可见郭象主张群品、万物之绝对安命思想的意旨之所在。要之，关于物性的实现，在郭象的思想中存在一个由"发生"、"实现"到"失落"和"复归"的回环型运思理路③，而其关于群品之无心、安命的观点，就其在这一回环式理路中的定位而言，主要是存在于物性之由"失落"到"复归"的环节之中的。为何需要通过安命以达至复性的结果呢？曰：物性中有其自我恢复机制，故需在动荡乱世中的万物之仍然无心、无为而任其性之自为、自复。由此，对于郭象的安命论，或我们应当给予较为积极的评价和分析。

---

① 由此也可见，在郭象的理论体系中，"性"之自然与"命"之实然之间还是存在区别的，不能够以"性命"之联用而认为郭象之论"性"是没有界定，因此与"命"无法分别的。

② 郭庆藩：《庄子集释》，第281页。

③ 此所谓回环式理路，也不过就是余敦康先生关于郭象"独化"论思想体系之"原始性和谐"、"原始和谐的破坏"和"和谐的复归"之理论结构在物性（以及物、物关系）问题上的体现罢了。当然，由于物"性"的内涵是逻辑性、抽象性之"理"的存在，其本身是不可能失落的，能够"失落"与"复归"的也就是物之具体的、现象的存在，是就其现象与本性之间的合一与背离关系而言之的。

二 在物与物关系的领域内

接下来，我们再分析"独化与相因"进而"相因与玄合（玄冥之境）"进而"逍遥与安命"的逻辑链条，这一链条是存在于物、物之间的关系领域之中的。具体而言：

（一）独化与相因

让我们再回到《齐物论注》"罔两问景"章。其言曰：

> ……故彼我相因，形景俱生，虽复玄合，而非待也。……今罔两之因景也，犹云俱生而非待也，则万物虽聚而共成乎天，而皆历然莫不独见也。故罔两非景之所制，而景非形之所使，形非无之所化也，则化与不化，然与不然，从人之与由己，莫不自尔，吾安识其所以哉！故任而不助，则本末内外，畅然俱得，泯然无迹。……（《庄子·齐物论注》）①

依照独化说，在个体物各自身的范围内，无论形、景，或是罔两，它们之自性是无待、自生的，而各个体物之间则彼此分离和并立；但，倘越出此诸个体物之各自的范围而注目到物、物彼此之间，比如罔两与景之间的关系时，则有一个问题出现了：罔两由景而生的客观事实，以及由此而来的二者之间的关系问题。因为，只要承认了罔两为景所生的关系性事实，依照玄学本体论式的思维理路，则至少罔两之外形的产生是应该被归因到其母体"景"之本性的外显和外发上去的；而这样，就与在个体物自身范围内所言之罔两的"化与不化，然与不然，从人之与由己，莫不自尔"的"无待"和"自生"的结论相互对立，并因此会导致"罔两待景，景待形，形待造物者"的这一直

① 郭庆藩：《庄子集释》，第 112 页。

线型的归因链条重新获得其生命力。面对这一问题，应当如何加以解决呢？

在此，还就罔两与景的关系而论，如上所论，郭象首先把罔两与景二者间外在的相生、相待关系分别转换成了它们各自之自性与显现间的本末、内外关系，而其存在方式则是所谓"历然"之"独见"。"独"者，物之"独"性也；"见"者，现也，指发显，显现，故"独见"即"独化"也。例如，罔两之随景的或坐或起，从常识看，那是对其母体"景"的依赖和相待；但是，如果从"独化"的角度看，则是其自身"独"性的发显，而与其母体"景"无关。这是从罔两这方面看；但，若换一个角度看，罔两之随景而动的关系，其实也正是景之为罔两所随的关系，这二者是同一个关系，亦即在罔两随景而动时，景也正好为罔两所随。从景之角度看，它的为罔两之所随，也应从其"独见"上去加以说明，亦即不过是其内在自性之发显罢了。这样，同一个关系性事实，通过将之分为两个不同的方面，然后再分别从各自本性之"独见"的角度去加以说明，其结果自然是"俱生""相因"而非"相待"的性质了；推而广之，则"万物虽聚而共成乎天，而皆历然莫不独见矣"。

显然，郭象是承认物与物之间的各种关系性事实的，在这一点上他并不怪异，与众不同的只是他从"独见"（亦即"独化"）的角度对此所作出的解释。查《庄子注》，这种因"自生""独化"而彼此"相因""俱生"的表述还有一些。如，郭象说：

> 夫体天地，冥变化者，虽手足异任，五藏殊官，未尝相与而百节同和，斯相与于无相与也；未尝相为而表里俱济，斯相为于无相为也。若乃役其心志以临手足，运其股肱以营五藏，则相营愈笃而外内愈困矣。故以天下为一体者，无爱为于其间也。（《庄子·大宗师注》）①

---

① 郭庆藩：《庄子集释》，第265页。

天下莫不相与为彼我，而彼我皆欲自为，斯东西之相反也。然彼我相与为唇齿，唇齿者未尝相为，而唇亡则齿寒。故彼之自为，济我之功宏矣，斯相反而不可以相无者也。（《庄子·秋水注》）①

"手足异任，五藏殊官"，且各"自为"而不"相为"，"斯东西之相反也"，这是"独化"，是"自生"；"未尝相与而百节同和"，"未尝相为而表里俱济"，以及"唇齿者未尝相为，而唇亡则齿寒"，这是"相因"，是"俱生"；进而再曰"相与于无相与"，"相为于无相为"，曰"彼之自为，济我之功宏矣"，则郭象更将"自为""独化"与"相因""俱生"之间的因果关系作了贴切的揭示。要之，在物物关系上，个体物之各自的"独化""自生"是因，物与物间彼此的"俱生""相因"是果；此即所谓"独化与相因"的逻辑链条。

（二）相因与玄合（"玄冥之境"）

进一步，郭象的目光向物、物间关系的"玄合"和所谓"玄冥之境"转移了。他说：

> 卓者，独化之谓也。夫相因之功，莫若独化之至也。故人之所因者，天也；天之所生者，独化也。人皆以天为父，故昼夜之变，寒暑之节，犹不敢恶，随天安之，况乎卓尔独化，至于玄冥之境，又安得不任之哉！既任之，则死生变化，唯命之从也。（《庄子·大宗师注》）②

"独化"是伟大的，盖人所因顺之"天"亦是"独化"之所生，

---

① 郭庆藩：《庄子集释》，第 579 页。
② 郭庆藩：《庄子集释》，第 241 页。

故人既以天为父而因顺之，自亦应无心而任化，从而对独化亦因顺之。在此基础上，郭象进言曰"况乎卓尔独化，至于玄冥之境"，则其又何谓耶？且"至于"一词，也就表明此"玄冥之境"乃"独化"之结果，二者间正是因果关系。对此当如何理解呢？

笔者以为，在这里，关键是要物之"独化而相因"的机制有其深刻的认识。这有两个方面：（1）物之本性的自发、自然的实现方式，亦即所谓"独化"。通过"独化"，物之自性完全地实现出来，从而保证物在其本性与现象上的合一而不是背离；（2）与相关他物间的彼此相因。所谓"相因"，亦即相互因顺，也就是物、物间彼此的协调和配合，只不过这种协调和配合是通过各自的"自生""独化"而实现出来的。也就是说，一物的存在要得到完全地实现出来，光有其"自性"在"独化"过程中的充分实现是不够的，还需要有相关他物的与之"相因"。换句话说，物之存在的完全实现出来与其"自性"的完全实现出来之间有区别，前者比后者总是要多出来一点东西，后者也总是比前者要差那么一点东西。此所多的，所说所差的一点东西，其实也就只是相关他物之同时的"俱生""相因"，以及由此而来的一物与相关他物之彼此间的协调和配合。

这种"相因""俱生"的协调、配合关系，进一步分析之，可以称之为物、物彼此间的"玄合"关系，亦即玄妙的配合关系。在此基础上，我们再分析郭象提出所谓"涉乎有物之域，虽复罔两，未有不独化于玄冥者也"的语境和思路，那么，其所谓"玄冥"，若放在物与物关系的领域之语境下予以考察，则显而易见，它指的就是在物之独化过程中所存在的一物与其相关他物间所具有的那种玄妙而又默契的，可以称之为"俱生"、"玄合"和"相因"的关系。这种关系之谓"玄"，原因在于其乃自然而然地"相因""俱生"而成，因此不知其然和所以然；这种关系之谓"冥"，原因则在于其之存在乃暗合，乃不仅"玄妙"而且"默契"。玄冥者，一种玄妙的默契和暗合也。

物性有极，而"终始者，物之极也"，因此物性之存在，从其产生到其完成，应该说是一个连绵的过程。在这一过程中，因为物之无待而独化，在郭象看来，若仍以罔两与景关系为例，则除了"罔两"之产生应该被认为是"罔两"与"景"之本性发显从而两相"玄合"的结果外，在"罔两"之实现其本性的整个过程中，只要是涉及了与"景"相关的关系，则同样地都应该从二者"玄合""相因""俱生"而非"相待"的角度予以解释。进一步，倘将这一关系铺开和外推，则在任何物之"独化"的整个过程中，只要是涉及了相关他物的存在，则这种相关的关系就应该被认为是物与其相关物之"玄合"、"相因"和"俱生"的结果而不能从"待"与"所待"的关系角度去给予理解；再进一步，我们可以将这一关系继续外推，因为一物有与其相玄冥、玄合的亲和他物存在，二者间乃相互玄妙而又默契的关系，而其亲和他物亦复有与其相玄冥、玄合的它之相亲和的相关他物的存在，它们之间彼此乃是相互玄妙而又默契的关系，故这种玄合与玄冥关系向外可以无尽地绵延下去，其结果则是在天地万物之间形成了一种整体性的、相互之间彼此畅通而又各守其位的、然到其极处仍冥冥无极，仍可以向外延伸与外推的玄妙而又默契之关系的整体性的存在；换句话说，在自然观的范围内，以"玄冥之境"为一指称天地万物间整体性和谐关系存在的看法也是能够成立的①。故，郭象从个体物的"独化"出发，通过"相因"之物、物协调的逻辑环节，最终抵至于整体性和谐的"玄冥之境"。此即所谓"相因与玄合（玄冥之境）"的逻辑链条。

（三）逍遥与安命

其实，所谓物、物关系中的玄合（"玄冥之境"），若进一步分析，也就是物之独化所必须的"自得之境"。只是由于"自得之境"中涉及了与之相互亲和的他物，从二者关系的角度而名之为"玄合（玄冥之境）"罢了。郭象说"夫小大虽殊，而放于自得之场，则物任其性，事称其能，各当其分，逍遥一也，岂容胜负于其间哉！"（《庄子·逍

---

① 余敦康：《魏晋玄学史》，第 358 页。

遥游注》）①，可见在"自得之境"中个体物自能无心无为而自生、自为、自得和自乐，而这正是郭象所谓逍遥的真义。

但是，在《庄子注》中，物性有极，此"极"亦为极限，故各物之"独化"是有其界限的，其之"独化"于其中的"自得之境"也是各不相同的，不能够混用，更不可越界。盖一旦混用，或是越界，则物之所遇必非与之相"玄合"的亲和他物，物之独化与逍遥就是不可能的，且会因此扰乱与之"玄合"之相关他物的独化与逍遥。例如，对于大鹏而言，其"自得之境"乃冥海，依其本性则"九万里乃足自胜"；对于蜩、鸠而言，其"自得之境"乃榆、枋，依其本性则"决然而起，数仞而下"。无论小、大，苟各无心"独化"，则均能自得而逍遥。但，"夫物未尝以大欲小，而必以小羡大"（《庄子·逍遥游注》）②，故若无垂天之翼而欲翱翔天池，虽臣仆之才却不安于臣仆之位，则必会举动成咎，一己不安，且相关联之他方亦有余丧矣。可见，所谓"独化"之逍遥其实具有本然性和应然性。但是，若就实然状态而言呢？则郭象主张安命。他说：

> 羿，古之善射者。弓矢所及为彀中。夫利害相攻，则天下皆羿也。自不遗身忘知而与物同波者，皆游于羿之彀中耳。虽张毅之出，单豹之处，犹未免于中地，则中与不中，唯在命耳。而区区者各有所遇，而不知命之自尔，故免乎弓矢之害者，自以为巧，欣然多己，及至不免，则自恨其谬而志辱神伤，斯未能达命之情者也。（《庄子·德充符注》）③

显然，一个"利害相攻"的环境决不是自得与玄冥之境，而是对立之境和伤害之域。在这样的环境中，要求安命，甚至认为"一生之内，百年之中，其坐起行止，动静趣舍，情性智能，凡所有者，凡所

---

① 郭庆藩：《庄子集释》，第 1 页。
② 郭庆藩：《庄子集释》，第 13 页。
③ 郭庆藩：《庄子集释》，第 199 页。

无者，凡所为者，凡所遇者，皆非我也，理自尔耳"（《庄子·德充符注》）①，并因此将安命与逍遥等同起来，则似乎郭象确实是在证明凡是现实的都是合理的，其理论目的也只是在对苦难的现实加以辩护和粉饰。但是，若考虑到郭象论物性（以及物、物关系）实现之由"发生"而"实现"，并进而"失落"和"复归"的回环型结构，以及安命论在这一回环式结构中的定位时，则或亦能对此安命论有所新的评价和体认？盖因物之自性的独化自然地会助推和导致己与相关他物间之相因、玄合关系的发生和实现。这一点，不仅在自然状态下是如此，在万物由失落状态之向本然和谐状态回归时亦何尝不亦是如此？故，在动荡时世，通过安命，通过对死生变化的唯命之从，在这种看似消极的心态中却能够让物性中和物、物关系中本有的积极因素发生作用，从而能够自然地通过物、物各自之独化而相因，从而导致二者关系之向本然和谐之境的回归与恢复。如此而论，则所谓安命，就是要求群品、万物在现实苦难状态下仍然能够做到无心无为而任性自为，也就是要做到即使不是在"自得之境"的条件下仍然能够做到"独化"之要求，而其目的则在于由此而复返于本然性的和谐性理想。此即物与物关系领域内之"逍遥与安命"的逻辑链条也。

三 向其他领域的扩展

以自然观的一纵与一横的逻辑链条为基础，郭象将它们推扩到了其理论中的心性、政治等其他领域。当然，在这些不同的领域中，他关注的理论重心也各有所侧重。但是，这种侧重也是建立在这种一纵与一横的逻辑结构之上，并与之相互统一的。

---

① 郭庆藩：《庄子集释》，第 199 页。

（一）对群品而言，"自生与独化"等于"尽性与安命"等于"安分与守职"等于"有待的逍遥"

对于群品、臣民而言，郭象思考的理论重心在于名教秩序的合理性及其维护，而他是通过将自然与名教合一，也就是将群品、臣民之自然本性与其社会名位、名分予以合一来实现这一点的。例如，他说"马之真性，非辞鞍而恶乘，但无羡于荣华"（《庄子·马蹄注》）①，即强调对马来说其"真性"并不是一无所用的纯粹野性，而是与其在社会生活中的角色、职务相统一的，所以"人之生也，可不服牛乘马乎？服牛乘马，可不穿落之乎？牛马不辞穿落者，天命之固当也。苟当乎天命，则虽寄之人事，而本在乎天也"（《庄子·秋水注》）②，可见对马性来说，其天命与人事合一，自然本性与社会名位要求合一，且这种合一是通过将人事、社会名位要求等直接纳入自然本性与天命之中的方式而实现的。又，如"夫民之德，小异而大同。故性之不可去者，衣食也；事之不可废者，耕织也；此天下之所同而为本者也。守斯道者，无为之至也"（《庄子·马蹄注》）③，则指出民众的职务、角色在于耕织，其内容在于对基本生存资料的生产，并认为顺任这一点就是治理天下之根本。又，关于文武之才，郭象说"文者自文，而武者自武，非大人所赐也。若由赐而能，则有时或阙矣。岂唯文武，凡性皆然"（《庄子·则阳注》）④，这也是将社会性的文武之才能直接纳入自然性的生命本性之中并与之合一，故"臣妾之才，而不安于臣妾之任，则失矣。故知君臣上下，手足外内，乃天理自然，岂真人之所为哉？"（《庄子·齐物论注》）⑤，"凡得真性，用其自为者，虽复皂隶，犹不顾毁誉而自安其业"（《庄子·齐物论注》）⑥，这是由自然才性之天然差别去证明社会等级制度之上下差别的合理性和

---

① 郭庆藩：《庄子集释》，第331页。
② 郭庆藩：《庄子集释》，第591页。
③ 郭庆藩：《庄子集释》，第334页。
④ 郭庆藩：《庄子集释》，第911页。
⑤ 郭庆藩：《庄子集释》，第58页。
⑥ 郭庆藩：《庄子集释》，第58页。

必然性。

因为自然本性与社会名位的合一，所以对于群品、臣民而言，"自生与独化"等于"尽性与安命"等于"安分与守职"等于"有待的逍遥"。具体而言：（1）群品、臣民之本性的"自生""无待"。这一点，突出地体现在《庄子注》对群品、臣民之才性、性分等各自之特殊性的强调上。如关于士人，郭象说"士之所能，各有其极，若四时之不可易耳"（《庄子·徐无鬼注》）①，"人有偏能，得其所能而任之，则天下无难矣"（《庄子·达生注》）②，"士之不同若此，故当之者不可易其方"（《庄子·徐无鬼注》）③，等等，都是在强调士人之各有"偏能"，其各自的文武之才亦"各有其极"，因此应顺之任之。又，关于一般群品、万物，郭象说"骈赘皆出于形性，非假物也"，"夫物有小大，能有少多，所大即骈，所多即赘。骈赘之分，物皆有之"（《庄子·骈拇注》）④，"多方于仁义者，虽列于五藏，然自一家之正耳。……直自性命不得不然，非以有用故然也"（《庄子·骈拇注》）⑤，也可见其对物"性"之特殊性，以及个性间差异的肯认和顺任。进一步，若追问何以群品、万物有如此之特殊性、个性的差异，则曰"人之生也，非情之所生也；生之所知，岂情之所知哉！故有情于为离旷而弗能也，然离旷以无情而聪明矣。有情以为贤圣而弗能也，然贤圣以无情而贤圣也。岂直贤圣绝远而离旷难慕哉？虽下愚聋瞽，及鸡鸣狗吠，岂有情于为之，亦终不能也。不问远之与近，虽去已一分，颜孔之际，终莫之得也"（《庄子·德充符注》）⑥，又曰"故人之生也，非误生也。生之所有，非妄有也。天地虽大，万物虽多，然吾之所遇适在于是，则虽天地神明，国家圣贤，绝力至知而弗能违也"

---

① 郭庆藩：《庄子集释》，第 837 页。
② 郭庆藩：《庄子集释》，第 658 页。
③ 郭庆藩：《庄子集释》，第 836 页。
④ 郭庆藩：《庄子集释》，第 312 页。
⑤ 郭庆藩：《庄子集释》，第 313 页。
⑥ 郭庆藩：《庄子集释》，第 221 页。

（《庄子·德充符注》）①，亦可见这是它们各自的"命"定如此。然而，为何各自物"性"命定如此呢？追问下去，在郭象的思想体系下，其结论只能够是无待、自生的；（2）群品、臣民之"尽性"等于"守职"等于"安分"。这一点，突出地体现在郭象对万物各自任性无为的内容规定上。依照《庄子注》，"夫无为之体大矣，天下何所不为哉！故主上不为冢宰之任，则伊吕静而司尹矣；冢宰不为百官之所执，则百官静而御事矣；百官不为万民之所务，则万民静而安其业矣；万民不易彼我之所能，则天下之彼我静而自得矣"（《庄子·天道注》）②，又曰"夫工人无为于刻木而有为于用斧，主上无为于亲事而有为于用臣。臣能亲事，主能用臣，斧能刻木而工能用斧；各当其能，则天理自然，非有为也"（《庄子·天道注》）③，可见群品之无为是尽责、守职而为，是将个人才性、性命实现在社会名位、角色的实践过程之中。在这一过程中，主上、冢宰、百官、万民各有其性与能，也各有其理与为，不能够越俎代庖，也不应该以小慕大，而应该安分、守位；（3）群品、臣民之逍遥是有待的逍遥。这种"有待"性，在自然万物处，主要表现为"自得之境"的概念，如天池之于大鹏，以及榆、枋之于蜩、鸠。这种"有待"性，在群品、臣民处，则主要表现为名位、角色、名分的有限性和限制性，如臣妾之才即应安于臣妾之任等。显然，这种名位、名分上的限制性是建立在群品、臣民"性各有极"的基础之上的。盖"极"者，极限也，范围也，也可以说是条件、界限也。在各自本性之"极"的范围内，"用其分内，则万物无滞也。……因其本性，令各自得，则大均也。体之使各得其分，则万方俱得，所以为大方也"（《庄子·徐无鬼注》）④，而所谓"大均""大方"等，它们也就是群品、万物之各自本性和职责的普遍与完满地实现出来。

---

① 郭庆藩：《庄子集释》，第 213 页。
② 郭庆藩：《庄子集释》，第 461 页。
③ 郭庆藩：《庄子集释》，第 465 页。
④ 郭庆藩：《庄子集释》，第 873 页。

**（二）对圣人而言，"自生与独化"等于"游外与冥内"等于"内圣
与外王"等于"无待的逍遥"**

与群品、俗人之其性有极不同，圣性无极。对于群品、万物，其
本性之内容主要是本然性的生命要求与所禀赋之各自有别的质性、才
能，并因此与他们作为臣民之社会名位、名分的要求相适应，而圣性
的内容则主要是一种超越性的精神境界，并因此与他作为君王的社会
名位、名分的要求相适应。"夫忘年故玄同死生，忘义故弥贯是非。
是非死生荡而为一，斯至理也。至理畅于无极，故寄之者不得有穷
也"（《庄子·齐物论注》）①，可见因为"至理"无极，所以作为"寄
之者"的圣心与圣性亦"不得有穷也"。进而，郭象又曰"无所藏而
都任之，则与物无不冥，与化无不一，故无外无内，无死无生，体天
地而合变化，索所遁而不得矣。此乃常存之大情，非一曲之小意"
（《庄子·大宗师注》）②，则此圣心、圣性的内容就应该是"忘年忘
义"，"玄同死生"，并进而"体天地而合变化，索所遁而不得矣"的
"常存之大情"，也就是说是一种具有"大我"特征之超越性的精神境
界。再进一步，郭象又曰"夫视有若无，虚室者也。虚室而纯白独生
矣"（《庄子·人间世注》）③，"与万物为体，则所游者虚也。不能冥
物，则迕物不暇，何暇游虚哉！"（《庄子·应帝王注》）④，"若夫焚落
天地，游虚涉旷，以入乎冥冥者，不应而已"（《庄子·知北游
注》）⑤，则圣人即不仅"体天地而合变化"，而且亦"焚落天地，游
虚涉旷"，其心性之内容更是一"无我"的超越境界了⑥。

以心性的大我、无我性精神境界为依据，对于圣人而言，"自生

---

① 郭庆藩：《庄子集释》，第 110 页。
② 郭庆藩：《庄子集释》，第 245 页。
③ 郭庆藩：《庄子集释》，第 151 页。
④ 郭庆藩：《庄子集释》，第 297 页。
⑤ 郭庆藩：《庄子集释》，第 759 页。
⑥ 本文所谓"有我之境"和"无我之境"，其含义乃是在陈来教授对这一对范畴之规定的
意义上使用的。依照陈来教授的规定，所谓"有我之境"，其含义是指大"吾"之境，而所谓"无
我之境"则是指谓着"无滞之境"。陈文详见《陈来自选集》，广西师范大学出版社 1997 年版，
第 262 页。

与独化"等于"游外与冥内"等于"内圣与外王"等于"无待的逍遥"。具体说来：（1）圣心、圣性的无待、自生。这一点，突出地表现在圣人心性之天生的卓绝和独异上。如郭象说"人皆自异而己独群游，斯独来独往者也。有斯独，可谓独有矣。……若乃信其偏见而以独异为心，则虽同于一致，故是俗中之一物耳，非独有者也"（《庄子·胠箧注》）①，可见只有圣人才能够"己独群游"，所以与任何"俗中之一物"均不同，而是"独来独往"之"独有者"。为何能够如此呢？《庄子注》曰"言特受自然之正气者至希也。下首则唯有松柏，上首则唯有圣人，故凡不正者皆来求正耳"（《庄子·德充符注》）②，"俱食五谷而独为神人，明神人者非五谷所为，而特禀自然之妙气"（《庄子·逍遥游注》）③，可见圣人之所以为圣人，原因在于先天禀赋的卓绝和独异，而若进一步追问何以同禀正气，却有松柏、圣人之异，则追问的结果将只能是松柏、圣人的各有其性和其理。又，因为有此境界为其心性，所以"圣人之形，不异凡人，故耳目之用衰，至于精神，则始终常全耳。若少则未成，及长而衰，则圣人之圣曾不崇朝，可乎？"（《庄子·徐无鬼注》）④，从而将圣形的存在排除出圣性所决定的内容之外，也可见其与群品、万物本性之间确实是存在着质的差别和不同的；（2）圣性、圣心之实现以游外冥内为主要原则。与《庄子》中圣人之外内不相及有别，在郭象处圣人的存在是外、内相及，游外冥内的。郭象说"至远之所顺者更近，而至高之所会者反下也。若乃厉然以独高为至而不夷乎俗累，斯山谷之士，非无待者也，奚足以语至极而游无穷哉！"（《庄子·逍遥游注》）⑤，又言"夫理有至极，外内相冥，未有极游外之致，而不冥于内者也；未有能冥于内，而不游于外者也。故圣人常游外以弘内，无心以顺有。故虽终日挥形，而

---

① 郭庆藩：《庄子集释》，第359页。
② 郭庆藩：《庄子集释》，第194页。
③ 郭庆藩：《庄子集释》，第29页。
④ 郭庆藩：《庄子集释》，第865页。
⑤ 郭庆藩：《庄子集释》，第34页。

神气无变，俯仰万机，而淡然自若"（《庄子·大宗师注》）①，可见以虚旷的超越心性为内本，圣人游心于万物之中，既与己性相冥，亦与外物相冥，且尤重在与世俗社会和名教政治等领域之冥合，从而在以远顺近，以高会下中去游外弘内，无所不冥，而他所抵至的这种冥合一切的超绝境界，亦可称之为"玄冥之境"。在此意义上，以"玄冥之境"为圣人心性境界的观点也是具有合理性的②；（3）内圣与外王的贯通。依据郭象所言，"夫无心而任乎自化者，应为帝王也"（《庄子·应帝王注》）③，则内圣自与外王贯通。查《庄子注》中圣人的典范，除孔子之为素王外，其余若伏羲、黄帝、尧、舜、禹、文、武之属，均为传统圣王存在。由于郭象对圣人心性的纯粹境界性规定，故就圣人自身而言，"出则天子，处则天民，此二者俱以泰然而自得之，非为而得之也"（《庄子·庚桑楚注》）④，"有其道为天下所归而无其爵者，此所谓素王自贵也"（《庄子·天道注》）⑤，他自身并不需要任何外在的爵禄、名位去作为其存在之外饰；但是，"世以乱故求我，我无心也。我苟无心，亦何为不应世哉！"（《庄子·逍遥游注》）⑥，"夫尧之无用天下为，亦犹越人之无所用章甫耳。然遗天下者，固天下之所宗"（《庄子·逍遥游注》）⑦，则至人的境界存在是应世而在的，他以无待的内在心性为体，以外在政治事功为用，其无心顺物的逍遥之游主要实现在其以无为之治道治国平天下的政治性活动之中；（4）无待的逍遥。与群品、万物之逍遥是有待性的逍遥不同，圣人的逍遥是无待的逍遥。如前所析，群品、万物的逍遥之所以是有待的，原因在于它们必须建立在"自得之境"的环境和条件之下。但是，对于圣人来说，由于他心性境界的超越，更由于他之游外冥内的具体实

---

① 郭庆藩：《庄子集释》，第 268 页。
② 蒙培元：《心灵超越与境界》，人民出版社 1998 年版，第 266 页。
③ 郭庆藩：《庄子集释》，第 287 页。
④ 郭庆藩：《庄子集释》，第 792 页。
⑤ 郭庆藩：《庄子集释》，第 461 页。
⑥ 郭庆藩：《庄子集释》，第 31 页。
⑦ 郭庆藩：《庄子集释》，第 34 页。

现方式，圣人之冥物是没有界限的，从而也是无所不冥的。因为无所不冥，其与物相冥所抵至者就不仅是一般性的"玄冥之境"，而且可进一步称之为"绝冥之境"。"天下虽宗尧，而尧未尝有天下也，故宥然丧之，而尝游心于绝冥之境，虽寄坐万物之上而未始不逍遥也"（《庄子·逍遥游注》）①，故此"绝冥之境"者，可谓之为对圣人心性之玄冥境界的绝对、无限，进而无所不冥特征的强调也。"故乘天地之正者，即是顺万物之性也；御六气之辩者，即是游变化之途也；如斯以往，则何往之有穷哉！所遇斯乘，又将恶乎待哉！此乃至德之人玄同彼我之逍遥也"（《庄子·逍遥游注》）②，亦可见圣人无待的逍遥并非与世隔绝，而独立于高山之巅，而是即实现在所遇斯乘、玄同彼我的"绝冥之境"中。

（三）在政治领域，"圣人无为而治"等于"臣民自治"等于"圣人、臣民的'相因'而治"

以圣人和群品、万物之彼此不同却又相互依存的心性论结构模式为基础，通过将圣人与臣民的政治关系建立在他们各自本性的"独化"和"相因"的基础之上，郭象将其自然观中一纵与一横的逻辑链条向政治领域扩展了。以圣人与群品之间的关系为主题，通过将黄老"因循"思想与老庄"自然"哲学相互融合，在《庄子注》中，郭象建构了一个"圣人无为而治"等于"臣民自治"等于"圣人、臣民的'相因'而治"的理想政治模式，从而既回应了魏晋时期时代精神的要求，又具有郭象个人理论的独特特色。

"圣人无为而治"等于"臣民自治"。依照郭象所言，"无心而付之天下者，直道也。有心而使天下从己者，曲法。故直道而行者，毁誉不出于区区之身，善与不善，信之百姓"③，"以己制物，则物失其真。夫寄当于万物，则无事而自成；以一身制天下，则功莫就而任不

---

① 郭庆藩：《庄子集释》，第34页。
② 郭庆藩：《庄子集释》，第20页。
③ 汤一介：《郭象与魏晋玄学》（增订本），第319页。

胜也"（《庄子·应帝王注》）①，可见圣人之治实际上是虚君之治，是臣民的自治。"所贵圣王者，非贵其能治也，贵其无为而任物之自为也"（《庄子·在宥注》）②，所以，为圣者，其治国谋略不是其私人意志的体现，而只是天下臣民及其时代意志的体现；但是，另一方面，"天下若无明王，则莫能自得，令之自得，实明王之功也。然功在无为而还任天下，天下皆得自任，故似非明王之功"（《庄子·应帝王注》）③，"唯圣人然后能去知与故，故愚知处宜，贵贱当位，贤不肖袭情，而云无用贤圣，所以为不知道也"（《庄子·天下注》）④，只有圣人才能够使得众人各得其性，故君主制度的政体形式亦必须保留，臣民的自治也必须在名教制度的范围内进行，而不能够逾越于名教制度之外。就此而言，郭象的政治思想具有魏晋时期合自然与名教为一的时代精神和特征。

"圣人无为而治"等于"臣民自治"等于"圣人、臣民的'相因'而治"。这一点，既表现为臣民之间的彼此"相因"，也尤体现为圣王与臣民之间的彼此"相因"。在《庄子注》中，郭象说：

> 夫体天地，冥变化者，虽手足异任，五藏殊官，未尝相与而百节同和，斯相与于无相与也；未尝相为而表里其济，斯相为于无相为也。故以天下为一体者，无爱为于其间也。（《庄子·大宗师注》）⑤
>
> 夫人之一体，非有亲也，而首自在上，足自在下，腑脏居内，皮毛处外，外内上下，尊卑贵贱，于其体中各任其极，而未有亲爱于其间也，然至仁足矣。故五亲六族，贤愚远近，不失分于天下者，理自然也，又奚取于有亲哉！（《庄子·天运注》）⑥

---

① 郭庆藩：《庄子集释》，第 291 页。
② 郭庆藩：《庄子集释》，第 364 页。
③ 郭庆藩：《庄子集释》，第 296 页。
④ 郭庆藩：《庄子集释》，第 1091 页。
⑤ 郭庆藩：《庄子集释》，第 265 页。
⑥ 郭庆藩：《庄子集释》，第 498 页。

这是以人之一体为例子，虽所论者为自然领域内的物、物间的
"相因"关系，但是却也延伸于政治领域，成为臣民之间的行为依据
和圣王为治的基本原则。关于圣王的无为之治，郭象更有言曰：

> 吾一人之所闻，不如众技多，故因众则宁也。若不因众，则
> 众之千万，皆我敌也。夫欲为人之国者，不因众之自为而以己意
> 为之者，此为徒求三王主物之利而不见己为之患也。然则三王之
> 所以利，岂为之哉？因天下之自为而任耳。己与天下，相因而成
> 者也。今以一己而专制天下，则天下塞矣。己岂通哉！故一身既
> 不成，而天下有余伤矣。（《庄子·在宥注》）①

这是圣王与天下臣民之间彼此的"相因"。首先和主要是圣王对
臣民之因循，而圣王之所"因"者，不仅是群品、万物之才性与性情
之"独化"状态，亦更是天下臣民各自的名号、名位与角色之要求。
其次，但也包含其中的，则是天下臣民对圣王的因循，而天下臣民之
所"因"者，亦不只是圣人超越与淡漠的心性境界，而更是他作为王
者所应承担的社会名位、名分与角色之要求。圣王与天下之间彼此因
顺，相互因任，他们之间的"相因"关系不是单方面的。圣人作为君
王"因顺"和"因任"天下之臣民，而天下之臣民也正是依据王者之
社会角色的规范、职责和要求对王者、在上位者予以因顺和因任。由
此，"庖人尸祝，各安其所司；鸟兽万物，各足于所受；帝尧许由，
各静其所遇；此乃天下之至实也。各得其实，又何所为乎哉？自得而
已矣。故尧许之行虽异，其于逍遥一也"（《庄子·逍遥游注》）②。可
见，这种能够彼此"相因而成"的圣王与天下之间的关系性存在，可
以认为是在物与物间的关系领域中郭象"独化"论之横向性的"独化
与相因"进而"相因与玄合（玄冥之境）"进而"逍遥与安命"的逻

---

① 郭庆藩：《庄子集释》，第393页。
② 郭庆藩：《庄子集释》，第26页。

辑链条在政治领域的推演和扩充，它显然具有较为鲜明的郭象思想的个人特征。

要之，郭象"独化"论思想是一个有着内在结构的完整体系。关于这一体系的内容，《庄子序》中作了精当的概括①，其曰"然庄生虽未体之，言则至矣：通天地之统，序万物之性，达死生之变，而明内圣外王之道，上知造物无物，下知有物之自造也。其言宏绰，其旨玄妙，融微旨雅，泰然遣放，放而不敖。故曰：不知义之所适，猖狂忘行而蹈其大方，含哺而熙乎淡泊，鼓腹而游乎混茫。至仁极夫无亲，孝慈终于兼忘，礼乐复夫已能，忠信发夫天光，用其光则其朴自成，是以神器独化于玄冥之境而源流深长也"。在其中，"上知造物无物，下知有物之自造也"是在物性问题上的自生、无待观；"通天地之统，序万物之性"是对群品、万物而言之自然物性与名教秩序的合一；"达死生之变，而明内圣外王之道"是对圣人而言之超越心性与内圣外王的合一；"不知义之所适，猖狂忘行而蹈其大方，含哺而熙乎淡泊，鼓腹而游乎混茫。至仁极夫无亲，孝慈终于兼忘，礼乐复夫已能，忠信发夫天光，用其光则其朴自成"，这是在圣人与群品、万物之共同逍遥中他们各自之自然本性与名教规范和要求的合一；最后，其思想归结为"神器独化于玄冥之境"的理论命题，而其中的"神器"，可以理解为"天下万物"，也可以理解为"国家政治"。若是前者，则其为对郭象自然观之精当概括，而若为后者，则是对其政治哲学中圣王与臣民经"相因"而治所达至之理想状态的精当概括。与学界普遍认同王弼哲学为"贵无论"不同，学界对郭象哲学的称谓较多，如崇有论、唯有论、玄冥论、无无论、活无论、独化论、自生论、本性论、性本体论等，莫衷一是，而又各具其理。在本章中，我们强调"独化"范畴在郭象思想体系中的核心性和枢纽性位置，认为以"独化"

① 关于《庄子序》的作者，学界存在争议。对此问题，笔者在所著《郭象玄学研究——沿着本性论的理路》之第二章《〈庄子序〉作者辨正》中作了自己的分析（华龄出版社 2007 年版，第 17—32 页），基本结论是此《序》非郭象所作，其作者很有可能是东晋某位玄学名士。但是，这并不妨碍我们认为此《序》对郭象《庄子注》的思想作出了精当的概括。

范畴为中心，郭象思想中存在着一纵一横两条逻辑链条，这两条逻辑链条分别存在于个体物内部和个体物之间，并向圣人心性和政治历史领域延展，从而构成了郭象玄学的基本理论架构。因此，"郭象玄学从天地万物之'独化'开始，到社会、人生之'独化'结束，构成了一个融天地万物、社会、人身和人心为一体的'独化'论的思想体系"①，而我们从一纵一横角度对其"独化"论思想体系之逻辑链条和内在结构的分析，也可以看作对学界在这一问题上所作研究的深化。分析郭象《庄子注》中之此"独化"论的思想体系，将有助于我们从整体性的角度深化对郭象玄学思想的把握和分析。

---

① 康中乾：《从庄子到郭象》，第 232 页。

第 二 章
独化与时间

　　摘要： "有""自生""独化"是郭象哲学的核心性范畴。在《庄子注》中，"独化"的主体不仅仅是个体物，也可以是个体物的各个组成部分，甚至可以是个体物的每一个瞬点式存在。个体物的"独化"建立在气化的基础之上，"气"自身也可以成为"独化"的主体。郭象的时间观具有传统性和古典性特征，构成其"有物"之"独化"论思想展开的一个基本理论背景。在传统时间观的视域下，无论个体物（及其部分与瞬点式存在）的"独化"，或是万物总体性的"一气"之流变，都将能够得到更为深入的揭示。

　　在先秦思想中，时间作为一个哲学概念的出现是后起的。原始人最早的时间观念，大概起源于昼夜的区分，然后是早晚、日月、四时、年岁，以及在此基础上历法的出现。通过对物体在空间中的运动，以及其速度的观测与比较等，在生活实践和经验知识积累的基础上，古人逐步形成了"客观的"时间观念。《墨子·经上》曰"宇，弥异所也"，"久，弥异时也"，《经说上》曰"宇，冢东西南北"，"久，合古今旦莫（暮）"。也就是说"宇"（空间）是东西、南北等各种不同的具体场所、方位的总和，是对它们的普遍性概括；"久"（时间）是古今、旦暮等各种特定的、不同的时刻、时段的总和，也是对它们的普遍性概括。又，《管子》一书中提出"宙合"的概念，其中的

"宙"是时间，"合"是空间。《文子·自然》篇记载说"老子曰：往古来今谓之宙，四方上下谓之宇"，战国古籍《尸子》中说"四方上下曰宇，往古来今曰宙"，《淮南子·齐俗训》曰"四方上下谓之宇，往古来今谓之宙"。这些都是"宇宙"作为具有独立性的客观时空之概念的出现①。与它们类似，《庄子·庚桑楚》中说：

> 出无本，入无窍。有实而无乎处，有长而无乎本剽。有所出而无窍者有实。有实而无乎处者，宇也；有长而无本剽者，宙也。（《庄子·庚桑楚》）②

成玄英《疏》文中说："剽，末也……。言从无出有，实有此身，推索因由，竟无处所，自古及今，甚为长远，寻求今古，竟无本末"（《庄子·庚桑楚疏》）③。也就是说，万物（"有"）从无中生发出来，其存在（"身"）是真切实在的，但是若追问其来源与归终，则它们生来没有根柢，消失没有藏所。有实在而没有处所，有长度而没有始终。万物之从中有所出而没有孔窍的，是真实存在的。有实在而没有处所，便是宇；有长度而没有始终，便是宙。可见，《庄子》在宇宙，亦即时空的客观性和无限性的基础上，还强调了它们作为万物之来源和归宿（所谓"出""入"）的地位和作用。

郭象注解《庄子》，因顺着《庄子》原文，也具有明确的时空意识。例如，在上引《庄子·庚桑楚》篇中原文之下，郭象注解说：

> 宇者，有四方上下，而四方上下未有穷处。宙者，有古今之长，而古今之长无极。（《庄子·庚桑楚注》）④

---

① 上述文中对中国古代时空观念产生的描述，以及对相关原材料的引用和解释均参考了刘文英先生《中国古代时空观念的产生和发展》（上海人民出版社1980年版，第2—12、20—25页等）一书中的相关论述。
② 郭庆藩：《庄子集释》，第800页。
③ 郭庆藩：《庄子集释》，第800页。
④ 郭庆藩：《庄子集释》，第801页。

这是郭象对宇宙作为时空概念的清晰阐明。"宇"（空间）在外延上包含四方上下，但是它本身不局限在某个特定范围之内，而是可以无限广延和伸张的；"宙"（时间）在外延上包含古今之长，但是它本身也不局限在古今的具体时段之内，而是能够长久持续的东西。这样，脱离开经验性的、相对性的测度式时间，时间（"宙"）的客观实在性，以及它之遗世独立的纯粹性和绝对性特征得以彰显，从而似乎在与任何其他外界事物均毫无关涉地流逝着，它就是时间的"延续性"本身。这是一方面；另一方面，虽然宇宙作为时空的框架，在认识过程中能够脱离万物而独立，但是万物的存在及其实现（亦即它们的"独化"过程）却必须在时空的背景与框架下发生和展开。在《庄子·则阳》篇"除日无岁，无内无外"句下，郭象注解说：

> 今所以有岁而存日者，为有死生故也。若无死无生，则岁日之计除。无彼我则无内外也。（《庄子·则阳注》）[1]

因为万物均有彼我、内外之别，还有生死的区分和流转的过程，所以对万物而言，量度式的岁日之计是不可或缺的。与万物不同，圣人超越于彼我、死生之上，其心性境界是与宇宙、时空之无穷和无极合一的。总之，郭象的时空观构成其"有物"之"独化"论思想展开的一个基本理论背景。所谓"有""有物"之"独化"，就有形的个体物而言，它表现为一个有"初""始"，亦有"终""卒"的发生和完成的自然过程，而就万物作为一个总体而言，则表现为一个"一气而万形"之连绵不绝的无限过程。在时间视域下，无论个体物（及其部分与瞬点式存在）的"独化"，或是万物总体性的"一气"之流变，都将能够得到更为深入的揭示。

---

[1] 郭庆藩：《庄子集释》，第888页。

一 个体物之"初"及其"自生"与"独化"

在《庄子注》中，"有""有物"是郭象"独化"论哲学思想的逻辑起点。一般说来，"有""有物"主要是指个体物的有形存在。例如，郭象说：

> 万物万形，同于自得，其得一也。(《庄子·齐物论注》)①
> 万物万形，而以一剂割之，则有伤也。(《庄子·徐无鬼注》)②
> 得分而物物之名各当其形也。(《庄子·天道注》)③
> 言万物虽以形相生，亦皆自然也，故胎卵不能易种而生，明神气之不可为也。(《庄子·知北游注》)④
> 夫有不得一变而为无，故一受成形，则化尽无期也。(《庄子·田子方注》)⑤
> 非唯无不得化而为有也，有亦不得化而为无矣。是以夫有之为物，虽千变万化，而不得一为无也。不得一为无，故自古无未有之时而常存也。(《庄子·知北游注》)⑥

"有"即一物之"一受成形"，因其"虽千变万化，而不得一变而为无"，所以虽"以形相生"，但是却"化尽无期"，可见"有"是指有形的个体物。万物有形之后，因各有胎卵，不能易种而生，且"变化种数，不可胜计"(《庄子·至乐注》)⑦，所以同一种数的个体之间是以形相生的。这一过程，在郭象看来是神气所致，亦皆自然而不可

---

① 郭庆藩：《庄子集释》，第 82 页。
② 郭庆藩：《庄子集释》，第 862 页。
③ 郭庆藩：《庄子集释》，第 472 页。
④ 郭庆藩：《庄子集释》，第 742 页。
⑤ 郭庆藩：《庄子集释》，第 708 页。
⑥ 郭庆藩：《庄子集释》，第 763 页。
⑦ 郭庆藩：《庄子集释》，第 625 页。

为也。就单个有形物而言，因为各有其分，所以说"得分物物之名各当其形也"。而就有形物的总体而言，郭象将万物与万形并列，可见二者所指是同一的存在。又，《庄子·庚桑楚》篇言"备物以将形"，其原意本是备物以养形的意思，但是郭象却注解说"因其自备而顺其成形"（《庄子·庚桑楚注》）①，显然是将其理解为个体物及其形体的自备自成。要之，在郭象看来，所谓"有""物"，主要是指有形个体物的存在，这一点是没有问题的。

就个体物而言，"有""有物"之生即其"一受成形"。那么，万物是如何"一受成形"的呢？对此问题，郭象论及"有物"之"初"，及在其"初"时的物之"自有""自生"。郭象说：

> 一者，有之初，至妙者也。至妙，故未有物理之形耳。夫一之所起，起于至一，非起于无也。然庄子之所以屡称无于初者，何哉？初者，未生而得生。得生之难，而犹上不资于无，下不待于知，突然而自得此生矣，又何营生于已生以失其自生哉！……（《庄子·天地注》）②

这是郭象《庄子注》中有关"自生"论思想的经典性论述，对此需要深入分析其中的几个核心性范畴，包括物之"初"，"一"，"至一"，然后是所谓"自生"的概念。首先是关于"有""物"之"初"。对此，郭象说：

> 初，谓性命之本。（《庄子·缮性注》）③
> 初未有而欻有。游于物初，然后明有物之不为而自有也。（《庄子·田子方注》）④

---

① 郭庆藩：《庄子集释》，第793页。
② 郭庆藩：《庄子集释》，第425页。
③ 郭庆藩：《庄子集释》，第554页。
④ 郭庆藩：《庄子集释》，第712页。

不同于初，而中道有为，则其怀中故为有物也，有物而容养之德小矣。(《庄子·天地注》)①

可见，"初"是一个时间范畴，指的是有形的个体物之"将形未形""未生而得生"，亦即"未有而欻有"的那一瞬间。因为"初，谓性命之本"，所以不仅是个体物之"形"，且其之"性命"，均是在此"至妙"的"初"之瞬间不仅定"形"，而且也定"性"了②。如此，则个体物之自有、自生就不仅仅是物"形"上的自生其形，更亦是其"性命"上的自有其"性"，而所谓"一者，有之初"，当即是此"形"、"性"之于"初"时的和合、统一③。关于所谓"一"，郭象说：

　　大体各归根抱一，则天地之纯也。(《庄子·天下注》)④

　　反任物性而物性自一，故无迹。(《庄子·缮性注》)⑤

　　泊然抱一耳，非敢假设以益事也。还用其本性也。(《庄子·

---

①　郭庆藩：《庄子集释》，第 426 页。

②　王晓毅先生认为物之"本性"是"生来具有的本能，后天的浑沌"，应该即体认到了此"初"作为时间概念，其存在中所具有的后天、经验的性质。但是，他同时又认为"本性属于无形的'玄冥'范畴"，并在其哲学中具有本体意义，则此"本性"在性质上又属于抽象性、逻辑性的"理"存在了。笔者认为，物之"本性"在"初"时实现于个体物的将形未形的瞬间，这是由中国哲学体用合一与一个世界的理论特征决定的，确实具有后天的、经验的性质，但是这并不妨碍我们在认识论上可以将物之"本性"从物之现象中独立出来，而把它作为事物的本质和概念（认识论上）加以把握，从而视之为逻辑上的、抽象的"理"存在。两种观点之间其实是并不矛盾的。王晓毅先生的观点见其所著《郭象评传》，南京大学出版社 2006 年版，第 249—250 页。

③　在《庄子注》中，"一"的含义，除了物性，以及物性与其存在的合一之外，还有境界上的"道通为一"，"天地与我并生，万物与我为一"的意思，如"夫一之者，未若不一而自齐也"(《庄子·齐物论注》，第 80 页)，"夫以言言一，而一非言也"(《庄子·齐物论注》，第 82 页)，"是非死生荡而为一"(《庄子·齐物论注》，第 110 页)等均是如此。显然，此处诸"一"都是指一种"齐一""玄同"的精神境界，它们是从圣人心性论的角度言之的，与存在论上的"物性自一"是不同层面的内容，这是需要加以说明的。

④　郭庆藩：《庄子集释》，第 1072 页。

⑤　郭庆藩：《庄子集释》，第 556 页。

山木注》）①

　　使物各复其根，抱一而已，无饰于外，斯圣王所以生成也。
（《庄子·天下注》）②

　　自天地以及万物，皆各自得而已，不兼他饰，斯非主之以太
一耶！（《庄子·天下注》）③

　　显然，所谓"一"，基本含义就是物之性命，及其之自生与自得
的实现过程。物各有根，其根就是各自的性命。万物各复其根，即是
指其性命与存在的和合与统一，而不是背离与失落。相应地，所谓
"太一"，就是自天地以及万物之各自生、自得，各自实现其性命的普
遍性状态。而对"一"与"太一"作如是解读，可以有助于更好地理
解郭象所谓"至一"的概念。何谓"至一"呢？

　　查《庄子注》原文，郭象共有四处论及"至一"。除了前面所引
"夫一之所起，起于至一，非起于无也"的一段原材料外，还有三处，
其中两处分别是：

　　　　（自三代以下者，匈匈焉终以赏罚为事，彼何暇安其性命之
情哉！④）忘赏罚而自善，性命乃大足耳。夫赏罚者，圣王之所以
当功过，非以著劝畏也。故理至则遗之，然后至一可反也。而三
代以下，遂寻其事迹，故匈匈焉与迹竞逐，终以所寄为事，性命
之情何暇而安哉！（《庄子·在宥注》）⑤

　　　　（古之人，在混芒之中，……此之谓至一。当是时也，莫之
为而常自然）物皆自然，故至一也。（《庄子·缮性注》）⑥

---

① 郭庆藩：《庄子集释》，第 677 页。
② 郭庆藩：《庄子集释》，第 1066 页。
③ 郭庆藩：《庄子集释》，第 1094 页。
④ 圆括号内是笔者所引相关《庄子》原文，特此说明。下同，不另说明。
⑤ 郭庆藩：《庄子集释》，第 367 页。
⑥ 郭庆藩：《庄子集释》，第 551 页。

在《庄子》原文中，所谓"至一"是指"当是时也，阴阳和静，鬼神不扰，四时得节，万物不伤，群生不夭，人虽有知，无所用之"（《庄子·缮性注》）①的理想性社会状态。这一状态，在郭象心目中，也就是三代之以直道而行的，万物各安其性命之情的原初性社会状态。当然，无论在《庄子》原文还是郭象《庄子注》中，天地万物都包括了阴阳、鬼神、四时、群生等各类自然事物，所以，所谓"至一"就不仅是一种理想性的社会状态，也应该是一种理想性的天地状态。

另外，在注解《庄子·人间世》"心斋"章时，郭象说：

> （唯道集虚。虚者，心斋也）虚其心则至道集于怀也。……（尽矣。吾语若！若能入游其樊而无感其名，）放心自得之场，当于实而止。（入则鸣，不入则止。）譬之宫商，应而无心，故曰鸣也。夫无心而应者，任彼耳，不强应也。（无门无毒，）使物自若，无门者也；付天下之自安，无毒者也。（一宅而寓于不得已，）不得已者，理之必然者也，体至一之宅而会乎必然之符者也。（则几矣。）理尽于斯。（《庄子·人间世注》）②

在这里，郭象将"至一"与"至道"联系起来。在《庄子注》中，"物得以通，通物无私，而强字之曰道"（《庄子·则阳注》）③，"道之所容者虽无方，然总其大归，莫过于自得，故一也"（《庄子·徐无鬼注》）④，可见，所谓"至道"，其含义只是指一种通物无私的，万物之各自生、自得的普遍性的自然状态，而从实体存在的角度看，则可说"至道者乃至无也"，"既以无矣，又奚为先？然则先物者谁乎哉？而犹有物，无已，明物之自然，非有使然也"（《庄子·知北游

---

① 郭庆藩：《庄子集释》，第550页。
② 郭庆藩：《庄子集释》，第149页。
③ 郭庆藩：《庄子集释》，第913页。
④ 郭庆藩：《庄子集释》，第853页。

注》)①，所以，不能够将"至一"理解为在万物之先的某种虚空、虚无的状态。又，既然"明物之自然，非有使然也"，而在《庄子注》中"有""物"又首先是指具体的有形个体物，所以，在以"有""有物"为个体物的情况下，作为"一之所起"的"至一"，它的含义就不是作为万物之初始本源的"气"（"元气"），而应该是一种相关事物均归根抱一、皆各自得而已的自然状态。这种物、物各一的"至一"状态，与个体物之"自生"联系起来，则它可以被认为是该物在"初"时"自生"于其中的一种外在环境，亦即"放心自得之场"中的所谓"自得之场"。在上述引文中，"当于实而止"中的"实"应该是指万物各自的"性命"之"实"，"不得已者，理之必然者也"中的"理"亦当为万物各自的"性命"之"理"。由此，所谓"体至一之宅而会乎必然之符者"，就应该是指谓着圣人因体认万物之"性命"各"一"的自然之道，虚心其怀，无为无治，从而在顺任和因循中让万物各自实现它们的"性命"之"理"。可见，所谓"至一"状态，若与个体物之生发联系起来，主要是指个体物与其母体，以及与其生发环境中相关它物的一种皆各自生其生，亦自得其得的自然性状态，或曰场域、环境。显然，因为个体物各不相同，所以它们各自"起"于其中的"至一"状态（或曰场域、环境）其实也是各不相同的。

　　综合以上对"有"、"初"、"一"，以及"至一"范畴的分析，可以对"有"、"有物"之"自生"理解如下："有""物"主要是有形个体物。"初"是"有"、"有物"之"将形未形"，"未有欻有"的特定瞬间。个体物在"初"时的特定瞬间，它忽然间自有其有，亦自生其生。所自有、自生者，不仅是个体物之"形"，更且是该物之"性"，是二者之和合和统一（"一"）于此"初"时的定"形"和定"性"。所谓"至一"，是个体物生发于其中的外在环境，是一种该个体物所生发之特定母体，以及其他相关他物均自生其生、亦自得其得的普遍性自然状态。换句话说，在某种特定的"至一"自然状态（或

---

① 郭庆藩：《庄子集释》，第 764 页。

曰场域、环境）下，某个体物在其"将形未形""未有歘有"之"初"的瞬间，不仅其"形"，而且其"性"均于此时自生其生，亦自得其得，此之谓物之"形""性"的和合与统一，此之谓"一者，有之初"。在此"初"时，没有任何造物者、真宰物去决定和支配着任何"有""有物"的发生，因为任何造物者、真宰物都是无，都是不存在的，所以郭象说"夫一之所起，起于至一，非起于无也"。又，何谓"有物"之"起于""至一"，而不是"生于""至一"之境呢？答案在于：尽管在现象上存在着母体生子体和子体生于母体的客观事实，但是，在郭象看来，母体生子体的现象是该母体依据其"性命"而自生其生，亦自得其得的结果；同理，子体生于母体也是该子体依据其"性命"而自生其生，亦自得其得的结果。母体、子体均自生自得，二者并存、俱生，但是在效果上却彼此配合，协调，从而导致了子体由母体中生发而出；从而母物、子物之间以形相生的具体的客观事实得以实现和完成。任何子体的"形"决定于其"性"，而其"性"却是自生而无待的，是无因而自尔的，所以与其母体无关，也与任何他物，包括道、无、天等造物者、真宰物无关。在此意义上，故曰"一之所起，起于至一"，而非"生于至一"也。这一"有""有物"之生发的过程，在郭象看来，它是自然而然的，是自发、自动产生的，所以是"上不资于无，下不待于知"的。郭象论物之"自生"，目的在于强调物之内性的决定作用，这一点是没有疑问的①。

由"自生"到"独化"。依照汤一介先生所言，"自生"是郭象哲学

---

① 也正是如此，一旦不持有个体主义本体论的理论立场，即可立即将郭象所谓物之"独性"的"无待""自生"的理论观点加以化解。在现实世界中，每一个体物均具有独特性，因此可以说是独一无二的，但我们并不能由此得出每一物之"本性"即与他物（含其母体）无关，而各自"无待""自生"的结论。例如，在认识论上，物之"独性"可以被抽象出来而对其内涵之"理"加以分析，而且在一物之"独性"中存在着多层次的"类性"之"理"。这些多层次的"类性"之"理"，沿着普遍性的方向逐次提升，可以抵至王弼之所谓"大音"和"大象"，进而再抵至"纯有"和"纯无"，也就是"无"本体的层面，然后再通过此"无"本体之作为绝对整体性存在而对个体物之"独"性中的"个体差"予以奠基和解释。这是郭象之后（例如，在张湛《列子注》和韩康伯《系辞注》中）"独化"说能够与"无"本体论相结合的原因所在。

思想体系的中心性环节，它把物之"自性"与"独化"的概念联系起来①。"有""有物"是个体物，而"独化"是求个体物自身的统一。所谓求个体物自身的统一，即是求该物之存在（"末"）与其"性命"（"本"）的和合与统一，而不是背离与失落。由于物之"性命"是在"初"时由"自生"而定"性"的，所以依照"独化"的要求，就需要将这一已经定"性"的"性命"在个体物之自我实现的时间历程中将其由"始"至"终"，也由"本"而"末"地实现和完成出来。郭象说：

> 有始则有终。谓无始终而一死生。（《庄子·齐物论注》）②
>
> 终始者，物之极。（《庄子·达生注》）③
>
> （其生可乐，其死可葬）言可终始处之。　（《庄子·山木注》）④

在《庄子注》中，郭象有时也将个体物之"初"叫作"始"，并与"终"相对而言，分别指谓个体物之"生""死"。郭象说"物各有性，性各有极"（《庄子·逍遥游注》）⑤，"终始者，物之极"，又说"各以得性为至，自尽为极也"（《庄子·逍遥游注》）⑥，可见在他看来，个体物之"初""始"即其"生"，其"终""卒"即其"死"，而所谓"独化"，就是将物之"性命"在其由"初""始"而"终""卒"的时间历程中加以实现和完成出来的过程。关于这一由"自生"而"独化"的推演过程，郭象说：

> 窈冥昏默，皆了无也。夫庄老之所以屡称无者何哉？明生物者无物，而物自生耳。自生耳，非为生也，又何有为于己生乎！

---

① 汤一介：《郭象与魏晋玄学》，第232页。

② 郭庆藩：《庄子集释》，第80页。

③ 郭庆藩：《庄子集释》，第635页。

④ 郭庆藩：《庄子集释》，第673页。

⑤ 郭庆藩：《庄子集释》，第11页。

⑥ 郭庆藩：《庄子集释》，第16页。

（《庄子·在宥注》）①

　　道，无能也。此言得之于道，乃所以明其自得耳。自得耳，道不能使之得也；我之未得，又不能为得也。然则凡得之者，外不资于道，内不由于己，掘然自得而独化也。夫生之难也，犹独化而自得之矣，既得其生，又何患于生之不得而为之哉！故夫为生果不足以全生，以其生之不由于己为也，而为之则伤其真生也。（《庄子·大宗师注》）②

　　故造物无主，而物各自造，物各自造而无所待焉，此天地之正也。故彼我相因，形景俱生，虽复玄合，而非待也。明斯理也，将使万物各返所宗于体中而不待乎外，外无所谢而内无所矜，是以诱然皆生而不知所以生，同焉皆得而不知所以得也。（《庄子·齐物论注》）③

　　这一推演的过程，一句话概括之，曰："夫生之难也，犹独化而自得之矣，既得其生，又何患于生之不得而为之哉！"也就是说，在物之由"生"而"死"的整个"独化"历程中，其在"初"时的"自生"是最难的。但是，这一"自生"的实现却是个体物于"初"时忽然而得、欻尔自生的，不需要物之任何有心、有为之举作用于其间；与此相应，在物已经定"性"之后，鉴于物之实现其自身"性命"的难度不可能高于物"性"之初生，所以就更应该无心、无为，要让物"性"在自然状态下自得其得，亦自成其成，如此方为"真生"，方才能够保证物之"本末内外，畅然俱得，泯然无迹"（《庄子·齐物论注》）④，从而使得物之"性命"与其存在得以完全的和合与统一，而不存在背离和失落。郭象论物之"独化"，涵括了其从"初"之自生其生，到其"终"时之自终其终，以及在这一过程中的自得其

---

① 郭庆藩：《庄子集释》，第381页。
② 郭庆藩：《庄子集释》，第251页。
③ 郭庆藩：《庄子集释》，第112页。
④ 郭庆藩：《庄子集释》，第112页。

得，亦自成其成的整个历程。由此，认为郭象所谓"独化"只是其"自生"概念的另外一种表达，二者间没有根本区别的观点，应该说是不够确切的。

总之，所谓物之"独化"，就其内容言，它表现为物之"性命"在时间历程中得以展开和完成的过程，而就实现机制言，它表现为一种无心、无为，从而自发、自动的自然历程。就个体物而言，物之"性命"的发生、展开和完成都是在时间背景下进行的，其之"独化"表现为一个有"初""始"，亦有"终""卒"的发生和完成的自然过程。对郭象哲学中时间观的揭示和开显，对于深入理解其关于个体有形物之"独化"历程的思想，是重要的，也是必要的。

二 物之"无时非生"及其瞬点式存在的"独化"

进一步地，在《庄子注》中，"独化"的主体不仅只是个体物，也可以是个体物的各个组成部分，甚至可以是个体物的每一个瞬点式存在。这一点，显然是与时间的间断性特征相关联着的。时间的特征是永恒的持续，但是持续之中又可以区分出很多时刻和时段。这些时刻和时段，若进一步向下区分，则最终可以落实到一个个瞬间的时点之上。换句话说，依照时间的间断性特征，它可以被区分为一个又一个并列的瞬间式时点，而每一时间点之间是彼此隔开、漠不相干的。将时间的这一特性应用于个体物的存在之上，可以对物之"独化"有新的理解。

关于以个体物的各个组成部分为"独化"之主体的情况，郭象说：

> 手足异任，五藏殊官，未尝相与而百节同和，斯相与于无相与也；未尝相为而表里俱济，斯相为于无相为也。（《庄子·大宗师注》）①

---

① 郭庆藩：《庄子集释》，第265页。

夫人之一体，非有亲也，而首自在上，足自处下，府藏居内，皮毛在外，外内上下，尊卑贵贱，于其体中，各任其极，而未有亲爱于其间也。(《庄子·天运注》)①

显然，这是将人体作为个体存在的层次进一步向下区分，从而主张人之手足、五脏、皮毛等均各自成体，均是独立性的个体物，并因此均各自自生、独化，同时也彼此间玄合、相因。就它们的各自自生、独化而论，可以说人之手足、五脏、皮毛等均有着各自的"性命"，也均有着各自的"遇命"②。这种"遇命"，若表现在它们各自形体的范围之内，也就是指"首自在上，足自处下，府藏居内，皮毛在外"，各自有各自的存在状态与功能，而若表现在它们之间的彼此关系的范围之内，也就是指人之手足、五脏、皮毛之间的"玄合"与"相因"，所谓"未尝相与而百节同和""未尝相为而表里俱济"也。要之，在此处，"独化"的主体已经不仅是个体物，而且是个体物的各组成部分了。

进而，在将这种"独化"而"相因"的理论原则贯彻到底的过程中，郭象认为物之"独化"的主体也可以是该物之每一瞬点式的存在。这一点，首先表现在人之生、死的问题上。郭象说：

夫死者独化而死耳，非夫生者生此死也。生者亦独化而生耳。独化而足。死与生各自成体。(《庄子·知北游注》)③

欻然自生，非有本。欻然自死，非有根。(《庄子·庚桑楚注》)④

---

① 郭庆藩：《庄子集释》，第498页。

② 郭象说："知不可奈何者命也而安之，则无哀无乐，何易施之有哉！故冥然以所遇为命而不施心于其间，泯然与至当为一而无休戚于其中，……"(《庄子·人间世注》，第156页)，"天地虽大，万物虽多，然吾之所遇适在于是，则虽天地神明，国家圣贤，绝力至知而弗能违也"(《庄子·德充符注》，第213页)。既然"冥然以所遇为命"，"吾之所遇，适在于是"，可见可以将此处之"命"概括为"遇命"，其含义是指个体物在其"独化"的自然实现过程中所面临的各种环境、境遇。

③ 郭庆藩：《庄子集释》，第764页。

④ 郭庆藩：《庄子集释》，第800页。

死生出入，皆欻然自尔，无所由，故无所见其形。(《庄子·
庚桑楚注》)①

夫死者已自死而生者已自生，圆者已自圆而方者已自方，未
有为其根者，故莫知。(《庄子·知北游注》)②

郭象言"终始者，物之极"(《庄子·达生注》)③，将物之"终
始"与其"极"联系起来，则可见此处之"终""始"即指由物
"性"所决定的物之由生发到完成的过程（或说范围，"极"即范围），
故亦实即指一物之"生""死"也。从"独化"论之没有外在决定者
的角度看，可以说"死生出入，皆欻然自尔"，"欻然自生，非有本。
欻然自死，非有根"，这是没有问题的。但是，在上述材料中，郭象
显然将这种"独化"而"相因"的原则引入一物之"生""死"关系
内部，而以同一个体物之作为"生者""死者"为各自独立的个体了。
同一个体，既为"生者"，又为"死者"，且"生者"与"死者"之
间正是各自"独化"中的瞬点式存在，由此可见，此处之"独化"的
主体已经不仅是个体物自身，或者是他的部分或阶段，而且也可以是
他的作为"生""死"状态之瞬点式存在了。

再进一步，以《庄子》中"齐生死"的思想为依据，郭象对一物
在其由"生"而"死"、由"始"而"终"过程之间的每一个瞬间式
存在均予以"独化"式的理解，并因此将"独化"论的思想原则推向
了极端。他说：

明终始之日新也，则知故之不可以执而留矣，是以涉新而不
愕，舍故而不惊，死生之化若一。(《庄子·秋水注》)④
更相为始，则未知孰死孰生也。俱是聚也，俱是散也。(《庄

---

① 郭庆藩：《庄子集释》，第 801 页。
② 郭庆藩：《庄子集释》，第 736 页。
③ 郭庆藩：《庄子集释》，第 635 页。
④ 郭庆藩：《庄子集释》，第 571 页。

子·知北游注》)①

　　夫时不再来，今不一停，故人之生也，一息一得耳。向息非
今息，故纳养而命续。前火非后火，故为薪而火传。火传而命续，
有夫养得其极也。世岂知其尽而更生哉！（《庄子·养生主注》)②

　　于今为始者，于昨为卒，则所谓始者即是卒矣，言变化之无
穷。（《庄子·山木注》)③

　　主张物之变化、日新并不一定意味着否定"独化"论的思想原
则，因为"更生者，日新之谓也。付之日新，则性命尽矣"（《庄子·
达生注》)④，"日出谓日新也，日新则尽其自然之分，自然之分尽则和
也"（《庄子·寓言注》)⑤，也就是说物之"性命"及其"自然之分"
的实现，作为一个动态的过程，它不排斥"日新"之流，且倒可以，
甚至是正应该实现在后者之日新不已的过程之中的。但是，如果"日
新"意味着"终始之日新"，甚至进一步因"故不暂停，忽已涉新"
（《庄子·大宗师注》)⑥，"俱是聚也，俱是散也"，从而"更相为始"，
从而也"更相为终"，则这实际上是把在自然状态下个体物之"独化"
的区分原则下落到了物之存在的任一存在瞬间，也就是下落到了物之
作为现象存在的任何一种存在状态之中，从而使得这种个体物的"日
新"之流同时表现为一种刹那生灭的瞬点式流程。此时，个体物的
"独化"之流就是该物的"日新"之流，也是该物之各瞬点式存在的
刹那生灭之流。此时，应该说"独化"的主体也就是该物之"日新"
不已、刹那生灭的每一瞬点式存在。

　　又进一步，在郭象看来，在此物的每一瞬点式存在中也还是有着
本末式的内在结构。郭象说：

---

　　①　郭庆藩：《庄子集释》，第 733 页。
　　②　郭庆藩：《庄子集释》，第 130 页。
　　③　郭庆藩：《庄子集释》，第 691 页。
　　④　郭庆藩：《庄子集释》，第 632 页。
　　⑤　郭庆藩：《庄子集释》，第 947 页。
　　⑥　郭庆藩：《庄子集释》，第 244 页。

知与变化俱，则无往而不冥，此知之一者也。心与死生顺，则无时而非生，此心之未尝死也。（《庄子·德充符注》）①

物之变化，无时非生，生则所在皆本也。（《庄子·庚桑楚注》）②

因为"物之变化，无时非生"，但却"生则所在皆本"，则物之存在的任何瞬间状态，都是有其本末式结构的。其本，即此瞬点状态下该物之"独性"，或说"性命"；其末，则是此物之瞬点存在的具体状态。因为日新不已，刹那生灭，所以个体物的每一瞬点式存在都是各不相同的，同时也各自具有彼此不同的本性、本质，或说有着其各自独特的"性命"。在自然状态下，事物的每一瞬点式存在都以该瞬间状态自身之"独性"为依据而"独化"存在，都建立在各自所具有的无待、自生之"独性"的基础之上，因此都具有合理性和必然性，甚至是具有绝对性的。由此，就个体物每一瞬时点的不同状态和情境而言，它的前、后情境和状态都是完整独立的，后一情境和状态不是在前一情境和状态基础上的延续和发展，而是新的完整、独立的情境与状态，故前、后时点下同一个体物的不同状态和情境似乎是截然分别的③。这是一个方面；另一方面，在个体物之生死流衍的过程中，其存在状态的每一瞬间状态与相邻瞬间状态之间则是一种因为各自"独化"而彼此"相因"的关系，也因此各自都构成彼此之境遇，或说是"遇命"。这样，在个体物之生死流衍的时间之流里，其每一瞬点状态都以各自的"性命"为依据，它们自身都是本末合一的，而就该个体物之作为其瞬点式存在状态的连续性过程看，则它同时呈现为一种连绵不绝的，却又刹那生灭的，且彼此间乃是独化而相因、自为而互济式关系的"遇命"之流。这样，以事物之各瞬点式存在的"独性"之

---

① 郭庆藩：《庄子集释》，第 196 页。

② 郭庆藩：《庄子集释》，第 807 页。

③ 刘国民：《郭象对魏晋文人时间意识的玄学思考》，《中国青年社会科学》2016 年第 2 期，第 43 页。

域为本，以此物之各瞬点式存在间的"遇命"式状态、关系、情境等为末，在个体物的刹那生灭的"日新"和"遇命"之流中也还是存在着本末式的关系结构的。由此，郭象说"夫命行事变，不舍昼夜，推之不去，留之不停。故才全者，随所遇而任之。夫始非知之所规，而故非情之所留。是以知命之必行，事之必变者，岂于终规始，在新恋故哉？虽有至知而弗能规也。逝者之往，吾奈之何哉！"（《庄子·德充符注》）①，又说"一生之内，百年之中，其坐起行止，动静趣舍，情性智能，凡所有者，凡所无者，凡所为者，凡所遇者，皆非我也，理自尔耳"（《庄子·德充符注》）②，可见他确实是将物之自然状态下的任何存在状态、关系与境遇都作了必然化、合理化，乃至于绝对化的处理。因此，个体物之安于其"性命"就意味着个体物的任何当下性存在的合理化，意味着个体之安于他在自然状态下的任何当下性状态、关系与境遇③。这一点，笔者以为，是郭象"独化"论思想中最具有独特性的方面，值得我们深入地加以探讨和分析。

三 "气"之"独化"及其流行的三个阶段

在《庄子注》中，"气"是核心性范畴之一。从质料因和动力因的维度看，个体物（及其瞬点式存在）之"独化"建立在一气流变的

---

① 郭庆藩：《庄子集释》，第 213 页。
② 郭庆藩：《庄子集释》，第 199 页。
③ 由此，在人生境遇的各种流变中，个体就必须安心于当下的任何境遇，只要它是自然性质的。换句话说，当个人被置于任一当下境遇中时，即应该忘记与之相涉的任何前、后境遇，而是完全沉浸于此一境遇中，并与它相融而安乐，郭象的这种安于瞬间性境遇的思想是魏晋风度的重要理论依据所在。以魏晋风度之突出例子——"雪夜访戴"的典故而言，《世说新语》记载曰"王子猷居山阴。……忽忆戴安道；时戴在剡，即便夜乘小船就之。经宿方至，造门不前而返。人问其故，王曰：'吾本乘兴而行，兴尽而返，何必见戴？'"，依照郭象"独化"论思想，则王子猷之"乘兴而行"是此时之"乘兴而行"瞬点状态下的"独化"，其之"兴尽而返"是彼时之"兴尽而返"瞬点状态下的"独化"，且"王子猷"之"独化"是"王子猷"自身之"独化"，"戴安道"之"独化"是"戴安道"自身之"独化"，二者在"本性"，或说"性命"上是彼此无涉的，故可以"乘兴而行，兴尽而返"，又可"经宿方至，造门不前而返"，而曰"何必见戴？"。

基础之上，气化论是郭象独化论思想的深层内核，并成为圣心之"独化"所以可能的重要理论桥梁。进一步，在《庄子注》中，"气"也是一"物"，它也可以是"独化"的主体。所谓一气流行，正是"气"作为独化主体而将自身实现和完成的过程。

气是"物""有物"。郭象说"殊气自有，故能常有，若本无之而由天赐，则有时而废"（《庄子·则阳注》）①，又说"谁得先物者乎哉？吾以阴阳为先物，而阴阳者即所谓物耳。……"（《庄子·知北游注》）②，可见无论阴阳之气，还是其他的、具体有形的云烟、四时之冷热等"殊气"，它们都是自生、自有的自然之物。在郭象看来，"言天地常存，乃无未有之时"（《庄子·知北游注》）③，"物表无所复有"（《庄子·则阳注》）④，"皆物之所有，自然而然耳，非无能有之也"（《庄子·则阳注》）⑤，又说"然则先物者谁乎哉？而犹有物，无已"（《庄子·知北游注》）⑥，可见在现实世界中凡是存在着的都是物、有物，整个宇宙和天地间就没有无物的状态与阶段。由此，"有""物""有物"的范围，就既包括有形的天地万物，还有阴阳、五行之气，也包括无形的存在物，如气（元气）⑦，还有客观的时空存在（"宇""宙"）等。在《庄子注》中，能够以实体形式存在的，只是"有"、"物"和"有物"，这是可以确定的。

在对《庄子注》中的"有""有物"作如上理解的基础上，再分析"一者，有之初"的命题，则可以看出，此命题中的"有""有

----

① 郭庆藩：《庄子集释》，第 910 页。
② 郭庆藩：《庄子集释》，第 764 页。
③ 郭庆藩：《庄子集释》，第 762 页。
④ 郭庆藩：《庄子集释》，第 915 页。
⑤ 郭庆藩：《庄子集释》，第 915 页。
⑥ 郭庆藩：《庄子集释》，第 764 页。
⑦ 在郭象《庄子注》中，并无"元气"一词，但是学界在解读其"一者，有之初"命题时，较多地应用了"元气"概念。从万物始源论的角度分析，以"一"为元气的观点是合理的，而在《庄子注》原文中，郭象则较多地从质料因的角度以"气"之聚散论物形之生死。显然，作为万物始源的混沌"元气"和作为万物本原的不可再分的、单纯之"气"，它们二者之间是不同的，不能够把二者混同起来。

物"它们也可以指谓有形万物的总体,可以是一个集合名词①。在这种情况下,所探讨的"一者,有之初"的问题,其实是一个"有物"之总体,也就是天地万物之始源的问题。依照《庄子注》,万物是起于阴阳二气之相照,而阴阳二气则起于元气,所以学界以"一"为元气的观点也具有相应的合理性②。郭象说:

> 言有形者善变,不能与无形无状者并存也。故善治道者,不以故自持也,将顺日新之化而已。(《庄子·天地注》)③
>
> 与日新俱,故无始也。(《庄子·在宥注》)④
>
> (……尝为汝议乎其将) 试议阴阳以拟向之无形耳,未之敢必。(至阴肃肃,至阳赫赫;肃肃出乎天,赫赫发乎地) 言其交也。(《庄子·田子方注》)⑤
>
> 凡此事故云为驱舍,近起于阴阳之相照,四时之相代也。(《庄子·则阳注》)⑥
>
> 夫极阴阳之原,乃逐于大明之上,入于窈冥之门也。(《庄子·在宥注》)⑦

显然,元气是无形无状者,它是阴阳之源;同时,因为万物均起于阴阳之相照,所以元气也是天地万物的本源和始源。有形则有始,无形则无始。元气无形,故元气无始。而且,依照《庄子注》,由于"至道乃至无","一无有则遂无矣。无者遂无,则有自欻生明矣"

---

① 汤一介:《郭象与魏晋玄学》,第259页。

② 这也就决定了对万物各自"性命"的理解不能够秉持气性论、质性论和才性论的理论立场。这是因为,如果以物之性命来源于对元气、阴阳五行之气的禀赋,并以气禀的种类、厚薄、多少、清浊等来作为物之类别和存在差异的依据,则万物的"性命"就都是有待的,是有来源和条件的。显然,这违背了郭象哲学关于物"性"之无待、自生的根本性理论立场。

③ 郭庆藩:《庄子集释》,第429页。

④ 郭庆藩:《庄子集释》,第397页。

⑤ 郭庆藩:《庄子集释》,第712页。

⑥ 郭庆藩:《庄子集释》,第915页。

⑦ 郭庆藩:《庄子集释》,第382页。

(《庄子·庚桑楚注》)①，所以，没有一个"至道"之类的"造物者"
"真宰物"等在元气之前，去作为元气的母体和来源而存在。这样，
作为万物之本源和始源性存在，元气无始，它本身是不生不灭、永恒
的、原初的"一"，是超越于外在感觉经验的"无物之像，无状之
状"，是所谓"窈冥"式的无形存在。这是一方面；另一方面，在郭
象《庄子注》中，元气可以作为阴阳、天地万物的来源和始源，却不
能够作为阴阳、天地万物存在的根据而存在，这是因为无论阴阳之气，
还是天地万物，它们都是自本自根的，是以各自独立、无待的"性
命"本体作为它们存在的依据的。万物存在的根据都在于自身内的
"性命"，而不在于它们存在之外的任何超越物，包括元气。这是需要
加以强调说明的②。要之，元气无始，没有其他存在作为其母体存在，
它就是天地万物的始源。作为有形万物的来源，无形的元气是一种原
初性的存在。

　　进一步，若"一"为元气，则对于所谓"至一"的含义，以及
"夫一之所起，起于至一，非起于无也"的命题，亦可有新解。依照
前面所引《庄子注》中关于"至一"的原材料，可知其基本含义是
"物皆自然，故至一也"，因此，在"有""有物"为个体有形物的情
况下，它主要表示的是个体物与其生发母体，以及生发环境中的其他
相关他物之间的"俱生"而"玄合"，"独化"而"相因"的并存与
协调关系；而在"有""有物"为天地万物的总体，以及"一者，有
之初"被解读为无形元气的情况下，由于元气无始，它没有从母体中
生发出来的问题，故所谓"至一"的范畴，它所指谓的就只能够是无

---

　　① 郭庆藩：《庄子集释》，第 802 页。
　　② 王晓毅先生以"一"指无形元气，"至一"大概指逻辑上最原初的"元气"，同时强调
了"一"与"至一"之间的并存而非生成关系（见王著《郭象评传》，南京大学出版社 2006 年
版，第 242 页）。笔者不赞同这一观点，理由在于郭象《庄子注》中"至一"的基本含义是"物
皆自然"，不能够理解为"性"本体界，且"元气"与"逻辑上最原初的元气"之间是体用关
系，不是并存关系。在郭象思想中，元气无始，所以亦无始地自然具有逻辑上的原初性（实际
上是无始性）的"元气"概念作为其"性命"，二者的关系是"自生"的，是在"至一"阶段
就自然合一的。

始元气和那些与其相涉、并存的环境与他物，它们之间关系的问题①。这种从无始以来就与元气能够并存、相涉的环境和他物，在《庄子注》中，应该只有时间和空间，也就是"宇"和"宙"②。郭象注解"宇""宙"，说"宇者，有四方上下，而四方上下未有穷处"，"宙者，有古今之长，而古今之长无极"，可见在他那里"宇""宙"作为客观时空，正是独立、无限，从而也是无始和无终的"有"和"有物"。在郭象《庄子注》中，由于阴阳五行之气，还有天地万物等均是以元气为母体生发而出的，它们都不是无始的，而所谓"真宰物""造物者"等又是无，是不存在的，则能够无始存在的就只有元气，以及作为客观时空的"宇""宙"。这样，若以"一"为元气，则所谓"至一"，其含义应该是指"元气"与客观时空，也就是"宇""宙"之间的一种"物皆自然"的无始关系。在这种关系下，元气与"宇""宙"时空，它们彼此各"自生"而"并存"，各"独化"而"相因"，存在着一种自然而然的"俱生""协调"关系。在这种关系下，所谓"夫一者，起于至一，非起于无也"，就是说指谓着这种与无始时空的关系构成了元气作为天地万物始源之客观存在的外在环境，故从无始以来元气就存在于无始的时空之中，无始的时空之中也自然地弥漫着无始的元气，二者不可分开，否则就会存在无气的虚空状态，就会导致类似《淮南子·天文训》之"道始于虚霩，虚霩生宇宙，宇宙生气"③这样的宇宙发生与演变进程。显然，这种推重"虚无"的宇宙发生论进程是与郭象哲学之推重"有""有物"的根本理论立场相背离的。

元气是天地万物的始源，但是它不是天地万物的本原。所谓本原，依照亚里士多德的看法，是"万物始所从来，与其终所从入者，其属

---

① 暴庆刚：《反思与重构——郭象〈庄子注〉研究》，南京大学出版社 2013 年版，第 215 页。

② 郭庆藩：《庄子集释》，第 800—801 页。

③ 刘安著，陈广忠译注：《淮南子》，中华书局 2012 年版，第 103 页。

性变化不已，而本体常如"①的存在。元气作为天地万物的始源，与气作为天地万物的本原，二者间是有区别的。一般说来，作为天地万物的始源，元气实际上是指一种混沌式的原始物质，这种混沌式的原始物质只存在于世界的开端，在它产生和分化出阴阳、五行之气，然后由后者产生出天地万物之后就消散、分化和不存在了。换句话说，元气存在于万物之先，但是它不可能存在于万物之中、之后。但是，作为天地万物的本原，气则是一种基本材料，是万物生成的基本元素，它不仅可以存在于天地万物、现存世界之先，而且也必然存在于天地万物和现存世界之中、之后②。在《庄子注》中，郭象所谓"气"，显然应该是主要作为万物之基本要素而存在的，是天地万物的本原，而不是始源。郭象说：

（彼以生为附赘悬疣）若疣之自悬，赘之自附，此气之时，聚，非所乐也。（以死为决疣溃痈）若疣之自决，痈之自溃，此气之自散，非所惜也。（《庄子·大宗师注》）③

此言一气而万形，有变化而无死生也。（《庄子·至乐注》）④

虽变化相代，原其气则一。（《庄子·寓言注》）⑤

（生有所乎萌，死有所乎归）萌于未聚也。归于散也。（《庄子·田子方注》）⑥

显然，这样理解中的"气"只可能是天地万物的构成材料。一物之生，此乃气之聚；一物之死，则是气之散。所谓"一气而万形"，则是在无限的时间之流中，以气为同一质料和构成基础，有形物之间此生彼死，此起彼伏，它们之中存在着一个连绵不绝、无限流转的过

① ［古希腊］亚里士多德著：《形而上学》，吴寿彭译，商务印书馆1996年版，第7页。
② 程宜山：《中国古代元气学说》，湖北人民出版社1986年版，第108页。
③ 郭庆藩：《庄子集释》，第269页。
④ 郭庆藩：《庄子集释》，第62页。
⑤ 郭庆藩：《庄子集释》，第951页。
⑥ 郭庆藩：《庄子集释》，第713页。

程。由于万形同气，"虽变化相代，原其气则一"，所以气是单纯的，是具有同一性质的。气既在个体物的具体物形之外，又入于每一个体物的物形之中，所以气是连续的，是具有可入性的。天地万物均以气为本原，来自于它，又复归于它，这样理解的"气"就是原初质料，是原始物质，它无形无名，却是一切有形物的本原和基础。这是一方面；另一方面，这种原初性的质料之"气"，应该同时也是作为始源性"元气"，以及"宇宙"（时空）的质料基础。依照郭象的论述，任何"有""有物"，均以"气"为其质料之基础。"元气""宇宙"也是"有""有物"，它们的质料基础也是"气"。"元气""宇宙"是以"气"为质料因，而以"元气""宇宙"各自的"性命"（从认识论的角度看是"元气""宇宙"的概念）为它们的形式因，在质料因与形式因相结合的无始过程中于"至一"的阶段里"无因"而"自生"、"独化"而"自成"的。在此"至一"阶段，无论"元气"之弥漫于无始的"宇宙"之中，或是"宇宙"之中自然充满了无始的"元气"，它们的存在，以及彼此之间的"相因""玄合"关系都是建立在以"气"为质料的基础之上，它们也都可以说是"一气"之"流行"的产物与表现。

在《庄子注》中，"气"不仅是万物生成的质料因，也是万物生成的动力因。郭象说：

> （天地之强阳气也，又胡可得而有邪！）强阳，犹运动耳。明斯道也，庶可以遗身而忘生也。（《庄子·知北游注》）[1]
> 运动自尔，无所稍问。自尔，故不知所以。（《庄子·寓言注》）[2]
> 气自委结而蝉蜕也。（《庄子·知北游注》）[3]

在郭象的思想中，一切"有物"，包括元气、阴阳五行之气，还

---

[1] 郭庆藩：《庄子集释》，第740页。
[2] 郭庆藩：《庄子集释》，第960页。
[3] 郭庆藩：《庄子集释》，第740页。

有天地万物等无时无处不在运动之中。即使是看上去处于静止状态的物体，它们也都是"日新"不已的，"夫无力之力，莫大于变化者也；故乃揭天地以趋新，负山岳以舍故。故不暂停，忽已涉新，则天地万物无时而不移也。世皆新矣，而自以为故；舟易矣，而视之若旧；山日更矣，而视之若前。今交一臂而失之，皆在冥中去矣"（《庄子·大宗师注》）[1]。由于万物均由气聚而生，气散而死，所以万物的变化过程其实是气的聚散过程。这一过程，从聚散、变化的角度何以可能呢？在郭象看来，这不可归因，亦无从追问。换句话说，气自聚自散，它自然成为万物生成的动力因，这一点是气的本质特性，是气之"性命"中的自然之"理"。"但往来不由于知耳，不为不往来也。往来者，自然之常理也，其有终乎！"（《庄子·知北游注》）[2]。可见，往来是自然之常理，为物"性"自有，也为气"性"自有，故不知所以，而无所稍问也。换句话说，"气"依照其自身的"性命"而自聚自散，自然成为万物生化的动力因，至于其何以如此的原因，则是无从追问的。

接下来，请问："气"能否作为"独化"的主体而独立存在呢？笔者认为，这是可以的。看下面郭象的相关论述：

> （夫大块噫气，其名为风）大块者，无物也。夫噫气者，岂有物哉？气块然而自噫耳。物之生也，莫不块然而自生，则块然之体大矣，故遂以大块为名。（《庄子·齐物论注》）[3]
>
> （气也者，虚而待物者也）遗耳目，去心意，而符气性之自得，此虚以待物者也。（《庄子·人间世注》）[4]

关于"夫大块噫气，其名为风"句，成玄英《疏》曰"大块者，

---

① 郭庆藩：《庄子集释》，第 244 页。
② 郭庆藩：《庄子集释》，第 753 页。
③ 郭庆藩：《庄子集释》，第 46 页。
④ 郭庆藩：《庄子集释》，第 147 页。

造物之名，亦自然之称也。……大块之中，噫而出气，仍名此气而为风也"（《庄子·齐物论疏》）[1]，而郭象否定造物者的存在，故其注文曰"大块者，无物也"。"气块然而自噫"，则"气"为独立的实体，它"块然而自噫"的过程就是其作为主体去"块然而自生"的"独化"历程。又，《庄子》曰"无听之以耳而听之以心，无听之以心而听之以气"，其中的"气"与"耳"、"心"并立，是人作为个体物中的部分存在。如前所论，郭象哲学中"独化"的主体可以是个体物，也可以是个体物的部分存在，故在"遗耳目，去心意，而符气性之自得"句中，他所言之"气"是"独化"的主体，其"独化"过程是"气"之"性"能够"自生""自得"出来的过程。

如果说上面原材料中的"气"还可能是"殊气"，而不是作为万物质料基础的纯一之"气"的话，则可以再看郭象的论述：

> 若身是汝所有者，则美恶死生，当制之由汝。今气聚而生，汝不能禁也；气散而死，汝不能止也。明其委结而自成耳，非汝有也。（《庄子·知北游注》）[2]
>
> （夫圣人……千岁厌世，去而上仙；乘彼白云，至于帝乡）夫圣人极寿命之长，任穷通之变，其生也天行，其死也物化，故云厌世而上仙也。气之散，无不之。（《庄子·天地注》）[3]
>
> （将以生为丧也，以死为反也）丧其散而之乎聚也。还融液也。（《庄子·庚桑楚注》）[4]

在以上诸条注文中，"气"均乃构成"身"之材料、质料。此"气"，它自能"委结"而成形，此为物之生；又能"散"而"还融液也"，此为物之死。圣人之形不异凡人，也有生死之变，故郭象理

---

① 郭庆藩：《庄子集释》，第46页。

② 郭庆藩：《庄子集释》，第739页。

③ 郭庆藩：《庄子集释》，第422页。

④ 郭庆藩：《庄子集释》，第803页。

性化解读《庄子》中带有神仙家色彩的原文，而以"气之散，无不之"来注解"乘彼白云，至于帝乡"，可见"气"之为独立性的实体存在。此"气"之散，结果是"还融液也"，这说明"气"作为本原性质料，与西方哲学中彼此隔绝而不相涉入的原子不同，它具有可入性特征，是可以彼此之间融为一体的；同时也说明，作为万物的质料因，"气"是一个哲学性的概念，相当于一般性的物质存在，是可以涵括固态、液态和气态等各种物质现象，而作为它们的原初性基础而存在的①。要之，"气"是万物的构成质料，它可以存在于万物之中，此时它为个体物之质料因；它也可以存在于万物之外，此时它以客观性的实体物而独立存在。"气"是"有""有物"，是可以作为"独化"主体而存在的。②

　　气的"独化"过程即是"一气流行"的过程。在气的质料基础上，元气首先生发出阴阳之气，然后再由阴阳之气生发出天地万物，天地万物再以不同种类蝉蜕，也就是依照气类不同而各自以形相生，这是一个连绵不绝的"气化"过程。依照如上所析，这一"气化"过程，可以大致区分为以下几个阶段：（1）"至一"的阶段，也就是无始时空中的元气之自生自成阶段。在这一阶段中，元气是无始而自生

————————

　　①　可以参考张岱年先生对"气"作为哲学范畴与常识范畴之区别的分析，见张岱年等著《中国哲学范畴集》，人民出版社 1985 年版，第 115—116 页。

　　②　既然"气"可以作为独立的实体而存在，那么，"元气"与"气"之间孰先孰后呢？此问题在郭象体系中似颇难回答。"元气"之为"元气"，就在于它是天地万物的始源，与时空，也就是"宇""宙"一样是无始的存在，而它们的质料因都是"气"，都由"气"构成，并自然地、无始地具有自身的特殊的作为"元气"或"宇宙"（时空）的本性、性命去作为它们各自存在的形式因上的依据。在这个意义上，似乎"元气"与"宇宙"应该是第一位的，"气"则应该是非独立的、只应该作为质料基础而存在的东西；但是，如上所述，在郭象《庄子注》中，"气"可以作为独立的单纯实体而存在，而它作为万物（含元气、时空）的质料因和动力因的性质正是"气"之为"气"的"性命""本性"所在。这样，当"气"作为"元气""宇宙"的质料基础而在先，同时它又可以独立存在的情况下，即存在着一条将"气"本原化和始源化，认为时空、宇宙即气，元气、阴阳之气、万物亦均即气的这种类似于张载"知太虚即气则无无"的"气"本论的哲学理路。当然，这只是笔者对此问题的玄拟，郭象自身应该是没有意识到这一问题，"气"在他那里主要是为解决物之聚散的生死问题服务的，目的在于在气化的流转中泯除死生界限，从而获得超越性的恬淡境界。

的，时空（"宇""宙"）也是无始而自生的。元气与时空之间是各自
"独化"而"相因"，各"自为"而"俱生"、并存的关系。在此阶
段，无论时空（"宇""宙"）还是"元气"，它们的质料基础都是
"气"；（2）"一者，有之初"的阶段，也就是由元气生发阴阳之气的
阶段。在这一阶段，元气作为阴阳之气生成的母体而存在，阴阳之气
从元气中生发出来。"元气"依照自身的"性命"而"独化"，然后
有"元气生发阴阳之气"的方面实现出来。同时，阴阳之气依照自身
各自"性命"而"独化"，然后是"阴阳之气从元气中生发出来"的
方面实现出来。这两个方面彼此各自"独化"而"相因"，再"相
因"而"玄合"，从而使得"元气"生发"阴阳之气"的客观事实得
以完成。显然，这一过程也是建立在以"气"为质料因的基础之上
的，是"一气"之"流行"的具体表现；（3）"一气而万形"的阶
段，也就是万物之以形相生，气自委结而蝉蜕的阶段。在这一阶段，
由于阴阳之气的相因相照，天地万物生发出来。万物生发出来后，它
们各自以类蝉蜕，以形相生，其生成的质料因和动力因在于"气"之
自化，而其生成的目的因和形式因则在于万物各自的"性命"。由于
有形之个体物的"独化"即是其之由生而死的自然历程，而在生死之
际的瞬间性时点上，"生者"乃"独化"而生，"死者"亦"独化"
而死，"死者"与"生者"各自成体，独化而足，从而相互之间也是
一种因"独化"而"相因"，各"自为"而"相济"的"俱生"、并
存关系。这样，所谓"一气而万形"，在空间上它表现为万物之间的
俱生、并存，而在时间上则表现为"有物"之"一受成形"，即"化
尽无期"的无垠流转历程。在时间的线性方向上，个体有形物此起彼
伏，接踵而起，它们生死相代的流转过程建立在一气流行之持续无间
的基础之上。所谓"气"之独化，作为"气"之"性命"的自然实
现，也就是通过它作为天地万物的质料基础，从而在时空之中表现和
展开的过程。

　　总之，所谓"有""有物"，无论它是个体物及其部分，或是其瞬
点式的存在，或是气，还有如元气、阴阳之气等，它们都可以是"独

化"的主体，它们的"自生"与"独化"也都表现为一个在时空框架内予以展开和实现出来的过程。就个体物及其部分而言，它们的"独化"表现为一个有"初""始"，亦有"终""卒"的发生和完成的自然过程，从而突出了时间的持续性特征；而就个体物的瞬点式存在而言，它们的"独化"则表现为一种连绵不绝，却又刹那生灭的，且彼此间乃是独化而相因、自为而互济式关系的"遇命"之流，从而突出了时间的间断性特征；气是天地万物的质料意义上的本原，气之"独化"首先表现为元气与时、空存在之间在无始状态下自然性的并存、俱生，然后表现为元气生发出阴阳之气和天地万物，以及在天地万物之间以形相生，"一气而万形"的自然过程，从而突出了时间的无限性和单向流逝性特征。就郭象在《庄子注》中的时空框架看，他的时间观主要是传统性和古典性质的，与海德格尔、胡塞尔等人的现象学时间观，以及与柏格森等人的绵延性时间观等是有明显区别的。郭象对"有"、"有物"之"自生"和"独化"的探讨是在其时空观的思想背景下进行的，对其思想中的时空架构部分，尤其是其时间观的分析也有助于厘清和衡定其哲学思想中的古典性和传统性特征①。

---

① 以海德格尔为例，其在《存在与时间》一书的开头就标明该书的主旨是依时间性阐释此在，解释时间之为存在的超越视域，而他所理解的时间性为"原始的本真的时间性"，在其中过去并未消失，将来也不只是过去和现在的继续，而是规定着过去和现在。在一定意义上说，海德格尔的时间不是从过去流向现在和未来，而是通过向将来的超越而获得过去和现在。换言之，对此在来说，其过去、现在和将来都总是在场，并构成为一个统一的整体。这与传统哲学中的古典性时间观是不同的。依照传统哲学中的时间观，时间是对物体的一种运动的计量，其着眼点是在于存在物的每一瞬点式的现在，过去已经流逝而一去不复返，未来则是尚未到场，而过去、现在、未来表现为一个直线型的无限的单向的流逝过程。通过对郭象思想中其时间观的分析，显然应该属于传统哲学中的古典性时间观，而不是海德格尔式的带有回旋式结构的现象学时间观。由此，笔者以为，我们不能够以海德格尔的存在论为主要参照体系来分析郭象的哲学思想。关于海德格尔时间观的分析，可参考刘放桐等编著《新编现代西方哲学》，人民出版社 2000 年版，第344 页。

第 三 章
独化与相因

摘要:"独化"说是郭象《庄子注》思想中的核心性内容。物之"独性"中既存在着由"属+种差"到"种+个体差"的立体性结构,也存在着由"自物—他物"到"自物—世界"的横向性结构。个体物以自身之"独性"为依据,在"初"时将之落实在个体物之物"形"中,从而在物"形"之现象界中将此"独性"由始而终,由内而外,进而本末合一,体用合一地实现出来,此即该物之"独化"。所谓"相因",可以首先理解为物、物在现象界中的相互作用、影响和因果关系,理解为彼此之间的相生与相待,但是其更重要的含义则在于此种相待关系的独特的、由各自为而彼此相济,然后再玄合之的实现机制。从形式因和目的因的维度,"独化"说建立在"性本"论的基础之上。从质料因和动力因的维度,"独化"说建立在"气化"论的基础之上。郭象的"独化"说应该主要是一个古典哲学性质的思想体系,亚里士多德关于物之分析的"四因"说框架将有助于对物之"独"性及其"独化"过程的深入分析。

早在 20 世纪 40 年代,汤用彤先生即言"'独化于玄冥之境',此语颇难解,懂得此语即懂得向郭之学说"①。承继之,汤一介先生进而

---

① 汤用彤:《汤用彤全集(第四卷)》,河北人民出版社 2000 年版,第 360 页。

指出，"如果说'有'是郭象哲学体系中最普遍的概念，那么'独化'则是他的哲学体系中的最高范畴"①。可见，"独化"说确实是郭象《庄子注》思想中的核心性内容，也因之成为学界郭象研究的重点所在。就当前大陆学界而言，对郭象"独化"论思想的研究或沿着性本体论的理路，认为"独化"主要是从动力因的维度对事物"自性"之内在决定作用的强调，并因此建立在所谓"玄冥之境"的物"性"本体界的基础之上②，或沿着现象学的理路，认为郭象所谓"独化"是一个内容丰富的范畴，其中既具有物、物间各自为而相济的"外相因"结构，也具有"有"、"无"互动的"内相因"结构，而其关键则在于物"性"中之活"无"的存在和作用③。在上述学界研究的基础之上，通过对《庄子注》原材料的进一步分析，我们认为，郭象所谓"独化"是一个贯通于本体界与现象界的综合性概念，可以应用亚里士多德关于物之分析的"四因"说框架来对其加以分析。具体来说，对《庄子注》中"独化"说之本体界的理解，需要主要从形式因和目的因的维度，将其与郭象所谓"性"本论的思想结合起来进行分析；而对"独化"说中之现象界的理解，则除了形式因和目的因维度的分析外，还需要从动力因和质料因的维度，将其更多地与郭象所谓气化论的思想结合起来进行分析。但是，让我们先从对《庄子注》中所谓物之"独"性的分析开始。

一　物之"独"性

在《庄子注》中，"物"是一个基础性范畴。依据相关检索，除去《庄子序》中的六笔外，在《庄子注》全篇中郭象共使用"物"范畴近千处④。就郭象对"物"范畴的使用看，多以"万物"的形式出现，如

---

① 汤一介：《郭象与魏晋玄学（增订本）》，第 242 页。
② 王晓毅：《郭象评传》，第 253 页。
③ 康中乾：《有无之辨》，人民出版社 2003 年版，第 290 页。
④ 此处结果系应用"中国哲学书电子化计划"网站的检索功能所得，特此加以说明。

"天地以万物为体，而万物必以自然为正"（《庄子·逍遥游注》）①，"提挈万物，使复归自动之性"（《庄子·在宥注》）②，"其言通至理，正当万物之性命也"（《庄子·天下注》）③，等等，所指谓的即是天地间所有事物之总混式和集合式的存在，而所谓"物"即指诸单个的个体事物。作为个体事物，"物"首先是有形体之物，而非无形体之一气、元气等。盖郭象曰"一气而万形"（《庄子·至乐注》）④，"一受成形，则化尽无期"（《庄子·田子方注》）⑤，且在注解《庚桑楚》篇"以死为反也"一句时亦言"还融液也"（《庄子·庚桑楚注》）⑥，可见郭象是承认"一气"作为一种原初性和基础性的质料之类液态性存在的，但他又说"谁得先物者乎哉？吾以阴阳为先物，而阴阳者即所谓物耳。谁又先阴阳者乎？吾以自然为先之，而自然即物之自尔耳"（《庄子·知北游注》）⑦，"物表无所复有，故言知不过极物而已"（《庄子·则阳注》）⑧，可见在天地间能够作为实体形式而存在的只有有形的个体万物，而阴阳之气，作为"一气"的具体化，若以它们为有形体的存在，则可概括而归入"物"的大范畴之内⑨，而若以它们为无形体的存在，则与"一气"一样，在《庄子注》中它们主要是作为质料、材料而存在，缺乏独立性，故亦较少地以实体形式而存在⑩。又，郭象曰"物各有性，性各有极"（《庄子·逍遥游注》）⑪，"终始者，物

---

① 郭庆藩：《庄子集释》，第 20 页。

② 郭庆藩：《庄子集释》，第 396 页。

③ 郭庆藩：《庄子集释》，第 1100 页。

④ 郭庆藩：《庄子集释》，第 629 页。

⑤ 郭庆藩：《庄子集释》，第 708 页。

⑥ 郭庆藩：《庄子集释》，第 803 页。

⑦ 郭庆藩：《庄子集释》，第 764 页。

⑧ 郭庆藩：《庄子集释》，第 915 页。

⑨ 郭象说"凡此事故云为趋舍，近起于阴阳之相照，四时之相代也"（《庄子·则阳注》，第 915 页），"夫极阴阳之原，乃逐于大明之上，入于窈冥之门也"（《庄子·在宥注》，第 382 页），在注解《老子》"生而不有"一句时亦言"氤氲合化，庶物从生"（转引自汤一介《郭象与魏晋玄学》，北京大学出版社 2000 年版，第 320 页），可见在其处阴、阳二气是可以具有实体性和独立性的。

⑩ 这一点，尤其是在"气"不作为万物始源存在，也就是不作为"元气"而论时更是如此。

⑪ 郭庆藩：《庄子集释》，第 11 页。

之极"（《庄子·达生注》）①，而此所谓物之"终始"，实即其"死生"，显然这是以"物"之有形体，以及其形体之有限为前提的。要之，与"一气"之无限、无形相对而言，郭象论"物"，重在强调"物"之有限、有形的特征；其次，与圣王之无极、超越的境界性特征相对而言，郭象论"物"，重在强调臣民作为众庶、群品之存在的有限性和世俗性特征。在郭象看来，"人之生，必外有接物之命，非如瓦石，止于形质而已"（《庄子·山木注》）②；另，在注解《外物》篇"物之知者恃息"一句时，郭象又言曰"凡根生者无知，亦不恃息"（《庄子·外物注》）③，其所谓"根生者"是植物，"恃息"者是动物，且"胎卵不能易种而生"（《庄子·知北游注》）④，可见各种类别的个体事物都是涵括于"物"的范围之内的。但是，就在《庄子注》中的应用而言，尤其是与圣王相对应而言时，郭象所谓"物"往往直接地作为众庶、群品等之世俗性存在的称谓。如《齐物论注》中言"夫自是而非彼，美己而恶人，物莫不皆然"（《庄子·齐物论注》）⑤，"夫物之偏也，皆不见彼之所见，而独自知其所知"（《庄子·齐物论注》）⑥；《人间世注》言"言物无贵贱，未有不由心知耳目以自通者也"（《庄子·人间世注》）⑦；《天道注》言"时行则行，时止则止。自然为物所尊奉"（《庄子·天道注》）⑧，"我心常静，则万物之心通矣。通则服，不通则叛（《庄子·天道注》)"⑨ 等均是例证。在这些例证中，众"物"与圣王相对而论，其内涵是有偏情、是非之群品庶物，而圣王的本质特征则在于无心无情、无是无非，从而心处环中之超越性的精神境界。作为群品、众庶的万"物"，他们是需要

① 郭庆藩：《庄子集释》，第635页。
② 郭庆藩：《庄子集释》，第692页。
③ 郭庆藩：《庄子集释》，第940页。
④ 郭庆藩：《庄子集释》，第742页。
⑤ 郭庆藩：《庄子集释》，第43页。
⑥ 郭庆藩：《庄子集释》，第66页。
⑦ 郭庆藩：《庄子集释》，第152页。
⑧ 郭庆藩：《庄子集释》，第461页。
⑨ 郭庆藩：《庄子集释》，第464页。

圣王以无为治道加以顺应和引导的。要之，郭象论"物"，即指谓着一切有限、有形的个体存在，尤其是身处下位的群品、庶民。

在如上对"物"之内涵加以分析的基础上，我们可以对郭象所论之物之"独"性有着更为深刻的理解。所谓物之"独"性，其理论出发点在于物之存在的特殊性。郭象说：

> 夫物之所生而安者，趣各有极。(《庄子·秋水注》)①
>
> 不问远之与近，虽去己一分，颜孔之际，终莫之得也。(《庄子·德充符注》)②
>
> ……以其性各有极也。苟知其极，则毫分不可相跂，天下又何所悲乎哉！。(《庄子·逍遥游注》)③

显然，由于一物与他物间的差异"毫分不可以相跂"，"虽去己一分，颜孔之际，终莫之得也"，故这种差异不只是现象上的，更且是物"性"上的。物之"性"，作为一个体物之为该个体物的根据，或曰其所以然，是其形式因，而其内涵则主要是其"性"中所具有的抽象之物"理"。郭象曰"物物有理，事事有宜"(《庄子·齐物论注》)④，而这种物物各自具有的物性之"理"，作为某个体物之为该个体物的规定性，其内涵乃是绝对的，故一物与他物之物"性"间在"理"上的差异也是绝对的。这种被绝对化了的殊异之物"性"，尽管它不排斥与其同类间的共通性，但是其落脚点还是在于该物作为个体性的殊异上。这种被绝对化了的殊异之个性，郭象称之为"独"。例如，他说：

> 去异端而任独也。(《庄子·人间世注》)⑤

---

① 郭庆藩：《庄子集释》，第564页。
② 郭庆藩：《庄子集释》，第221页。
③ 郭庆藩：《庄子集释》，第13页。
④ 郭庆藩：《庄子集释》，第84页。
⑤ 郭庆藩：《庄子集释》，第147页。

坐忘任独。(《庄子·在宥注》)①

亡阳任独，不荡于外，则吾行全矣。(《庄子·人间世注》)②

"任独"即是"任性"。所谓"独"，正是独异与独一。这样，通过"独"，以及物之"独"性的概念，郭象把物与物间的差异，进而把物性之殊异推向了极端。这种被推向极端的物之"独"性的原因，可以被付诸于万物所生之"气"作为材料、质料的特殊性。如郭象说"卫君亢阳之性充张于内而甚扬于外，强御之至也"(《庄子·人间世注》)③，"言特受自然之正气者至希也，下首则唯有松柏，上首则唯有圣人"(《庄子·德充符注》)④，等等，即是从所禀赋的"气"在类别、厚薄、多少等之上的不同去对卫君、松柏等之物"性"的殊异加以说明。但是，这种说明，由于"气"之禀赋的差异性归根结底是落在质、量上的区别上论之，而这种质、量上的区别总是具有一定的普遍性和类性，从而难以对个体物之个体性的独异和独一加以说明⑤。故，对物"性"之"独"的追问，个人以为，最终还是要付诸于个体物的物"性"之"理"，并通过一物与他物在各自"独"性之"理"上的差别，去达到

① 郭庆藩：《庄子集释》，第391页。
② 郭庆藩：《庄子集释》，第185页。
③ 郭庆藩：《庄子集释》，第142页。
④ 郭庆藩：《庄子集释》，第194页。
⑤ 若沿用"生之为性"的传统，从气禀的角度对物"性"加以说明，由于"气"主要是作为物之形成的材料、质料，故对同类物之个体差异的分析最后会落到所禀赋的同类"气"之质料在数量多少、厚薄的区分上去。但是，"气"之质料在数量上的区别，它们只能够是量上的，且能够无限地区分下去，所以总还是具有普遍性，仍然不足以作为个体性之为个体性的依据所在，难以真正地对物之独异与独一做出说明。例如，郭象说松柏与圣人同禀赋正气，所禀赋的质料类别是一样的，但为何会有二者的区别呢？这只能够归结于二者在形式因上的"理"的不同。进一步，在此松柏与彼松柏之间，所禀赋之正气更是同类的，若依照气禀论的理路，则二者之别只能够是所禀赋之正气的多少、厚薄之别。故，我们认为，对郭象物"性"之"理"的内涵，主要还是应该从形式因，而不是质料因的角度加以分析。这是一个方面；另一方面，由于物之"独"性包含了个体物的所有特性与关系，因此，其之质料因上的性质与关系也自然是其独特"性命"之内容中的构成与部分，是不能够排除于其外的。所以，在圣人、松柏的"性命"中也自然地具有它们因为"正气"之禀赋所带来的作为万物之"正"的特征，就像一张木桌，其作为木桌的"独"性中也自然包含其因为木之材料所带来的温冷、软硬、易腐、易割等特征一样。

对各个体物之独一和独异的说明。如，郭象说物、物间的区别，"苟之其极，则毫分不可以相跂"（《庄子·逍遥游注》）[1]，"少多之差，各有定分，毫芒之际，即不可以相跂"（《庄子·骈拇注》）[2]，等等，即是将物"性"之"独"解释为一物与其同类物间的个体差，相应地所谓物的"独"性之"理"，作为个体物之为个体物的形式因，其内涵也就是在与其同类物相同之"属+种差"的基础上进一步落实为其作为个体物之"种+个体差"。在常识看来，这种同类个体间的差异多由他物的外在影响、作用所致，故往往不具有必然性，只具有偶然性。但是，在郭象看来，在自然状态下，个体物间的外在不同是由物性间的内在差异，即"个体差"所决定的，故物与物间的差异是必然的，也是绝对的。

从形式因的角度看，郭象所谓物之"独"性在内涵上是一个多层次的内在结构。从郭象对物"性"概念的使用看，他是将个体物所具有的所有特性、属性涵括于其中的。例如，郭象说"马之真性，非辞鞍而恶乘，但无羡于荣华"（《庄子·马蹄注》）[3]，又言"夫民之德，小异而大同。故性之不可去者，衣食也；事之不可废者，耕织也"（《庄子·马蹄注》）[4]，"目能睹，翼能逝，此鸟之真性也。今见利，故忘之"（《庄子·山木注》）[5]，等等，可见所谓物之"独"性也并不排斥其类性、普遍性[6]。类性、普遍性可以区分出多个层次。最大的普遍性、类性是有和无，如"有物之不为而自有也"（《庄子·田子方注》）[7]，

---

① 郭庆藩：《庄子集释》，第 13 页。

② 郭庆藩：《庄子集释》，第 313 页。

③ 郭庆藩：《庄子集释》，第 331 页。

④ 郭庆藩：《庄子集释》，第 334 页。

⑤ 郭庆藩：《庄子集释》，第 696 页。

⑥ 例如，"目能睹，翼能逝，此鸟之真性也"，就可以表述为"鸟是有目能睹，有翼能逝的动物"，其中的"动物"是"属"，而"目能睹，翼能逝"则是"种差"。又如，"夫民之德，小异而大同。故性之不可去者，衣食也；事之不可废者，耕织也"，就可以表述为"民是以耕织为事，以求满足衣食之需的社会角色"，显然也可以纳入"属+种差"的公式之中。又如，"马之真性，非辞鞍而恶乘，但无羡于荣华"，可以表述为"马是能够为人设鞍而乘的家畜"等，从社会性的角度看这一分析也有其合理性。

⑦ 郭庆藩：《庄子集释》，第 712 页。

"非唯无不得化而为有也，有亦不得化而为无矣。是以夫有之为物，虽千变万化，而不得一为无也"（《庄子·知北游注》）①，这是物在"有"方面的普遍特性；又，"明无不待有而无也"（《庄子·大宗师注》）②，"玄冥者，所以名无而非无也"（《庄子·大宗师注》）③ 等，这是物在"无"方面的普遍特性。其他层次的类性、普遍性，如"物各有量"（《庄子·秋水注》）④、"事称其能"（《庄子·逍遥游注》）⑤、"物各有分"（《庄子·秋水注》）⑥ 等，即指出个体物在量、能、分等方面的多种特性，而"文者自文，武者自武，非大人所赐也。若由赐而能，则有时而阙矣。岂唯文武，凡性皆然"（《庄子·则阳注》）⑦ 等，就明确地将文武之能等特征涵括于物"性"之中⑧。依此分析下去，到最低或说最底层次，应该就是所谓"毫芒之际，即不可以相跂"的"个体差"，亦即个体物间的差异性特征。最后，在个体物上，这些不同层次的特征是具有内在结构，能够合为一体的。在个体物之"独"性中，这些不同层次的特征（及其"理"）也是具有内在结构、能够合为一体的。这些特性、属性在任何一个体物上之结构、构成与组合形态，由于它们自成一体、互有差异，故就其自身而言，也都是独一无二的。郭象所谓物之"独"性，或首先即是此个体物在自然状态下的所有特性、属性，以及其相互间的关系所构成的此一体化的，也可以说是立

---

① 郭庆藩：《庄子集释》，第 763 页。

② 郭庆藩：《庄子集释》，第 247 页。

③ 郭庆藩：《庄子集释》，第 257 页。

④ 郭庆藩：《庄子集释》，第 569 页。

⑤ 郭庆藩：《庄子集释》，第 1 页。

⑥ 郭庆藩：《庄子集释》，第 601 页。

⑦ 郭庆藩：《庄子集释》，第 911 页。

⑧ 这些层次，大略而言，可以分为：（1）物质性层面，指阴阳、殊气等相应的构成质料和存在特征。如郭象说"殊气自有，故能常有"（《庄子·则阳注》，第 910 页）等，即应从这个角度理解之；（2）生命性层面，指知、情、欲等本然性生命需求的内容和相应特征。如郭象说"言物嗜好不同，愿各有极"（《庄子·秋水注》，第 606 页），"物皆以任力称情为爱"（《庄子·天下注》，第 1075 页）等即是；（3）社会性层面，指人和万物之社会性、角色性和名教性的内容与特征。如郭象说"言人之性舍长而亲幼"（《庄子·天运注》，第 533 页），"夫仁义自是人之情性，但当任之耳"（《庄子·骈拇注》，第 318 页）等，其内涵即是社会性和名教性的。显然，这些方面和层次都是具有普遍性的，它们之"理"也是可以通过"属+种差"的方式加以把握和分析的。

体性之内在结构、构成与组合形态？而所谓"属＋种差"，以及"种＋个体差"等，或亦即是这种结构、组合与构成形态之具体内容中的基础性方面？要之，物之"独"性是一个多层次的立体性结构，这种结构上的关系是"理"上的，也就是说是具有逻辑性和抽象性质的①。

进一步，在物之"独"性在现象世界中的发生问题上，郭象主张它们是在物生之"初"被赋予物的具体存在之中的。郭象说：

> 初，谓性命之本。(《庄子·缮性注》)②
>
> 初，未有而欻有，故游于物初，然后明有物之不为而自有也。(《庄子·田子方注》)③
>
> 一者，有之初，至妙者也。至妙，故未有物理之形耳。夫一之所起，起于至一，非起于无也。然庄子之所以屡称无于初者，何哉？初者，未生而得生，得生之难，而犹上不资于无，下不待于知，突然而自得此生矣。(《庄子·天注》)④

所谓"初"是一个时间性概念，所表示的是在物之"未生而得生""未有而有"，还"未有物理之形"的那一刹那间，它"突然而自得此生"，不仅仅是其存在，亦还有其"独"性亦"突然而自得此生"了。如是言之，是因为所谓"一"，在郭象思想中，正如"大体各归根抱一，则天地之纯也"(《庄子·天下注》)⑤，"物得所趣，故一"(《庄子·天下注》)⑥，"物皆自然，故至一也"(《庄子·

---

① 笔者以为，亚里士多德关于"本体""第一实体"是个别事物的思考与郭象关于物之"独"性的思考有一定的可比性。对事物个体性内涵之"属＋种差"，以及"种＋个体差"的分析，可参考徐长福在《走向实践智慧》(社会科学文献出版社 2008 年版，第146—152 页) 一书中对亚里士多德以个体物为本体思想的相关论述。

② 郭庆藩：《庄子集释》，第 554 页。

③ 郭庆藩：《庄子集释》，第 712 页。

④ 郭庆藩：《庄子集释》，第 425 页。

⑤ 郭庆藩：《庄子集释》，第 1072 页。

⑥ 郭庆藩：《庄子集释》，第 1086 页。

缮性注》)① 等之所言，一般指的不只是物之"形"，且更是物之
"性"或说，指的是物之"性"与"形"的统一，故此二者都于物
"初"之刹那间发生和定型。这是一个方面；另一方面，也正是因为
此"初"乃是一个时间性概念，故在此"初"中的物之"独"性之
发生，严格意义上讲，即只是指谓着此"独"性在物"形"中的下落
和生发，而不是指谓此物之"独"性及其中之"理"本身的发生。作
为抽象性和逻辑性的"理"之存在，物之"独"性，以及其中的物
"性"之"理"，它们均应该是存在于超时空的本体之域的，其本身之
生发也应该是逻辑性和理念性之概念推演的问题。"初"之为"初"，
以及物"性"在物"形"中的生发（其实是"下落"，或曰"落
实"），即正好可以反推出在物"初"之外和之上的物"性"之独立
的、类似于理念式的存在（至少在认识论上可以这么说），故以物
"性"在郭象哲学中具有本体意义的观点是可以成立的②。问题在于：

---

① 郭庆藩：《庄子集释》，第 551 页。
② 笔者曾经在此徘徊良久。"初，谓性命之本"，对于此命题，笔者曾认为其不能够作为
"性本体论"成立的依据。相反，若郭象说"性命，谓初之本"，则可以认为物之"初"的现象存
在以其"性命"为本体，则可以"性本体论"作为对郭象哲学的概括，但是郭象明言"初，谓性
命之本"，而"初"又明显是一时间性的范畴，指谓着的是物之经验性、现象性的存在，那么怎么可
以"性本体论"来概括其之思想呢？而且，能够在物之"初"时赋予其中，并作为其之终始、生
死过程之依据的，笔者以为应该是个体之基因，故个体物之"性命"实即该物所禀赋之基因，而
物之"独化"的过程也就是将其"初"时所禀赋之"性命"（亦即其基因）自然实现出来的过程，
故应该以"本性论"来概括郭象的哲学，并依照此理路来分析他的其他思想。但是，近年来，笔
者考虑良久，觉得以"本性论"的思想来分析郭象哲学不具有合理性，还是应该坚持以"性命"
为物之本体的观点。如是论断，原因在于：（1）以物之本性为基因（或类似基因的存在）仍然面
临着对基因之为基因的所以然之追问的问题，还是会追问到本体论的根据问题上去，因为基因本身
仍然是经验性的、现象性的存在，仍然可以对其进行所以然式的进一步追问；（2）郭象言"初，
谓性命之本"，是中国哲学体用合一、一个世界的特征的表现，是在强调物之"性命"不与其现象
存在相分离，而是以本然的方式首先"生发"于具体的、特殊的"初"之时间性状态之中，而其
之实现出来的过程却是贯通于物之现象存在的始终。但是，这并不妨碍我们借鉴西方本体论的思
想传统，对这一体用合一的过程进行认识论上的分解，从而将物的"性命"之"理"从其经验现
象中抽离出来，而赋予之以逻辑的、抽象的性质；（3）只有在本体论的立场上，通过物之"性
命"的本体化处理，才能够以其"独性"为依据，而主张物之"性命"上的自生、无待的特征，
并由此确保郭象哲学中个体主义思想原则的确立和证明。如果以物之"性命"为现象存在（包
括以之为基因式的存在），则其必然是有待和他生的，而这违背了郭象思想体系的基本理论立
场；（4）以郭象哲学为"性命"本体论，将有助于分析魏晋玄学从王弼到郭象，以及从郭象到
韩康柏、张湛《列子注》的思想发展，也有助于说明郭象哲学与支遁即色宗思想之间的关系。
关于以"性本体论"为郭象哲学的概括的问题，可参考王晓毅著《郭象评传》，第 236 页。

在本体界域中，物之"独"性本身是如何存在与生发出来的呢？进一步，在本体界域，一物之"独"性何以为此"独"性，其理由和依据何在呢？以物之"独性"本体为依据，在现象界域中，此逻辑性的物之"独"性又是如何在"初"时下落和落实到物"形"之中，并与后者一起同时生发和定位出来的呢？

显然，对这些问题，郭象的回答是此乃"上不资于无，下不待于知"的自然、自化的过程，而对此自然、自化过程的进一步追问，则曰"夫一之所起，起于至一，非起于无也"。然则，对此"至一"，我们又当如何理解呢？郭象说：

> 物皆自然，故至一也。(《庄子·缮性注》)①
>
> 不得已者，理之必然者也，体至一之宅而会乎必然之符也。(《庄子·人间世注》)②
>
> 自天地以及群物，皆各自得而已，不兼他饰，斯非主之以太一耶！(《庄子·天下注》)③

可见，关于万物之"一"所起于其中的"至一"（或曰"太一"），它不是一个实体性的存在，否则就会因其"生"物而使得"至一"成为造物者，而这显然违背了郭象"独化"说的基本理论立场；况且，郭象言万物之"初"，乃"起"于而非"生"于"至一"，也说明此"至一"乃是一种万物之各一的状态，在其中能够作为实体形式存在的只是万物各自的个体性存在自身。进一步，由于在此"初"中之"一"中既有物之"形"，亦有物之"性"，故在此"至一"状态中的物与他物的关系，也应该分别从"形"和"性"（也就是现象

---

① 郭庆藩：《庄子集释》，第551页。
② 郭庆藩：《庄子集释》，第149页。
③ 郭庆藩：《庄子集释》，第1094页。

界和本体界）两个方面去加以分析①。具体来说，从本体界的角度看，"至一"实乃万物"独"性之各自"一"而不相"待"的状态，此乃物"性"之无待与自生；从现象界的角度看，物、物之各自"独化"却并不排斥它们彼此之间实际上存在着的"有待""相待"之相互作用和影响（所以万物之逍遥实乃有待的，而非无待的），但是这种"相待""有待"之关系的实现却是通过它们彼此间"自为"而"相因"的特殊实现方式予以完成的②。由此，我们将进入到对郭象《庄子注》中"相因"范畴含义的分析。

二 "相因"的含义

"相因"是郭象玄学思想的中心范畴之一。在自然观的维度上，通过"独化而相因"的命题，郭象对传统道家之"道常无为而无不为"的自然机制作出了具有独特性的诠释，在思想史尤其是在《庄》学诠释史上占有重要地位。

---

① 在郭象的哲学思想中，尽管他认为物之"独性"不具有独立性的实体存在，而只是以形式因的方式存在于物"形"的现象之域，但是这并不妨碍我们从认识论的角度将其予以剥离和抽象出来，进而认为在其思想中存在着本体界与现象界的区分，并因此形成一个"性"本论的思想体系。在现象界与本体界两分的理路下，所谓"无待""自生"就只是郭象关于物"性"本体的概念，而在现象界是不存在无待的、自生的事物的。若问：何以非要主张物之"独"性为"无待"而"自生"？答曰：唯有如此，方能赋予事物自身之"独"性以本体论上的首要位置，并因此将个体性原则上升为理论建构的首要原则。这一点，可以说是郭象哲学在中国哲学之思想传统中真正具有创新性的地方，也是他作为独特性思想家之地位得以奠基于其上的关键所在。

② 问：为什么在本体界中的物之"独"性无待、自生，而在现象界中的物之存在则是有待、相待的呢？答曰：从四因说的角度看，物之"独"性的无待、自生主要是从形式因的角度言之的，但是物"性"之实现到现象领域之中还涉及目的因、动力因和质料因的作用的问题，而在后三方面是需要相应的条件方才能够完全实现出来的。例如，就动力因而言，物"性"之实现要求自发、自动的自然实现机制，而这就要求万物自身的安命、守分，而这却是有条件的。又如，在本体界的物与他物的"独"性之"理"间存在着彼此的协调、配合关系，但是因为彼此无待、封闭，故不存在相互间的作用和影响的问题，所谓物"理"之间的相因、玄合也是自然之道本身，并因此具有前定、给定和命定的特征；但是，在现象界中，物与他物彼此间的配合和协调的问题间，由于涉及具体感性经验的问题，从而使得它们之间关系的实现存在着错位和失落的可能。

　　"相因"中的"因"字，《广韵·真韵》说，"因：托也，仍也，缘也，就也"；《说文解字·口部》说"因：就也。从口、大"，又，关于"就"字，《说文解字·京部》曰"就：高也。从京从尤。尤，异于凡也"，桂馥注："此言人就高以居也。"孔广居注："京，高丘也。古时洪水横流，故高丘之异于凡者人就之。"可见"就"义主要可以理解为"趋就"的意思。这样，"因"的含义，"托也，仍也，缘也，就也"，就是依托也，仍袭也，因缘也，趋就也。由此可见，"因"既有因果关系上之因缘、原因、依据的含义，也有行为方式上之因顺、因仍、因袭的含义。这两方面的含义既有联系，也有区别。

　　以此为据，"相因"的含义相应地可以分为两个方面：一是指事物之间的相互作用和相互影响，在它们之间存在着因果关系的客观事实；一是指双方之间对对方的因顺、顺应，指它们彼此间关系的特殊实现方式。换言之，"相因"一方面意味着相关双方间因果关系的存在，意味着相关双方之间存在着的相互作用和影响；另一方面则是指这种因果关系的实现要采取彼此因顺、相互顺应的特殊方式。这样的理解，在《庄子注》中，有直接论述：

　　　　夫物之偏也，皆不见彼之所见，而独自知其所知。自知其所知，则自以为是。自以为是，则以彼为非矣。故曰彼出于是，是亦因彼，彼是相因而生者也。[①]

　　这是郭象在注解《庄子》"彼出于是，是亦因彼，彼是方生之说也"一句时说的，其中"相因而生"是对"彼出于是，是亦因彼"（所谓"方生之说"）一句的直接解释。何谓"方生"呢？《说文解字·方部》说"方：并船也"，则"方生"者，并生也。"彼""是"之间，正如"是""非"之间一样，它们相对而生、相依并存，故此处之"因"乃依据、原因、缘由之意，而在郭注中所谓"彼是相因而

---

① 郭庆藩：《庄子集释》，第66页。

生"，其含义也是指彼、是之间乃相互依赖、相互影响、彼此作用而生，故"相因"就有了相互依托、相互影响、彼此作用的含义。在本句中，郭象对"相因"范畴的使用是随文作注，其注文是对《庄子》原文内容的简单解释。但是，这恰恰说明在郭象处，其所谓"相因"，是包括了相互作用、互为依据、彼此影响等含义的。

但是，作为《庄子注》中的重要范畴，郭象对"相因"概念的使用主要是与"独化""玄合"等概念联系在一起使用的。郭象说：

> 世或谓罔两待景，景待形，形待造物者。请问：夫造物者，有耶，无耶？无也？则胡能造物哉？有也？则不足以物众形。故明众形之自物而后始可与言造物耳。是以涉夫有物之域，虽复罔两，未有不独化于玄冥者也。故造物无主，而物各自造。物各自造而无所待焉，此天地之正也。故彼我相因，形景俱生，虽复玄合，而非待也。明斯理也，将使万物各反所宗于体中而不待于外，外无所谢而内无所矜，是以诱然皆生而不知所以生，同焉皆得而不知所以得也。今罔两之因景也，犹云俱生而非待也，则万物虽聚而共成乎天，而皆历然莫不独见也。①

在原文中，郭象说"众形之自物"，"造物无主，而物各自造"，然后在此万物各"自生""独化"的基础上提出"彼我相因，形景俱生""罔两之因景也，犹云俱生而非待也"的命题，似乎是否认在罔两、景、形之间存在着相互间的作用和影响，否认它们之间存在着相生与因果关系。但是，同样是在《庄子注》中，郭象关于物、物关系的分析又是肯定这种因果关系的存在的。他说：

> 夫竭唇非以寒齿而齿寒，鲁酒薄非以围邯郸而邯郸围；圣人生非以起大盗而大盗起，此自然相生，必至之势也。夫圣人不立

---

① 郭庆藩：《庄子集释》，第111页。

尚于物，而不能使物不尚也。故人无贵贱，事无真伪，苟尚圣法，则天下吞声而暗服之，斯乃盗跖之所至赖而以成其大盗者也。①

从以上文字可以看出，在唇、齿之间，"鲁酒薄"与"邯郸围"之间，"圣人生"与"大盗起"之间，它们在客观上存在着相互作用和相互影响，具有因果和生成关系。只不过郭象强调了这种客观关系在实现上的无目的性，不是相应的主观动机所致。为此，郭象进一步分析说：

天下莫不相与为彼我，而彼我皆欲自为，斯东西之相反也。然彼我相与为唇齿，唇齿者未尝相为，而唇亡则齿寒。故彼之自为，济我之功弘矣，斯相反而不可以相无者也。②

这是对唇、齿间客观上存在的相生与因果关系之实现机制的揭示。此机制，可以概括为"自为"而"相济"。若套用《齐物论注》中描述罔两与景、形之关系的语言，则可以概括为"独化"而"相因"。可见，在罔两、景、形等彼此之间，不是一种线性的、单向的外在归因，而是一种彼我并立、共时俱生的双存格局。关于这种双存格局，一方面，其中的物、物关系，如形生影，影生罔两，等等，它们都是客观存在的，是一种关系性事实。作为一种关系性事实，其对关系的双方都具有客观的实际影响，从而与"相因"范畴的第一层含义（即相互依托、影响和作用的含义）相符合。从表面上看，似乎罔两、影、形之间不存在相互间的依赖关系，彼此互不相待，而各自在独立地发展自己，但是由于它们之间存在着彼此配合的关系，且只有在彼此配合的状态下，二者之间的关系性事实方才能得以实现和完成，因此，如果有一方未曾处于"独化"的状态，那么双方之间的配合就实

---

① 郭庆藩：《庄子集释》，第 349 页。
② 郭庆藩：《庄子集释》，第 579 页。

现不了，相应地会影响到对方"独化"状态的完成，二者间"相因"的事实性关系无法完成。因此，在似不相涉的"相因""玄合"状态下，每一物之"独化"均存在着对相关他物"独化"状态之依赖，彼此互为条件、互相影响与作用，而这种作用和影响，从正面看是一种互济与配合，而当其得不到实现时即一转而成为彼此间的限制和条件。所以，"相因"的含义，在物、物关系上，首先意指双方间的相互作用和相互影响，具有彼此依托、影响和作用之义。而另一方面，郭象在《庄子注》中应用"相因"范畴，主要重在强调建立在各自"独化"基础上的物、物间彼此因果、作用关系之特殊性的实现方式。这种特殊的实现方式，就是物、物间的各"自为"而"相济"，"独化"而"相因"，以及"相因"而"玄合"之彼此因顺和相互顺应的实现方式。对此，郭象进一步说：

> 卓者，独化之谓也。夫相因之功，莫若独化之至也。故人之所因者，天也；天之所生者，独化也。人皆以天为父，故昼夜之变，寒暑之节，犹不敢恶，随天安之，况乎卓尔独化，至于玄冥之境，又安得不任之哉！既任之，则死生变化，唯命之从也。①

"故人之所因者，天也"，且"人皆以天为父"，则此"因"乃因顺、顺应之义，故"昼夜之变，寒暑之节，犹不敢恶，随天安之"。同理，"相因之功，莫若独化之至"，则物、物间的"相因之功"乃是它们彼此之各自"独化"的结果。既然是各自"独化"，当然首先是自身之"独化"，然后则是对对方之"独化"状态的因顺和顺应，以及因此而来的彼此间的默契、玄合。这种默契之"玄合"，作为物、物彼此因顺、顺应的结果，就是所谓"相因之功"。因此，在此处，郭象所谓"相因"之"因"，其含义主要是因顺、顺应之义，"相因"即指物、物彼此之间的相互因顺和顺应，而所谓"玄合"者，亦即是

---

① 郭庆藩：《庄子集释》，第241页。

指谓由此相互的因顺、顺应所带来之物、物彼此间的默契、协调与配合。要而言之，在物、物关系上，"相因"具有相互影响、相互作用，以及彼此因顺的双重含义，且后者建立在前者的基础之上，是以彼此因顺的方式实现它们之间相互影响、相互作用的客观关系。这是我们在分析郭象的"相因"范畴时首先需要加以明确的。

三　"性本"、"独化"与"相因"

让我们再回到《庄子·齐物论注》之"罔两待景"一段注文。在该注文中，郭象说：

> 世或谓罔两待景，景待形，形待造物者。请问：夫造物者，有耶，无耶？无也？则胡能造物哉？有也？则不足以物众形。故明众形之自物而后始可与言造物耳。是以涉夫有物之域，虽复罔两，未有不独化于玄冥者也。故造物无主，而物各自造。物各自造而无所待焉，此天地之正也。故彼我相因，形景俱生，虽复玄合，而非待也。……（《庄子·齐物论注》）①

在此处，郭象无待论的论证逻辑就建立在其物之"独"性的概念之上。盖所谓"罔两→景→形→造物者"之线性追因链条，其实即是人之常识，亦即在此归因系列中的相邻两物间是一种外在的决定和被决定的关系。这种外在决定论的关系，由于物形与物"性"之间是本末、体用的关系，故此本末、体用关系随着线性追因链条而层层追问的结果，就应该不仅在于物形之间，更且在于物"性"之间，也就是说不仅在于罔两之"形"由景之"形"所决定，景之"形"由形之"形"所决定，而形之"形"则最后由造物者所决定，其关键更且在于罔两之"性"由景之"性"所决定，景之"性"由形之"性"所

---

① 郭庆藩：《庄子集释》，第111页。

决定，而形之"性"则最后由造物者所决定。从常识的角度看，现象界的物、物之间在"形"上存在着相待的关系，这种关系是建立在本体界之物、物间在"性"上之相待关系的基础之上的。

但是，"夫造物者，有耶，无耶？无也？则胡能造物哉？有也？则不足以物众形"，造物者是无吗？若是无，是零，根本就不存在，则怎么能够创生万物（及其"性"），作为万物（及其"性"）的根据而存在呢？造物者是有吗？若是有，则是有限的存在，是万物中的一物，又怎么能够创生万物（及其"性"），作为万物（及其"性"）的根据而存在呢？① 故无论是有抑或是无，造物者的存在及其概念都不能够成立，故"形之性→造物者"之链条环节即不成立。进一步，"罔两之性→景之性"的链条环节亦不成立。因为能够如常识般归因的只能够是物、物关系间具有类性、必然性、普遍性和共通性的方面，而不能够是事物中之纯粹个体化的、独特的、偶然的，乃至于具有荒诞性的方面。但是，如前所言，在郭象思想中，就罔两之内"性"而言，其存在的内涵之"理"中不仅具有"属＋种差"的类性的方面，也具有"种＋个体差"的个性殊异的方面，且这些不同层次的物性之"理"是内在统一和合为一体的，个体物之物"性"因此具有独异性与独一性，故无法归因于景之物"性"之上去。此亦即罔两之物"性"之"自生"和"无待"，这也就是郭象所谓"夫物事之近，或知其故，然寻其原以至乎其极，则无故而自尔耳"（《庄子·天运注》）②，"推而极之，则今之有待者卒至于无待，而独化之理彰矣"（《庄子·寓言注》）③ 中所谓"推而极之"和"寻其原以至乎其极"之所谓也。作为个体物之"独性"，罔两之"独性"不能够归因于景之"独性"，景之"独性"也不能够归因于形之"独性"，而形之

---

① 在"有"为"元气"的情况下，也只能够通过气禀的多少、类别、厚薄、清浊等来说明事物的性质，而这种在气禀上的差别，无论在质还是量上，显然它们都无法说明个体物的独一与独异，所以"有也？则不足以物众形"，这一论断即使是在元气处也是成立的。

② 郭庆藩：《庄子集释》，第 496 页。

③ 郭庆藩：《庄子集释》，第 961 页。

"独性"自亦不能够归因于造物者之上①。换句话说，在物"性"的本体之域，各物之"独性"之间彼此并立、互存，但却相互间没有任何逻辑意义上的生成、因果关系。由于各个体物之"独性"乃自生、无待的，故是"非他生"、"非有因"和"非有故"的②，故各物之"独性"之间，正如莱布尼兹之单子一般，其实是彼此封闭，从而没有窗户可供相互之出入的③。由此，在此"罔两之性→景之性→形之性→造物者"之本体界的归因系列中，"形之性→造物者"的链条环节不能够成立；相应地，"景之性→形之性"的链条环节亦不成立。进一步，同样理由，"罔两之性→景之性"的链条环节也不成立。这样，在此本体界之物"性"链条中的每一环节即均断裂、瓦解，每一物之"独"性即各自散落、独立，并彼此隔绝和封闭。能够如此，盖因物"性"之独异和独一，以及由此而来之各个体物之"独性"的自生、自造与无待也。

但是，就现象界而言，郭象又是承认罔两、影、形之间的彼此关系之事实性存在的，只不过他对这些关系的实现给予了其特殊的、相因式的解读。在《齐物论注》之"罔两待景"一段注文中，郭象接着言曰：

> ……故彼我相因，形景俱生，虽复玄合，而非待也。……今罔两之因景也，犹云俱生而非待也，则万物虽聚而共成乎天，而

---

① 当然，这是因为在郭象的思想中所谓"造物者"，无论其为"天"、"道"或是"无"本体等，它们都已经被虚无化了的缘故。否则，对于物之"独性"，若"造物者"真实存在，它是能够作为任何后者之依据而存在的，而不论其乃如何之独异和独一。

② 汤一介：《郭象与魏晋玄学》（增订本），第232页。

③ 换句话说，在物"性"的本体领域不存在物之"独性"彼此间任何的相互作用和影响，因这种相互作用和影响，分析下去即必然转化为物"性"彼此间的相生和因果关系，进而使得物之"独性"是有待的，而不是无待的。但是，这样，就会违背郭象关于物之"自生""无待"的根本性理论立场，而郭象哲学的独特性却主要就建立在这一个体主义本体论的理论立场上。因此，个人认为，我们不能够以物、物间在现象上的相待、有待为依据，而逆推出在物"性"之间也存在着相待、有待的关系。个体物之"独性"应该是封闭的，而不能是开放性的，否则即不能够成其为无待、自生之"独"性。

皆历然莫不独见也。故罔两非景之所制，而景非形之所使，形非无之所化也，则化与不化，然与不然，从人之与由己，莫不自尔，吾安识其所以哉！故任而不助，则本末内外，畅然俱得，泯然无迹。……（《庄子·齐物论注》）①

依照物"性"无待论，在本体界范围内，无论形、影，或是罔两，它们的"独"性都是无待、自生的，在它们间"独"性之关系上彼此分裂、并立与隔离，相互间不存在相生与因果的关系。但是，在个体物自身的范围内，无论罔两、形还是影，依照玄学本末、体用合一的理论原则，他们各自在现象界之具体的存在状态也都是它们本性之外显和外发，因此很容易因为其各自"独"性间的分裂、并立和隔离而认为它们在现象界上也彼此并立、分裂与隔离，而这也正是学界有观点认为"所谓'独化'，从事物存在方面说，是说任何事物都是独立自足的生生化化，而且此独立自足的生生化化是绝对的，无条件的"② 原因之所在。但是，细察郭象在此之所论，有一个问题出现了：罔两由影而生的客观事实，以及由此而来的二者之间所存在的生与所生，母与子进而本与末的关系问题。盖依照这一事实，则至少罔两之外形的产生是来源于其母体"影"之外形，而后者则应归因为"影"之本性的外显和外发。但是，这样就与在个体物自身范围内之罔两的"化与不化，然与不然，从人之与由己，莫不自尔"的"无待"和"自生"的结论相互对立，并进而会导致"罔两→景→形→造物者"的这一线型归因理路重新获得其有效性和生命力。面对这一问题，郭象是如何加以解决的呢？

在此，还就罔两与影的关系而论，郭象首先是把罔两与影二者间相生、相待的外在关系分别转换成了它们各自本性与显现间的本末、内外关系。以罔两为例，其"化与不化，然与不然，从人之与由己"

① 郭庆藩：《庄子集释》，第 112 页。
② 汤一介：《郭象与魏晋玄学》（增订本），第 243 页。

等存在状态都是外在枝末式的表现，其根据在于"内本"之自性，其实现方式是所谓"独见"。这种"独见"的具体机制不能探知，不能够"识其所以"，但只要"任而不助"，则"本末内外，畅然俱得，泯然无迹"，从而能够自动地实现出来。这是从罔两这方面看；但是，若换一个角度，则罔两随影而动的关系也正是影之为罔两所随的关系，二者是同一个关系。从影之角度看，它的为罔两之所随也应该从其"独见"上去加以说明。同样，只要"任而不助"，也能够"本末内外，畅然俱得，泯然无迹"，从而能够完全自动地实现出来。这样，同一个客观的关系性事实，通过将之分为罔两随影，以及影为罔两所随的这样两个不同的方面，然后再将这两个方面分别从罔两和影之各自本性之"独见"的角度去加以说明，其结果自然是"俱生""相因"的性质了；推而广之，则"万物虽聚而共成乎天，而皆历然莫不独见矣"。

显然，郭象是承认现象界里事物之间的各种关系性事实的，与众不同的只是他从"独见"（亦即"独化"）的角度对此所作的解释，而目的就在于既承认事物之间在现象领域中所存在着的客观性的相生、相待和因果关系，同时却又将这种相生、相待和因果关系建立在物"性"之各自独立、隔绝，也就是无待和自生的基础之上。进一步，在郭象看来，在现象领域，物、物间存在着相生、相待的关系，存在着彼此间的相互作用和因果影响，但是这种相生、相待关系的实现，采取的却是事物各自在自身范围内的"自为""独化"（"独见"），以及由此所形成的彼此间之"俱生""相因"的特殊方式。换句话说，在郭象哲学中，其所谓"相因"的含义，可以首先理解为物、物在现象界中的相互作用、影响和因果关系，理解为彼此之间的相生与相待，但是其更重要的含义则在于此种相待关系的独特的、由各自为而彼此相因，然后再玄合之的实现机制。查《庄子注》，关于这种因物、物之各自"自为""独化"，然后彼此间"俱生""相因"的表述还有一些。例如，郭象说：

夫体天地，冥变化者，虽手足异任，五藏殊官，未尝相与而百节同和，斯相与于无相与也；未尝相为而表里俱济，斯相为于无相为也。……（《庄子·大宗师注》）①

天下莫不相与为彼我，而彼我皆欲自为，斯东西之相反也。然彼我相与为唇齿，唇齿者未尝相为，而唇亡则齿寒。故彼之自为，济我之功宏矣…。（《庄子·秋水注》）②

首先，无论"手足异任，五藏殊官"，还是"彼我相与为唇齿，……而唇亡则齿寒"，在"手足""五藏""唇齿"等都存在着彼此之间客观的相互联系、影响和作用，存在着相互间的因果和相生关系，因此，在现象界中，物、物间是不存在着无待、自生的关系的③。所谓无待、自生的观点，它们只能够应用在物之"独"性的本体界域之中，而不能应用于现象界域之中；其次，需要强调的是，物、物间之相生、相待关系的这种独特的"独化"而"相因"、"自为"而"俱生"的实现方式。如在上述注文中，"手足异任，五藏殊官"，且各"自为"而不"相为"，"斯东西之相反也"，这是"独化"，是"自为"；"未尝相与而百节同和"，"未尝相为而表里俱济"，以及"唇齿者未尝相为，而唇亡则齿寒"，这是"相因"，是"俱生"；进而郭象再曰"相与于无相与"，"相为于无相为"，曰"彼之自为，济我之功宏矣"，则他就更将物、物间"独化"与"相因"，以及"自为"与"俱生"之间的因果关系作了贴切的揭示。要之，在物、物关系上，各物之"独化""自生"是因，物、物间彼此之"俱生""相因"才是果。对这一"独化"与"相因"之间因果关系的顺序，我们不能够颠倒过来去加以理解。

进一步，在因"独化"而"相因"的基础之上，郭象的目光向物

---

① 郭庆藩：《庄子集释》，第265页。

② 郭庆藩：《庄子集释》，第579页。

③ 物、物间有彼此的相互影响和作用，也就存在着相应的因果关系。所谓"相因"而非"待"的观点，还是要归结到本体界而论之，因为在现象界中"相因"即是"相待"的。

物间关系的"玄合"转移了。对于此点，冯友兰先生有言曰：

> 形影的存在，不相互依赖，但其间并非没有关系。这种关系就是"彼我相因"的配合关系。[①]

> 物各自造，每一个物都是自己造自己，自己发展，自己变化，都不依赖自己以外的事物。比如形同影，影同罔两，在表面上看来，似乎是有密切的关系，实际上它们不过是同时生出来，谁也不依赖谁。万物聚在一起，构成一个天，各自表现自己，这就叫"独见"。它们之间有奇妙的配合，但是这个配合，只能叫做"相因"，而不是"相待"。[②]

所谓"相因"，首先指事物之间的相生、相待关系，其次则是指谓它们之间的相互因顺，而所因顺者，己及对方各自之"独化"状态也。但是，因"独化"而"相因"，因"相因"而"玄合"，则所谓"玄合"者，亦即冯先生所分析的物、物间之奇妙配合，只不过这种配合是通过相关对象之各自的"自为""独化"而实现出来的罢了。如就形、影关系而论，二者间也存在母子、本末之关系性事实。但是，这种关系性事实的实现却并不是单向性的生与所生，以及决定与被决定的关系，而是通过同时俱生、各自表现，然后再相互配合的关系。换句话说，在郭象的理路中，"影"的存在要得到完全的实现出来，光有其"自性"存在的充分实现其实是不够的，还需要有"形"之"独化"所带来的协调与配合。在二者关系中，若是仅有一方的"独化"，那是不行的。例如，若仅是"影"处于独化状态，而"形"却不是处于"独化"状态，则二者的关系即无法真正实现出来，而"影"之本性也不能够得到完全的实现。可见，就"影"之生发而言，它的实现是有条件的。这种条件性，从群品之有待逍遥的角度看，其

[①] 冯友兰：《中国哲学史新编（中）》，人民出版社 1998 年版，第 521 页。

[②] 冯友兰：《中国哲学史新编（中）》，第 519 页。

实质也就是对外物之"有待"（亦即对外物之配合的依赖），要"得其所待"，然后方才能够真正实现出来的。只不过，从以"独化"为"得其所待"之特殊实现方式的角度，郭象将之称为"相因"而非"相待"罢了。

显然，这种"相因"的关系性结构是可以向外向和内向两个方向展开的。沿着外向性的方向展开，郭象言物性有极，而"终始者，物之极"，因此物性之存在，从其产生到其完成（在现象领域而言），应该说是一个在时间上之连绵的过程。在这一过程中，若仍以罔两与影关系为例，则除了"罔两"之产生应该被认为是"罔两"与"影"之本性"独见"和"玄合"的结果外，在罔两之由始而终地实现其本性的整个过程中，只要涉及了与"影"之间的关系，则都应该从二者"俱生""相因""玄合"的角度去加以解释。进一步，倘将这一关系予以外推，则在任何物之"独化"的整个过程中，只要是涉及了相关他物的存在，则这种相关的关系就应该从"玄合"、"相因"和"俱生"的关系角度去加以理解；再进一步，我们可以继续外推，因为一物有与其相因、玄合的相关他物存在，二者间乃相互玄妙之默契配合的关系，而其相关他物亦复有与其相因、玄合的它之相关他物的存在，它们之间也彼此乃是相互玄妙之默契配合的关系，故这种相因、玄合关系向外可以无尽地绵延下去，其结果则是在天地万物之间形成了一种整体性的、相互之间彼此畅通而又各守其位的、然到其极处仍冥冥无极，仍可以向外延伸与外推的相互玄妙之默契配合关系的整体性的存在。故，郭象从个体物的"独化"出发，通过"相因"之物、物协调和配合的逻辑环节，最终抵至于天地万物之整体性和谐的终极境界。其言"是以涉夫有物之域，虽复罔两，未有不独化于玄冥者也"，其中所谓"玄冥"，个人以为，其内涵即首先是指这种在现象领域中天地万物之整体性的和谐境界①。

但是，换一个角度看，这种从正面看之物、物间彼此默契配合的

---

① 任继愈主编：《中国哲学发展史（魏晋南北朝卷）》，人民出版社1988年版，第229页。

和谐性关系，当它们不能够通过各自的独化、相因而得到共同实现时，即一转而为彼此之相互的限制和制约，所谓"相因"的配合关系即立马成为彼此间"相待"的制约关系。这种彼此间的制约关系也是可以层层外推，从而不仅存在于例如罔两与影的相生、母子等一切关系之中，也可以扩散开来，从而存在于天地万物之整体性的关系网络之中。例如，郭象说：

> 人之生也，形虽七尺而五常必具。故虽区区之身，乃举天地以奉之。故天地万物，凡所有者，不可一日而相无也。一物不具，则生者无由得生；一理不至，则天年无缘得终。(《庄子·大宗师注》)①

如是论断，则若有一物之配合关系不能满足，则相关他物即无从生发出来；任何一理若不至，则天地万物之整体性的实现历程就会被干扰、破坏，从而天年亦得不到顺畅地完成。这样，虽然是个人的七尺区区之身，但是却需要天地万物整体性的与之配合与协调，则此种个人与天地万物之间的"相因""玄合"关系，亦何尝不是一转而为彼此间的制约、限制，以及由此而来的相互作用和影响，乃至于互为因果，从而彼此相待的关系呢？因此，在现象界之天地万物整体性的关系网络中，万物各自间的相因、玄合、俱生的和谐性关系之实现方式却也并不能够遮掩它们间之相待、依赖和彼此制约、限制的关系实质。

进一步讲，沿着内向性的方向展开，则可将这种物、物间"俱生""相因""玄合"的关系之"理"纳入个体物的"独"性之中，成为其多层次之内在结构的组成部分。换句话说，由于在郭象处，物之存在在自然方式下的任何状态、特性、关系等均应在其内本之"独"性中得到依据，是后者本性之"独化"的表现，故也可以认为

---

① 郭庆藩：《庄子集释》，第225页。

在个体物的物"性"中存在着一种"自物—他物"关系的关系性结构，从而将一物与他物的相因关系之"理"予以内化，并纳入个体物之"独"性的内涵之中，并因此为一物与相关他物间外在的相因、玄合、俱生之关系给出根据和理由。显然，这种"自物—他物"结构的关系之"理"，在逻辑上说也是可以不断外推、延伸，从而蔓延和弥漫到天地万物的整体关系之间的，故一物"独性"之"理"的内容，就不仅只是一种"自物—他物"结构，且更应该是一种"自物—世界"结构。在天地之间，任何个体物都只是天地万物整体之网中的一个网结，但这个网结却同时收摄它与整个天地万物之网络的各种直接与间接的纵、横关系于自身之中，并向内本的方向凝结，从而将各种层次的关系之"理"纳入自身之内，成为其个体物之"独"性之内涵的构成部分。由此，物之"独"性的内涵，它就应该不只是限于我们在前面所分析的"种""属""个体差"等个体性的具有纵向性特征的多层次结构，而且也可以是包含了沿着诸如罔两与影、影与形、形与他物，进而与天地万物之间关系之"理"的具有横向性特征的多层次结构系统的。这种物"性"内涵中的关系之"理"，无论纵向或是横向，它们都是具有在延展中的无限性的。

关于所谓个体物之"独性"中所存在着的这种"自物—他物"结构，例如，郭象说"非冥海不足以运其身，非九万里不足以负其翼。此岂好奇哉？自以大物必自生此大处，大处亦必自生此大物，理固自然，不患其失，又何措心于其间哉！"（《庄子·逍遥游注》）[1]，则巨鲲作为"大物"，其"独性"中自有其"自生于此冥海（大处）之理"，而冥海作为"大处"，其之"独性"中亦自有其"自生此巨鲲（大物）之理"。因此，尽管在现象领域存在巨鲲生于冥海的因果关系，但是这是两者各自"独化"而"相因"，然后再彼此"玄合"的结果。换句话说，一方面，巨鲲生于冥海的关系方面，这是巨鲲自身"独性"中的"自生于此冥海（大处）之理"自然实现出来的结果；

---

① 郭庆藩：《庄子集释》，第4页。

另一方面，在冥海生巨鲲的关系方面，则是冥海自身"独性"中的"自生此巨鲲（大物）之理"自然实现出来的结果。这两个方面各自"独化"，但是在其客观效果中却存在着一种玄妙的配合，并使得巨鲲与冥海间的因果关系作为一种事实得以完成和实现，此之谓"相因"而"玄合"。显然，这种因"独化"而"相因"，和因"相因"而"玄合"的道理之所以能够成立，关键在于在巨鲲的"独性"中自有其与冥海的关系之"理"，而在冥海的"独性"中也自有其与巨鲲的关系之"理"。在郭象思想中，这种关系及其结构可以推而言之，从而加以普遍化和必然化。换句话说，在现象界存在着一物与他物的客观关系，它们的本体论依据即在于该个体物的"独性"中所具有之相应的"自物—他物"之"理"，或说这种"自物—他物"之"理"是该个体物的"独性"的内涵中所具有的一种必然结构。但是，若再进一步问何以个体物的"独性"中会具有这种"自物—他物"结构？则答曰：这是"无因"而"自尔"的，是"无待"而"自生"的，是在物生之"初"时忽然如此的。这一点，在巨鲲化为大鹏之后，在巨鲲与大鹏之间，以及大鹏与九万里的高空之间，以及在一切相与为彼我的物、物关系，如唇、齿之间，以及在罔两、景、形之间等，它们都是存在的。

在现象领域，个体物的"独化"过程，物与他物的彼我关系是多维度的。这种多维度的物与他物的关系，通过各种直接与间接的联系环节，形成了一张全方位和整体性的关系网络，而每一个体物即是此整体性网络中的一个网结，而且在其自身中不仅存在着一种"自物—他物"的关系性结构，同时还存在着一种"自物—世界"的关系性结构。这种"自物—世界"的关系性结构，不仅存在于现象领域，同时也存在于本体界中的个体物之"独性"之中。郭象说"物无妄然，皆天地之会，至理所趣"（《庄子·德充符注》）①，"人之生也，形虽七尺而五常必具，故虽区区之身，乃举天地以奉之。故天地万物，凡所

---

① 郭庆藩：《庄子集释》，第219页。

有者，不可一日而相无也。一物不具，则生者无由得生；一理不至，则天年无缘得终"（《庄子·大宗师注》）①，所言者即是此理。在郭象哲学中，"天者，万物之总名也"（《庄子·齐物论注》）②，因此，"天年"是指天地万物性命之情的总体性实现。"人之生也，形虽七尺而五常必具"，"虽区区之身，乃举天地以奉之"，说明人之"独性"的内涵中自有其"五常"之"理"，也自有其与天地万物的关系之"理"。"人"之"独性"是如此，其他天地万物之"独性"亦是如此。天地万物，各自依照其"独性"而自生、自化，所谓"天下莫不相与为彼我，而彼我皆欲自为"（《庄子·秋水注》）③。但是，由于它们各自"独性"中所存在的这种"自物—他物"和"自物—世界"的关系性结构，使得在其"独化"中却有着彼此之间以及与世界整体之间的"相因"之功，此"相反而不可以相无者也"（《庄子·秋水注》）④。显然，这种物之"独性"所具有的"自物—世界"性结构，正如其"自物—他物"性结构一样，它们都是"无待而自生"和"无因而自尔"的，是于物生之"初"时偶然如此，也命定如此的。当然，由于各物之"独性"具有独特性，故其中的"自物—他物"和"自物—世界"之"理"也各不相同，是具有各自的独特性的。

再进一步，罔两之"性"是如此，影之"性"也是如此，天地万物各自之"性"均是如此，它们都是以各自独特的方式"表征和表现"整体世界，从而具有在延展中的无限性的。当然，这种物"性"内涵中的关系之"理"在延展中的无限性却也并不否定和妨碍此诸"理"之多层次结构在个体物之"独"性中，由于它们各自在结构、构成以及组合状态上的不同所导致的其作为单个事物之"独"性的独特性，亦正如在现象界里个体物与天地万物之关系网络中，一方面是它与天地万物之间存在着多层次的、无限性的关系之网；另一方面它

① 郭庆藩：《庄子集释》，第 225 页。
② 郭庆藩：《庄子集释》，第 50 页。
③ 郭庆藩：《庄子集释》，第 579 页。
④ 郭庆藩：《庄子集释》，第 579 页。

又只是整体网络中的单个网结，是有其特定的"性分"，以及由此而来的其独有之位置、名位和名分的。这是第一点；第二点，无论罔两、影、形，或是任何个体物，由于它们的"独"性都是无待、自生的，故在此"性"本体的领域中，各个体物的"独性"之间也不存在着逻辑上的推导、生成、演绎等关系。换句话说，若仍以莱布尼兹"单子论"为喻，则可以认为各物之"独性"的本体存在，它们之间亦正如各单子之间一样，尽管将各种纵向和横向的关系之"理"涵摄于自身之中，并因此可以认其中存在着一种所谓"自物—他物"的，乃至于一种"自物—世界"的关系性结构；但是，在本体界之各物的"独"性之间，它们仍然是隔绝和封闭的，是没有窗户可供彼此之出入的①；第三点，虽然此种个体物与他物之各自"独性"之间隔绝和封闭，从而没有窗户可供彼此之出入，但是却彼此间存在着一种奇妙的配合关系。这种在"独性"之"理"上的配合关系是给定的，具有由自然之道而来的前定和命定的色彩，并因此亦可类比于莱布尼兹之单子论中所谓"预定的和谐"。这种和谐当然是在"性"本体的角度言之的，并可成为现象界中物与世界之和谐关系的依据所在。郭象言万物"独化于玄冥之境"，由于物之"独化"的依据在于各自之"独性"，则所谓"玄冥之境"，也可以指谓这种由各物之"性"本体的虽然隔绝、封闭，但也相互并立与玄合所形成的本体界之共存之域②。

要之，从形式因的维度分析，个体物之"独化"建立在以"性"为本的基础之上。物各有其"独"性，并具备纵向和横向的内在结构。在纵向上，从最具普遍性的有、无之类性，沿着"属＋种差"的线路，最后再落实到"种＋个体差"的事物之个性方面，个体物之"独"性是一个多层次的立体性结构；在横向上，从与相关他物的直接性关系之理，再到与其他事物之间接性的关系之理，再到与世界之整体性的关系之理，个体物的"独"性中存在着一种在"理"上的所

---

① ［美］梯利著，伍德增补：《西方哲学史》（增补修订版），葛力译，商务印书馆 2004 年版，第 408 页。

② 王晓毅：《郭象评传》，第 252 页。

谓"自物—他物"的关系性结构，这种结构也可延展开来，成为一种"自物—世界"的内在结构。以此纵向性和横向性的"理"之结构为内涵，个体物之"独性"的存在是无待的，也是自生的。各物之"独性"本体之间虽彼此封闭、隔绝，但是其中的物、物之"理"却也能够相互并立、共存，乃至于彼此协调和配合，从而形成一个可谓之为"玄冥之境"的"性"本体的世界。个体物以此本体世界中的自身之"独性"为依据，在"初"时将之下落和落实在个体物之物"形"中，从而在物"形"之现象界中将此"独性"由始而终，由内而外，进而本末合一，体用合一地实现出来，此即该物之"独化"。由于物之"独性"中的纵向性和横向性的结构，因此，在现象界的领域中，个体物之"独化"在纵向上就表现为自然状态下该物之所有属性、特征、性质等的完全地实现出来，而在横向关系上就表现为它与他物，进而它与世界等诸种关系之通过"自为"而"相因"的特殊方式而完全地实现出来。

四　"气化"、"独化"与"相因"

如前所析，物之"独"性，是一个体物之为该个体物的原因和根据，是其存在之形式因，而不是质料因。进一步，在郭象的分析中，此物"性"不仅是形式因，而且是目的因。如是论断，原因在于郭象赋予物"性"（以及物"性"之"理"）以价值化特征。例如，郭象说"事有必至，理固常通"（《庄子·人间世注》）①，"通理有常运"（《庄子·外物注》）②，"泯然与正理俱往"（《庄子·刻意注》）③，"物得其道，而和理自适"（《庄子·天道注》）④，等等，即赋予了物"性"中之"理"以通畅、和谐、正真等肯定性价值。在此基础上，

---

① 郭庆藩：《庄子集释》，第 156 页。
② 郭庆藩：《庄子集释》，第 940 页。
③ 郭庆藩：《庄子集释》，第 539 页。
④ 郭庆藩：《庄子集释》，第 471 页。

郭象说"真在性分之内"(《庄子·秋水注》)①,"凡非真性,皆尘垢也"(《庄子·达生注》)②,"无为而性命不全者,未之有也;性命全而非福者,理未闻也"(《庄子·人间世注》)③ 等,也说明了物之"自性""独性"是物之存在和实现自身的价值性根据。这样,个体物之所应为者,即只是将其所自有的"独性"完全真实地实现出来。然而,物之"独性"如何才能实现出来呢?郭象说:

> 物之生也,非知生而生也,则生之行也,岂知行而行哉!……(《庄子·秋水注》)④
> 夫生之难也,犹独化而自得之矣。既得其生,又何患于生之不得而为之哉!(《庄子·大宗师注》)⑤

这是从物之"自生"直接予以类推,认为"夫生之难也,犹独化而自得之矣",则物之实现,鉴于其难度不可能高于物之生,故亦应在"自化"中"自动"、"自得",也就是自我实现。而能够如此推论之原因,在于物之"独性"中所具有的自动、自得之动力机制。郭象说:

> 以性自动,故称为也。此乃真为,非有为也。(《庄子·庚桑楚注》)⑥
> 提携万物,使复归自动之性。(《庄子·在宥注》)⑦

严格而论,由于物"性"乃逻辑性、抽象性的"理"之存在,尤

① 郭庆藩:《庄子集释》,第591页。
② 郭庆藩:《庄子集释》,第664页。
③ 郭庆藩:《庄子集释》,第184页。
④ 郭庆藩:《庄子集释》,第593页。
⑤ 郭庆藩:《庄子集释》,第251页。
⑥ 郭庆藩:《庄子集释》,第811页。
⑦ 郭庆藩:《庄子集释》,第396页。

其是各物"性"之间虽然并立、玄合，但是却相互孤立和隔绝，不存在彼此间在逻辑上的推演和过渡，故尽管其中可以存在物"形"的动、静之理，但是物"性"自身是不可以动、静言之的；进一步，由于物"性"本身是无待和自生的，故尽管其中亦可以存在着个体物之物"形"的自然生发和自然实现之理，但是，在本体界域中也不存在着物"性"之"生发"和"实现"的问题，故也不可言在物"性"中具有物之实现的所谓"自动""自得"之动力机制。如此，则此处郭象所谓物"性"中所具有的自得、自动机制，即不应该归结在抽象化、逻辑化的本体界域中，而应该落实在具体的、经验化的现象之域。在现象界中，于物生之"初"，物"形"以物"性"为依据而生发出来，而此时的物"性"，则已下落和落实于物"形"之中，故此处关于物"性"实现之所谓自发、自动机制，实际上只是指谓着在自然状态下，物之"独性"能够在物"形"中的自发、自动地实现出来而已。那么，何以物"性"能够在物"形"之中自发、自动地实现出来呢？曰：答案似乎不能在物"性"之"理"处寻找，而是应该在物"形"之"气"处追问。郭象说：

（原文：生有乎萌，死有乎归）萌于未聚也。归于散也。（《庄子·田子方注》）①

（生）此气之时聚，非所乐也。……（死）此气之自散，非所惜也。（《庄子·大宗师注》）②

（原文：以有为丧也，以死为反也）丧其散而之乎聚也。还融液也。（《庄子·庚桑楚注》）③

"气"有聚有散。其聚为一物之生、始，可谓为该物之由"无"而"有"；而其散则为一物之死、终，亦可谓为该物之由"有"而"无"。"气"之由聚而散和由散而聚的过程也就是相应之物的"无而

---

① 郭庆藩：《庄子集释》，第713页。
② 郭庆藩：《庄子集释》，第269页。
③ 郭庆藩：《庄子集释》，第803页。

有之"和"有而无之"的过程，故可以认为在此种"气"之聚散的过程中存在着一种"有—无"之内在结构。在这种"有—无"之内在结构中，也可以认为其中之"无"是一种动态性的"活无"，是它构成了物"形"之"有"能够由"聚"而"散"，然后再又由"散"而"聚"的内在动力①。可见，是"气"，而不是"性"（"理"）是物之"独化"的动力因。但是，若进一步追问何以"气"能够成为物之"独化"的动力因，则只能够说此有聚有散的运动本就是"气"的本质性特征。在注解《知北游》篇"天地之强阳，气也"时郭象曰"强阳，犹运动耳"（《庄子·知北游注》）②，又言"气自委结而蝉蜕也"（《庄子·知北游注》）③，可见，从质料因和动力因的角度看，万物生成于气化运动（即气的聚散、隐显和出入），而气化运动本身是无待于外因的。至于在此"气化"之"聚""散"过程中，何以是此物而非彼物，其之"独性"在此"初"时生发出来，则亦只能够说这是一个自发、自动的，或者说是自然、命定的过程。郭象说：

> 夫始非知之所规，而故非情之所留，是以知命之必行，事之必变者，岂于终规始，在新恋故哉？虽有至知而弗能规也。（《庄子·德充符注》）④

> 若身是汝有者，则美恶死生，当制之由汝。今气聚而生，汝不能禁；气散而死，汝不能止。明其委结而自成耳，非汝有也。（《庄子·知北游注》）⑤

物"性"有极，而"终始者，物之极"（《庄子·达生注》）⑥，故这种"气"之聚、散的过程同时也就是个体物之"独性"之实现和完

---

① 康中乾：《从庄子到郭象》，第216页。
② 郭庆藩：《庄子集释》，第740页。
③ 郭庆藩：《庄子集释》，第740页。
④ 郭庆藩：《庄子集释》，第213页。
⑤ 郭庆藩：《庄子集释》，第739页。
⑥ 郭庆藩：《庄子集释》，第635页。

成的过程，也就是该物之"独化"的过程。所谓物之"独化"，从
"化"之内容的角度看，它是物之"独"性在始、终之间展开和完成
的过程，而从"化"之机制看，它是气聚、气散的自然过程，也是
情、知和人之意志所无可奈何，而只能够加以认同和接受的命定流程。

　　但是，进一步讲，站在超越生死界限的道家传统立场上，郭象主
"一气而万形"，从而将个体物的"独化"建立在"气化"之绵延不
绝、无极无始的永恒之流的基础之上。郭象说：

　　　　变化种数，不可胜计。……此言一气而万形，有变化而无死
　　生也。(《庄子·至乐注》)①
　　　　知变化之道者，不以死生为异。更相为始，则未知孰死孰生
　　也。俱是聚也。俱是散也。(《庄子·知北游注》)②
　　　　于今为始者，于昨为卒，则所谓始者即是卒矣。(《庄子·山
　　木注》)③

　　从变化之道的角度看，一物之由气聚而生即意味着他物之由气散
而死，而该物之由气散而死亦意味着另外他物之因气聚而生，故以气
之存在为基质，物"形"之间变化无极，且彼此相涉、相化，"俱是
聚也。俱是散也"，故亦可言在此种"气"之聚、散的过程中存在着
一种在时空维度上个体物之间相继而起，或曰此起彼伏的连绵关系。
从这方面看，个体物之间相互流转，似乎每一个个体物的"独化"过
程都被湮没和消弭在"气化"的无始之流中了。这是一个方面；但
是，另一方面，在郭象哲学中，如前已论，"气"主要是作为万物的
质料而存在的，它很少具有独立性和实体性，天地间能够作为实体形
式而存在的主要是单个的个体物，而所谓"一气"之流衍的气化过
程，也主要是作为"万形"的个体物之间相继接踵而起的连绵过程。

---

① 郭庆藩：《庄子集释》，第 629 页。
② 郭庆藩：《庄子集释》，第 733 页。
③ 郭庆藩：《庄子集释》，第 691 页。

在无边无极的时空之流里，以"一气"之化为质料之基，个体物继在前的个体物之"形"的泯散而起，它因"初"而生，由始而终，由生而死，完成其个体之"性"的"独化"历程，然后又在自身之"形"的泯散之中为在后的个体物所代替。关于在此"一气"之化基础上的前、后之个体物间的关系，郭象言曰：

> 欻然自生，非有本。欻然自死，非有根。(《庄子·庚桑楚注》)①
>
> 夫死者独化而死耳，非生者生此死也。生者亦独化而生耳，独化而足。死与生各自成体。(《庄子·知北游注》)②

首先，在"一气"之化的过程中，当在前之个体物之"形"消散而死时，在后之个体物之"形"正同时结聚而生，二者是在"一气"流行基础上的此起彼伏的线性式的相生、相待关系，这在现象上无法否认，重要的只是如何对之加以分析。其次，所谓"欻然自生，非有本。欻然自死，非有根"，表明郭象对此种线性式关系的解读，也正是付诸于二者之间的各自"独化"。换句话说，或生或死，依据只在生者与死者各自之"独"性，而不在于任何外在之他物；故，"生者"乃其自身的"独化"而生，"死者"亦只是其自身的"独化"而死，"死"与"生""各自成体"且"独化而足"，故即使同为"一气"基础上的接续而起，但此物自为此物，彼物自为彼物，各自在其生死之流中"独化"而似不相涉。再次，生者、死者之间存在着客观的相续而起的关系性事实，但是对这种关系性事实，正如罔两与影的关系一样，需要从二者间各"独化"而"相因"，因"相因"而"玄合"的角度去理解之。这种"相因"和"玄合"的关系，也是既作为关系性事实存在于现象领域，也作为关系之"理"存在于各自的"独"性本

---

① 郭庆藩：《庄子集释》，第800页。
② 郭庆藩：《庄子集释》，第764页。

体之中的。

进一步，在郭象思想中，个体物在质料因和动力因维度上的"气化"过程是一个无时非新，变化不已的过程，若再联系上章中"独化"主体可以是个体物之部分，乃至于瞬点式存在的观点，则可以认为在个体物之生死、终始延续的时间流程中，其每一个瞬点式存在都是独立的，其任何瞬点式存在的"性命"都是独特的、各不相同的，而它们任何前后瞬点式存在之间的彼此关系则是相因而玄合、自为而互济的，而这似乎与郭象《庄子注》中以个体物整体为"独化"主体，该个体物在"初"时"生发"其"性命"（"初，谓性命之本"），并在"终始者，物之极"的流转过程中予以实现出来的"独化"过程相互矛盾。对此问题，我们作如下理解：（1）在《庄子注》中，郭象"独化"的主体主要是有形个体物，他的理论立场在于确立个体主义的首要思想原则，而并不是在个体物内部的连续性的瞬点式气化流程中消解个体物的个体性，所以"独化"而"相因"的思想原则也主要应用于个体物与个体物之间；（2）在同一个体物内部的不同瞬点式存在之间，尽管存在着彼此、前后之间的"瞬点式差别"，但是仍然可以认为它们之间在"属＋种差"，以及"种＋个体差"的层次上是相同和同一的，是具有相同的、同一的类性与个体性的，因此在同一个体物的不同瞬点式存在中它们各自具有各自不同的"瞬点式性命"，而在它们各自的"瞬点式性命"中就既包含了这些相同的、同一的类性和个体性的内容，也分别包含了彼此之间的"瞬点式差别"；（3）与个体物的"独性"中包含"自物—他物"和"自物—世界"的关系性结构一样，在个体物的任何"瞬点式性命"中也均包含有一种"自物—他物"和"自物—世界"的关系性结构。依据这种关系性结构，个体物的任何瞬点式存在的"瞬点式性命"中既包含了它与该个体物的任何其他瞬点式存在的相因性关系之理，也包含了它与该个体物之外的整体世界的相因性关系之理，而只要处于自然性的实现状态之中，这些相因性关系之理都将会自然地实现出来；（4）因此，即使将郭象哲学的理论基点建立在个体物内部之无时不化的瞬点式存在及其"瞬点式性命"之"独化"的基础之上,由于任何"瞬点式性命"中既有一种"属＋种差"、"种＋个体差"的纵向立体性结构,也具有一种"自物—他物"和"自物—世界"的横向关系性结构,则将此个体物之"瞬点式性命"在连续性的无时非变的自然流转中实现出来的过程,同时也将是在"独化而相因"的过程中通过"己"之瞬点式存在的"独化"去推动该个体物之其他瞬点式存在的"独化"的过程,是将个体物的整体性命在由生而死、由始而终的过程中自然地实现出来的过程,也将是推动个体物与其他个体物,以及和整体世界之"相因"关系自然地实现出来的过程。所以,个人以为,个体物之"性命"的"独化"历程并不与无时非化的日新之流相矛盾,反而是正实现在后者的流行过程之中的。在这里,关键点在于:在郭象哲学中,"独化而相因"是一种自然机制,所以只要处于自然状态下,"独化而相因"的自然机制自然地发挥作用,其结果则是个体物内部的各部分和各瞬点式存在的"独化"也将推动该个体物其他部分和其他瞬点式存在的各自"独化",并因此带来个体物内部各部分和各瞬点状态之间的彼此"相因"状态的自然实现。个体物的"独化"的完成即在于其内部各部分(乃至各瞬点状态)之间的"相因"关系的自然实现,而后者却依赖于其内部各部分和各瞬点状态的各自"独化"。可见,个体物在"气化"过程中的无时非新,变化不已即是其"独化"的过程,也是其各部分和各瞬点状态之间"独化而相因"的过程。这一过程统一于自然状态和自然机制之下,其关系的实现过程是泯然合一的。这一点,以"独化"的主体而论,主体是个体物时是如此,主体是个体物的部分或瞬点式存在时是如此,主体是"气""元气","独化"过程是"一气"之"流变"时,似乎也应该是如此;(5)在以"元气"为"独化"主体的情况下,"元气"的"性命"之中除了具有它作为"元气"自身的混沌、无始、无形等特性之理外,还应该包含了"元气"与时空(亦即"宇"与"宙")的相因性关系之理,"元气"与阴阳之气的相因性关系之理,以及它与天地万物之间的相因性关系之理。郭象说"一者,有之初","元气"作为"有之初",

是在"有"之为天地万物的总体存在的意义上，作为天地万物的始源存在而言之的，因此，相对于个体物意义上的"初"而言，"元气"及其"起"于其中的无始的"至一"状态，似乎也可以命之曰"大初"。郭象说"起于大初，止于玄冥"①（《庄子·应帝王注》），应该就是他对以"元气"为始的，天地万物之整体性的实现和流转过程的描述。依照这一描述，"玄冥"是天地万物之整体性的实现状态，而"元气"在"大初"中就潜在地包含有"玄冥"状态中得以实现出来的各种关系之理于其自身的"性命"之中。"起于大初，止于玄冥"就可以理解为以"元气"为实体的"一气"流行的发展和实现过程，它是郭象对天地万物作为"有"的总体性状态存在之"独化"过程的理解和把握；（6）需要说明的是，在"一气流变"，"无时非新"的"气化"论的基础上，任何个体物，以及它们的任何部分和任何瞬点式存在，就它们的"性命"而言，都是具备纵向的立体性结构和横向的关系性结构的，它们"性命"的实现也都是一个各自"独化"而"相因"的、"俱生"而"玄合"的过程，因此它们的实现出来的过程就既是多元化并列、互补与协调的，又同时是一元化、线性化和单向决定性的（就"初"时的"性命"之实现于物之由"始"而"终"的流转过程之中而言之）。就价值取向而言，个人以为，这实际上是既强调自然状态下任何个体物之当下存在的主体性地位，以及其在任何当下之自然状态的合理性和独特性（所谓"独化"、"自生"与"无待"），同时又不放弃个体物由始而终的整体流转历程，还有天地万物"一气"流变之总体进程的统一性和完整性（所谓"相因""俱生""玄冥之境"）。在郭象哲学中，后者建立在前者基础之上，二者间是统一的，它们统一于"自然"范畴之中。

要之，从四因论的维度分析，个体物之"独化"建立在"性本"和"气化"的双重基础之上。"性"（"理"）是物之"独化"的形式因和目的因，而"气"则是质料因和动力因。所谓物之"独化"，从

---

① 郭庆藩：《庄子集释》，第293页。

"化"之内容的角度看，它是物之"独"性在始、终之间展开和完成的过程，而从"化"之机制看，它是气之聚、散的自然过程。所谓"相因"，建立在物之"独性"的基础之上，指谓着一种彼此"独化"，而又相互因循的方式去达到物、物间相互作用和影响的实现。在"一气"之化的基础上，"万形"此起彼伏，连绵而生，各自"独化"，但在它们之间却存在着彼此"俱生"、"相因"和"玄合"的关系。这种物之"独化"及其相互关系，既作为一种经验性事实存在于时空维度上的现象领域，也作为一种物之"独性"及其中的关系之"理"存在于超时空的本体领域。郭象的"独化"说应该主要是一个古典哲学性质的思想体系，我们可以通过应用亚里士多德关于物之分析的"四因"说框架来深化对物之"独"性及其"独化"过程的理解和分析。

第 四 章
无 为 论

　　摘要：无为是传统道家政治哲学的基本原则。郭象的无为论思想是复杂的，可以大致通过区分为理想时世、正常时世、动荡乱世等不同的阶段而予以分别性的说明。郭象的无为理论中存在着一种回归式的理论框架，其无为论思想具备理想性和现实性并存的双重化理论特征。分析郭象的无为论哲学思想能够为中国管理哲学的当代发展提供重要启示。

　　无为是传统道家政治哲学的基本原则。在《庄子注》中，因应魏晋时期自然与名教合一的时代主题，郭象注《庄》，摆脱了《庄子》思想中难以克服的对政治的疏离感，将《庄子》的逍遥理想与政治现实结合起来，将传统道家的无为原则落实到了具体的政治操作领域，从而做到了无为的思想原则与有为的现实要求之间的有机结合。本章分析郭象无为论的政治哲学思想，探讨其社会理想在与政治现实相碰撞之后所导致的思想变形，以及由此所形成的一种回归式的理论结构，然后在此基础上揭示郭象思想所展示出来的理想性和现实性并存的双重化理论特征，并分析其对中国管理哲学的当代发展所能够提供的重要启示。

一　圣王与群品（臣民）之无为：在理想与正常时世

观郭象的无为观，在其思想中无为与有为之间确实做到了较为完美的理论对接，如果套用学界"自然即是名教"的命题，则或亦可将其无为观概括为"无为即是有为"？然而，郭象的思想是复杂的，其无为观的理论内容及其思想层次也具有多个方面，并可大致通过区分为理想时世、正常时世、动荡乱世等不同的阶段而予之以说明。具体如下。

（一）在理想与正常时世，对群品（臣民）而言，"无为"等于"任性自为"等于"守职而为"

所谓理想时世，以《庄子》中所谓"至德之世"的描述为依据，郭象对其中的内容有所发展，一方面，在其中无论社会、自然、精神等各种关系都处在完全的实现和绝对的和谐状态之中；但是，另一方面，在诸种关系中，就魏晋玄学和郭象思想的主题而言，自然与名教的关系是核心问题。故所谓理想时世，尤指在其中自然为本，名教为末，并因本末合一，故自然与名教合一，二者间不存在背离的状况，而是完全统一的关系；所谓正常时世，标准主要在于社会秩序的维持，也就是此时名教等社会制度能够有效地运转，自然与名教之间是对立统一的关系，即一方面名教存在必须努力建立在自然人性的基础之上，而不能与后者完全脱节，但另一方面却又必须以自己的要求作为标准去对自然人性予以改造，而这种两者间的既对立又统一的关系正是传统名教社会的正常状态，故可谓之为正常时世；所谓动荡乱世，则指社会已经处于失序的状态，名教等社会制度已经不能够发挥正常的管理社会的功能，在社会进入动荡状态时社会整体秩序也随之瓦解。就郭象无为论看，在不同的阶段，其思想是具有各自不同的内容的。

在郭象的理论体系中，圣人的本性是无限、至足之超越心性，而群品之本性是有限、自足之自然性分，二者判然有别。就群品而言，其本性的内容在于各自所禀赋的生命质性，如《人间世注》中言"卫君亢阳之性充张于内而甚扬于外，强御之至也"（《庄子·人间世注》）①，即是指卫君的性格过于强悍，喜怒无常，莫之敢逆，而郭象对此之解释则在于强调其本性之"亢阳"，也就是说主要是通过阴阳禀赋之类别和在质、量等上的差别来解释其个体之性分；又，在民众的德性问题上，郭象说"夫民之德，小异而大同。故性之不可去者，衣食也；事之不可废者，耕织也；此天下之所同而为本者也"（《庄子·马蹄注》）②，则物性的主要内容就是天下百姓各自的基本的生命需要。这种基本的生命需要具有本然性，是具有合理性和必然性的存在。就群品、万物的本性而言，通过质性的禀赋给出原因和依据，而其主要内容则是本然性的生命需要，这在郭象的思想处具有普遍性，这是首先需要加以明确的③。

进一步，在对群品、万物之本性的规定中，郭象加入了社会性和名教性的内容。如郭象说"马之真性，非辞鞍而恶乘，但无羡于荣华"（《庄子·马蹄注》）④，这是对马性赋予社会性的内涵，从而与《庄子》原文中马之纯粹自然的野性相互区别开来；又，如《则阳注》中说"文者自文，而武者自武，非大人所赐也。若由赐而能，则有时

---

① 郭庆藩：《庄子集释》，第142页。
② 郭庆藩：《庄子集释》，第334页。
③ 当然，若再追问何以卫君具有此"亢阳"之"性"，而不是其他禀性的问题，则郭象的回答是此乃"无因"而"自尔"，是"无待"而"自生"的。因此，在严格的意义上讲，应该认为卫君的"亢阳"之"性"，其产生不能够归因于对阴阳之气的禀赋，而应该从一切因果关系等中超绝出来，成为一种孤立、绝缘之"性"本体的存在。这样，尽管在现象界的层面，卫君有其"亢阳"之"气"（而非"性"）的禀赋，阴阳之气也有其自身的流行与分布，但是二者间关系的实现实际上是一种它们各"独化"而"相因"的关系。换句话说，在本体界，阴阳之气具有自身的"无待"之"独"性，卫君也有其自身"无待"之"独"性，它们各自无因而绝缘，彼此间不存在任何相生、因果关系。在现象界，作为二者之"独性"各自"独化"而实现出来的结果，是它们间的"相因"关系之实现，并导致了在现象领域中的卫君对阴阳之气的禀赋关系的实现。关于民众的"德性"，马之"真性"等，也应该从"性本体"之"独化"的角度做这样的理解。
④ 郭庆藩：《庄子集释》，第331页。

或阙矣。岂唯文武，凡性皆然"（《庄子·则阳注》）[1]，则通过才、性、位三者之间的合一，郭象将社会职位的要求内化为本性的天然禀赋了。进而，郭象曰"夫仁义自是人之情性，但当任之耳。恐仁义非人情而忧之者，真可谓多忧也"（《庄子·骈拇注》）[2]，这是将名教要求直接内化为人之性情了。总之，通过注释性的解读，郭象把社会性和名教性的内涵直接注入到了他对万物、群品之本性的解释之中。这是他注《庄》的一个特色，也是魏晋玄学儒、道合一特征的重要体现[3]。

以对万物之本性的如上规范为依据，郭象论群品、民众之无为，就一方面继承了《庄子》所言之任万物各自性命之情的自动和自为的理论观点，另一方面则进一步将它发展成了与社会角色之规范和要求融为一体的守职而为了。前者，如郭象说"提挈万物，使复归自动之性，即无为之至也"（《庄子·在宥注》）[4]，"无为者，非拱默之谓也，直各任其自为，则性命安矣"（《庄子·在宥注》）[5]，其所谓"提挈万物"，亦即引导万物（主要指黎民百姓），可见在群品处，真正的无为也不是一无所为，而是回归于自然真性，并依照各自真性自动、自为，从而获得各自性命的安顿；后者，如《天道注》之所言"夫工人无为于刻木而有为于用斧，主上无为于亲事而有为于用臣。臣能亲事，主能用臣，斧能刻木而工能用斧，各当其能，则天理自然，非有为也。若乃主代臣事，则非主矣；臣秉主用，则非臣矣。故各司其任，则上下咸得而无为之理至矣"（《庄子·天道注》）[6]，这样，任性自为就等

---

① 郭庆藩：《庄子集释》，第 911 页。

② 郭庆藩：《庄子集释》，第 318 页。

③ 如余敦康先生所言，在两汉之后，名教存在已经不仅是儒家学者所推崇的一套社会理论，而是已经在历史本身的塑造过程中被实体化为民族文化心理结构中的重要内容了，故此处郭象对人性的如是处理具有历史的合理性。见任继愈主编《中国哲学发展史（魏晋南北朝卷）》，人民出版社 1988 年版，第 51 页。

④ 郭庆藩：《庄子集释》，第 396 页。

⑤ 郭庆藩：《庄子集释》，第 369 页。

⑥ 郭庆藩：《庄子集释》，第 465 页。

于守职而为，也就是践履和完成自己的社会角色之规范与要求，而同时可以达到自身本然生命需要的实现和满足。显然，这样推论，其理论依据在于性、才、位之间的合一而非背离的关系。而这一点，落到现实生活中，就静态而言，就意味着在社会名教等诸社会制度之等级网络中各社会角色之职责、权利、德能等之间的相互配合和统一；而就动态而言，则是要求作为"位"（社会角色）之网络依据的名教等，它们作为人才选拔和社会组织制度等均可以发挥正常进而良好的定位、筛选和选拔的功能，也就是说这要求整个社会处于理想与正常时世，才能够保证这里所要求之性、才、位之间是合一而非背离的关系。当然，就区别而言，在理想时世，对群品（臣民）而言，无为即任性自为，进一步即守职而为。故在此时，自然与名教之间完全合一，任性自为亦等于守职而为，彼此之间不存在任何背离；而在正常时世，自然与名教之间既存在背离的可能，任性和守职之间也会存在彼此之间的张力，但这种张力并不妨碍群品之无为在正常时世下也应该是任性自为和守职而为，并因此努力追求二者间的统一。故在此，我们将理想时世与正常时世合并而论，且认为以所谓"无为即是有为"的观点来概括郭象无为观，在这里也是可以成立的。

（二）在理想与正常时世，对圣王而言，"无为"等于"任性无为"等于"守职而为"等于"君逸臣劳"

与群品（臣民）相同，对圣人而言，其无为也在于任性自为，只不过其之本性与群品之生命质性不同，其基本内涵是圣者之体道的精神境界。关于圣者之此种精神境界，郭象说"有有则美恶是非具也。有无而未知无无也，则是非好恶犹未离怀。知无无者，而犹未能无知。此都忘其知也，尔乃俄然始了无耳。了无，则天地万物，彼我是非，豁然确斯也"（《庄子·齐物论注》）[1]，又言"谓无是非，即复有谓。

---

[1] 郭庆藩：《庄子集释》，第80页。

又不知谓之有无，尔乃荡然无纤芥于胸中也"（《庄子·齐物论注》）①，可见其实质是由"无"之工夫而成就之大我和无我式的境界存在。进一步，郭象说"夫体神居灵而穷理极妙者，虽静默闲堂之里，而玄同四海之表，故乘两仪而御六气，同人群而驱万物"（《庄子·逍遥游注》）②，"夫体天地之极应万物之数以为精神者，故若是矣。若是而有天地之功者，任天行耳，非轻用也"（《庄子·刻意注》）③，亦可见以虚寂的无我境界为本，圣心自有其无知而无所不知的神明之洞照为用，圣人的存在可以说完全是精神境界式的。

对圣人存在作出纯粹境界式的规范，与魏晋时期关于君王要求的时代精神有着直接关系。在本质上，魏晋玄学追求的是一种高层次的内圣外王之道，其目的在于由此以求整个社会复归于秩序与和谐之境。但是，与两汉经学追求和证明天赋王权之合理性的大一统精神有别，魏晋玄学，作为一种理论形态，它以汉末兴起的庄园经济为经济基础，以强宗豪右、大姓名士，以至后期的门阀士族作为阶级基础，其理论旗帜在于无为而非有为，其主题则在于寻求一种最优的谋略思想，以妥善地处理好国家政权和当时的豪右、名士、门阀等社会经济、政治力量之间的关系④。由此，对于君王的要求，在魏晋玄学中，其主导性主题是无为，并在郭象的《庄子注》中甚至衍伸出一种类似于虚君式的政治理想。但是，如何确保君王之无为呢？曰圣人应该"体无"，并因此而有"无我"的超越心境。由"体无"而"无我"，由"无我"而"无为"，这是郭象政治哲学在理论上的逻辑，但是在我们的解读中这一进程却应该颠倒过来，应该是因"无为"而要求"无我"，再因"无我"而要求"体无"。作为社会整体利益的代表，君王亦本应该超越其有私之小我，而转其性质为大我和无我之精神境界式的存在，只不过这种精神境界，在魏晋玄学处，它们突出地表现为对圣王

---

① 郭庆藩：《庄子集释》，第81页。
② 郭庆藩：《庄子集释》，第30页。
③ 郭庆藩：《庄子集释》，第545页。
④ 任继愈主编：《中国哲学发展史（魏晋南北朝卷）》，第25页。

之无心与无为的虚君化要求罢了。

进一步，在理想和正常时世下，君王之无为亦是守职而为，只不过其所守之职乃君王之职罢了。当社会处于理想与常态时，名教等社会基本制度也处于其功能发挥的正常状态，它们能够很好地发挥其各自之控制、组织、管理社会等各项功能。此时，臣民各守其职，社会处于良好的运转状态，对君王之要求就主要是消极性而非积极性的，故郭象强调君逸臣劳的为治之道。如他说：

> 君位无为而委百官，百官有所司而不与焉，二者俱以不为而自得，则君道逸，臣道劳，劳逸之际，不可同日而论之也。（《庄子·在宥注》）①
>
> 夫在上者，患于不能无为而代人臣之所司，使咎繇不得行其明断，后稷不得施其播殖，则群才失其任而主上困于役矣。故冕旒垂目而付之天下，天下皆得其自为，斯乃无为而无不为也。（《庄子·天道注》）②

也就是说，君、臣具有不同的职分，君逸臣劳正是由君臣的不同职分要求所决定的。从君王之职而言，"主上无为于亲事而有为于用臣"（《庄子·天道注》）③，其主要职责在于用臣，而不是亲事，故从君不亲事的角度讲为君者应清净无为，应该把具体的亲事之为付诸于群品臣民，而不应去干预臣民之自为与自治（所谓"百官有所司而不与焉"）；进一步，即使从"有为于用臣"，也就是人事管理工作的角度看，由于"文者自文，而武者自武，非大人所赐也"（《庄子·则阳注》）④，"贤当其位，非尚之也；能者自为，非使之也"（《庄子·天

① 郭庆藩：《庄子集释》，第 402 页。
② 郭庆藩：《庄子集释》，第 466 页。
③ 郭庆藩：《庄子集释》，第 465 页。
④ 郭庆藩：《庄子集释》，第 911 页。

地注》）①，君王之任用臣民也应该主要付诸于名教等制度本来具有的
筛选与调控功能。为君者在此处仍然应该无心无为，应该实行无为之
治。总之，君逸臣劳应该是郭象关于圣王在理想与正常时世下为君处
世的一个基本原则。

二　圣王与群品（臣民）之无为：在动荡乱世

但是，在郭象所处的魏晋时期，社会时世恰好不是正常安稳的太
平之世，而是绵延不绝的动荡乱世。太康元年（280 年），晋武帝灭吴
统一中原，但不过三十年后，八王之乱和永嘉之乱即接踵而至，西晋
王朝也由所谓"大晋龙兴"的开局而直接进入亡国破家的悲惨末世。
郭象约生于魏嘉平四年（252 年），死于晋永嘉六年（312 年），其一
生大致与西晋王朝相始终。正是身处这一苦难时世，郭象的无为理论
在与现实的碰撞中也发生了理论上的变形，他需要给出自己对动荡时
世的解读和解救之方。具体如下。

（一）在动荡乱世，对圣王而言，"无为"等于"任性自为"等于"守职而为"等于"无为而无不为"

如上所析，在正常时世，圣王应该无为而治，君逸臣劳，以充分
发挥名教等社会制度的组织、管理、筛选、调控等功能。但是，在社
会处于非正常态状况下的动荡乱世时，所谓名教等制度均已失效，它
们已经不能够有效地发挥其调控与组织社会的功能，整个社会面临着
失控和动荡的危险，故如何使得社会由动荡乱世向正常状况转变是中
心任务。此时，作为君王，由于身处天下之中枢，肩负着扭转时势之
重任，其之守职而为在这里就不是表现为君逸臣劳式的对万物之顺任，
而是表现为无为而又无所不为式的对天下政治与时势之积极的介入和
干预。由此，郭象需要对《庄子》中的圣人心性及其无为概念予以自

---

① 郭庆藩：《庄子集释》，第 445 页。

已新的解读。关于前者，郭象说：

> 夫理有至极，外内相冥。未有极游外之致，而不冥乎内者也。未有能冥于内，而不游乎外者也。故圣人常游外以宏内，天心以顺有。故虽终日挥形，而神气无变，俯仰万机，而淡然自若。……（《庄子·大宗师注》）①

这是把《庄子》中的"外内不相及"发展为外内"相及"，并进一步"相冥"与合一。"外"者，方外，指大道以及体道之超越境界；内者，方内，指世俗社会，尤指名教、名法等政治之域。"夫游外者依内，离人者合俗。是以遗物而后能入群，坐忘而后能应务。愈遗之，愈得之"（《庄子·大宗师注》）②，圣心的超越境界不排斥现实政治领域，而是能够反过来更好地成就之，并将自身正实现于其中。由此，"圣人虽身在庙堂之上，然其心无异于山林之中"，故见其"戴黄屋，佩玉玺""历山川，同民事"（《庄子·逍遥游注》）③，却也并不妨碍圣心之为圣心的至足与逍遥也。关于圣王之无为，郭象说：

> 夫治之由乎不治，为之出乎无为也。取于尧而足，岂借之许由哉！若谓拱默乎山林之中，而后得称无为者，此庄老之谈所以见弃于当涂，【当涂】者自必于有为之域而不反者，斯之由也。（《庄子·逍遥游注》）④

显然，这是以体用关系论"无为"与"有为"的关系，从而在圣者心性上以"无为"为本，但在具体行为上则以"有为"为用。以此为据，在《庄子注》中，郭象对《庄子》中许由式"拱默乎山林之

---

① 郭庆藩：《庄子集释》，第 268 页。
② 郭庆藩：《庄子集释》，第 271 页。
③ 郭庆藩：《庄子集释》，第 28 页。
④ 郭庆藩：《庄子集释》，第 24 页。

中"的无为典型着力加以批判，同时反过来彰显尧、舜等圣人有为之治的合理性和必要性。尧、舜等为什么要以"有为"治世呢？曰"世以乱故求我，我无心也。我苟无心，亦何为不应世哉！"（《庄子·逍遥游注》）①，可见关键在于"世之乱"。在动荡乱世，所谓非常时世非常举措，由于一般意义上的日常机制和手段已经失去了相应的作用和效果，故形势要求为圣王者必须突破一切制度上的限制，采用一切适用的手段与措施，去完成特定时势下的特定任务，如此方能挽狂澜于既倒，从而确保国家利益和政治时势之履险而终安。由此，圣人心性之无为表现为应世之有为，而这种应世之有为，进一步，表现到为治手段上，则是突破限制的无所不可和"无所不为"。郭象说：

> 揖让之与用师，直是时异耳，未有胜负于其间也。（《庄子·天地注》）②
>
> 惜名贪欲之君，虽复尧禹，不能胜化也，故与众攻之。而汝乃欲空手以往，化之以道哉！（《庄子·人间世注》）③
>
> 因人心之所欲亡而亡之，故不失人心也。（《庄子·大宗师注》）④

可见，在郭象看来，或是尧舜式的揖让移位，或是武王式的兴师亡国，它们是圣人针对不同的时世要求所作出的不同的因应之道，故没有胜负优劣之分。圣王本无心，而以应世为心，故当特定时势与对象（如所谓"惜名贪欲之君"）要求圣王必须突破限制，剑走偏锋，从而动用一切手段以治理天下时，圣王就应该果断跳出"君逸臣劳"式的行为框架，而大胆作为，进而无所不为。在这里，起作用的还是身为君王者之社会角色的职责，以及作为圣王他所应具有的对时世的

---

① 郭庆藩：《庄子集释》，第31页。
② 郭庆藩：《庄子集释》，第444页。
③ 郭庆藩：《庄子集释》，第140页。
④ 郭庆藩：《庄子集释》，第232页。

承荷。以这种对天下承荷之责任感为内质，在动荡时世，圣王之大胆作为和无所不为，其目的就不在于一己之私，不在于浑水摸鱼，而在于逆向操作，在于挽狂澜于既倒。由此，我们说，所谓"道家式责任感"的内容[1]，在郭象的圣人观中，应该是表现得十分突出和充分的。

（二）在动荡乱世，对群品而言，"无为"等于"守职而为"等于"安命而为"等于"随遇而为"

就群品、民众之无为理论而言，郭象首先反思了名教等社会制度的起源。在他看来，名教等制度只是过往圣人的应世之迹，在当时是当机和适合的，但随着社会历史的发展它们却有可能会变得不合时宜，进而反过来成为社会衰败的原因。例如，郭象说：

> 法圣人者，法其迹耳。夫迹者，已去之物，非应变之具也。奚足尚而执之哉！执成迹以御乎无方，无方至而迹滞矣。（《庄子·胠箧注》)[2]

《庄子》对名教之治等抨击甚烈，郭象对此有所承继，却通过圣性之"迹"的概念对此有所解释，也有所扭转；但是，主要的是，身处动荡乱世，他需要对乱世之成因给出自己的解释，如他说"学者非为幻怪也幻怪之生必由于学；礼者非为华藻也而华藻之兴必由于礼"（《庄子·德充符注》)[3]，故最终还是在后世君王的"执迹忘一"中因名教之治的弊端丛生，从而导致了道世交丧。由于"圣不世出"，后世人君必"执迹忘一"，所以"道世交丧"具有必然性。此乃必然之事，也是无可奈何之事也。

如前分析，处于动荡之世的背景下时，为圣者当然需要应世而为，

---

① 刘笑敢：《试论道家式责任感》，《道家文化研究》2007 年，第 22 辑，第 33—49 页。
② 郭庆藩：《庄子集释》，第 344 页。
③ 郭庆藩：《庄子集释》，第 205 页。

进而无所不为，但是，若身为群品之万物、臣民，在此动荡之世，他们的应世之道又应该是怎样的呢？就此，郭象言说曰：

> 羿，古之善射者，弓矢所及为彀中。夫利害相攻则天下皆羿也。自不遗身忘知，与物同波者，皆游于羿之彀中耳。虽张毅之出，单豹之处，犹未免于中地，则中与不中，唯在命耳。而区区者各有其所遇，而不知命之自尔。故免乎弓矢之害者自以为巧，欣然多己；及至不免，则自恨其谬，而志伤神辱。斯未能达命之情者也。夫我之生也，非我之所生也。则一生之内，百年之中，其坐起行止，动静趣舍，性情知能，凡所有者，凡所无者，凡所为者，凡所遇者，皆非我也，理自尔耳。而横生休戚乎其中，斯又逆自然而失者也。（《庄子·德充符注》）①

"利害相攻""天下皆羿"之时当为动荡乱世。在此动荡之世，"自非真人，未有能止其分者，故必外内受刑，但不问大小耳"（《庄子·列御寇注》②）。在此时，所谓"遗身忘知，与物同波者"，此乃圣人，他之所以能够身处于"利害相攻"之外，原因在于其超越心性，以及由此而来的其之无为无不为的应时之动。但是，与圣人之无为而无不为相反，对于群品、万物而言，在此动荡乱世，郭象则强调了安命的必要性和合理性，故"中与不中，唯在命耳"，并因此将"性""分""命"予以同一化处理，从而"任性、自然"也即与"随遇、安命"等同起来。此时，群品行为之依据，其实已经不是理想与正常时世下自身之性分与职责，而是动荡乱世中各种偶然之所遇。显然，郭象如此推论，具有逻辑上的跳跃性，因为自然具有价值性，并可据此以批判社会现实，而安命则只具有实然性，并可能因此导致对一切苦难现实的认同和肯定。郭象又有言曰：

---

① 郭庆藩：《庄子集释》，第 199 页。
② 郭庆藩：《庄子集释》，第 1054 页。

信哉斯言！斯言虽信，而犹不可亡圣者，犹天下之知未能都亡，故须圣道以镇之也。群知不亡而独亡圣知，则天下之害又多于有圣矣。然则有圣之害虽多，犹愈于亡圣之无治也。虽愈于亡圣，故未若都亡之无害也。甚矣！天下莫不求利，而不能一亡其知，何其迷而失致哉！（《庄子·胠箧注》）①

这是解读《胠箧》篇之"圣人利天下也少而害天下也多"一句，此处郭象注文中所谓"圣"与"圣知"，当是指名教等"圣知"之作为"迹"的存在。郭象承认《庄子》中名教等"圣知"存在"利天下也少而害天下也多"的弊害，原因在于"圣不世出"，而后世君王逐迹求一，却反而导致了道、世交丧。但是，有问：若天下已经走在道、世交丧的途中，时无圣人，即如郭象所处的西晋后期，盖当时身处君王之位者即是晋惠帝般之白痴式的人物，此时群品又当如何呢？答曰：安命。在此时，从现实政治的稳定需要出发，郭象仍然强调维持名教等制度的必要性，所谓"有圣之害虽多，犹愈于亡圣之无治也"，其又曰"千人聚，不以一人为主，不乱则散。故多贤不可多君，无贤不可无君。此天人之道，必至之宜"（《庄子·人间世注》）②，则当动荡之世，身为万物、群品，他们所能为者还是在于谨遵名教等社会制度的要求，也就是说他们之所能为与所应为者还是在于谨守己之职位，而不能够逾越其外，不能越分妄为，尽管此时他们的守职而为，在实质上已经不是任性无为的逍遥之实现，而是安命随遇中对于外在命运的无奈承受。《则阳注》曰："凡物皆先有其命，故来事可知也。是以凡所为者，不得不为；凡所不为者，不可得为；而愚者以为之在己，不亦妄乎！"（《庄子·则阳注》）③ 又《养生主注》曰："以有与者命也，故知独者亦非我也。是以达生之情者不务生之所无以为，达

---

① 郭庆藩：《庄子集释》，第348页。
② 郭庆藩：《庄子集释》，第156页。
③ 郭庆藩：《庄子集释》，第908页。

命之情者不务命之所无奈何也，全其自然而已。"（《庄子·养生主注》）① 此时，"自然"已经包含了无奈何的生、命之实然，它已经不纯是价值性的范畴了。要之，在动荡乱世，群品之无为最终落实到守职而为，以及在这一过程中的随遇和安命上。究其实，在动荡乱世，就群品而言，郭象实际上是主张绝对的等待与忍耐，忍耐一切命运中的苦难与疼痛，然后等待"不世出"的"圣人"之突然出现。圣人因"时"而"起"，由"无为"而"无不为"，对乱世社会加以扭转和改造，并带动时世之向正常时世和理想时世予以返回，或曰复归。

三 一个回归式的理论框架

但是，在郭象的无为论思想体系中，圣王的无不为状态只是极端性和暂时性的，一旦社会整体回归于正常时世之后，随着名教等制度之正常功能的恢复，圣王也应该从无为而无不为的极端状态中退出，而复归于君逸臣劳的无为之境。

（一）向君逸臣劳式无为之治的回归

通过无为而无不为的极端措施以求社会之复归于正常状态后，也就是名教、名法等制度已经发挥正常功能的情况下，为了道、世的进一步交归，郭象认为圣王需要重新实施无为之治，以求在无为之治中万物的渐复己之本性，然后在各冥其极中整个时世之复归于"至一"状态的社会理想。例如，郭象说：

> 自先明天以下，至形名而五，至赏罚而九，此自然先后之序也。（《庄子·天道注》）②
> 若夫自隐而用物，则道世交相兴矣，何隐之有哉！（《庄子·

---

① 郭庆藩：《庄子集释》，第 125 页。
② 郭庆藩：《庄子集释》，第 473 页。

缮性注》)①

"自隐而用物"，亦即"君逸臣劳"。在君逸臣劳中，道、世交兴，圣自为王，何隐逸之有哉！就为治谋略而言，从明天的无为而下，到形名、赏罚而五、而九，此自然先后之序，可以既是时间上的，也是空间上的。在时间的历程上，因应社会由"理想时世→正常时世→动荡乱世"的演变过程，圣王之由"无为→形名→赏罚"的为治手段或说治理方法的变迁，也是一个自然的过程；在空间的布局上，在正常的社会状态下，为君者行使无为之治，而由臣下依照其名位、角色的要求去完成形名和赏罚的职责，这也是此处"先后之序"中的应有之义。要之，我们说，在正常时世下，若名教等社会秩序已经得到了恢复，则圣王理应实行无为之治，这是确实的。在圣王的无为之治中，万物、群品亦向各自之本性得以自然实现的理想状态回归。郭象说：

> 夫率然直往者，自然也。往而伤性，性伤而能改，亦自然也。庸讵知我之自然当不息黥补劓而乘可成之道以随夫子邪？(《庄子·大宗师注》)②
>
> 不知而复，乃真复也。浑沌无知而任其自复，乃能终身不离其本也。(《庄子·在宥注》)③
>
> 天下皆不愿为恶，其为恶者，或迫于苛役，或迷而失性耳。然迷者自思得复，而厉者自思善，故我无为而天下自化也。(《庄子·天地注》)④

---

① 郭庆藩：《庄子集释》，第 555 页。
② 郭庆藩：《庄子集释》，第 281 页。
③ 郭庆藩：《庄子集释》，第 391 页。
④ 郭庆藩：《庄子集释》，第 452 页。

因为"无为也,则天下各以其无为应之"(《庄子·天地注》)①,故在圣王的无为之治中万物各自复归于自然、自得的逍遥之境。"迷者自思得复,而厉者自思善","往而伤性,性伤而能改,亦自然也",显然这些结论建立在物性自身具有自我修复功能的基础之上,它们包含了郭象对物性本身的同情化理解,但同时也能够得到诸如文景之治时君王无为于上,臣民任性于下,从而天下休养生息,国家逐步富足等历史事实的佐证。郭象言"故名者影响也,影响者形声之桎梏也。明斯理,则名迹可遗,名迹可遗,则尚彼可绝,尚彼可绝,则性命可全矣"(《庄子·德充符注》)②,可见为了实践君上的无为之治,需要在理论和实践上否定对名教、名法等圣人之迹的推崇,需要崇本息末,并息末以举末,从而在己之无为中带动整个天下万物共同向理想之境的整体流转。显然,由于圣王身处天下之中枢,故他的扭转乃是关键性的。

(二) 一个回归式的理论框架

分析郭象的无为理论,我们能够发现其中存在着一个回归式的理论框架。此框架的模式,可以图示如下:

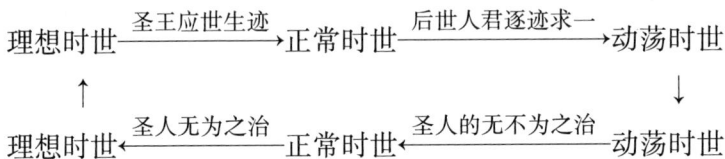

理想时世 —— 圣王应世生迹 —→ 正常时世 —— 后世人君逐迹求一 —→ 动荡时世

↑   ↓

理想时世 ←— 圣人无为之治 —— 正常时世 ←— 圣人的无不为之治 —— 动荡时世

对此图示,说明如下。

1. 理想时世的君逸臣劳。

在理想时世的环境下,名教即是自然,才性即是名位,有为即是无为,守职即是逍遥,它们之间是完全合一的关系,不存在背离的情况。当然,由于君、臣之间职位要求的差异,郭象主张君逸臣劳,甚至其中还具有虚君化的思想倾向。

---

① 郭庆藩:《庄子集释》,第405页。
② 郭庆藩:《庄子集释》,第206页。

2. 圣人应世生迹。

郭象认同尧、舜、禹和孔子、文王、武王等儒家传统圣人的历史地位，但通过"迹"与"所以迹"的概念，对名教、名法等存在作了"圣人之迹"的解读，从而在以"无为"为本，以"有为"为末的体用框架下将二者统一起来。

3. 后世人君的有为之治。

后世人君，由于不懂得圣人"迹冥圆融"的道理，他们逐迹求一，越得迹，越失一，最后在各种有为之治中使得社会整体由理想时世蜕变为正常时世，然后再由正常之世进一步向动荡乱世下坠，并最终导致了道、世交丧。

4. 动荡乱世中圣人的无不为之治。

针对动荡时世，郭象开出道、世交归之路，其关键就在于圣人的当机之为。此当机之为，奠基于其无为心性之上，但却其因应时势的变化而可无所不为，而其目的则在于力挽狂澜，在于首先促成整个时势由乱向治的扭转，在于促成社会之正常秩序（名教制度等）的回归。

5. 动荡乱世下群品的安命无为。

在动荡乱世，非圣者之群品万物，他们之应为和能为者即是守分、安命。分析起来，之所以要求群品之守分、安命，在于他们的能力和心性不适合乱世之下的越分盲动，他们对天下时势的变化也不承担扭转之责任，因为他们的职责只落在于己之有限的名位范围之内，从而继续守职而为，至于结果如何，也就只有安命一途了。对于圣王而言，由于其心性要求，也由于其之身处中枢，故扭转天下时势的责任理应落到他们的身上，而不是群品、万物的身上。

6. 道世交归。

在社会正常秩序得到回归，社会名教等制度的正常功能得到恢复并能够重新正常运转的条件下，郭象主张为君者应该恢复无为之治，从而通过君逸臣劳式的休养生息之策，推动整个社会由乱向治，再由秩序向理想之世的逐步回归，并最终道、世交归。

7.《老子》曰"反者道之动，弱者道之用"①，又言"有之以为
利，无之以为用"②，更言"大曰逝，逝曰远，远曰反"③，循环式运动
是传统道家思想中的一个具有普遍性的思想模式。

我们对郭象无为论所作的回归式模式之分析，可以看作道家循环
式思想模式的一个典型，或说是例证。当然，这一理论模式成立的关
键在于圣人的当位、缺位和重出，而这些都是具有偶然性的。所以，
这一回归式的理论模式的存在只是在逻辑意义上的，不一定具有历史
上的必然性。

四 双重化的理论特征以及在管理哲学上的启示

依照如上对郭象无为论思想的回归式理论结构的图示化概括，我
们可以更好地理解其思想之理想性和现实性并存的双重化理论特征，
进而予之以当代管理哲学之视野下的审视。

（一）理想性和现实性并存的双重化理论特征

这一点，可以从社会制度、圣王存在、君王与臣民的关系等方面
分别予以说明。具体如下。

1. 在名教、名法等社会制度的问题上。

社会体制、制度是社会管理的中介环节。在郭象无为论思想中，
名教、名法等社会制度的存在具有理想性。这一点表现在：（1）就起
源而言，名教、名法制度是圣心应时和因世的产物，并因圣人的理想
性而具有理想性和合理性。如郭象曰"鸣者，律之所生；言者，法之
所出；而法律者，众之所为，圣人就用之耳，故无不当，而未之尚言，
未之尚为也"（《庄子·寓言注》）④，"刑者，治之体，非我为。礼者，

---

① 楼宇烈：《王弼集校释》，中华书局 1980 年版，第 110 页。
② 楼宇烈：《王弼集校释》，第 27 页。
③ 楼宇烈：《王弼集校释》，第 64 页。
④ 郭庆藩：《庄子集释》，第 953 页。

世之所以自行耳，非我制"（《庄子·大宗师注》）①，此处之所以能够无不当的法律、刑礼等只能说是理想性质的存在。（2）"君臣上下，手足内外，乃天理自然"（《庄子·齐物论注》）②。这是将名教、名法与自然、才性予以合一，而能够完全与自然之物性合一的名教、名法制度是理想性质的。在理想时世下，圣王之所以能够无为而治，并能够君逸臣劳，所依据的就在于名教、名法制度与群品、万物本性之间理想性的合一关系。

　　但是，在名教、名法制度等问题上，郭象的目光同时是现实的，他的思想具有鲜明的现实性特征。这一点表现在：（1）名教、名法等社会制度是往时之圣知应世的产物，具有相应的历史合理性，但不一定具有现实的合理性。"人性有变，古今不同。故游寄而过去则冥，若系于一方则见。见则伪生，伪生而责多矣"（《庄子·天运注》）③，故如何依据民性的变化，而对具体的社会管理制度、体制等予以相应的调整、改变，使得它们能够重新与民性合一，这是圣王的任务。"时移世异，礼亦宜变"（《庄子·天运注》）④，故在此，郭象实际上是提出了进行制度和体制改革的必要性。（2）名教、名法制度被工具化和异化时会造成物性失落、国家衰败乃至祸乱之恶果。"言圣法唯人所用，未足以为全当之具"（《庄子·胠箧注》）⑤，"仁义可见，则夫贪者将假斯器以获其志"（《庄子·徐无鬼注》）⑥，"仁义者，扰天下之具也"（《庄子·骈拇注》）⑦，"爱民之迹，为民所尚。尚之为爱，爱已伪矣"（《庄子·徐无鬼注》）⑧。这样，爱民正为害民之始，故所谓名教与名法制度，以及相应的社会规范，"当其时而用之，则西施

---

① 郭庆藩：《庄子集释》，第 238 页。
② 郭庆藩：《庄子集释》，第 58 页。
③ 郭庆藩：《庄子集释》，第 519 页。
④ 郭庆藩：《庄子集释》，第 514 页。
⑤ 郭庆藩：《庄子集释》，第 345 页。
⑥ 郭庆藩：《庄子集释》，第 862 页。
⑦ 郭庆藩：《庄子集释》，第 324 页。
⑧ 郭庆藩：《庄子集释》，第 827 页。

也；时过而不弃，则丑人也"(《庄子·天运注》)①，其被异化之后会带来民性失落、天下凋败的恶果。(3) 但是，"千人聚不以一人为主，不乱则散。故多贤不可多君，无贤不可无君。此天人之道，必至之宜"(《庄子·人间世注》)②，故即使在社会动荡时期郭象仍然主张维持名教、名法制度的有效运行，其目的在于避免社会进入无政府主义的混乱状态。也就是说，在名教、名法等社会制度已经不能够很好乃至正常运转的情况下，郭象仍然要求群品、万物之守职安分，仍然要以名教、名法制度管制天下、规范万物，也可见社会秩序的维持是郭象政治思想的一个底线，他反对"无治"式的无政府状态，也反对由下层民众发动的革命、造反之举，他的回归于理想社会的途径还是依赖于圣王式人物由上而下的当机而为，也可见其思想的基调主要是改良性质的。在此理解框架下，可以对郭象的群品安命论给予积极的而不是消极的评价。

2. 在圣王存在的问题上。

圣王是理想性质的社会和国家管理者，郭象关于圣王的思想具有突出的理想性特征。这一点表现在：(1) 圣人存在的完全境界化。人是有限的存在，是身心合一的存在，不可能将自己的身体存在及其物欲需要完全抛开，也就是不可能被完全心性化和境界化，故郭象将圣人作完全境界化的处理，这只能够说是一种理想化。另外，在圣人处，他之所以能够无为而无不为，也建立在其对万物本性的神明洞照之上，这是一种直觉式的智慧，一般人无法具有，故也具有理想性。(2) 圣王角色的理想化。郭象以圣人为完全境界式的存在，归根结底，由其时代对于君王角色的时代要求所决定，也就是说他将圣王作为君王角色予以完全的理想化了。但是，在现实中的君王都是具体和复杂的存在，他们一方面应该是社会整体利益的抽象代表，不应该具有私利性和个人性，但是，另一方面，在现实的君王处，具体和抽象、公义和

---

① 郭庆藩：《庄子集释》，第516页。
② 郭庆藩：《庄子集释》，第156页。

私利，以及职责要求与个性需要，等等，它们往往交织在一起，从而使得所谓圣王的存在，作为理想君王角色要求的落实，他们也具有理想性，很难在现实政治生活中得到具体落实。（3）"圣"自为"王"的理想化。同时，就圣人与君王之位的关系而言，二者之间也存在错位的可能。也就是说，为君王者非圣者，为圣者非君王。"言体道者，人之宗主也"（《庄子·知北游注》）①，"夫神全心具，则体与物冥。与物冥者，天下之所不能远，奚但一国而已哉"（《庄子·德充符注》）②，"夫时之所贤者为君，才不应世者为臣。若天之自高，地之自卑，首自在上，足自居下，岂有递哉！虽无措于当而必自当也"（《庄子·齐物论注》）③，这些也只是在理想的社会图景中方才可能。（4）"圣不世出"，且"俱食五谷而独为神人，明神人者非五谷所为，而特禀自然之妙气"（《庄子·逍遥游注》）④，"言特受自然之正气者至希也，下首则唯有松柏，上首则唯有圣人"（《庄子·德充符注》）⑤，可见圣人之存在的出现完全具有偶然性，故郭象把整个天下得以扭转的可能完全放在圣王式人物的出现及其作用上，使得其理论在实践方面也具有理想性的特征。

但是，在君王的问题上，郭象的目光却也同时是现实的。这一点表现在：（1）郭象认同"圣不世出"的结论。既然圣不世出，故现实世界中就可能没有圣王式的存在。具体到郭象所处的西晋时期，其身居君位者实乃一白痴式的晋惠帝，郭象对此不是无视之，而是正依之对动荡乱世的成因给出了自己的解读和分析。（2）郭象对现实君王之贪欲、慕名的本质具有深刻的理解。如他说"德之所以流荡者，矜名故也；知之所以横出者，争善故也。虽复桀跖，其所矜惜，无非名善"（《庄子·德充符注》）⑥，"夫暴君非徒求恣其欲，复乃求名，但

---

① 郭庆藩：《庄子集释》，第 755 页。
② 郭庆藩：《庄子集释》，第 189 页。
③ 郭庆藩：《庄子集释》，第 58 页。
④ 郭庆藩：《庄子集释》，第 29 页。
⑤ 郭庆藩：《庄子集释》，第 194 页。
⑥ 郭庆藩：《庄子集释》，第 195 页。

所求者非其道耳"(《庄子·人间世注》)①,可见他并没有美化现实中的君王,没有将不合理的政治现实予以完全的合理化处理。其实,郭象关于圣王无为的理论,也可以说正是针对着政治领域中的君王之无奈现实而提出的,反映的是当时的时代精神对理想化的君王形象的要求和向往。

3. 在君王与臣民的关系问题上。

在君王与臣民的关系问题上,郭象的无为论也同时具有理想性和现实性并存的特征。就理想性而言,郭象主张二者之间"相因而成"的社会理想。例如,郭象说:

> 己与天下,相因而成也。今以一己而专制天下,则天下塞矣,己岂通哉! 故一身既不成,而万方有余丧矣! (《庄子·在宥注》)②

郭象说"相因之功,莫若独化之至也"(《庄子·大宗师注》)③,又言"彼我相因,形景俱生,虽复玄合,而非待也"(《庄子·齐物论注》)④,显见他是从万物各自为而相因,因相因而玄合的理路去理解物、物关系,进而把这一关系延伸到君王与臣民的关系上,从而谋求政治领域也能够进入所谓"玄冥之境",并使得在二者的关系中既具备各自个体性的逍遥,也具有天下整体之绝对和谐的理想性特征。但是,郭象同时也指出:

> 人之生也宜,莫之荡,则性命不过,欲恶不爽。在上者不能无为,上之所为而民皆赴之,故有诱慕好欲而民性淫矣。故所贵圣王者,非贵其能治也,贵其无为而任物之自为也。(《庄子·在宥注》)⑤

---

① 郭庆藩:《庄子集释》,第 140 页。
② 郭庆藩:《庄子集释》,第 394 页。
③ 郭庆藩:《庄子集释》,第 241 页。
④ 郭庆藩:《庄子集释》,第 112 页。
⑤ 郭庆藩:《庄子集释》,第 364 页。

今以上民，则后世百姓非自外形从之而已，而乃以心神受而用之，不能复自得于体中也。(《庄子·列御寇注》)①

显然，在现实的政治领域之中，君王与臣民的关系却反而正是所谓"以一己而专制天下"，而其结果则只能是"而万方有余丧矣"。盖"上有所好，则下不能安其本分"(《庄子·则阳注》)②，又"夫物之形性何为而失哉？皆由人君扰之以至斯患也"(《庄子·则阳注》)③。又问：人君何以必欲扰民呢？曰："后世人君，将慕仲尼之遗轨，而遂忍性自矫伪以临民"(《庄子·列御寇注》)。④ 则原因还是在于后世人君之惜名贪欲，而对此，若非圣人，何由越之？此诚无法可想，乃至真至实而又无可奈何之事也。由此，我们说，针对政治领域中王权与臣民关系紧张的社会现实，郭象提出了君王与天下"相因而成"的政治理想，从而使得他的无为理论在君王与臣民关系上也具有突出的二重化特征。就无为论而言，可以说郭象立脚在现实之中，但其目光却投向了理想之境，其思想具有突出的理想性与现实性兼备的二重化特征。

（二）对郭象无为论的当代管理哲学之审视

在当代社会的背景下，可以审视郭象的无为理论，分析其理论框架的前提和条件，并从管理哲学的角度探讨其能够具有的对当今时代的启示。具体如下。

1. 对郭象无为论之人性假设的当代审视。

人性假设是指管理者在管理过程中对人的本质属性的基本看法。著名管理心理学家雪恩（E. H. Schein）于 1965 年在《组织心理学》一书中，提出了四种人性假设理论："经济人"假设（亦即所谓 X 理论）、"社会人"假设、"自我实现人"假设（亦即所谓 Y 理论）和

---

① 郭庆藩：《庄子集释》，第 1051 页。
② 郭庆藩：《庄子集释》，第 902 页。
③ 郭庆藩：《庄子集释》，第 903 页。
④ 郭庆藩：《庄子集释》，第 1051 页。

"复杂人"假设。此外，美国人大卫在研究日本管理后提出了 Z 理论，成中英在对中国管理哲学研究后提出了 C 理论等，对它们往往统称为超 Y 理论。西方管理理论中的人性假设往往与其方法论紧密相关。

郭象无为论的人性假设。郭象玄学中的人性假设应区分为两类：（1）对于群品而言的朴素人性假设，或可称之为"自然人"人性假设。但是，由于他同时认为自然人性中包含社会性和名教性内容，所以"自然人"假设中也同时包含"道德人"和"社会人"人性假设。郭象的这一人性假设可以与西方管理学界的"经济人"和"社会人"的人性假设理论相对照而予以分析。（2）对于圣人而言的超越心性，或可称之为"境界人"的人性假设。在圣人处，人性的内容和实现方式与群品、臣民截然有别，或可将之与西方管理学中的"自我实现人"的"人性假设"对照起来。当然，郭象无为论的人性假设与其政治哲学紧密相关，建立在魏晋时期庄园经济的背景之下，具有传统道家思想的渊源，与现代西方科学管理之经济学背景下的人性分析还是判然有别的。

2. 对郭象名教与自然关系的当代审视。

名教的原义是名分之教，从广义上说是指一种由儒家所提倡的、以三纲五常为核心的伦理纲常、礼教道德，而从狭义上说是指"以名为教"，即如西汉时期的统治者举贤良方正、茂材孝廉一样，将那些符合封建伦理纲常的节操、行为乃至观念在社会中树立起来，并配以相应的名目、名分、名节和功名，然后在民众皆慕其名、择善从之的情况下达到对整个社会的道德教化①。关于名教与人性自然的关系，《后汉书·献帝纪》曰"夫君臣父子，名教之本也，然而名教之作，何为者也？盖准天地之性，求之自然之理，拟议以制其名，因循以弘其教"，这是认为名教需要建立在自然人性的基础之上。又，汪家禧《儒与二氏出入论》曰"士必束身名教，而后廉隅立，趋向端。名教法先王，崇仁义，尚礼教，故是儒高于九流，而治天下必用儒也"，

---

① 刘康德：《魏晋名教与自然论笺》，《孔子研究》1994 年第 2 期，第 63—64 页。

这是指名教需要以自身为标准，而对自然人性加以改造①。就郭象名教观而言，一方面，他对以三纲五常为核心的伦理纲常和礼教道德应该说是认同的，认为它们就是自然的，在此意义上学界甚至以"自然即名教"的命题对其加以概括；但是，另一方面，他对"以名为教"应该说是否定的，认为这是后世君王在"逐迹求一"，故反而导致了名教的异化、人性的失落以及时世的衰迁。综合两方面，在自然与名教关系的问题上，结合对其思想之理想、正常和动荡时世之不同阶段的区分，我们认为郭象之所以主张在理想与正常时世，"自然人"等于"社会人"等于"道德人"，相应的在无为理论中提出"无为"等于"任性自为"等于"守职而为"等于"君逸臣劳"，原因在于相对于动荡乱世而言，他需要证明正常之名教秩序的合理性，而就理想时世而言，则是认为自然即秩序，秩序亦即自然，故自然为本，名教为末，并因本末合一而自然与名教合一也。

郭象的自然与名教关系理论，可以与当代管理学所谓组织人本主义的管理思潮对照起来。就人本管理思想而言，它直接源于西方近代以来形成的人本主义思想，而在中国古代，《管子·霸言》中即言"夫霸王之所始也，以人为本"。在对传统儒家思想中"以人（民）为本"内容的分析中，袁闯先生提出了"组织人本主义"的观点，认为其管理的目标在于组织的稳定性，人则是组织稳定的基础，为此，一方面是组织高于个人，并为此需要进行礼、法之教化式的人格控制，另一方面则是组织以人为本，并为此要求组织必须保护个人的基本人权和利益。当然，在这里，个人是组织中的人，不能逾越于组织之外存在②。显然，就郭象思想而言，因为他主张儒道合一，自然、名教（实即"礼教"）合一，故相对动荡乱世而言，他突出强调名教秩序之作为组织稳定的管理目标，而就正常和理想时世而言，他则重在强调群品万物之自然人性之自然性的实现，强调秩序的自然性质，并因此

---

① 韦政通：《中国哲学辞典》，吉林出版集团有限责任公司 2009 年版，第 306 页。
② 袁闯：《管理哲学》，复旦大学出版社 2008 年版，第 322—337 页。

反对人为的教化，以及由此导致的人格化的控制，从而使得其思想具有鲜明的人本化的特征。要之，利用当代管理学中的人本管理思想，尤其是对照所谓组织人本主义的观点，能够有助于我们进一步深入理解郭象的名教观和无为观。

3. 对郭象无为而治之管理方法的当代审视。

在管理哲学的视角上，无为是一种管理谋略。分析郭象无为而治的管理思想，也能够向我们提供一些重要的管理学启示：（1）对自我的安顿。人首先是有限的、形而下的存在，是具体的身心统一体，并因此要求生命存在的现实安顿。为此，郭象主张群品万物把自身的存在与现实世界的具体名位及其需要有机地结合起来，安于性分，安于职守，不好高骛远，不怨天尤人，这是一方面。但是，另一方面，人之精神也具有不断的超越性质，并因此要求我们在形上精神需要之方面的安顿。为此，郭象所提出的对圣性境界之超越、清虚和安宁的规定，以及他将境界存在下落于现实名教世界之中的实现轨迹等思想，对于我们今天对自我的超越性安顿，应该说具有重要的参考和启示价值。（2）对他者的管理与安顿。在对他者的管理问题上，郭象强调首要在于因顺万物，而不要"立所不逮于万物性分之表"，也就是说不要强人所难，要注重"任性"与"守职"的对接。这样，对他者的安顿最终就是要能够将他安顿到一个与其本性和能力相适应的社会名位上去，从而使得他的生命的自我实现获得一个外在的、客观的依托。要有职可守，进而守职而为，这是万物任性自为的完成，也是圣者对群品众庶之最终安顿。（3）对时世的承荷。作为圣王式的存在，郭象所谓圣人的无为，在理想和正常时世表现为君逸臣劳，但在社会动荡的非正常情况下，则必须大胆作为，进而无所不为。这是圣者对时世的因应，更是他之作为圣王所应该具有的对时世的承荷。依此，在具体管理过程中，作为管理者应该重在任人而非任事，要注重制度建设，以确保其处于正常运转的状态，但同时也要做到非常时世非常举措，要在危机时刻能够大胆作为，果敢作为，要担得起责任，承得起风险，从而当事业发展的正常状态被外力因素猛力打破时，需要有非常举措以应对之，所谓看准后下手要狠，力度要大，见效要快，如此方能挽狂澜于既倒，从而确保整体利益和个我事业之履险而终安。就此而言，作为道家思想家，郭象式圣人对时世的承荷所体现出的是深刻的道家式责任感，对于我们今天的管理工作而言，应该说也是具有重要的启示意义的。

要之，在道家思想家中，郭象的无为理论具有典型的意义。刘笑敢先生曾以立体交叉桥和高速公路的管理为喻，以论道家的"无为而无不为"的治理方法。依其所言，传统的有为管理如同交警站在十字路口指挥交通，好的交警可以指挥得井井有条，缺乏经验和能力的交警会乱上添乱，而立体交叉桥和高速公路则可以既保证交通的畅通无阻，又能够使得车辆的行驶方便自如。显然，无为管理正如高速公路与立体交叉桥的作用，它们对被管理者的作用"似无而有"，既没有如交警般指挥和干涉每一行驶个体的直接行为，而是将之付诸于每一被管理个体在相关行为规范下的自主选择，同时又做到了对整体形势的有力控制和管理目标的自然实现。对于管理者而言，比较起来，无为之治的管理效果往往更具有长久性、持续性和低成本的优点，尽管有为之治的效果可能来得更直接、猛烈，短期效率更高一些，但也更有可能带来新的、更多的后遗症。因此，在条件容许的情况下，即使从管理效果着眼，领导者也应该更多地选择因循万物的、无为式的管理方法①。就历史上看，在东晋时期，王导等人运用郭象玄学圣王无为而治的方法辅佐晋元帝抵抗外侮，建立功业，其为政"务在清静"，"不以察察为明"，"人言我愦愦，后人当思此愦愦"，从而获得了很大的成功，"民族因得以独立，文化得以延续，不谓之民族之功臣，似非平情之论也"②。我们今天分析郭象的无为论思想，目的也在于古为今用，以图其能够为当今时世的管理实践提供一些有益的启示。

---

① 刘笑敢：《老子古今（上卷）》，中国社会科学出版社2006年版，第561页。
② 陈寅恪：《陈寅恪集·金明馆丛稿初编》，生活·读书·新知三联书店2001年版，第77页。

第 五 章
因 循 论

摘要： 因循论思想是郭象《庄子注》之治道理论中的核心性内容。其因循论哲学中既包括单向性的"因循"思想，也包括双向性的"相因"思想。在社会政治领域中的"相因"思想建立在"独化而相因"之自然哲学的基础之上。分析郭象的因循论哲学思想，体认其个人思想的丰富性和独特性，发掘其中所蕴含的道家式管理智慧，将能够为当代社会的管理实践和思考提供一定的参考和启示。

因循是道家管理哲学的核心性概念，是其无为论哲学思想在治道上的具体体现。作为魏晋时期新道家（魏晋玄学）思想发展的高峰和代表，郭象同样将他的因循论思想建立在无为哲学的基础之上。但是，对《庄子注》中的因循论思想加以深入分析，我们将能够体认到郭象作为玄学家其个人思想的丰富性和创造性，乃至于其在整个道家和中国哲学思想传统中的独特性。研究郭象的因循论哲学思想，发掘其中所蕴含的道家式管理智慧，将能够为当代社会的管理实践和思考提供一定的参考和启示。

一　单向性的"因循"

"因"是传统道家思想的重要范畴。《说文解字·口部》曰"因：

就也。从口、大"，《广韵·真韵》曰"因：托也，仍也，缘也，就也"。将二者综合起来分析，则"因"者，依托也，仍袭也，因缘也，趋就也①。换句话说，"因"之为"因"，含义主要是因缘，依托的方面，以及仍袭、趋就的方面。因为存在着对对象的依托，以及与对象间关系上的因缘，所以需要仍袭之和趋就之。换句话说，因为存在与对象之间的因缘、因果关系等，所以需要采取因顺、顺任之的行为原则。由此，也可见"因"之含义的这两个方面具有统一性。查《庄子注》一书，"因"字出现约一百余次，在郭象思想中自有其重要的位置和价值②。

在《庄子注》中，无"因循"一词，但是，除"因"之外，与"因"相类的概念，诸如"任""随""循""顺"等大量出现。例如，《逍遥游注》中说"夫唯与物冥而循大变者，为能无待而常通"，《齐物论注》言"夫物有自然，理有至极。循而直往，则冥然自合，非所言也"，《天下注》言"唯圣人然后能去知与故，循天之理，故愚知处宜，贵贱当位，贤不肖袭情"等，其中之"循"，即与"因"之沿袭、顺应基本同义。其他诸词，如"顺""任""随"等亦如是。可见，站在今人的视角上，以"因循论"来概括和分析郭象《庄子注》中的这一方面思想，是存在合理性且可以成立的。

进一步，分析《庄子注》中的因循论思想，可知其主要集中在社会政治领域。在社会政治领域中，依照因循主体的不同，可以主要区分为圣王之因循和群品、臣民之因循两类；依照因循方向的不同，也可以主要区分为单向性的因循和双向性的因循两类。接下来，我们将分析郭象《庄子注》中圣王与群品之各自单向性的因循论思想。

对于圣人而言，郭象的因循论思想表现出如下的内容：（1）圣人对万物的因顺和顺应。例如，郭象在《齐物论注》中说"达者因而不

---

① 以"因"之"就"为趋就、依归之意，原因在于：《说文解字·京部》曰："就：就，高也。从京从尤。尤，异于凡也。"桂馥注："此言人就高以居也。"孔广居注："京，高丘也。古时洪水横流，故高丘之异于凡者人就之。"

② 数据出自"中国哲学书电子化计划"网站的相关检索，特此说明。

作。夫达者之因是，岂知因为善而因之哉？不知所以因而自因耳，故谓之道也"，强调了在圣人（"达者"）处"因而不作"的自然和无为特征；其在《应帝王注》中说"变化颓靡，时世波流，无往而不因也"，则指出了因循思想对于圣人而言是一种无往而不因之普遍性的行为原则；而郭象在《天地注》中批判抱瓮而灌之丈人时曰其"徒知修古抱灌之朴，不知因时任物之易也"等，则更是强调了圣人对于古今时世变化的顺应与因循的重要性，并认为这才是"真浑沌"的超越圣者。可见，对于圣人而言，因顺和顺应的对象是天下万物，其因循性的行为特征具有根本性和普遍性。（2）圣王对臣民、群品的因任。在郭象思想中，圣应为王，圣自为王。所以，圣者对万物之因循，在现实生活中，就进一步落实和表现为王者对臣民、群品之因任。例如，郭象在《在宥注》中说"因其性而任之则治，反其性而凌之则乱。夫民物之所以卑而贱者，不能因任故也。是以任贱者贵，因卑者尊，此必然之符也"，又在《山木注》中说"虽有天下，皆寄之百官，委之万物而不与焉，斯非有人也；因民任物而不役己，斯非见有于人也"，等等，在其中的圣人之"因民任物"即不仅仅是对民众之才性、性情等自然状态的因顺、顺应，且更进一步，需要将群品、万物的才性、性情等与社会名教、名法制度的需要和要求结合起来，从而做到因能而授官，循名而责实。郭象的这一思想可谓其因循观在治道哲学方面的重要体现。（3）对社会名教、名法制度的因循、顺任。例如，郭象说"贤当其位，非尚之也；能者自为，非使之也"（《天地注》），"文者自文，而武者自武"（《则阳注》），即指君王之任用臣民并不出自于己力己为，而是一切均付诸于名教和名法等制度所具有的筛选与调控功能。进一步，郭象说"刑者，治之体，非我为。礼者，世之所以自行耳，非我制"（《大宗师注》），"鸣者，律之所生；言者，法之所出；而法律者，众之所为，圣人就用之耳，故无不当"（《寓言注》），则在名教和礼法等制度的制定上，圣人也并不是渗以己意，而是因循众意，完全无心而任之的。在传统社会里，在圣王对臣民的因循中，名教、名法等制度是中介性环节。

对于群品、万物而言，郭象的因循论思想表现出如下的内容：
（1）群品、万物对自身自然性情的因顺和顺应。例如，郭象言"因形率情，不矫之以利也"（《山木注》），又言"本有斯光，因而用之"（《庚桑楚注》），"夫物有自然，理有至极，循而直往，则寞然自合，非所言也"（《齐物论注》），"循常任性，脱然自尔"（《徐无鬼注》），等等，其因循之主体乃群品万物，而所因循之对象则是他们自身的"形"、"情"、"光"以及"常性"、"物理"等，是群品自身对于己之天然性命之情的安而循之。（2）臣民、万物对于己之社会名位、职分的安而循之。郭象说"臣妾之才，而不安于臣妾之任，则失矣。故知君臣上下，手足外内，乃天理自然，岂真人之所为哉？"（《齐物论注》），又言"夫时之所贤者为君，而才不应世者为臣，若天之自高，地之自卑"（《齐物论注》），可见郭象实主张才性合一和才位合一。因为才性合一和才位合一，故在万物之因顺己之性情的过程中，自然地，作为"臣妾之才"，它们就应该"安于臣妾之位"而不能够"志过其分"和"上下相冒"。在这一过程中，群品、万物在天生才能上的差异性自然地与社会名位的等级性相互对应，所谓"愚智处宜，贵贱当位，贤不肖袭情"（《天下注》），从而使得名教制度的规范和要求自然地得到实现。因为这一过程是一个"天理自然"，"虽无措于当而必自当"（《齐物论注》）的过程，故，作为群品、万物，它们应做的，就只是在无心无为中因循自己的才性与名位，并安处于其中。（3）群品、臣民之安命而为。在《庄子注》中，关于群品之安命的问题有一些极端性的提法，如他说"故人之生也，非误生也，生之所有，非妄有也。天地虽大，万物虽多，然吾之所遇，适在于是，则虽天地神明，国家圣贤，绝力至知，而弗能违。故凡所不遇，弗能遇也；其所遇，弗能不遇也。凡所不为，弗能为也；其所为，弗能不为也。故付之而自当矣"（《德充符注》），又言"夫我之生也，非我之所生也，则一生之内，百年之中，其坐起行止，动静趣舍，性情知能，凡所有者，凡所无者，凡所为者，凡所遇者，皆非我也，理自尔耳。而横生休戚乎其中，斯又逆自然而失者也"（《德充符注》），等等，在其中大量的

"凡……"之句式，即表明相应论断的完全性和绝对性。依此，则群品、万物之"足性"等于"安命"，且此"命"乃定命、宿命，而不可违逆。对此不可违逆之定命和宿命，要求不可"横生休戚乎其中"，并"付之而自当矣"，这实际上是在要求群品、万物因循、顺任一切外在之境遇，而无论其为何种之性质，并进而需要安处于其中。在面对任何外在境遇时均需要安位、守分，并因此需要逆来顺受，此种对己之命运的因循即带有强烈的苦涩色彩。"命非己制，故无所用其心也。夫安于命者，无往而非逍遥矣，故虽匡陈羑里，无异于紫极闲堂也"（《秋水注》），可见，即使是孔子、文王这样的圣人，如果他们身处臣民之位时，对于任何外在境遇，也只有逆来顺受、安分守位。

二　双向性的"相因"

在社会政治领域，除了圣人、圣王对群品、臣民之单向性的因循，以及群品、臣民对自身之性情与名位的单向性的因循思想外，在郭象庄学中，其因循论思想还同时体现为圣人、圣王与群品、臣民之间，以及群品、臣民等相互之间的双向性因循。这种双向性因循，因其之因循的方向是双向性和相互性的，故亦可谓之曰"相因"。关于这种双向性因循的内容，具体说来如下。

（一）群品、万物之间的"自为而相因"

所谓万物、群品之间的"自为而相因"，首先，需要承认在群品、万物之间存在着客观的、事实性的关系，并因此能够相互作用与影响。这种相互作用和影响的关系，在一般意义上称之为"相待"，即指事物双方的互为条件和彼此依待。但是，在郭象处，他认为"独化"而"相因"，"相因"而非"待"，所以事物间的其所谓"相因"关系，不是否定他们之间存在的相互影响、作用和依待关系，而是强调这种关系与联系是通过他们各自的"自为"（亦即所谓"独化"）之特殊方式而得到实现的，此之谓"自为而相因"。如在《大宗师》篇"子舆与子桑友，而霖雨十日"的故事中，子桑病倒了，子舆裹饭而往食之，郭象在其下注解曰"此二人相为于无相为也。今裹饭而相食者，乃任之天理而自尔，非相为而后往也"，可见在他看来，子桑与子舆二人间是存在客观的联系和关系的，因为若子舆不裹饭而往食之，则子桑将可能会病饿而逝，故二人间是存在彼此间的相互作用和影响的，但是，若进一步察看郭象此处之注文，即可知其理路之重点在于强调二人间的这种关系、联系之实现的无为、无心。因为各无心而自为，所以彼此各自"独化"，并在"独化"之中存在着对对方之"独化"状态的因循，此为"相因"。因"独化"而有"相因之功"，而所谓"相因之功"，亦即二者关系的客观实现，那么，此种"相因之功"，分析下去，实际上就只是相关双方之"独化之至"所带来的彼此间的相互因循，以及由此而来的彼此之协调与配合。在此协调和配合中，我们看到，相关双方各自"独化"而实现自身，故它实际上是"相因"双方之关系的完成和实现。

进一步，郭象将这种"自为而相因"的关系向普遍性的方向发展。例如，他言曰：

> 夫人之一体，非有亲也，而首自在上，足自在下，腑脏居内，皮毛处外，外内上下，尊卑贵贱，于其体中各任其极，而未有亲爱于其间也。然至仁足矣，故五亲六族，贤愚远近，不失分于天下者，理自然也，又奚取于有亲哉！（《庄子·天运注》）

显然，在此处，郭象是以自然状态下的"人之一体"作为依据，而直接推论出在社会政治领域中的"外内上下，尊卑贵贱"，以及"五亲六族，贤愚远近"之间的"无亲"却"至仁"的状态。所谓"至仁"者，社会政治领域中各种角色、关系的普遍性的实现也，但是这种实现却是需要在"无亲"的状态下，通过"各任其极"中的无心、无为，也就是任其各自"自为"与"独化"的特殊方式予以完成的。在"独化"而"相因"中去达到"至仁"的价值理想的实现，而此"至仁"之内容，分析起来，也不过就是"各任其极"各守其分，从而"不失分于天下"也。

（二）君王与天下之间的"相因而成"

将"自为而相因"的思想应用于社会政治领域，尤其是王者与天下、臣民之间，郭象提出了与天下"相因而成"的圣王人格。他说：

> 吾一人之所闻，不如众技多，故因众则宁也。若不因众，则众之千万，皆我敌也。夫欲为人之国者，不因众之自为而以己意为之者，此为徒求三王主物之利而不见己为之患也。然则三王之所以利，岂为之哉？因天下之自为而任耳。己与天下，相因而成者也。今以一己而专制天下，则天下塞矣。己岂通哉！故一身既不成，而天下有余伤矣。（《庄子·在宥注》）

显然，郭象此注的重点还是在于强调为君者应该因循天下，但却提出了圣王与天下"相因而成"的独创性观点。依照前面的分析，所谓"相因"，一方面是指相互因待，彼此影响，另一方面则指这种作用、影响和因待关系的"自为而相济"式的独特的实现方式，指在这种实现方式中的相关双方对彼此之"独化"状态的顺应和因循。依此，则圣王与天下的"相因而成"，即包含了两个方面：一方面是指圣王与天下之间的彼此依待关系，盖若圣不世出，则必然道世交丧，而欲道世交兴，即需圣人之应世而出，因时为治，从而推动时世由现实状态（甚至动荡乱世）向理想状态的回归；另一方面，则是这种理想为治状态的实现，在郭象看来，需要圣王与天下臣民的各自安分、守职，并因为这种各自之守职而为所带来的彼此社会角色间的配合、协调，从而造成社会整体和谐状态的自然地实现和完成。盖君王以其无为之治道对天下臣民之各自守职而为予以顺任和因循，而天下臣民亦以己之各自的"独化"状态去顺应和因循君王之守位而为，而这种"因循"的具体内容，在正常的社会环境下，其内容主要是虚君化的。

郭象说"无心而付之天下者，直道也；有心而使天下从己者，曲法也"（《论语体略》①），也可见他反对和批判两汉以来之"有心而使天下从己"的强势皇权，而阐发的是魏晋时期建立在庄园经济基础上之的门阀士族们对无为虚君的社会理想。在圣王的虚君之治中，天下臣民能够与君王之间彼此"相因而成"，而天下臣民之间彼此也是"相因而成"的（所谓"外内上下，尊卑贵贱，于其体中各任其极"，但是却"不失分于天下者，理自然也"）。因此，此种"相因而成"的社会政治理想，它就既是名教化和秩序化的，同时却又是在圣王与天下之间，以及天下臣民之间，他们彼此各自独立、并立，然后方得以在对己和对方之"独化"状态的因循和因任中去俱生与相因、玄合与共成的。分析起来，能够如此，在于作为为治中介环节的名教和名法制度它们本身所具有的正常的社会管理之机制与职能，在于在此名教、名法制度下作为其构成要素之君王、臣民等各种社会角色之间的彼此相对独立，但是却又互相配合和协调的运行机制，在于名教的自然化和自然的名教化，在于名教、名法制度与人性自然之间的配合、协调乃至同一。个人以为，在一定意义上，郭象之圣王与臣民能够彼此"相因而成"的思想具有向西方近代契约论式民主理论转化的思想潜质。

三　自然观上的哲学基础

在郭象《庄子注》中，自然观上的物、物间的"相因"理论构成了其在政治领域中君王与天下之间，以及天下臣民之间彼此能够"相因而成"之思想的哲学基础，而后者不过是前者之思想原则在政治领域的推演和应用罢了。故，对因循思想的哲学追问，需要进入自然观的层面，需要分析自然观视野下物、物之间"相因而成"的哲学思想，并进入对万物各自"独化于玄冥之境"的这一郭象玄学之核心性

---

① 转引自汤一介《郭象与魏晋玄学》，北京大学出版社 2000 年版，第 319 页。

命题的体认和分析。对自然观中万物"相因"理论的分析，将构成郭象整个因循论思想的哲学基础。

关于自然观视野下的物、物间的"相因"关系，经典性的原材料在于《齐物论》之"罔两问景"一段的注文。对于此段原材料，我们在前面作过详细的分析。现在予以略叙。先引原文，郭象说：

> 世或谓罔两待景，景待形，形待造物者。请问：夫造物者，有耶，无耶？无也？则胡能造物哉？有也？则不足以物众形。故明众形之自物而后始可与言造物耳。是以涉夫有物之域，虽复罔两，未有不独化于玄冥者也。故造物无主，而物各自造。物各自造而无所待焉，此天地之正也。……故彼我相因，形景俱生，虽复玄合，而非待也。……今罔两之因景也，犹云俱生而非待也，则万物虽聚而共成乎天，而皆历然莫不独见也。故罔两非景之所制，而景非形之所使，形非无之所化也，则化与不化，然与不然，从人之与由己，莫不自尔，吾安识其所以哉！故任而不助，则本末内外，畅然俱得，泯然无迹。……

分析这一段注文，将焦点落实到"罔两"与"景"之间的"相因"关系上，可以得出如下结论。

1. 个体物内部之"无待→自生→独化"的逻辑理路。

对于这一理路的分析，需要明确的是：（1）万物各自以自己之"性"为本体。①"性"在《庄子注》中具有本体的位置与作用，因为它是个体物之为个体物的依据，是其"所以迹"。"所以迹者，真性也"（《天运注》）。这一点，反映在原材料中，即指罔两、景、形之各有其"性"，并以之为各自之本体和依据。（2）物之"性"为"独"性。依照郭象所论，"物各有性，性各有极"（《逍遥游注》），"苟知其极，则毫分不可以相跂……"（《逍遥游注》）等，可见所谓物

---

① 王晓毅：《郭象评传》，南京大学出版社 2006 年版，第 236 页。

"性"，不仅具有"种差"，更具有"个体差"的方面，且此种"个体差"是本质意义上的，具有独异性和独一性，可称之为物之"独"性。这一点，反映在原材料中，即指罔两、景、形之"性"各为其之"独"性，并因此是一种个体特异性的本质存在。（3）物"性"之"无待"。由于物之"独"性的独异与独一，所以在否弃了"造物者"的前提下，郭象认为其在"性"本体的领域中不可归因，不能够由任何他物之"独"性予以推出，此谓"无待"①。这一点，反映在原材料中，即指罔两、景、形之"性"各自"无待"而独立，也就是说"罔两"之"性"不依待于"景"之"性"，"景"之"性"也不依待于"形"之"性"。（4）由"无待"而"自生"。"自生"有二义，一方面是指物之"独"性的"非他生"、"非有因"和"非有故"。这一点，反映在原材料中，即指罔两、景、形之"性"各自乃"自生"，故乃"无因而自尔"，它与任何它物之"性"之间不存在任何逻辑上的关系，因此物"性"自身乃是封闭的，相互之间也是隔绝的，是没有窗户可供彼此之出入的。另一方面则是物之现象存在以其"独"性为依据，而没有其他外在的依据。这一点，表现在原材料中，即指罔两、景、形之生发出来，其依据只在于各自之"独"性，而分别与景之"性"、形之"性"、造物者等无关②。（5）由"自生"而"独化"。"物性有极"，而"终始者，物之极"，所以"独化"指物"性"之由"始"而"终"地实现出来，这一过程是自然的，是物"性"之由本体领域落实和完成在现象领域中的过程，所以"独化"是一个贯穿于本体界和现象界的综合性概念。综合起来看，"独化"之含义，就"化"之内容看，是指物之"独"性的由"始"而"终"地实现出

---

　　① 郭象对"无""天""道"等一切"真宰物"均予以消解，原因就在于将个体之"性"上升到本体位置。因为，若存在"真宰物"和"造物者"，则无论如何特殊，物之"独"性均是有待的，是依待于"真宰物"和"造物者"，是能够在后者处得到依据和说明的。

　　② 所谓"自生"，即指物之现象存在只是以己之"性"为依据，而与他物之"性"无关，但是并不是与他物之"形"的现象存在亦无关。在现象界中，物与他物间是相生、相待的。为什么与他物之"性"无关呢？因为尽管存在现象上的彼此关系，但是物"性"之间却是无待和"自生"的，也就是彼此封闭、隔绝的。

来；而就"化"之机制看，是指这一实现过程中的自生、自化，是一个自发、自动，也就是自然实现的过程。（6）本体界与现象界的区分。个人以为，"无待""自生"只是郭象关于物"性"本体界的概念，在现象界中是不存在无待的、自生的事物的。郭象发展其独特的"独化"而"相因"的理论，也就是想在本体界中物"性"无待而自生的基础上，给予现象界中物、物间之相待、相生的事实性关系以个人的诠释和说明。问：何以非要认为物之"独"性为"无待"而"自生"呢？曰：唯有如此，方才能够赋予事物自身"独"性之存在以本体论上的首要位置，并因此将个体性原则上升为理论建构的首要原则。这一点，可以说是郭象哲学在道家和中国哲学传统中真正具有创新性的地方，其作为思想家的地位也应该主要奠基于此点之上①。由此，可以认为他建构了一个个体主义的本体论学说，而个人以为，他对个体主义之本体论首要地位的建构，即主要落实在其对物之"独"性的无待与自生的论断之上。

2. 个体物、物之间的"独化→相因→玄合"的逻辑理路。

对于这一理路的分析，需要明确的是：（1）现象界的物、物间之"相待""相生"事实。在现象界，物与物之间存在相生、相待关系，这是客观性事实。以罔两、景、形之关系为例，即指无法否定形生景，景生罔两的事实，对此事实，只能够予以诠释，而不能够视而不见地加以否定。（2）如此，郭象否定"罔两→景→形→造物者"之间的"相待"关系，就只能够是否定"罔两之性→景之性→形之性→造物者"的本体界系列，至于在现象界中，尽管他否弃了"造物者"的存在，他其实是承认"罔两→景→形"之间的"相生""相待"关系系列的。（3）郭象将现象界的"罔两→景→形"之关系系列阐释为它们之间的"相因"关系，亦即"罔两→景→形"关系系列是通过罔两、形、景之各自"独化"，然后"自为"而"相济"、"独化"而"相因"的特殊方式予以实现的。（4）"相因"之为"相因"，即包含两

---

① 王江松：《郭象个体主义哲学的现代阐释》，中国社会科学出版社 2008 年版，第 31 页。

层含义：一方面是罔两、景、形之间所存在的相待、相生关系之实质，另一方面则是它们"自为"而"相济"、"独化"而"相因"的特殊实现方式。所谓"自为"而"相济"、"独化"而"相因"，是指主观动机上各自"自为""独化"，但是在客观效果上则是对对方之"独化"状态的因循、因顺。反过来说，如果不能够做到各自之无心而"独化"，则"相因而成"之理想状态将无法实现，而物、物间的关系将立即暴露出它们间之"相生""相待"，也就是互为条件与限制的关系之实质。而这，也就是群品、万物之逍遥何以为有待之逍遥的原因所在。（5）"相因→玄合"。在物、物的彼此"相因"中，因为存在着对自身和对方"独化"状态的因循和顺应，进一步，则在客观效果上更有彼此之间的"相济""玄合"之相互协调和配合的影响与作用。例如，罔两与景之间的相待、相生的关系性事实，就通过罔两与景之各自"独化"，然后在效果上却又达到了彼此之间的相互因循和配合，从而将二者间的关系完全地实现出来。（6）玄冥之境。在此意义上，所谓"玄冥之境"，也就是物、物之间的"玄合"之境。由于物、物间"相因""玄合"的关系具有延展上的无限性，所以"玄冥之境"也可以指谓天地万物之间的整体性和谐状态[①]。由此，"独化于玄冥之境"即指万物均在宇宙整体性和谐的环境中各自"独化"，但彼此之间却同时又存在着各种直接和间接的"俱生"、"相因"与"玄合"的关系。

3. 因循论思想在自然观上的哲学基础。

郭象的因循论思想主要体现在政治领域，但是作为玄学思想的高峰，他将其建立在自然观的哲学基础之上。具体说来：（1）因循论实际上是无为论政治哲学在治道上的具体体现。为什么要因循呢？因为无为，所以因循和顺应。为什么要无为呢？因为"道常无为而无不为"，换句话说，因为"无为"能够"无不为"，而"有为"反而有弊有失，反而不能够做到无所不为。（2）道常无为而无不为。在社会

---

① 余敦康：《魏晋玄学史》，北京大学出版社 2004 年版，第 358 页。

政治领域,"无为"何以能够"无不为"呢?曰:这是因为社会名教、名法制度等本身所具有的协调、组织、管理功能。当社会名教、名法等制度处于正常运转状态时,其正常功能的有效运转就能够让在上位者之因循式的管理方式发挥最大的功效。(3)社会政治领域的"独化而相因"。在社会政治领域中,郭象强调了名教、名法制度中其君王、臣民角色之间各自相对独立,而又内在平衡、协调的方面,从而使得他的因循论思想不只是局限在单向度的由上而下之因循,更且落实在君王与臣民,以及臣民彼此之间的"相因""玄合"的特殊机制之上。应该说,名教与名法制度也确实具有双向性的一个方面,而不是单向度的一个方面。郭象的这一揭示是具有合理性的。(4)名教与自然的合一。名教、名法制度处于正常状态,在郭象处,实际上即是表现为理论上的名教自然化和自然名教化。通过名教与自然之间的互释,名教制度的哲学基础即归结到自然领域中物与物的客观关系上。换句话说,政治、名教领域中君王、臣民等社会角色之间的"独化而相因",需要到自然观上物与物关系中的"独化而相因"处去得到相应的证明。(5)自然领域的"独化而相因"。如上已论,"独化而相因"实际上是自然领域中天地万物各自实现自身("独化"),但同时也带来了万物整体和谐状态之实现的客观效果("相因")。"独化"者,无为也;"相因"者,"无不为"也。所以,"独化而相因"实际上是"道常无为而无不为"之原则在郭象思想中的具体体现,也可以说是他作为玄学思想家对道家传统思想所做出的独创性的理论贡献。至于若进一步追问,为何物、物之间的各自"独化"即能够带来"相因"之客观的效果?回答只能够说这就是自然机制本身,对此的追问是到此为止了,没有办法再追问下去了。王弼曰"道不违自然。……自然者,无称之言,穷极之辞也"①,所言者也就是这一个道理。(6)一个类比。最后,为方便理解,或可将郭象之此"独化而相因"的"自然机制"类比于当代经济领域中的市场机制。在市场机制下,生产者为自

---

① 楼宇烈:《王弼集校释》,中华书局1980年版,第65页。

身的利润最大化而生产，此为生产者之"自为"，为其"独化"；同理，在市场中，消费者为其自身需要的最大满足而消费，此为消费者之"自为"，为其"独化"。消费者、生产者各自"自为"而不"相为"，但是，在市场机制的作用下，却又自然而然地达到了二者关系上的平衡与协调，达到了二者间"相待"关系的自然实现，但是却是通过"相因"与"玄合"的特殊实现方式和机制实现的，此为生产者和消费者之间的"独化而相因"，或说"自为而相济"。若问：何以市场机制即具有此让生产者和消费者自然地各"自为"却"相济"，各"独化"却"相因"的功效？回答曰：这就是市场机制本身。市场中自有其"看不见的手"在其中做着协调和制约、调整和管理的功能，对此无法再进一步追问。作为管理者，他所应该做的，就是努力尊重和顺应市场中本有的这种"独化而相因""自为而相济"的机制之功能，从而让市场的作用和功效发挥到最大效果，以达到在管理实践中"无为而无不为"的理想效果。与此相类，在社会名教领域，圣王体认到在自然领域中所存在着的物、物间"独化而相因""自为而相济"的自然机制，体认到因"自然名教化"和"名教自然化"而来之在名教、名法等社会制度中同样具有的这种"独化而相因""自为而相济"的运行机制，那么，在社会名教、名法制度等处于正常的运转状态下，作为社会最高管理者，其所应该采取的为治谋略，或即只能够是对名教、名法制度之运转机制，以及对天下臣民与一切时事的因循，因循论或即应成为郭象玄学之无为论政治哲学在治道上的具体表现。在当今时世，研究郭象的玄学思想，能够发现其中所存在着的传统管理智慧，也能够为我们的当今管理实践提供一定的参考和启示。

第 六 章
安命论（上）

　　摘要："命"是郭象玄学思想中的重要范畴。郭象论"命"，重在"性命"与"遇命"。"性命"具有物之本体义，在认识论上表现为人对此物的概念；"遇命"具有物之境遇义，表现为环境对事物存在的限制。在以"性命"为本的基础上，物之"遇命"以其自身"性命"的"独化"为依据，同时又关涉到它所"遇"之他物的"独化"，因此需要从二者"性命"之各自"独化"，进而"相因""玄合"关系的角度加以理解。"安命"是郭象"命"论思想的逻辑结论，可以从安于"性命"和安于"遇命"方面加以分析。分析郭象"命"论思想，有助于深化郭象哲学思想的研究，对进一步理解中国哲学中的"命"论思想传统也不无启迪。

　　"命"是中国传统哲学和郭象玄学思想中的重要范畴。早在20世纪初期，王国维就指出："'命'有二义：通常之所谓'命'，《论语》所谓'死生有命'是也；哲学上之所谓'命'，《中庸》所谓'天命之谓性'是也。命之有二义，其来已古，西洋哲学上亦有此二问题。其言祸福寿夭之有命者，谓之定命论（Fatalism）；其言善恶贤不肖之有命，而一切动作皆由前定者，谓之定业论（Determinism）。"[①] 张岱

---

　　① 王国维著，姜东赋等选注：《王国维文选》，百花文艺出版社2006年版，第58页。

年在论中国传统哲学中有关"命"的思想时指出："孔子所谓命，是何意谓？大致说来，可以说命乃指人力所无可奈何者。……总而言之，可以说命是环境对于人为的裁断。"① 又说："道家讲命，比儒家更甚。儒家虽讲命，而仍不废人事，实以尽人事为基本；道家则不谈人事，专言天命。道家所谓命，也是人力所不能及，人力所不可奈何的意思。"② 还说："中国哲学中所谓命，尚有与上所述者（即"环境对于人为的裁断"，引者注）不同之一意谓，即性命之命，乃赋予的意思。此意谓的命，源于《中庸》'天命之谓性'一语。天所赋予者，是性。就人所受言之，谓之性；就天所赋言之，谓之命：性与命只是一事。……此意谓的命，《庄子·外篇》中亦有之。《庄子·外篇》屡言'性命之情'，其所谓命即分于道之义。"③ 韦政通论"性命之情"，说"这个观念始见于《庄子》，在《庄子》中曾多次出现。后来《吕氏春秋》也常用这个观念。它是指生命的一种本真的状态"④，又说"命的涵义，就历代哲学文献所见，有高度的分歧性。综合起来，大抵可分为三类：（1）就个人而言，命的涵义有寿命、本性、性命、人性、人所禀之理等。（2）就与天所关联者而言，则命的涵义有天命、自然而不可免者、太一下降、分于道等。（3）就人与环境之间关系而言，命的涵义又有：命运、偶然性的遭遇、不知所以然而然、正命、随命、遭命等"⑤。由此可见，所谓人之"性命"，主要探讨的是人的人性、本性、本质等，以及深入对人的人性、本性、本质之依据和来源等的追问（所谓"天命""太一""道"的存在与作用等）；所谓人之"遇命"，则重在探讨各种境遇、环境（尤指他人、时势等）对人之存在，尤其是对人力的限制与裁断，进而引申出对人之寿夭、祸福、贵贱、

---

① 张岱年：《中国哲学大纲》，江苏教育出版社 2006 年版，第 307 页。
② 张岱年：《中国哲学大纲》，第 309 页。
③ 张岱年：《中国哲学大纲》，第 316 页。
④ 韦政通：《中国哲学辞典》，吉林出版集团有限责任公司 2009 年版，第 436 页。
⑤ 韦政通：《中国哲学辞典》，第 424 页。

穷通等各种际遇、遭际问题的思考①。由此可见，将"命"区分为
"性命"与"遇命"是中国哲学"命"论思想研究的重要共识，也是
笔者探讨郭象"命"论思想的基础和前提。

在《庄子注》中，郭象对传统中国哲学和《庄子》的"命"论
思想既有继承，也有发展。所继承者，在于郭象所论之"命"也有
"性命"与"遇命"的分别，在"性命"范畴上也赋予它以本真性、
自足性等价值特征；所发展者，在于他对物之"性命"的本体化理
解，以及将物之"遇命"的阐释建立在物、物间各自"独化"而来的
"相因"与"玄合"上。在此基础上，他对物之"性命"与"遇命"
关系的处理形成了一个以"性命"为本的"命论"思想体系。"安
命"论是郭象"命"论思想的逻辑结论，可以从安于"性命"和安于
"遇命"这两方面加以分析。

一 郭象视域中的"命"范畴及其含义

在《庄子注》中，"命"字的用例近百处。其中，除了作为命令
和生命、寿命的一般性含义外，主要有"天命"、"遇命"和"性命"
等方面的含义。关于"命"之一般性含义，"心得纳养之中，故命续
而不绝"（《庄子·养生主注》)②，"夫至人极寿命之长，任穷（理）

---

① 此"遇命"与时机、时运、时遇相结合，可称为"时命"。《庄子·缮性》曰："古之
所谓隐士者，……当时命而大行乎天下，则反一无迹；不当时命而大穷乎天下，则深根宁极而
待。"《庄子·秋水》曰："知穷之有命，知通之有时，临大难而不惧者，圣人之勇也。"这里所
谓"时命"都带有外在世事所赋予之机会、机遇、时遇的含义。但是，无论这种"时命""时
遇"对人的存在和行为具有肯定性或是否定性的作用与影响，就其本身而言，它们都不是人的
力量可以改变的，而是只能顺从与接受的异己性存在。当然，在接受和顺从"时命""遇命"
时，个体可以有不同的心态和行为。孟子赞孔子为"圣之时者"，即有儒家对"时命""遇命"
的积极心态在其中。至于道家，尤其是庄子，则如刘笑敢先生所言，他以安命论思想为起点，走
向的却是一己精神之绝对超越的逍遥之路。参见刘笑敢著《庄子哲学及其演变》，中国人民大学
出版社 2010 年版，第 142—162 页。

② 郭庆藩：《庄子集释》，第 130 页。

［通］之变，其生也天行，其死也物化"（《庄子·天地注》）①，"天下未有以所非自累者，而各没命于所是。所是而以没其命者，非立乎不贷之圃也"（《庄子·天运注》）②，其中的"命"主要是指生命、寿命的意思。又，"自古或有能违父母之命者，未有能违阴阳之变而距昼夜之节者也"（《庄子·大宗师注》）③，"夫自然之不可避，岂直君命而已哉"（《庄子·大宗师注》）④，其中的"命"主要有命令之义，发出命令的主体是父母或君王，这是在日常与世俗意义上使用"命"。在《庄子注》中，郭象随文加注，他对"命"的一般性使用是较多的。

　　但是，需要关注是郭象对"命"的哲理性使用，以及他对"命"之不同含义的理解。首先，是"命"之为"天命"的含义。郭象说：

　　　　其有昼夜之常，天之道也。故知死生者，命之极，非妄然也。（《庄子·大宗师注》）⑤

　　　　人之生也，可不服牛乘马乎？服牛乘马，可不穿络之乎？牛马不辞穿络者，天命之固当也。苟当乎天命，则虽寄之人事，而本在乎天也。（《庄子·秋水注》）⑥

　　　　今无怪行而有怪征，故知其天命也。（《庄子·徐无鬼注》）⑦

　　在郭象看来，"天然者非为也，故以天言之。［以天言之］所以明其自然也，岂苍苍之谓哉"（《庄子·齐物论注》）⑧，"凡所谓天，皆

---

① 郭庆藩：《庄子集释》，第422页。
② 郭庆藩：《庄子集释》，第521页。
③ 郭庆藩：《庄子集释》，第263页。
④ 郭庆藩：《庄子集释》，第242页。
⑤ 郭庆藩：《庄子集释》，第241页。
⑥ 郭庆藩：《庄子集释》，第591页。
⑦ 郭庆藩：《庄子集释》，第859页。
⑧ 郭庆藩：《庄子集释》，第50页。

明不为而自然"(《庄子·山木注》)①,可见"天"不具有意志性或实体性的含义,只是对万物之自然性的一种表述。因此,在郭象那里,"天命"就不具有意志之天或实体之天的威权义,只是对万物所具有之自然性运命的表述。作为自然性的存在,万物之"天命"可以具有必然性(所谓"死生者命之极"),也可以具有偶然性(所谓"今无怪行而有怪征,故知其天命也"),甚至具有社会性和人事性(所谓"牛马不辞穿络者,天命之固当也")②。概括而言,在郭象处,"天命"只是对万物之"命"的自然性、天然性即非人为性特征的表述。所谓"命之所有者,非为也,皆自然耳"(《庄子·天运注》)③,说的就是这个道理。

其次,是"命"之为"遇命"的含义。郭象说:

> 知不可奈何者命也而安之,则无哀无乐,何易施之有哉!故冥然以所遇为命而不施心于其间,泯然与至当为一而无休戚于其中。……(《庄子·人间世注》)④

> 天地虽大,万物虽多,然吾之所遇适在于是,则虽天地神明,国家圣贤,绝力至知而弗能违也。(《庄子·德充符注》)⑤

"冥然以所遇为命","吾之所遇,适在于是",可见"命"之为"遇命",是指个体在其生命过程中所面临的各种环境、境遇。个体所面临的各种环境、境遇之所以为"命",是因为它具有偶然性,个体

---

① 郭庆藩:《庄子集释》,第694页。
② 在"牛马不辞穿络"的例证中,人事性并不一定就是人为性,二者是有区别的。依照郭象的思想,因为名教与自然合一,故社会性和人事性也是自然性和天然性的。而人物之具体存在状态是由其"性命"决定的,因此具有必然性;人物何以有此本性,这无法解释,具有无因而自尔的特征,可谓之偶然性。所以,在物之"性命"处,必然性和偶然性是从不同方面对它自身的规定,二者是统一的。
③ 郭庆藩:《庄子集释》,第508页。
④ 郭庆藩:《庄子集释》,第156页。
⑤ 郭庆藩:《庄子集释》,第213页。

对它无法把握，只能承受。正如郭象所说："命非己制，故无所用其心也。夫知于命者，无往而非逍遥矣，故虽匡陈羑里，无异于紫极间堂也。"（《庄子·秋水注》）[1]　"以有与者命也，故知独者亦非我也。是以达生之情者，不务生之所无所为；达命之情者，不务命之所无奈何也，全其自然而已。"（《庄子·养生主注》）[2]　郭象所强调的均是"遇命"之为人力所无可奈何，只有安而随之。作为环境对人的裁断，"遇命"无法改变，它们是人力的限制和极限。承认这种"遇命"之作为限制和极限的存在，就意味着承受与认同，并进而"安命"于其中。

再次，是"命"之为"性命"的含义。郭象说：

> 足能行而放之，手能执而任之，听耳之所闻，视目之所见，知止其所不知，能止其所不能，用其自用，为其自为，恣其性内而无纤芥于分外，此无为之至易也。无为而性命不全者，未之有也；性命全而非福者，理未闻也。（《庄子·人间世注》）[3]

> 人之生也直，莫之荡，则性命不过，欲恶不爽。（《庄子·在宥注》）[4]

在《庄子注》中，"性命"一词有 30 余处用例，其使用频率较高。而他对"性命"一词的高频使用，是直接与《庄子》中关于"性命之情"的思想相关的。《庄子·骈拇》篇曰："彼正正者，不失其性命之情。"（《庄子·骈拇》）[5] 又言："吾所谓臧者，非所谓仁义之谓也，任其性命之情而已矣。"（《庄子·骈拇》）[6] 又曰："天下将安其

---

[1]　郭庆藩：《庄子集释》，第 597 页。
[2]　郭庆藩：《庄子集释》，第 125 页。
[3]　郭庆藩：《庄子集释》，第 184 页。
[4]　郭庆藩：《庄子集释》，第 364 页。
[5]　郭庆藩：《庄子集释》，第 317 页。
[6]　郭庆藩：《庄子集释》，第 327 页。

性命之情。"(《庄子·在宥》)① 这里的"性命之情"指的是一种生命的本真状态。一方面，这种本真的"性命之情"，若落在人心，尤其是落在圣人心性上时，其性质主要是恬淡、寂寞和虚静、无为②。"人之生也直，莫之荡，则性命不过，欲恶不爽"，"若夫视听而不寄之于寂，则有暗昧而不和也"(《庄子·天地注》)③，郭象对"性命"的使用也是落在人心之上的，强调的是心性境界的虚静和平淡。另一方面，在《庄子》中，"性命之情"若落实在万物、群品的自然本性之上，则从共性的角度看可言之曰"性者，生之质也"(《庄子·庚桑楚》)④，而从殊性的角度看，则如《天地》篇所说："有一而未形。物得以生，谓之德；未形者有分，且然无间，谓之命；流动而生物，物成生理，谓之形；形体保神，各有仪则，谓之性。"(《庄子·天地》)⑤ 这是《庄子》对物性之分殊性特征的经典性论述。显然，从"性""命"之产生的角度看，"未形"之"气"处于阴阳分化，但却仍是有机合一、流行无间的状态，这是"命"，而后"气"化生物，物各有形有神，其形、神之仪就是它们的"性"，可见万物之"性"来自对阴阳分化之"气"的分有与禀赋。从"气"之分有和禀赋的角度来说，它们是万物之"命"；从这种分有与禀赋之落实在万物之中，成为它们形、神之仪则而言，则是它们的各自之"性"。在此，万物之"性""命"就因对"气"之分有、禀赋在类别、种类和厚薄、清浊等上的不同，成为事物之各别殊性的依据，所以说物之"性""命"是一体的。在《庄子注》中，郭象论"性命"，就其作为质料之气对个体的赋予而言，"卫君亢阳之性充张于内而甚扬于外，强御之至也"(《庄子·人间世注》)⑥，即是指卫君的性格喜怒不节、暴虐无常，莫之敢逆。郭象的解释在于强调其本性之"亢阳"，他用阳气之分有和

① 郭庆藩：《庄子集释》，第367页。
② 陈鼓应：《庄子人性论》，中华书局2017年版，第110页。
③ 郭庆藩：《庄子集释》，第413页。
④ 郭庆藩：《庄子集释》，第810页。
⑤ 郭庆藩：《庄子集释》，第424页。
⑥ 郭庆藩：《庄子集释》，第142页。

禀赋在质、量上的过于亢烈来解释卫君个性之暴虐。在郭象处，这种"性命之情"也是本真性质的，它们是事物的一种本然状态，无为无心的顺任是其真正的实现方式。当然，在对物之"性命"的来源和依据作进一步追问，可以发现，由于对"天""道"等"造物者"之实体性含义的消解，更由于郭象强调物之"独"性的"无待""自生"性质，因此，郭象论物之"性命"，更多的是从"理"而非"气"的角度进行思考。他的思考具有魏晋玄学之本体论的特征。在这一点上，郭象之论"性命"又有他个人的独特发展。

二　物之"性命"与"遇命"的关系

在《庄子注》中，"性命"是物之本性与本质，具有物之本体的意义。在以"性命"为本的基础上，物之"遇命"以其"性命"为依据。同时，物之"遇命"又关涉到它所"遇"之他物的"独化"，故需要从二者"性命"的各自"独化"，进而"相因""玄合"的关系角度加以理解。

（一）"性命"是物之本体

在郭象哲学中，"性命"作为物之本性与本质，其主要是指逻辑性、抽象性的"理"的存在。关于这一点，汤一介指出："'有'是郭象哲学体系中最基本的概念，是'惟一的存在'，其存在的根据不在自身之外，而即其自身之'自性'。"[1] 又说："郭象称'性'为'自性'，或为'性命'，这都是说'此事物之为此事物者'。"[2] 这样，在《庄子注》中，"性命"作为个体物之存在的依据，其主要不是指个体物在质料因维度对"气"的禀赋与分有，而是在形式因维度对"理"的获取和落实。郭象说："德者，得其性也。……得其性则本至。"[3]

---

[1]　汤一介：《郭象与魏晋玄学》，第 227 页。
[2]　汤一介：《郭象与魏晋玄学》，第 230 页。
[3]　汤一介：《郭象与魏晋玄学》，第 318 页。

"以性言之，则性之本也。夫物各有足，足于其本也。"(《庄子·大宗师注》)① "初者，谓性命之本。"(《庄子·缮性注》)② 其之言"性""性命"之为"本"，都应从"理"而不是"气"上去理解。由此，所谓"性命"之为本体，是指某事物之为该事物的依据，也即它的本性、本质，在认识论上则表现为该事物的相应概念，以及作为该物概念之内涵的内在诸"理"。另外，郭象论物，重在事物的个性，因此，某个体物之"性命"，作为该物之本质及其概念，也应重在该物之个性方面。总之，"性命"是物之本体，此本体当重在"理"上而不能只从"气"上言之。况且，即使是在"气"上论物之"性命"，也应将它提升到本体论层面，重在思考"气"之禀赋的"所以然"，寻求"理"的根据和来源。

(二) 物之"性命"的发生具有"遇命"的性质

与《庄子》中物之"性命"源于"道""天"等不同，在郭象看来，"夫造物者，有耶无耶？无也？则胡能造物哉？有也？则不足以物众形。故明众形之自物而后始可与言造物耳"(《庄子·齐物论注》)③，所以，由于"众形之自物"，个体物各以其"自性"或"性命"为其存在之依据，而该个体物之所以有此"自性""性命"，则没有原因和依据可言，而是"无待"和"自生"的。换言之，某个体物之为该个体物，其依据在于其"自性"本体，但是它之所以被赋予此"自性"本体，而不是其他种类的"自性"本体，此为"无因而自尔"，也即没有原因可言，而是自然如此，也是"命"定如此。在此意义上，一物之为该物，也无法从"道""天""造物者"等处寻找依据，而只能说这就是它的"命"。关于此物之"性命"的具体的发生，郭象说：

---

① 郭庆藩：《庄子集释》，第239页。
② 郭庆藩：《庄子集释》，第554页。
③ 郭庆藩：《庄子集释》，第111页。

初，谓性命之本。(《庄子·缮性注》)①

初未有而欻有，故游于物初，然后明有物之不为而自有也。
(《庄子·田子方注》)②

一者，有之初，至妙者也。至妙，故未有物理之形耳。……
初者，未生而得生，得生之难，而犹上不资于无，下不待于知，
突然而自得此生矣。(《庄子·天地注》)③

显然，此"初"乃指物之初生时，是一种将有而未有、将形而未
形的瞬间性存在状态。依郭象所论，"初，谓性命之本"，不仅物
"形"，而且物"性"都在此"初"的状态自有、自生。由于物"性"
为该物之本性和本质，其自生、自有就意味着物"性"是无因亦无
缘，从而是绝待、孤立的。以苏格拉底为例，若问何以有他之作为苏
格拉底的独特"性命"？在郭象看来，这与天、道、神灵等无关，与
苏格拉底的所有外在关系，与诸如他的父母、妻友、学生以及社会和
时代环境等均无关，是无待而自生的。换句话说，在此"初"的瞬间
状态中，苏格拉底的独特"性命"被赋予在他的"形"中，成为其自
身的本性与本质，并决定着他的"形"之为"形"的展开，而这一切
的产生都是无因而自尔，是无待而自生的。可见，一物之所以有其独
特的"性命"纯属偶然，完全是该事物的一种偶然性遭际和境遇，是
"命"定而"突然"如此的，无从追因而只能顺受之，因此也是其自
身之力所无可奈何之事。由此，可以说物之"性命"的发生具有"遇
命"的性质。

**(三) 物之"遇命"的实现以自身和相关他物之"性命"的"独化"
为根据和条件**

物之"遇命"，作为环境对该物之存在的裁断与限制，是一个关

---

① 郭庆藩：《庄子集释》，第554页。
② 郭庆藩：《庄子集释》，第712页。
③ 郭庆藩：《庄子集释》，第425页。

系范畴，因此它包含该物之"遇"他物和他物之为该物所"遇"的两方面。在郭象看来，在自然状态下，某物之"遇"他物其实是以该个体物的"性命"为依据的，它的实现是该个体物"性命"之"独化"的结果；同理，他物之为该个体物所"遇"的方面，其实也是以他物的"性命"为依据的，它的实现也是他物"性命"之"独化"的结果。个体与相关他物各自依照自身的"性命"而"独化"，分别将该个体物之"遇"他物的方面，以及他物之为该个体物所"遇"的方面自然地实现出来，然后这两方面再彼此"相因""玄合"，即彼此协调、配合，从而实现和完成个体物与相关他物之间的"遇命"的关系。由此可见，物之"遇命"的实现是以自身和相关他物之"性命"的"独化"为根据和条件的。对此，郭象说：

　　　　天下莫不相与为彼我，而彼我皆欲自为，斯东西之相反也。然彼我相与为唇齿，唇齿者未尝相为，而唇亡则齿寒。故彼之自为，济我之功宏矣，斯相反而不可以相无者也。（《庄子·秋水注》）①

　　这就是唇齿相依的道理。在现象上，唇、齿互济互助，所谓唇亡则齿寒，唇、齿互为对方之相依相待的一方，因此也可以说彼此互为"遇命"。在郭象看来，在"唇"处，依其"性命"的"独化"，"唇亡"的方面被实现出来；在"齿"处，依其"性命"的"独化"，"齿寒"的方面被实现出来。当"唇""齿"同时将它们的"性命"各自"独化"出来时，"唇亡则齿寒"的"相因""相济"关系也就自然实现和完成了。可见，个体物之"遇命"的实现不仅需要以它自身"性命"的"独化"为根据，同时还要以其所"遇"对方之"性命"的"独化"为条件，而其所谓"遇命"，其实也不过就是双方彼

---

①　郭庆藩：《庄子集释》，第579页。

此各自"性命"的自然实现而已①。若问在"唇亡"与"齿寒"之间何以具有此自然"相因""玄合"的协调、配合关系，其答案就是自然之道所使然。因为是"自然"之道，则其乃自然而然，是必然如此的，谁能知其故，从而去责其所以哉？既然无从知晓个中原因，个体所能为者，只有安"命"而已。

另，《说文解字·口部》曰"命，使也。从口从令"，可见"命"的原始含义即命令之义。徐复观先生论《庄子》之"命"，指出："庄子之所谓命，乃与他所说的德，所说的性，属于同一范围的东西，即是把德在具体化中所显露出了的'事之变'，即是把各种人生中人事中的不同现象，如寿夭富贵等，称之为命；命即是德在实现过程中对于某人某事物所分得的限度；这种限度称之为命，在庄子乃说明这是命令而应当服从，不可改易的意思。"② 在《庄子注》中，郭象说："夫德形性命，因变立名，其于自尔一也。"（《庄子·天地注》）③ 可见，所谓"性命"可以合言，也可以分说之。合言时，性命一体，是指事物的本质、本性；分说时，以物之"性"为"命"，则此"性"作为事物存在的依据和所以然，是事物存在所分得的限度，不可改易，是必须服从而不能背逆的。从这一角度看，郭象在"命令"的含义使用的"命"，也是可以涵摄其中，统一到以"性命"为本的理论基础之上的。

郭象的"命"论思想是其"性命"本体论哲学体系中的重要内容。之所以说郭象哲学形成了一个以"性命"为本的本体论思想体系，主要在于他的思想符合魏晋玄学之"已不复拘拘于宇宙运行之外用，进而论天地万物之本体"④ 的本体论式思考之时代潮流。在"命"

---

① 当然，这种"相因""互济"关系中彼此"遇命"的实现，其基本条件就是二者均处于"独化"状态，而不是"性命"的"失落"状态。以唇、齿关系为例，当出现"兔唇"或"豁齿"时，二者就不是"唇亡则齿寒"的"相因"关系了。此时，唇、齿之"性命"处于失落状态，进而它们间自然的"相因"关系也被破坏了。

② 徐复观：《中国人性论史》，华东师范大学出版社 2005 年版，第 229 页。

③ 郭庆藩：《庄子集释》，第 426 页。

④ 汤用彤：《汤用彤全集（四）》，河北人民出版社 2000 年版，第 41 页。

论思想方面，沿着对物之"性命"的追因理路，郭象把自己的思考建立在对终极存在的追问上，否弃了"造物者""真宰物"等的存在，得出了物之"性命"乃无待、自生的结论。由此可见，与作为整体主义的、一元化式的本体论思想体系的王弼思想相较，郭象哲学确实是个体主义和多元主义的。但是，这并不能否定郭象"独化"论思想中的本体化特征，不能否定物之"独化"与"相因"必须建立在以物之自身的"性命"为本体性依据的基础之上，不能否定郭象哲学是一个"性命"本体论的思想体系。进一步，在《庄子注》中，郭象建构了一个以"性命"为本的"命"论思想体系。这一点，首先表现在自然状态下的物之"遇命"是以其自身和相关物之"性命"去各自"独化"而"相因"的结果，所以是建立在以各自"性命"为本的基础之上的；其次则表现在其所谓"天命"也不过是对物之"性命"和"遇命"等之自然性质的表达，而"生命""寿命"则是"性命"的具体实现。郭象论"命"，无论是"遇命""天命"，还是作为命令、生命、寿命的一般性含义，它们都建立在以"性命"为本的基础之上，是其"性命"本体论思想的具体应用和展开。同时，通过对物之"性命"与"遇命"关系的独特性处理，郭象的"命"论思想构成了中国传统"命"论思想的重要一环。分析郭象的"命"论思想，对于进一步理解中国哲学中的"命"论思想传统也不无启迪。

三　安于"性命"与安于"遇命"

在郭象的"命"论思想体系中，安命是其"命"论思考的逻辑结论。郭象在《庄子注》中将万物之"命"主要区分为"性命"和"遇命"两种含义，故其"安命"观也需从安于"性命"和安于"遇命"两方面加以分析。

（一）安于"性命"

在郭象看来，群品、万物之所以需安于"性命"，是因为"性命"

既具有存在论上的必然性，又具有价值论上的合理性，因此，他将安于"性命"与其逍遥理论联系了起来。

安于"性命"的必然性。在郭象看来，物之"性命"是无待、自生的，在于其"初"时定型于物"形"之中时是忽然与欻然而有的，亦即是无因和偶然的。但是，一旦它定型和发生，它便具有了内在必然性，不可改易，也无法改易。所以，郭象说："天性所受，各有本分，不可逃，亦不可加。"（《庄子·养生主注》）[1]"言性各有分，故知者守知以待终，而愚者抱愚以至死，岂有能中易其性者也。"（《庄子·齐物论注》）[2]"岂直贤圣绝远而离旷难慕哉？虽下愚聋瞽及鸡鸣狗吠，岂有情于为之，亦终不能也。不问远之与近，虽去己一分，颜孔之际，终莫之得也。"（《庄子·德充符注》）[3] 也就是说，无论己之性命是什么，也不论自己与他物之"性命"有怎样的区别，它们都是无法凭己力去改易的，个体只有接受之和认同之。这是万物安于"性命"在存在论上的必然性。

安于"性命"的合理性。郭象继承了庄子以"性命"为事物之本真状态的观点，赋予了物之"性命"以价值论上的合理性，阐述了安于"性命"不仅是必须和必然的，也是值得和应该的。在《庄子注》中，安于"性命"的合理性的价值特征，可以从个体和整体两方面来看。从个体角度看，郭象赋予万物之"性命"以本真、自足、纯粹的性质，如"理有至分，物有定极，各足称事，其济一也"（《庄子·逍遥游注》）[4]，"凡非真性，皆尘垢也"（《庄子·齐物论注》）[5]，"大体各归根抱一，则天地之纯也"（《庄子·天下注》）[6]，等等，就是视物

---

① 郭庆藩：《庄子集释》，第 128 页。
② 郭庆藩：《庄子集释》，第 59 页。
③ 郭庆藩：《庄子集释》，第 221 页。
④ 郭庆藩：《庄子集释》，第 7 页。
⑤ 郭庆藩：《庄子集释》，第 99 页。
⑥ 郭庆藩：《庄子集释》，第 1072 页。

之"性命"为其自身存在的价值依据和价值标准①。在此意义上，万物之"性命"不仅是它们的形式因，也是它们的目的因。从整体角度看，郭象主张物、物之间存在着各自"独化"而彼此"相因"的独特关系。这种"相因"的特殊关系，在各"自为"而"相济"的情况下能由个体的实现直接推动"相济"之他物，进而推动天地万物之整体性的和谐实现。就万物的"性命"之本体领域而言，虽然它们各自"无待""自生"，彼此间不存在任何逻辑上的推演、生成关系，但是，在依照各自"性命"而"独化"的现象领域，物、物间却在"相因"中彼此协调、相互配合，共同构成了既有个体性的逍遥，也有整体性的和谐的秩序状态。这是万物安于各自"性命"的价值合理性之所在。

（二）"伤性""失性"的问题

在自然状态下，万物的"性命"是本，其各自的"遇命"（是该物之"遇"他物的方面，而不是他物之为此物所"遇"的方面）是末，本末合一，所以"性命"与"遇命"合一。但是，万物在现实的经验领域还存在着大量的"伤性""失性"问题。在"伤性""失性"的状态下，"性命"是本，这一点无从改变，因为作为逻辑性、抽象性的"理"的存在，物之"性命"本身是不能改变和变化的，能变化和被改变的只是物之具体的、现象中的"遇命"。换句话说，在"伤性""失性"的状态下，由于物的"遇命"的自然状态受到了来自他

---

① 郭象说："无为而性命不全者，未之有也；性命全而非福者，理未闻也。故夫福者，即向之所谓全耳，非假物也，岂有寄鸿毛之重哉！"（《庄子·人间世注》，第184页），其中的"性命"是物之形式因和目的因，而不能够理解为"既定境遇"的综合，后者应该是物之"遇命"，而不是其"性命"。物之"性命"与"遇命"之间可能统一，也可能不统一。二者统一时，"遇命"即是"性命"的呈现，可谓之"全"；二者不统一时，"遇命"即不是"性命"的呈现，而是"性命"的失落，即是"不全"。"全"不能够理解为"全然依付、托付于性命之意，亦即全无外在他求"的意思。"全然依付、托付于性命之意，亦即全无外在他求"是"无为"，"性命全"是"无为"的结果，不能够混同起来。参见刘笑敢《诠释与定向——中国哲学研究方法之探究》，商务印书馆2009年版，第184—185页。

力与己心的干扰和破坏，因而在现实中它们并不完全是其自身之"性命"的自然实现，该物与相关他物之间也不完全是"相因"、"互济"和"玄合"的关系①。比如生死问题。郭象说：

> 死生犹昼夜耳，未足为远也。时当死，亦非所禁，而横有不听之心，适足悍逆于理以速其死。其死之速，由于我悍，非死之罪也。（《庄子·大宗师注》）②

> 夫心以死为死，乃更速其死；其死之速，由哀以自丧也。（《庄子·田子方注》）③

> 灭其性矣，虽有斯生，何异于鬼。（《庄子·庚桑楚注》）④

在自然状态下，物当生则生，当死则死，其生死的历程早已被其"性命"所设定，是一个自然和必然的过程，所以万物应该安于生死。但是，作为群品、众庶，倘若"横有不听之心""以死为死"，其后果则是"适足悍逆于理以速其死"，"其死之速，由哀以自丧也"，或虽未死，但已经"灭其性矣，何异于鬼"。这样，由于"心"的干扰，个体的生、死之自然进程被破坏，则其之生、死的具体演进过程就不是其"性命"的自然实现，而是处于"伤性"和"失性"的状态了。那么，为什么万物会出现"伤性"和"失性"的状态呢？其原因在于"心"的"知欲之用"。郭象说：

---

① 可见，在郭象思想中，"遇命"与"性命"可能合一，也可能不合一。合一时，"性命"自然实现于"遇命"之中，此为"福"，为"全"，为"当"，为"适"，为个体之"逍遥"，故此时物之"遭遇"即是其"理想"；不合一时，因为"遇命"不是"性命"的自然实现，与相关他物之间也不是自然地"相因""玄合"的关系，故群品万物即无法"得其所待"，个体之"逍遥"即无法自然地实现，此时物之"遭遇"即与其"理想"有别。因为在现实世界中物性有一个失落和复归的过程，故不能够认为郭象主张群品万物均安于任何境遇，不能够认为这种安于任何"遇命"即是万物各自之逍遥。笔者认为，将"安命"等同于"逍遥"，这种观点是不符合郭象思想的实际的。

② 郭庆藩：《庄子集释》，第263页。
③ 郭庆藩：《庄子集释》，第707页。
④ 郭庆藩：《庄子集释》，第799页。

人生而静，天之性也；感物而动，性之欲也。物之感人无穷，人之逐欲无节，则天理灭矣。(《庄子·大宗师注》)①

言其知进而不知止，则性命丧矣，所以为戮。(《庄子·天运注》)②

以心自役，则性去也。彼我之心，竞为先识，无复任性也。(《庄子·缮性注》)③

任性自生，公也；心欲益之，私也；容私果不足以生生，而顺公乃全也。(《庄子·应帝王注》)④

"凡根生者无知，亦不恃息也"(《庄子·外物注》)⑤，"夫息不由知，由知而后失当，失当而后不通，故知恃息，息不恃知也。然知欲之用，制之由人，非不得已之符也"(《庄子·外物注》)⑥。所谓"根生者"是植物，"恃息者"是动物，而人则有"知欲之用"。对于植物和动物来说不存在"伤性""失性"的问题，因为只有人类才有"知欲之用"，从而才可能"人之逐欲无节，则天理灭矣"。在郭象看来，"性命"之失落，其根本原因在于人之"知欲之用"，在于人之有心、有为的实现方式。因此，郭象主张"安命"，其直接理论后果就是对人的"知欲之用"的否定，是对人之为人的有心、有为特性的抹杀。如果这样理解，郭象的"安命"论和自然论思想就是对人性和人生的否定。但是，针对此类观点，尚需要结合郭象对自然与名教关系的独特性处理来作相应的分析。

（三）安于"名位"

作为魏晋玄学的主流思想家，郭象主张儒、道合一，名教与自然

---

① 郭庆藩：《庄子集释》，第 230 页。
② 郭庆藩：《庄子集释》，第 521 页。
③ 郭庆藩：《庄子集释》，第 553 页。
④ 郭庆藩：《庄子集释》，第 295 页。
⑤ 郭庆藩：《庄子集释》，第 940 页。
⑥ 郭庆藩：《庄子集释》，第 940 页。

合一。他所说的自然是名教化了的自然，名教是自然化了的名教。将这种名教与自然合一的思想应用到"命"论思想上，就是以万物之"性命"为本，以它们各自在名教制度中的"名位"为末，并因为本末合一，所以"性命"与"名位"合一①。依此而言，万物之安于"性命"，在现实生活中，就是它们之安于各自的"名位"。正如郭象所说：

> 凡得真性，用其自为者，虽复皂隶，犹不顾毁誉而自安其业，故知与不知，皆自若也。若乃开希幸之路，以下冒上，物丧其真，人忘其本，则毁誉之间，俯仰失措也。（《庄子·齐物论注》）②
>
> 臣妾之才，而不安于臣妾之任，则失矣。故知君臣上下、手足内外，乃天理自然，岂真人之所为哉！（《庄子·齐物论注》）③

可见，在社会生活领域里，自然状态就是名教状态。所以，在《庄子注》中，所谓"有心""有为"与"无心""独化"的状态，以及"逍遥""自得"与"失性""伤性"状态的区分，落实到现实社会领域中，其具体的评判标准主要就看名教制度及其规范能否有效运转。因此，这就要求群品、众庶、士人、圣王等，作为社会名教领域与政治生活中的各种角色，均需安守于各自的"名位"之中。郭象说：

> 庖人尸祝，各安其所司；鸟兽万物，各足于所受；帝尧许由，各静其所遇；此乃天下之至实也。各得其实，又何所为乎哉？自得而已矣。故尧许之行虽异，其于逍遥一也。（《庄子·逍遥游注》）④

---

① 关于郭象名教观的分析，请参考黄圣平《郭象玄学研究——沿着本性论的理路》，华龄出版社2007年版，第176—194页。
② 郭庆藩：《庄子集释》，第59页。
③ 郭庆藩：《庄子集释》，第58页。
④ 郭庆藩：《庄子集释》，第26页。

这是将"足性"逍遥等同于安位守职，故安性无为亦等同于守职而为。在郭象的思想中，无论圣王、群品和众庶，安于"性命"就是安于各自的"名位"，其逍遥都实现在各自的"名位"之中。相应地，在各自的名位之中，无论是"知欲之用"，或是积极、有为之举，都获得了合理性和必要性的证明。郭象说：

> 夫心之足以制一身之用者，谓之成心。人自师其成心，则人各自有师矣。人各自有师，故付之而自当。(《庄子·齐物论注》)①

> 夫工人无为于刻木而有为于用斧，主上无为于亲事而有为于用臣。臣能亲事，主能用臣，斧能刻木而工能用斧，各当其能，则天理自然，非有为也。若乃主代臣事，则非主矣；臣秉主用，则非臣矣。故各司其任，则上下咸得而无为之理至矣。(《庄子·天道注》)②

郭象在物各有"性"的理论立场上对《庄子》所贬抑的"成心"予以了肯认和因循，并表现出了对群品、万物各自的"知欲之心"的宽容态度。与此类似，在社会名位之网中，无论圣人或是万物，均各有其名位和职分，显然，他们能够将积极、主动的有为心态与他们各自守职而为的名教人生结合起来，可以将前者贯穿和实现于后者的过程之中。在郭象看来，自然性的人生就是名教性的人生，群品、万物均应安于各自的名位之中，而不越分妄为，否则就有羡欲之累。同时，在各自的名位、职分之内，无论是相关的"知欲之用"，或是守职而为所需的主动心态与有为行动，郭象都予以肯认，并予以推重。换句话说，对于群品、万物而言，当他们的"知欲之用"是应用于各自名教角色的范围之内时，此"知欲之用"乃是"真知""自为之欲"，而不是"妄知"与"贪欲"，它们是被郭象合理化了的"成心"中的

---

①　郭庆藩：《庄子集释》，第61页。
②　郭庆藩：《庄子集释》，第465页。

具体内容，是应该被肯定的①；但是，当"知欲之用"越出了各自名教角色的范围时，则它们是"妄知"与"贪欲"，需要被舍弃和否定的。在郭象处，对物之"性命"的理解已经被名教化、角色化了，相应的物之"安命"也就是安于名教性角色的基本要求，而不是完全的一无所为和绝对消极的。在评价郭象的"安命"论思想时，需要将这两方面结合起来考察。

（四）安于"遇命"

但是，问题在于，郭象所处的魏晋时期正是社会失序的动荡乱世。在动荡乱世，由于社会名教秩序失落而无法发挥其应有的维护社会正常运转的各项功能，万物、群品也普遍处于"伤性""失性"的状态，此时他们是否也应"安命"于各自的"名位"之中呢？针对此问题，郭象说：

> 信哉斯言！斯言虽信，而犹不可亡圣者，犹天下之知未能都亡，故须圣道以镇之也。群知不亡而独亡圣知，则天下之害又多于有圣矣。然则有圣之害虽多，犹愈于亡圣之无治也。虽愈于亡圣，故未若都亡之无害也。甚矣！天下莫不求利，而不能一亡其知，何其迷而失致哉！（《庄子·胠箧注》）②

---

① 郭象说"天下莫不相与为彼我而彼我皆欲自为，斯东西之相反也。"（《庄子·秋水注》，第 579 页）此"自为"之"欲"就是合理化的。另外，"知"在郭象《庄子注》中除了作名词用，是知识、有根据的真信念的含义外，也大量地作动词用，是认知活动的含义。作为认知活动，当然可以有真知与妄知的区分，也可以有成心真知与成心妄知的区分。例如，郭象说"人之生也，非情之所生也；生之所知，岂情之所知哉？"（《庄子·德充符注》，第 221 页）"不虑而知，开天也；知而后感，开人也"（《庄子·达生注》，第 638 页），其中的"知"均是用作动词，是认知活动的含义，且"不虑而知，开天也"的"知"就是"真知"，而"知而后感，开人也"的"知"就是"妄知"。由此，韩林合教授以"知"为知识、有根据的真信念为依据，而对笔者关于郭象真知观研究结论之批评是值得再次商榷的。可参考韩林合著《游外以冥内——郭象哲学研究》，商务印书馆 2016 年版，第 227—228 页，亦可参考黄圣平《郭象玄学研究——沿着本性论的理论》，华龄出版社 2007 年版，第 131—145 页。

② 郭庆藩：《庄子集释》，第 348 页。

这是对《庄子·胠箧》篇中"圣人利天下也少而害天下也多"的注释。在这段解释中,所谓"圣知"与"圣道",是指名教、名法等"圣知"之作为"名""迹"的存在,而"天下之知"则是指群品、众庶各自的"知欲之心"。对于群品、众庶之"知欲之心",只要他们还安守于各自的名位之中,则理应顺应和因循之;但是,一旦他们欲图越分妄为,不甘于安守己之"名位",有可能造成"无圣之无治"的状况时,则"须圣道以镇之也",也就是需要通过名教、名法等制度对其加以规整和制裁。正常的社会名教秩序的保持和维护是郭象社会政治思想的底线所在,这也是我们理解他主张群品、众庶之安于"遇命"的理论动机之所在。郭象说:

> 夫命行事变,不舍昼夜,推之不去,留之不停。故才全者,随所遇而任之。夫始非知之所规,而故非情之所留。是以知命之必行,事之必变者,岂于终规始,在新恋故哉?虽有至知而弗能规也。逝者之往,吾奈之何哉!(《庄子·德充符注》)①
>
> 我生有涯,天也;心欲益之,人也。然此人之所谓耳,物无非 [天也]。天也者,自然者也;人皆自然,则治乱成败,遇与不遇,非人为也,皆自然耳。(《庄子·大宗师注》)②

由于所"遇与不遇"的是个人之"不舍昼夜"的"命行事变",以及社会的"治乱成败",因此,"遇命"之内容就涵括了动荡乱世和正常时世。在动荡乱世,由于万物"性命"的自然实现过程,以及物、物间自然的"相因""玄合"关系的实现受到了干扰和破坏,他们的"遇命"与"性命"出现了相互背离的状态。在这种情况下,无论万物之内外境遇是何种状况,郭象仍然主张万物"安命",群品之各自"安命"于己之"名位"中,这种思想中的消极和保守性质,以

---

① 郭庆藩:《庄子集释》,第 213 页。
② 郭庆藩:《庄子集释》,第 226 页。

及其中的阶级立场是比较清晰的。

但是，郭象同时也是动荡乱世的解释者和批判者，他力图对时世扭转作出理论说明和指出实践路径。郭象说：

> 厉，恶人也。言天下皆不愿为恶，及其为恶，或迫于苛役，或迷而失性耳。然迷者自思复，而厉者自思善，故我无为而天下自化。(《庄子·天地注》)①
>
> 复之不由于识，乃至也。(《庄子·大宗师注》)②
>
> 浑沌无知而任其自复，乃能终身不离其本也。(《庄子·在宥注》)③

郭象说："夫心以用伤，则养心者，其唯不用心乎！"(《庄子·在宥注》)④ 可见有心、有为是万物之失性的祸因所在，故对其治理之路就在于重新回到无心、无为的状态中去，这是从消极方面来说的。从积极的方面看，郭象认为万物的性命中有其自动的恢复机制，且"复之不由于识"，其关键在于为上者能为他们的"浑沌无知而任其自复"提供一个正常的、整体性的社会环境。而这，显然取决于正常的社会名教制度、秩序及其功能的逐渐恢复。然则，当如何推动社会整体秩序的逐渐恢复呢？郭象说：

> 言二圣均以乱故治之，则揖让之与用师，直是时异耳，未有胜负于其间也。(《庄子·天地注》)⑤
>
> 惜名贪欲之君，虽复尧禹，不能胜化也，故与众攻之。而汝乃欲空手以往，化之以道哉！(《庄子·人间世注》)⑥

---

① 郭庆藩：《庄子集释》，第452页。
② 郭庆藩：《庄子集释》，第230页。
③ 郭庆藩：《庄子集释》，第391页。
④ 郭庆藩：《庄子集释》，第390页。
⑤ 郭庆藩：《庄子集释》，第444页。
⑥ 郭庆藩：《庄子集释》，第140页。

因众之所欲亡而亡之，虽王纣可去也；不因众而独用己，虽盗跖不可御也。(《庄子·盗跖注》)①

可见，在动荡乱世，作为在上位的圣人，他的举措与行为，与群品、众庶之"安命"于各自的"名位"之中是不同的。在动荡乱世，郭象主张圣人须当机而为，大胆作为，乃至于无所不为。由于身处社会名教制度的中枢，圣王肩负着对天下和时世之整体性的责任，其"安命"于"名位"之为，在正常时世下表现为"君逸臣劳"的行为方式，在动荡乱世下表现为"无为"而又"无所不为"的因应之道。在动荡时世，圣王之当机而为，大胆作为，乃至于无所不为，其目的在于因时而动，扭转社会时世的动荡格局。总之，在动荡乱世下，郭象既主张下位者的群品、众庶应"安命"于各自的名位之中，以确保社会名教和整体秩序的正常运转，又强调上位者的圣王应该因应时世，当机而动，推动社会整体向正常时世和理想状态逐步回归。正如郭象所说："夫率性而往者，自然也；往而伤性，性伤而能改者，亦自然也。"(《庄子·大宗师注》)② 可见他对社会时世之逐步回转是充满了期待的。

总之，安命论是郭象"命"论思想的重要内容。对此思想的分析与评价，学界看法不一。郭象主张万物、群品均应安于己之"遇命"，对此，钱穆先生认为这是"一种极端的委天任运的悲观命定论"，它"有自然，无人生。有遭遇，无理想。有放任，无工夫"③。刘笑敢先生认为庄子的逍遥是超越现实，而郭的逍遥是满足现实，"郭象之逍遥实现的关键则是满足于个体及其存在于其中的一切现实"，因此，

① 郭庆藩：《庄子集释》，第1001页。

② 郭庆藩：《庄子集释》，第281页。

③ 可参见钱穆著《中国思想史》，九州出版社2011年版，第129页。本章中我们主要分析了钱穆先生认为郭象思想"有自然，无人生；有遭遇，无理想"的论断，提出了不同的分析意见。关于对其认为郭象思想"有放任，无功夫"论断的商榷，可参考本论文第八章《坐忘论》中的相关分析。

郭象对庄子思想的阐发属于"逆向性诠释"的典范①。此外，余敦康先生以魏晋时期名教与自然、超越与现实的辩证关系为思想背景，认为郭象的思想如同黑格尔是"在现实的十字架中去认识作为蔷薇的理性"，"郭象并没有把十字架都说成是蔷薇，也没有片面地去证明'凡是现实的东西都是合理的'"②。王晓毅先生则指出郭象的"命运"论与其"性"本论哲学密不可分，正是在"独化"与"相因"的哲学基础上，郭象建立了以"性分"与"时遇"结合的命运学说，并将命运的终极原因归于"性分"之上而不是归于"时遇"③。如全文所析，笔者认同王晓毅先生对郭象哲学之"性本"论的理论分析框架，强调自然状态下物之"时遇""遇命"不仅在于己之"性命"的"独化"，也需要付诸于所"遇"他物之"性命"的"独化"，需要付诸于它们在自然状态下因各自"独化"而来的彼此之"相因"与"玄合"④。如前所述，郭象的安命论在正常的社会时世下具有合理性和必要性，在动荡乱世具有确保名教秩序，反对无政府状态、反对暴乱的底线思维之价值和扭转时世乱局的积极意义，从而在一定意义上将自然与人

①　刘笑敢：《诠释与定向——中国哲学研究方法之探究》，商务印书馆 2009 年版，第191 页。

②　余敦康：《魏晋玄学史》，北京大学出版社 2004 年版，第 354 页。

③　王晓毅：《郭象评传》，南京大学出版社 2006 年版，第 325 页。

④　在《庄子注》中，对于群品、万物应该安于"遇命"的表述，郭象在一些地方使用的是绝对化的语词，从而使得在他那里命运的终极原因确实可以认为是归因在个体的"性分"之上而不是"时遇"，并容易形成他在主张凡是存在的均是合理的，其安命论是极端化的悲观命定论的研究结论。但是，联系到他在《庄子注》中的"独化而相因"的根本性理论原则，以及依照这一原则去理解他的"性命"与"遇命"的关系，尤其是考虑到他之主张群品万物的"性命"在动荡乱世是处于"伤性""失性"状态的论断，则应该认为这些关于"安命"的原材料是他对于当前境遇（"命"）的必然性加以强化式表述的结果，因此并不否定群品、众庶之"成心"是既可以"安"于"命"中，也可以越"分"妄为，从而并不"安命"，而是向外求索不已的。笔者认为，在郭象的理论体系中，"安命"的概念，与"独化而相因"和"伤性""复性"等概念相比较，显然在它们之间是处于理论意义的不同层面的。同时，安于"性命"与安于"遇命"之间也是有着不同的意义重要性的。换句话说，笔者认为在郭象的思想体系中，"独化而相因"、安于"性命"，以及万物应该"复性"的思想在重要性上是高于其关于群品、万物应该安于"遇命"的思想的，因此，需要根据前者（"独化而相因""安于性命""复性"等思想）去调整对后者（安于"遇命"的思想）的理解，而不是相反，不是依据后者去调整对前者的理解。

生、遭遇与理想、放任与工夫等有机地结合了起来。由此，笔者认为，郭象主张"安命"论，其目的主要不在于证明"凡是存在的就是合理的"，而在于努力证明"凡是合理的就是存在的"。郭象不是简单的庸俗主义者，也不是主张"无君"论的空想批判家。他的政治思想既具有理想的批判性，也具有现实的实践性。这是我们对郭象哲学思想，尤其是"安命"论思想之基本性质的一种把握和分析。

最后，谈一点史料问题。萧统《文选》卷五十四载刘峻《辩命论》云："萧远论其本而不畅其流，子玄语其流而未详其本。"对此条史料，（唐）李善注曰："李萧远作《运命论》，言治乱在天，故曰语其本；郭子玄作《致命由己论》，言吉凶由己，故曰语其流。"① 在承认郭象撰有《致命由己论》的前提下，分析李善之注中的内容，则其与郭象《庄子注》中的命运论思想似有冲突。学界已经注意到这一状况，有些学者，如王晓毅先生等通过解释"吉凶由己"之"己"为万物各自的"性命"，来对两者间的矛盾加以调和②。如上所论，郭象的"命"论思想建立在其"性命"本体论的哲学基础之上。在自然状态下，群品、万物的"性命"是本，"遇命"是末，他们的"遇命"由其"性命"所决定。在此意义上，郭象主张"致命由己"的观点是可以成立的。当然，郭象的"性命"本体论思想建立在对"天""道""神"等一切真宰物、造物者之否定的基础之上，在其《庄子注》中"天命"的概念也只是对"性命""遇命"之自然性质的表述。由此，刘峻站在传统天命论思想的基础上，肯认实体之天对于群品、万物之个体命运的决定性作用，并进而对郭象的命运论思想加以批判，指责他是"语其流而未详其本"，这也是可以理解的。我们认同学界在这一史料问题上的相关处理，并认为这一条史料有助于我们分析郭象"命"论思想的相关理论内容，尤其是其思想之以"性命"为本的理论内容的方面。

---

① 汤一介：《郭象与魏晋玄学》，第311页。
② 王晓毅：《郭象评传》，第316页。

第七章
安命论（下）

　　摘要：安于"遇命"是郭象《庄子注》"安命"论中的重要方面。依照直接性和朴素性的解读方法与原则，本章分析和比较郭象与《庄子》"安命"论思想的异同，以及其中所呈现出来的诠释方向问题。"安命"论是郭象思想体系的逻辑终点，对二十余条郭象注文与相关《庄子》原文的分析能够为深入理解郭象的"安命"论思想提供深厚的原材料基础。对比《庄子注》中有关"安命"思想的注文与相关联的《庄子》原文，分析二者之间的异同和顺逆关系，有助于理解郭象安命论的诠释方向问题。在对《庄子》和郭象《庄子注》中的安命论和逍遥论思想加以比较时，需要注意"安命"主体和"逍遥"主体的一致性问题。

　　如第六章所示，在郭象《庄子注》中，其有关"安命"的思想可以主要区分为安于"性命"和安于"遇命"两个层面加以分析。在上一章中，对于郭象"安命论"所作的分析重心落在安于"性命"（以及安于"性命"与安于"遇命"的关系）上，本章集中分析郭象《庄子注》之安于"遇命"的思想。

一　二十三条郭象注文与相关《庄子》原文的比较

在《庄子注》中，安于"遇命"的思想材料主要有二十三条，下面逐条分析之。在分析时，由于郭象的注文是以对相关《庄子》原文加以注解的方式表现出来的，为了完整地呈现郭象思想的运思理路，我们将直接引用相关《庄子》原文和郭象注文，并依此展开对二者思想之异同关系和顺逆关系的比较和分析。① 在比较和分析时，将努力遵循对相关原材料予以直接性和朴素性解读的诠释方法和原则②。

（一）在《庄子·养生主》中，《庄子》记载曰

公文轩见右师而惊曰：是何人也？恶乎介也？天与？其人与？曰：天也，非人也。天之生是使独也，人之貌有与也，以是知其

---

① 关于判断诠释作品之顺逆方向性的标准，刘笑敢教授提出两点：第一条是"看诠释者提出的新理论是否可以从原作品的概念、命题、理论框架中合乎逻辑地直接推论出来。可以直接推论出来的就是顺向的，不能直接推论出来的就是异向或逆向的"；第二条是"看诠释者对原来的经典中的主要概念、命题、架构是肯定还是否定。如果是基本否定的，就是逆向诠释。如果不是基本否定的，就是异向或顺向的诠释"。笔者基本认同刘教授的这两条标准，但是认为第一条标准偏于严苛，而且若是完全符合"合乎逻辑地直接推论出来"的标准的话，则注释与原文之间就是完全"照着讲"的关系，从而否定了创造性诠释的可能性，这是一方面。另一方面，作为对经典的注释，注文与原文之间又确实要求在概念、命题、理论框架之间存在着逻辑性的推演关系，否则所谓注释活动就无法进行，或说即使进行了也不成其为注释活动，甚至于会变得风马牛不相及。笔者主要依照刘教授的第二条标准，并参考第一条标准，以分析郭象与《庄子》在逍遥观上的异同关系。相关引文参见刘笑敢《诠释与定向——中国哲学研究方法之探究》，商务印书馆 2009 年版，第 140—142 页。

② 刘笑敢教授指出，"一般来讲，研究有两种入径，一是素朴的、直接的研究，二是迂回的、切入的研究。对于这两种入径，又有自觉的和不自觉的之分。能够明确自己的取向，进而选择路径，就是自觉的。相反，就是不自觉的"，"……研究者应该进行素朴性的阅读，也就是直接从原文出发的，尽可能不添加其他成分的文本阅读，与迂回的注入式阅读相反"，"总而言之，研究孟子的性善论，或广义地研究中国哲学，要有更多的方法论的自觉意识，要尽可能明确自己的目的或取向：是要尽可能准确地理解研究对象，还是要利用研究对象讲自己的想法、发展新的理论。两种取向各有合理性，但不应轻易混淆起来"。参考刘笑敢《中国哲学的取向与入径——以对孟子性善论的研究为例》，《中国社会科学评价》2019 年第 4 期，第 76—82 页。

天也，非人也。①

在其下，郭象注曰：

> 介，偏刖之名。知之所无奈何，天也。犯其所知，人也。偏刖曰独。夫师一家之知而不能两存其足，则是知之所无奈何。若以右师之知而必求两全，则心神内困而形骸外弊矣，岂直偏刖而已哉！两足共行曰有与，有与之貌，未有疑其非命也。以有与者命也，故知独者亦非我也。是以达生之情者，不务生之所无所为；达命之情者，不务命之所无奈何也，全其自然而已。②

"刖"，把脚砍掉，是古代的一种酷刑。"介"，偏刖之名，是指遭受了被砍掉一只脚的刑罚。因为触犯法网而遭受刑罚，一般来说会被认为是人为原因（"其人与？"）造成的，但对这种人为原因的进一步追问会导致对原因链接的无穷追溯，最终会落实在"天"等之作为根因的终极存在上（"天与？"）。在《庄子》中，"天"具有实体义，既可以指与地相对的物质存在，也可以与"道"类同，是人与万物的来源和变化的依据，更可以是状态义，指一种自然而然的、非人为为之的状态③。以因偏刖而独足为"天生之"，《庄子》强调了这一事件的外在必然性，而将之与"有与"，也就是两足并存的状态相提并论，认为二者均是由"天生之"，就更显现了其之作为人力所无从选择和改变的方面。在原文中，遭受偏刖之刑被认为是与他人的两足并存类同，都是"天生之"的结果，也具有将它们看作自然变化的意思。

---

① 郭庆藩：《庄子集释》，第 124 页。
② 郭庆藩：《庄子集释》，第 124 页。
③ 王博教授说"庄子的天显然不是主宰或者义理的，而与物质之天、自然之天比较接近。一般而言，天与地对举时，其意义多与物质之天有关。……在与人相对时，天主要地已经不是与对相对的物质之天，而是指事物的'自然'状态了"，"天也表示人所不能参与或者决定的事物的变化，……这个变化是人所不能决定的，因此叫做天，……它就是造化本身"。参见王博《庄子哲学》，北京大学出版社 2004 年版，第 159—160 页。

《庄子》中说"知天之所为者，天而生也"①，"道与之貌，天与之形"②，"彼特以天为父，而身犹爱之"③，"且夫物不胜天久矣，吾又何恶焉!"④ 可见"天"是一种人力所不能够左右的超越性力量，它决定人的各个方面，而对于天，以及由天而来的变化，人只能够接受和顺应，而不能够抗拒与改变。"天之生是使独也"，对于己之"独"的结果，也只有承受、认同和顺应之。

在郭象《庄子注》中，"天"的实体义是被否弃了的，保留的只是它作为自然而然的状态义，而作为实体形式存在的是"有物"自身（以及作为"有物"存在之依据的己身之"性命"）。"师一家之知"，此为右师之"成心"。依照郭象所论，对于群品、众庶而言，其"成心"即是其自身之"性命"，而此"性命"亦即其"性分"之限制所在⑤。所以，从"性分"之限制的角度，郭象强调了右师之知的有限性，以及其不可改变的特征，所谓"若以右师之知而必求两全，则心神内困而形骸外弊矣"，也就是说，对于右师之知来说，他之"性命"（"成心"之"知"）应用的结果必然是"偏刖"而"不能两存其足"，这是其"性分"的限制所决定的，故是"知之所无奈何，天也"，而他若想"两存其足"，则会越其"性分"而"犯其所知"，此之为"人也"，也就是人为而非天然了。可见，与《庄子》原文强调"天"之使"独"的决定性不同，郭象着重强调了右师之"性分"的限制性，这种限制性在现象上表现出来，就是"以有与者命也，故知独者亦非我也"。要之，所谓"命"，在这段注文中，其含义是指群品、众庶的"性命"（"成心"）的有限性、限制性，以及这种有限性、限制性在个体存在状态上的具体表现。物之"性命"不可改变，其"性命"的各种具体表现也不可改变。这就是注文中所谓"是以达生之情

---

① 郭庆藩：《庄子集释》，第 224 页。

② 郭庆藩：《庄子集释》，第 221 页。

③ 郭庆藩：《庄子集释》，第 241 页。

④ 郭庆藩：《庄子集释》，第 260 页。

⑤ 郭象说"今日适越，昨日何由至哉？未成乎心，是非何由生哉？明乎是非者，群品之所不能无，故至人两顺之"，参见郭庆藩《庄子集释》，第 62 页。

者，不务生之所无所为；达命之情者，不务命之所无奈何也，全其自然而已"这句话的主要意思，可见右师之所以应该"安命"，其理论依据在于他的"性命"（"成心"之"知"）的有限性和不可改变的特征。两相比较，可以看出，郭象的注文以右师的"性命"（"成心之知"）替代了《庄子》原文中"天"的位置，这是二者主要的差异点，而关于承受和顺应偏刖而"独"之事实，并将其作为己"命"而安然于其中，则是原文和注文的相同处，是没有差别的。

（二）在《庄子·人间世》中，《庄子》记载曰

仲尼曰："天下有大戒二：其一命也，其一义也。子之爱亲，命也，不可解于心；臣之事君，义也，无适而非君也，无所逃于天地之间。是之谓大戒。是以夫事其亲者，不择地而安之，孝之至也；夫事其君者，不择事而安之，忠之盛也；自事其心者，哀乐不易施乎前，知其不可奈何而安之若命，德之至也。为人臣子者，固有所不得已。……"①

在其下，郭象注曰：

自然结固，不可解也。千人聚，不以一人为主，不乱则散。故多贤不可以多君，无贤不可以无君，此天人之道，必至之宜。若君可逃而亲可解，则不足戒也。知不可奈何者命也而安之，则无哀无乐，何易施之有哉！故冥然以所遇为命，而不施心于其间；泯然与至当为一，而无休戚于其间，虽事凡人，犹无往而不可，而况君亲哉！②

---

① 郭庆藩：《庄子集释》，第155页。
② 郭庆藩：《庄子集释》，第156页。

在《庄子》原文中，以"子之爱亲"和"臣之事君"为"大戒"，表明它们是根本性的戒条，是不可违背，而只能够遵守的。所谓"为人臣子者，固有所不得已"，由"不得已"可见只能够被动性遵循，而不可能去主动性突越。"子之爱亲，命也，不可解于心"，是说"子之爱亲"，对于人（"子"）而言，它是"命"，不可解释，也无从加以改变，是只能够加以接受的东西。在此，"命"之必然性和人面对"命"的被动性特征是很鲜明的。但是，由认"命"一转而为"安命"，所谓"知其不可奈何而安之若命"，并由此而"哀乐不易施乎前"，"命"的外在性和强制性色彩被削弱，变成了一种需要人去将其在心中加以内化，并将己之生命安顿于其中的东西。安命是"德之至也"，可见这种心灵上的转化是《庄子》所推崇的，并认为它是圣人至高德性的内容和表现。

在道家思想中，当对原因的追问到达了"自然"的地步，就表明这种追问已经到底了，不可再继续向下追问了。《庄子》说"子之爱亲，命也，不可解于心"，郭象注曰"自然结固，不可解也"，这是以"子之爱亲"为"命"，为"自然"，具有不可解于心的必然性，故不可再向下追问了。与《庄子》相同，在郭象看来，"臣之事君"和"子之爱亲"类同，对于臣、子之忠、孝的要求也类同，它们都具有必然性和普遍性，都是天下之"大戒"，所谓"无所逃于天地之间"，此之为"不可奈何"，为"命"，为"不得已"。由此，就"命"本身而言，它就主要是一种外在于个体的强制的必然性，并因其"不可解于心"而具有不可认知，亦不可改变的特征；就人对"命"的态度而言，郭象主张"安命"，认为"命"不可消解，不可违逆，而只能够认可和安顿于其中。《庄子》中说"知其不可奈何而安之若命，德之至也"，郭象注曰："知不可奈何者命也而安之，则无哀无乐，何易施之有哉！"就是指对于这种内外之"命"在强制性、必然性特征上的认可和安顿，进而与之泯然合一（"泯然与至当为一"），并因此所导致的对于哀乐、休戚等情感、情绪的淡化、消解和超越。"冥然以所遇为命"，也就是以任何内外性的境遇为"命"，可见在郭象思想中，

"命"所指称的范围包含了个体之所"遇"的一切方面的内容，从而具有总括性和绝对性了。总体上说，郭象的注文是对《庄子》原文的说明和推演，二者在思想内容上是具有同一性的。

（三）在《庄子·德充符》篇中，《庄子》载

鲁有兀者王骀，从之游者与仲尼相若。……常季曰："彼兀者也，而王先生，其与庸亦远矣。若然者，其用心也独若之何？"仲尼曰："死生亦大矣，而不得与之变。虽天地覆坠，亦将不与之遗。审乎无假，而不与物迁，命物之化而守其宗也。"常季曰："何谓也？"仲尼曰："自其异者视之，肝胆楚越也；自其同者视之，万物皆一也。夫若然者，且不知耳目之所宜，而游心乎德之和；物视其所一而不见其所丧，视丧其足犹遗土也。"①

在此段本文之下，郭象注曰：

人虽日变，然死生之变，变之大也。彼与变俱，故生死不变于彼。斯顺之也。明性命之固当。任物之自迁。以化为命，而无乖迕。不离至当之极。恬苦之性殊，故美恶之情背。虽所美不同，而同有所美。各美其所美，则万物一美也；各是其所是，则天下一是也。夫因其所异而异之，则天下莫不异。而浩然大观者，官天地，府万物，知异之不足异，故因其所同而同之，则天下莫不皆同；又知同之不足有，故因其所无而无之，则是非美恶，莫不皆无矣。夫是我而非彼，美己而恶人，自中知以下，至于昆虫，莫不皆然。然此明乎我而不明乎彼者尔。若夫玄通泯合之士，因天下以明天下。天下无曰我非也，即明天下之无非；无曰彼是也，即明天下之无是。无是无非，混而为一，故能乘变任化，连物而

---

① 郭庆藩：《庄子集释》，第189页。

不慑。宜生于不宜者也。无美无恶，则无不宜。无不宜，故忘其宜也。都忘宜，故无不任也。都任之而不得者，未之有也；无不得而不和者，亦未闻也。故放心于道德之间，荡然无不当，而旷然无不适也。①

体夫极数之妙心，故能无物而不同，无物而不同，则死生变化，无往而非我矣。故生为我时，死为我顺；时为我聚，顺为我散。聚散虽异，而我皆我之，则生故我耳，未始有得；死亦我也，未始有丧。夫死生之变，犹以为一，既睹其一，则蜕然无系，玄同彼我，以死生为寤寐，以形骸为逆旅，去生如脱屣，断足如遗土，吾未见足以缨茀其心也。②

在《庄子》本文中，"命物之化"的含义是指"主宰事物的变化"③，其中"命"的含义是命令，引申而有主宰的意思④。就《庄子》原文的脉络看，"命物之化"与"不与物迁"、"不得与之变"、"不与之遗"同义，都是指兀者王骀尽管丧其足，但是他"审乎无假"而"守其宗"，也就是能够与"道"合一，故超越（"命"）于万物（包括己身之生死、形体）的变化之上，而内心处于"不化"（"不迁""不遗"）状态之中⑤。为什么内心能够处于"不化"（"不迁""不遗"）的状态呢？原因在于"其用心"之"独"，也就是能够"物视其所一，而不见其所丧"，从而"游心乎德之和"的结果。由此，在《庄子》原文中，"命物之化"的含义就不是"以物之化"为"命"，不是"以化为命"。《庄子》原文重在强调圣人的"常心"中

---

① 郭庆藩：《庄子集释》，第 191 页。

② 郭庆藩：《庄子集释》，第 192 页。

③ "主宰事物的变化而执守事物的枢纽"，陈鼓应：《庄子今注今译》，第 149 页。

④ "命物之化，'化'即'迁'也。'命'，命令。命令之者，主宰之也"。参见钟泰《庄子发微》，上海古籍出版社 2002 年版，第 109 页。

⑤ 《庄子·则阳》曰："日与物化者，一不化者也。"《庄子·知北游》曰："古之人，外化而内不化；今之人，内化而外不化。与物化者，一不化者也。"分别见郭庆藩《庄子集释》，第 885、765 页。

"止"（"不化""不迁""不遗"）的方面①，这是没有疑问的。

但是，在郭象的注文中，他直接以"以化为命，而无乖迕"解读"命物之化"一句，而将"守其宗"解读为"不离至当之极"。此"至当之极"何在呢？曰"浩然大观"，"玄通混合"，曰"官天地，府万物"，曰"放心于道德之间"，"因天下以明天下"，可见这是一种与道德、天地为一的总体化视域，以及在此视域下去以"理"化"情"和以"理"遣"知"，从而因观万物各自的"恬苦之性殊""性命之固当"，也就是万物各自有其"性命"之"独化"，亦各自有其"成心"之"是非"，而圣人却超然于万物的"是非""独化"之上，他任万物在各自之"独化"中的自化、自迁，亦任群品在"成心"下的各是其所是和各非其所非，而己心则无是无非，无美无恶，故对万物无不任也，无不宜也，无不适也，亦无不成也的超然心性境界。在《庄子》原文和郭象注文中，所谓"物之化"，包括万物之任何变化，尤其是如天地之覆坠、个人之生死等变之剧者。而兀者之丧足与它们类似，指的都主要是在物质、形体上的变化。由此，"以化为命，而无乖迕"就是指以任何物质、形躯上的变化为己之"命"，对之没有任何违抗、忤逆，而是全身心地"安"于其中。之所以能够如此，原因也是在于"无物而不同""物视其所一而不见其所丧，视丧其足犹遗土也"。再具体而言，则是在其"独化"论的视域下，具体到一己之死生、形躯问题上，郭象一方面认为己之身体与形躯，它们作为万物之一，同样也流转、聚散于此各自生、自死，亦自化、自迁的大化之流中，而己心则同物之流，而与化宛转，从而能够做到以此形躯在宇宙之流中的一切变化为切己之身体，所以说"生为我时，死为我顺；时为我聚，顺为我散。聚散虽异，而我皆我之"，也就是说，自己的身体在聚散、生死中变化为何物，就以该变化所成之物为自己新

---

① 在同一寓言中，接下来，《庄子》说"彼为己。以其知得其心，以其心得其常心"（陈鼓应《庄子今注今译》，第145页），又说"人莫鉴于流水而鉴于止水，唯止能止众止"（郭庆藩《庄子集释》，第193页）。在第一句引文中，依据陈鼓应的断句对《庄子集释》中原文句的标点做了一些改变。

的身体、形躯之所在；聚散、变化无所不在，己之身体、形躯亦无所不在，"聚散虽异，而我皆我之，则生故我耳，未始有得；死亦我也，未始有丧"。显然，此是一种"与化为一"的"大我"境界①。进一步，在与化为体中，因为己之身体、形躯的无所不变和无所不在，所以己心亦可超然于任何具体形式的身体、形躯之上，从而不以任何具体形式的身体、形躯之为己身之形躯，由此而对任何身体、形躯的具体存在均不黏滞，不挂碍，己心对己身及其任何变化均了然无涉，恬静淡漠，此即所谓"忘形""忘生"，"无不宜，故忘其宜也"，而其实质则是由此"忘"（"无""遗""遗"等）之工夫所抵至的，一种"无我"式的超越境界矣。郭象说"以死生为寤寐，以形骸为逆旅，去生如脱屣，断足如遗土，吾未见足以缨绂其心也"，讲的就是圣人心性上的这一超越过程，以及由此而生的心境上的无涉与宁静。与《庄子》本文相同，郭象也认为这种超越性的"大我"和"无我"式的心性境界是圣心之"独"，盖"是我而非彼，美己而恶人，自中知以下，至于昆虫，莫不皆然"，"然此明乎我而不明乎彼者尔"，圣人则超越于彼我、是非之上，其乃"体夫极数之妙心"，故能够"放心于道德之间"，也就是从彼我、是非之环里脱颖而出，而身处于无是无非、超越彼我的"环中""道枢"之域。比较郭象的注文和《庄子》的原文，可以看出强调圣人所具有的"常心""妙心"是二者之共通的方面。在《庄子注》中，实体式的道德是被否弃了的，但是这并不妨碍其作为总体化视域，以及由此而生之超越境界式的道德的存在及其作用，这是需要加以强调和说明的。

（四）在《庄子·德充符》中，《庄子》记载曰

　　申徒嘉者，兀者也，而与子产同师于伯昏无人，……申徒嘉

---

①　"夫形生老死，皆我也。故形为我载，生为我劳，老为我佚，死为我息，四者虽变，未始非我，我奚惜哉！""死与生，皆命也。……故若以吾生为善乎？则吾死亦善也。"（郭庆藩《庄子集释》，第243页）

曰："自状其过以不当亡者众，不状其过以不当存者寡。知不可
奈何而安之若命，唯有德者能之。游于羿之彀中。中央者，中地
也；然而不中者，命也。人以其全足笑吾不全足者多矣，我怫然
而怒；而适先生之所，则废然而反。不知先生之洗我以善邪？吾
与夫子游十九年矣，而未尝知吾兀者也。今子与我游于形骸之内，
而子索我于形骸之外，不亦过乎！"①

在其下，郭象注曰：

多自陈其过状，以己为不当亡者众也。默然知过，自以为应
死者少也。羿，古之善射者。弓矢所及为彀中。夫利害相攻，则
天下皆羿也。自不遗身忘知与物同波者，皆游于羿之彀中耳。虽
张毅之出，单豹之处，犹未免于中地，则中与不中，唯在命耳。
而区区者各有其所遇，而不知命之自尔。故免乎弓矢之害者，自
以为巧，欣然多己，及至不免，则自恨其谬而志伤神辱，斯未能
达命之情者也。夫我之生也，非我之所生也，则一生之内，百年
之中，其坐起行止，动静趣舍，性情知能，凡所有者，凡所无者，
凡所为者，凡所遇者，皆非我也，理自尔耳。而横生休戚乎其中，
斯又逆自然而失者也。皆不知命而有斯笑也。见其不知命而怒，
斯又不知命也。见至人之知命遗形，故废向者之怒而复常。不知
先生之洗我以善道故耶？我为能自反耶？斯自忘形而遗累矣。忘
形故也。形骸外矣，其德内也。今子与我德游耳，非与我形交也，
而索我外好，岂不过哉！②

"自状其过以不当亡者众，不状其过以不当存者寡"，意思是说：
自己辩说自己的过错，认为不应当残其形的人很多；既残形后，不辩

① 郭庆藩：《庄子集释》，第 199 页。
② 郭庆藩：《庄子集释》，第 198—201 页。

说自己的过错，但是认为不应当存其形的人很少①。对于丧足残形的事实，有德者不加以辩说，却认为不应当存其形，从而对残形丧足的必然性和合理性加以肯定和认同，此即所谓"知不可奈何而安之若命"，也就是认"命"和安"命"。就兀者申徒嘉的心境发展过程而言，当"人以其全足笑吾不全足者多矣，我怫然而怒"时，他其实是不认"命"（更勿言"安命"了）的。但是，他"适先生之所，则废然而反"（郭注：废向者之怒而复常），体认到了"命"的偶然性（"游于羿之彀中"，"然而不中者"，就事态本身而言）和必然性（"知不可奈何而安之若命"，就己身与事态的关系而言），从而"安命"于中，并因此而超然于作为兀者之残足的事实之上，故"与夫子游十九年矣，而未尝知吾兀者也"。就《庄子》原文看，对于"命"之"不可奈何"，也就是其人力所无能改变的性质，是着力加以强调的。

在《庄子注》中，以申徒嘉以己之兀为自身之"命"为例子，郭象强调了"命"之必然义。从全身避害的角度看，兀是对身体的伤害，所以它来自己身与环境之间的"利害相攻"，所谓"游于羿之彀中"，至于是否能够避开弓矢之所及，这完全是己身无能为力的，故曰"中与不中，唯在命耳"，从而对"命"所具有的偶然性（就羿之射不中的而言，这是极为鲜见的，是偶然的），以及这种偶然性对于自身主体而言的外在强加性和必然性特征做了很好的诠读（就己身无法避开中与不中的任何结局而言，这是必然的，是不可改变的）。这是《庄子》和郭象《庄子注》都相同的。但是，相对于《庄子》而言，郭象在《庄子注》中将"命"的偶然性和必然性转化为一种出于己之命"理"的自然性，也就是说将一种外在的"遇命"转化为了内在的"理"之"自然""自尔"，从而使得它成为一种内在"性命"的必然性了。就内容而言，个体之"命"包括了他的"一生之内，百年之中，其坐起行止，动静趣舍，性情之能，凡所有者，凡所无者，

---

① 陈鼓应：《庄子今注今译》，第152页

凡所为者，凡所遇者"，也就是他生命存在中的所有内容，而就根据而言，则言"皆非我也，理自尔耳"，也就是其之"命"中之"理"决定了其乃必然如此。因为必然如此，所以不可改变，而只能够加以肯定和认同，并力求安顿于其中，由此而有主体的心性之"德"，此即认"命"，此即"安命"，所谓"知不可奈何而安之若命，唯有德者能之"。"形骸之内"是主体的超越心性之德，"形骸之外"是外在的荣辱、地位和功名。"形骸外矣，其德内也"，"游于形骸之内"即是游心于德之和，而超然于一切万物（含己之形骸，以及形骸之外的社会名位、荣辱、权势等）之上。在本注中，无论《庄子》还是郭象《庄子注》，"安命"（"知命遗形"）都是主体内在心性之"德"的基本内容。

（五）在《庄子·德充符》中，《庄子》记载曰

> 哀公曰："何谓才全？"仲尼曰："死生、存亡、穷达、贫富、贤与不肖、毁誉、饥渴、寒暑，是事之变，命之行也。日夜相代乎前，而知不能规乎其始者也。故不足以滑和，不可入于灵府。使之和豫，通而不失于兑；使日夜无郤而与物为春，是接而生时于心者也。是之谓才全。[①]

在其下，郭象注曰：

> 其理固当，不可逃也。故人之生也，非误生也；生之所有，非妄有也。天地虽大，万物虽多，然吾之所遇适在于是，则虽天地神明，国家圣贤，绝力至知而弗能违也。故凡所不遇，弗能遇也，其所遇，弗能不遇也；〔凡〕所不为，弗能为也，其所为，弗能不为也；故付之而自当矣。夫命行事变，不舍昼夜，推之不去，留之不停。故才全者，随所遇而任之。夫始非知之所规，而

---

① 郭庆藩：《庄子集释》，第212页。

故非情之所留，是以知命之必行，事之必变者，岂于终规始，在新恋故哉！虽有至知而弗能规也。逝者之往，吾奈之何哉！苟知性命之固当，则虽死生穷达，千变万化，淡然自若而和理在身矣。灵府者，精神之宅也。夫至足者，不以忧患经神，若皮外而过去。苟使和性不滑，灵府闲豫，则虽涉至变，不失其兑然也。泯然常任之。群生之所赖也。顺四时而俱化。①

对于"才全"，《庄子》的解读直接就是"安命"，并由"安命"进而"逍遥"。所"安"之"命"，即所谓"命行""事变"，其"日夜相代乎前，而知不能规乎其始者也"，也就是说它们无时无刻不是处在变化之中，而为人之认知所不能规乎其始，所以无法逆料，不可预测，属于为己力之所不可知，也不可改变的领域。此"命行""事变"之内容，曰"死生、存亡、穷达、贫富、贤与不肖、毁誉、饥渴、寒暑"，实际上包含了人生所能够遭遇的所有境遇。②"安"于所遭遇的任何人生境遇，"使之和豫，通而不失于兑"，则在《庄子》的运思理路中确实存在着从"安命"向"逍遥"的提升与转变③。这种

———————

① 郭庆藩：《庄子集释》，第213—214页。

② "死生、存亡、穷达、贫富、贤与不肖、毁誉、饥渴、寒暑"，其中"死生、存亡"和"饥渴"属于生命问题，"穷达、贫富""毁誉、寒暑"属于外在境遇问题，而"贤与不肖"则属于内在性命问题。可见，在《庄子》内篇中，"命"所包含的范围不只是外在境遇，也包含内在的性命和生命方面的内容。另外，在"命行""事变"中包含的不仅是"死、亡、穷、贫、不肖、毁"的方面，也包含"生、存、达、富、贤、誉"以及"饥渴、寒暑"的方面，所以"命"的性质不只是消极性、负面性的，从而对人之存在与努力构成限制、制约的方面，而且也可以是积极性、肯定性的，从而对人之存在与努力构成助益、实现的方面。至于"饥渴、寒暑"，则主要是中性性质的，它们之为"命行""事变"，原因在于它们之为个体的所"遇"，故亦应属于其中。

③ "安命"与"逍遥"之间存在区别。若只是"安命"，则"安命"者的主体性心理可能会进入一种麻木、平静、逆来顺受的状态，但是并不能够一定达到灵明、超举和随顺、因循的层次，故在这一过程中应该存在着一种"心灵的转化"（由此，也可见以《庄子》思想为混世主义、阿Q精神的表现等观点确实不符合实际）。这种"心灵的转化"，在《庄子》处是体"道"之"心斋"、"坐忘"和"见独"的功夫，以及由此而来的心性境界。在郭象处（尤其是其有关内圣外王的思想中），尽管与《庄子》之间存在着功夫论上的具体差异，但是在《庄子注》中也存在着较多的关于"心斋""坐忘""见独"的注释，其中有郭象对心性功夫和境界论的个人理解，而就所抵达的心性境界的超越性质而言，郭象与《庄子》之间是没有大的差别的。

"逍遥"建立在"灵府"之超越性的功夫与心境之上（所谓"使之和豫，通而不失于兑"①），而其实质则在于对"道"的体认。《庄子》说："夫大块载我以形，劳我以生，佚我以老，息我以死。故善吾生者，乃所以善吾死也。"② 又说："圣人将游于物之所不得遁而皆存。善妖善老，善始善终，人犹效之，又况万物之所系，而一化之所待乎！"③ 可见圣人之所以能够"游于物之所不得遁而皆存"，原因在于体"道"，在于体认大块（"道"）之为"万物之所系，而一化之所待"，是"善吾生者，乃所以善吾死也"。换句话说，"命行""事变"，作为个体生命之任何所"遇"，若追问它们的来源和依据，则必然会追溯到"道""大块"之上，而作为后者之当下化、具体化、个体化的呈露和发显，并因此获得它们的必然性和合理性的证明。因认命而后安命，因安命而后体道，因体道而后逍遥，这是《庄子》中"命"论思想的基本运思理路。④ 依照《庄子》，体"道"之心并不仅限于"灵府"之"和豫"，而是由"灵府"而下落在"身""形"之上，也就是说是进一步落实在"才全"者之"与物为春""接而生时于心"的日常生活与行为之中的。要之，在《庄子》之由"安命"而"逍遥"的思想中存在着一种立体化的理论架构，这是确定无疑的⑤。

但是，同样是"才全"者之"安命"，以及由"安命"而"逍遥"的思想结构，郭象将之建立在"性命之固当"的理论基础之上。当然，此处之"性命"，主要是指"才全"者之"至足"的精神境界

---

① 《庄子》说"恢恑憰怪，道通为一"（郭庆藩：《庄子集释》，第70页），又以圣人之体"道"的体验为"天乐"，"圣也者，达于情而遂于命也。天机不张而五官皆备，此之谓天乐，无言而心说（悦）"（郭庆藩：《庄子集释》，第507页）。由此，所谓"使之和豫，通而不失于兑"就应该是圣人体"道"之后的心理状态。换句话说，这里存在着由"安命"向"体道"的提升。

② 郭庆藩：《庄子集释》，第242页。

③ 郭庆藩：《庄子集释》，第244页。

④ 刘笑敢：《诠释与定向——中国哲学研究方法之探究》，第182页。

⑤ 刘笑敢：《诠释与定向——中国哲学研究方法之探究》，第182页。

（所谓"和性不滑，灵府闲豫"），同时也包含他作为具体的经验个体
所具有的"自足"的生命与存在的本质。以其"性命"为依据，"才
全"者"随所遇而任之"，强调了一种对于所遭遇之任何人生境遇的
认可、随任，并安顿于其中的姿态①。在注文中，郭象说"苟知性命
之固当，则虽死生穷达，千变万化，淡然自若而和理在身矣"，这是
将所有的"命行""事变"，以及其在个体之所"遇"中的任何存在
状态都建立在"才全"者之"性命"的基础之上，也就是说将它们
"性命"化了②。在郭象思想中，"逍遥"的基本含义就是足性、任性，
是个体"性命"的自然实现和完成，因此，将个体之任何所"遇"都
加以"性命"化，以及由此而来的"合理"化（"其理固当，不可逃
也"），这是郭象"安命"论之向"逍遥"论转化的关节点和枢纽所
在。与《庄子》类同，郭象也主张"安命"向"逍遥"的转变，但是
其转变的关节点和枢纽不是《庄子》中的体"道"，不是因体"道"
而将所有的"命行事变"必然化和合理化，而是体"性"，是将个体
之所遇的所有"命行事变"都归结到其自身的"性命"之上，并因此
获得其必然性和合理性的证明。作为"命行事变"，个体之任何所遇
的存在状态都是"不舍昼夜，推之不去，留之不停"，从而"日夜相
代乎前，而知不能规乎其始者也"，所以只能够接受之，对它们采取
认"命"和"安命"的态度，所谓"不以忧患经神，若皮外而过

---

① 作为"安命"和"逍遥"的内容，个体的任何当下之所"遇"都是合理化和必然化了
的，不存在有所选择和有所排斥的问题。既然"安命"，就是认为任何所"遇"之境遇都是合理
和必然的；既然由"安命"而"逍遥"，就是在任何所"遇"之境遇下都能够保持"和豫""闲
豫"的心境。所以，无论郭象还是《庄子》，均认为所"遇"之任何处境都是合理化的，都是可
以逍遥于当下的任何境遇之中的。换句话说，无论《庄子》还是郭象，当着眼于圣人超越性的
心性视域时，他们其实都承认"存在的就是合理的"，都不存在对所"遇"之境遇的任何区分意
识。在他们那里，"安命"与"逍遥"之间也都是存在着一个心性上的修养和提升过程，二者之
间并没有直接同一的。

② 同时，在郭象思想中，个体的"性命"又是绝对化的，是无待而自生的，所以个体物
之间的差别也被绝对化了，"故有情于为离旷而弗能也，然离旷以无情而聪明矣。有情于为贤圣
而弗能也，然贤圣以无情而贤圣也。岂直贤圣绝远而离旷难慕哉！虽下愚聋瞽，及鸡鸣狗吠，岂
有情于为之，亦终不能也。不问远之与近，虽去已一分，颜孔之际，终莫之得也"（郭庆藩：
《庄子集释》，第221页）。

去"，也就是不让它们去影响到内心的安宁和平静；在此基础上，通过体"道"或者体"性"，所有的"命行事变"，亦即个体的任何所"遇"，它们成为"道"或"性"的具体化、当下化的呈露与发显，由此被合理化和必然化了，也因此使得主体能够"使日夜无郤而与物为春"，"虽死生穷达，千变万化，淡然自若而和理在身矣"①。显然，这一由安命论向逍遥论的转变过程，在郭象和《庄子》处都是存在的。无论《庄子》还是郭象，其安命论思想中都经历了一个理论上和实践上的提升和转变的环节，从而都是具备一种立体化的理论结构的。

（六）在《庄子·大宗师》篇中，《庄子》载

> 死生，命也，其有夜旦之常，天也。人之有所不得与，皆物之情也。彼特以天为父，而身犹爱之，而况其卓乎！人特以有君为愈乎己，而身犹死之，而况其真乎！②

在其下，郭象注曰：

> 其有昼夜之常，天之道也。故知死生者，命之极，非妄然也。若夜旦耳，奚所系哉！夫真人在昼得昼，在夜得夜，以死生为昼夜，岂有所不得！人之有所不得而忧娱在怀，皆物情耳，非理也。卓者，独化之谓也。夫相因之功，莫若独化之至也。故人之所因

---

① "既禀之自然，其理已足。则虽沈思以免难，或明戒以避祸，物无妄然，皆天地之会，至理所趣。必自思之，非我思也；必自不思，非我不思也。或思而免之，或思而不免，或不思而免之，或不思而不免。凡此皆非我也，又奚为哉？任之而自至也。"（郭庆藩：《庄子集释》，第219页）为什么能够如此呢？这是因为物之"性命"之"理"中存在一种"自物—他物"以及"自物—世界"的结构，从而能够将它与世界的任何直接和间接性关系，作为一种内在的关系之"理"而纳入于"性命"的内涵之中，并在该物的"遇命"之"流"中实现出来的缘故。所谓"物无妄然，皆天地之会，至理所趣"，所言者就是这一个道理。

② 郭庆藩：《庄子集释》，第241页。

者天也，天之所生者独化也。人皆以天为父，故昼夜之变、寒暑之节，犹不敢恶，随天安之，况乎卓尔独化，至于玄冥之境，又安得而不任之哉！既任之，则死生变化，惟命之从也。夫真者，不假于物而自然也。夫自然之不可避，岂直君命而己哉！①

人之所"遇"有各种境况（所谓"遇命"），而生死是其中之巨者。在《庄子》本文中，指出了人的死生变化，正如天的昼夜转换一样，具有其自身固有的自然性和必然性。它们的运行变化过程是人的存在和努力不可以干扰和改变的，所谓"人之有所不得与，皆物之情也"②，说的就是这一个道理。对于天，人尚且爱之，何况比天更卓越的"道"呢？对于君王，人尚且死之，何况比君王更真实的"道"呢？所以，人应该体"道"，与"道"合一，完全服从它的安排。而"命"，作为自然而不可变者，就是"道"的运行在人身上的具体表现，所以与"道"合一就是"安命"。

在注文中，郭象对"道"做了"独化"论的理解。在他那里，道就是"自然"之道，而其内容就是万物之间的各自"独化而相因"，并最终成就"玄冥之境"的运行机制。在郭象看来，这种"独化而相因"的自然之道也是高于、卓越于天、君的存在，所以由此而来的自然之"命"，也应该是高于天命和君王之命的东西。由此，圣人"在昼得昼，在夜得夜"，"死生变化，惟命之从"，郭象是由物的"独化"之"命"的自然性与必然性特征，而推论出圣人之"安命"的自然性和必然性的。比较《庄子》本文和郭象注文，可以看出郭注对庄子原文是顺向的注释，主要的特殊点不过是在他的"独化"论的思想体系下将自然之道解读为"独化而相因（以至于玄冥之境）"之道罢了。另外，在注文中，郭象将"物情"解读为"忧娱在怀"的"非理"之情，应是有误。

---

① 郭庆藩：《庄子集释》，第 242 页。
② 陈鼓应先生翻译此句为"许多事情是人力所不能干预的，这都是物理的实情"。见陈鼓应《庄子今注今译》，中华书局 1983 年版，第 180 页。

（七）《庄子·大宗师》曰

……已外生矣，而后能朝彻；朝彻，而后能见独；见独，而后能无古今；无古今，而后能入于不死不生。①

在其下，郭象注曰：

达生则不恶死，不恶死则所遇即安，豁然无滞，见机而作，斯朝彻也。当所遇而安之，忘先后之所接，斯见独者也。与独俱往。夫系生故有死，恶死故有生。是以无系无恶，然后能无死无生。②

"外生""朝彻""见独"是《庄子》中体"道"的重要工夫。在《庄子》中，"外生"是指排除掉心中具有的关于"生"的观念。在已经"外天下""外物"之后，"外生"代表了心性修养和工夫实践的深入，所带来的心境的虚静为其后的"朝彻""见独"准备了基础性的条件。"朝彻"，成玄英《庄子疏》曰："朝，旦也。彻，明也。死生一观，物我兼忘，惠照豁然，如朝阳初启，故谓之朝彻也。"③ 此正如"心斋"之"虚室生白"，是在心境的虚静中所自动生发的光明，其光宛如朝阳初启之惠照豁然，具有较为鲜明的神秘化特征。"见独"，成玄英《庄子疏》曰"夫至道凝然，妙绝言象，非无非有，不古不今，独往独来，绝对绝待。睹斯胜境，谓之见独"④，则"见独"是对"道"作为"独体"的直觉式把握。在《庄子》中，体"道"的工夫论实践是具有其独特性内容和直觉式体验特征的。

———————

① 郭庆藩：《庄子集释》，第 253 页。
② 郭庆藩：《庄子集释》，第 254 页。
③ 郭庆藩：《庄子集释》，第 254 页。
④ 郭庆藩：《庄子集释》，第 254 页。

在《庄子注》中，郭象对《庄子》中的"外生""朝彻""见独"等工夫思想都做了理性化的注解和诠释。在他看来，"外生"是指"达生"，达生死之理，故"所遇即安"。"朝彻"是指安命心境下圣心之"豁然无滞，见机而作"，这是说圣人寂然不动，感而遂通，故他随感而应，当机逗趣，充满了活跃、灵动的气象。"见独"是指安命心境下圣心对生死、先后之超越，以及由此而来的对自然变易之"道"（所谓"独"）的默然体认。就郭象的注解看，他是重在解说圣人"所遇即安"的心性境界，他的注解尽可能地消除了《庄子》中诸工夫论思想的神秘性特征。

（八）《庄子·大宗师》曰

……夫孟孙氏尽之矣，进于知矣。唯简之而不得，夫已有所简矣。孟孙氏不知所以生，不知所以死；不知就先，不知就后；若化为物，以待其不知之化已乎！且方将化，恶知不化哉？方将不化，恶知已化哉？……①

在其下，郭象注曰：

尽死生之理，应内外之宜者，动而以天行，非知之匹也。简择死生而不得其异，若春秋冬夏四时行耳。已简而不得，故无不安，无不安，故不以死生概意而付之自化也。所遇而安。不违化也。死生宛转，与化为一，犹乃忘其于当今，岂待所未知而豫忧者哉！已化为生，焉知未生之时哉！未化而死，焉知已死之后哉！故无所避就，而与化俱往也。②

---

① 郭庆藩：《庄子集释》，第 274 页。
② 郭庆藩：《庄子集释》，第 276 页。

　　孟孙才"以善处丧盖鲁国"，原因在于他简择生死之异而不得，从而能够以屯然无知之心超越死生、先后之别，故"其母死，哭泣无涕，中心不戚，居丧不哀"①。能够如此，是因为生死之道是自然之道，自然之道是变易之道，此变易之道具有普遍性和绝对性，它涵括死生、先后，不可预知，无从把握，而只能够随顺、因任，并安顿己心于其中，所谓："若化为物，以待其不知之化已乎！"此即认"命"，此即"安命"。显然，尽管变易不可预知，但是它所具有的绝对性决定了这种变易之"命"无法给定化，更不可能宿命化，因为任何定命和宿命都是板结和凝滞的，都是经不住绝对化了的变易之道的荡涤与冲击的。由此，面对命运，同样是不可避免，无从逃开，但是《庄子》中少有如俄狄浦斯般的惨烈与绝望，而是与化俱往中的因顺与平静。"且方将化，恶知不化哉？方将不化，恶知已化哉？"反正化与不化，化为何物，均属于未知之数，且自身不可预知，不可改变，故投身大化之中的安命之心是安静的，是随运任化，而与化为一的。

　　在《庄子注》中，郭象同样强调了变易之道的绝对性，对安命者的安静心境和随运任化也做出了较为深入的阐发。在死生之理上，郭象以春夏秋冬的四时运行而类比之，重在说明其或生或死的自然性和必然性。由此，死生之事属于人力不可干预、无从改变的运命之域，而由认"命"向"安命"的转变，其关节点在于对变易之道的体认。因为死生宛转，变易无常，故"已化为生，焉知未生之时哉！未化而死，焉知已死之后哉！"未生可化为已生，未死可化为已死，亦焉知已死不化为新生，新生不化为繁盛哉？既已"与化为一，犹乃忘其于当今，岂待所未知而豫忧者哉！"或豫或忧，均属人心之纷扰，圣心自当遣之忘之，"故无所避就，而与化俱往也"。比较郭象注文和《庄子》原文，二者在生死问题上的运思理路都是相同的，郭象的注解是属于顺向性的诠释方向的。

---

　　①　郭庆藩：《庄子集释》，第274页。

（九）在《庄子·天地》中，《庄子》记载曰

　　泰初有无，无有无名；一之所起，有一而未形。物得以生，谓之德；未形者有分，且然无间，谓之命；留动而生物，物成生理，谓之形；形体保神，各有仪则，谓之性。性修反德，德至同于初。同乃虚，虚乃大。合喙鸣。喙鸣合，与天地为合。其合缗缗，若愚若昏，是谓玄德，同乎大顺。①

在其下，郭象注曰：

　　无有，故无所名。一者，有之初，至妙者也，至妙，故未有物理之形耳。夫一之所起，起于至一，非起于无也。然庄子之所以屡称无于初者，何哉？初者，未生而得生，得生之难，而犹上不资于无，下不待于知，突然而自得此生矣，又何营生于已生以失其自生哉！夫无不能生物，而云物得以生，乃所以明物生之自得，任其自得，斯可谓德也。夫德形性命，因变立名，其于自尔一也。恒以不为而自得之。不同于初，而中道有为，则其怀中故为有物也，有物而容养之德小矣。无心于言而自言者，合于喙鸣。天地亦无心而自动。坐忘而自合耳，非照察以合之。德玄而所顺者大矣。②

　　在《庄子》原文中，就道（"无""一"）生万物之创造的历程言物之德、命、形、性，然后再在此基础上论及物与道合（实际上是心与道合、与天地为合）的修持功夫和超越境界的实现与完成的过程。"泰初有无"，"无"即是"道"，因其无形无名，是万物的来源，但

---

　　①　郭庆藩：《庄子集释》，第424页。
　　②　郭庆藩：《庄子集释》，第426页。

是却没有区别之相，可谓之为"一"。由此"未形"之"一"下落，而"物得以生"，此谓之"德"，可见"德"即物之"得"于"一""道"的方面；因为"得"之于"一""道"，在"物"而言是一种"分"，是分得、分有，但此时还处于与"一""道"没有间隔开来的状态，此谓物之"命"；再由"未形"之"一""道"，经过"德""命"的阶段而进一步下落，在此过程中凝结生物，万物由此而流动成"形"，在成"形"之中有其"生理"与"仪则"，且亦有其精神的方面，此为物之"性"。这是由"道""一"而逐次下落的顺向的方面。另一方面，由"性修反德，德至同于初"，还存在着一个逆向的、逐步上升的修持与超越的过程。在物之"性""命"的基础上，"性修反德"而后"同于初"，而"泰初有无""一之所起"，所以所谓"同于初"，最终是与"道""一"的"合一"。这种"合一"是无心的、混沌的状态，所以说"合喙鸣。喙鸣合，与天地为合"，"其合缗缗，若愚若昏"；这种"合一"得到的是一种虚静的大我境界，故曰"同乃虚，虚乃大"。这就是与"道"合一的"玄德"，是一种超越的心性境界。显然，在《庄子》原文中，"命"是物对"道""一"之所分有，是"道""一"之下落于物之中时，其所"命"于物的一种限度。由此，"命"与"德"、"性"相类，它们构成个物与"道""一"之间的桥梁，而由"足性"到"安命"，再到超越之"玄德"，也就构成了《庄子》功夫论和境界论的基本理路，它们建立在《庄子》中"道"生万物之存有论的基础之上。

　　与《庄子》不同，在《庄子注》中，郭象否定了"无""道"之作为万物本体和本源的存在，物之为物的依据不在于超越的"道""一"处，而就在物之内在的自身"性命"之中。就《庄子注》中的使用看，"有"主要是指个体物的存在，而就个体物的发生而论，则"一"是指个体物之存在与其"性命"的统一体，而"一者，有之初"则是指在物生之"初"，将形未形，还未有物理之形的瞬间，不仅是个体物之"形"，且其"性命"亦"无待"而"自生"了。所以，"一"不是"道"，也不是"无"；同理，"一"不是生于"道"

或"无",而是起于"至一"。"至一"者,物、物之各"一"的状态也。"德"即是指物之"性命"和"形体"的"自得","命"即是"性",二者多连用为"性命"。郭象说"夫德形性命,因变立名,其于自尔一也",他对"德""形""性""命""无""一""初""至一"等的理解都建立在其所谓"独化"论的思想基础之上,其思想核心在于强调个体物之"性命"的"自生"与"自得"。这是一方面;另一方面,与《庄子》类似,在本段注文中,也存在着由"足性"而"安命",再到超越"玄德"的功夫论和境界论的运思理路。"不同于初,而中道有为,则其怀中故为有物也,有物而容养之德小矣",可见"同于初"的"容养之德"在实质上也是一种大我,进而无我的超越性的心性境界①;"坐忘而自合耳,非照察以合之",可见圣心之同于"初"和合于"天地"乃是一种无心而自动的过程。与《庄子》类同,在郭象的思想中既存在着"坐忘""无心""同于初"之功夫论,也存在着"无物""容养之德"的心性境界论;与《庄子》思想有别,对于"无心"而"坐忘"的修持功夫,以及由此而来的"容养之德",因为建立在自己"独化"论的思想基础之上,郭象的阐述重在强调整个过程的自生、自动与自得,他的思想是具有其个人的理论特色的。

(十) 在《庄子·天运》篇中,《庄子》载

　　……吾又奏之以无怠之声,调之以自然之命,……行流散从,不主常声。世疑之,稽于圣人。圣也者,达于情而遂于命也。天

---

　　① "夫心之所安,则危不能危;意无不适,则苦不能苦也","安乎命之所遇。审去就之非己。不以害为害,故莫之能害"(郭庆藩:《庄子集释》,第589页)。之所以"同于初"的"容养之德"能够是一个"大我"进而"无我"的心性境界,关键原因还是在于作为"初"的"性命之本"中内含着"自物—世界"的关系性结构,从而使得任何个体物的"性命",尽管它们是有限、有极的,但同时也是包含一切该物与世界的任何关系之"理"于自身的内涵之中的。这样,"同于初"就意味着从己物与世界关系的整体角度来体认和把握己身的"遇命"之流,而这也就是"安命"中的"容养之德"。

机不张而五官皆备，此之谓天乐，无言而心说。①

在其下，郭象注曰：

> 意既怠矣，乃复无怠，此其至也。命之所有者，非为也，皆
> 自然耳。……随物变化。明圣人应世非唱也。故有情有命者，莫
> 不资焉。忘乐而乐足，非张而后备。心说在适，不在言也。②

关于"自然之命"，马叙伦先生言"命借为令，令谓节奏"③。在
《庄子》本文中，所谓"自然之命"，与"无怠之声"相对而言，故
马说可从。但是，郭象在注文中直接以"自然"解"命"，言"命之
所有者，非为也，皆自然耳"，重在强调"命"的非人为的、自然而
然运行的特征。"圣也者，达于情而遂于命也"，成玄英《疏》曰"所
言圣者，更无他义也，通有物之情，顺自然之命，故谓之圣"④，可见
《庄子》本文是在强调圣人通物顺命的无我心境，而郭象注文曰"故
有情有命者，莫不资焉"，则将"情""命"均落在群品、万物之上言
之，而其注释的关注点则在于圣人因为无心、无为而为群品、万物之宗
主，故为群品、万物所依赖、凭资之上。就郭象的注文看，他在这两处
对"命"的注释都是重在阐发无为之理，都不是对《庄子》本文的直
接解读，但是却也并不相违背，而是可以从后者中推演和延伸出来的。

（十一）在《庄子·缮性》篇中，《庄子》载

> 隐，故不自隐。古之所谓隐士者，非伏其身而弗见也，非闭
> 其言而不出也，非藏其知而不发也，时命大谬也。当时命而大行

---

① 郭庆藩：《庄子集释》，第 507 页。
② 郭庆藩：《庄子集释》，第 510 页。
③ 马叙伦：《马叙伦全集·庄子义证》，浙江古籍出版社 2019 年版，第 335 页。
④ 郭庆藩：《庄子集释》，第 509 页。

乎天下，则反一无迹；不当时命而大穷乎天下，则深根宁极而待；此存身之道也。①

在其下，郭象注曰：

　　若夫自隐而用物，则道世交相兴矣，何隐之有哉！莫知反一以息迹，而逐迹以求一，愈得迹，愈失一，斯大谬矣。虽复起身以明之，开言以出之，显知以发之，何由而交兴哉？祇所以交丧也。此澹漠之时也。反任物性而物性自一，故无迹。此不能澹漠之时也。虽有事之世，而圣人未始不澹漠也，故深根宁极而待其自为耳。斯道之所以不丧也。未有身存而世不兴者也。②

"时命大谬"，说明所"遇"之"时"乃"大谬"之"时"。对此"大谬"之"时"，作为一种既成的时世之事实，以之为"命"，重在强调了其作为隐士之"隐"的外在根据所具有的不可改变，也难以预知，从而只能够调适和顺任之的特征③。故"时命"得当，士人处世而大行乎天下，则以无为之治因循群品、万物，以求复归于"至德之世"；"时命"不当，士人隐而不出，耐心等待世时的变迁与流转。士人的或出或处，依照"时命"的变化而变化，这是其存身之道，遵循的还是道家全身避害的生命主题。"隐，故不自隐"，意思是说"隐匿，并不是自己隐藏的"④，这是在强调隐士之"隐"的被动性，以及"时命"对隐士选择的外在决定性特征。

　　在《庄子注》中，郭象的注文重在说明道世交丧和道世交兴之道。道世之所以交丧，原因在于为治者逐迹求一，愈得迹而愈失一，

---

① 郭庆藩：《庄子集释》，第 555 页。
② 郭庆藩：《庄子集释》，第 556 页。
③ 《庄子》曰："达生之情者，不务生之所无以为；达命之情者，不务命之所无奈何。"在其下，郭象注解曰："生之所无以为者，分外物也。知之所无奈何者，命表事也。"（郭庆藩：《庄子集释》，第 630 页）
④ 陈鼓应：《庄子今注今译》，中华书局 1983 年版，第 407 页。

故时命大谬矣；与此相反，圣人自隐而用物，故反任物性而物性自一，故己身无迹而道世交兴矣。《庄子》说"隐，故不自隐"，但是郭象却转而解之为"自隐，故不隐"，进而曰"自隐而用物，则道世交相兴矣，何隐之有哉"，也就是若己心无为而任万物自为，则道世交兴，而己身亦无须隐世的意思，可见他将"自隐"理解为圣人在心性上的恬静、淡漠，以及他在行为上的无为、任物①。依照郭象的说法，尽管是"有事之世"，圣人"深根宁极而待其自为"，其心性上的恬静、淡漠和行为上的无为、任物仍然一如既往，"斯道之所以不丧也"。要之，在《庄子》本文中，其之所论主要是隐士的存身之道，而在《庄子注》中，郭象之所论主要是道世的兴丧之道。二者的关注点存在一定的差别②，但是在总体上说仍然主要是顺向性的诠释。

（十二）在《庄子·秋水》篇中，《庄子》载

> 孔子游于匡，宋人围之数匝，而弦歌不惙。子路入见曰：何夫子之娱也？孔子曰："来，吾语女。我讳穷久矣，而不免，命也；求通久矣，而不得，时也。……知穷之有命，知通之有时，临大难而不惧者，圣人之勇也。由处矣，吾命有所制矣。"③

在其下，郭象注解曰：

---

① 相应地，也可以说"不自隐，故隐"，也就是说为治者若不能够做到"自隐而用物"，而是实行有心、有为之治（"不自隐"），则结果必然是"道世交丧"，故己身亦必"隐"矣。为何"不自隐"呢？原因在于"逐迹求一"，所谓"起身以明之，开言以出之，显知以发之，何由而交兴哉？"，为治者在心性上不能恬淡、淡漠，在行为上不能无为、任物，则时世必然大谬，而己身亦必"隐"，以求全身避害矣。

② 当然，郭象的关注点在于"道世交丧"和"道世交兴"之道，这是符合《庄子》本文的言说背景的。在《庄子·缮性》中，此段本文的全文是："由是观之，世丧道矣，道丧世矣，世与道交相丧也，道之人何由兴乎世，世亦何由兴乎道哉！道无以兴乎世，世无以兴乎道，虽圣人不在山林之中，其德隐矣。隐故不自隐。……"可见郭象注文合乎《庄子》本文的主题，而做出了理解上的深化和发展。

③ 郭庆藩：《庄子集释》，第596页。

将明命之固当，故寄之求讳。……圣人则无所不安。命非己制，故无所用其心也。夫安于命者，无往而非逍遥矣，故虽匡陈羑里，无异于紫极闲堂也。①

在此处《庄子》原文和郭象注文中，孔子所言"命"的含义主要是指一种如宋人围匡这样的外在境遇。在对这种外在境遇之"命"加以解读时，无论是在《庄子》还是郭象《庄子注》中，"命"都独立于主体的意志之外，呈现为一种外在的强制性和必然性力量，并对主体的存在与努力构成相应的制约，或说限制②。对于这种力量及其结果，由于主体认知能力的有限性，它往往还具有盲目性特征，从而表现得"不可解于心"，而只能够接受和安顿于其中。在此段《庄子》原文中，孔子表现出对"命"之必然性、决定性和外在强制性的自觉体认，从而呈现为"安命"者的随顺形象，而在郭象注文中，他说"虽匡陈羑里，无异于紫极闲堂也"，也是在强调相对于孔子所具有的无差别的、"无所不安"的内在心境而言，"匡陈羑里"与"紫极闲堂"之间是没有区别的，所以虽身处险境，而圣人自可无往而不逍遥也。"安命"意味着接受宋人围匡的外在现实，但是却有着自己在顺应外在命运时在心态上的安宁、平和，以及对于一切外在处境和时运的顺任心境。这一点，无论《庄子》还是郭象，应该说都是相同的。

(十三) 在《庄子·达生》篇中，《庄子》载

有孙休者，踵门而诧子扁庆子曰：休居乡不见谓不修，临难不见谓不勇，然而田原不遇岁，事君不遇世，宾于乡里，逐于州部，则胡罪乎？天哉！休恶遇此命也。扁子曰：子独不闻夫至人之自行耶，忘其肝胆，遗其耳目，芒然彷徨乎尘垢之外，逍遥乎

---

① 郭庆藩：《庄子集释》，第597页。
② 韩林合：《虚己以游世——〈庄子〉哲学研究》，第56页。

无事之业，是谓为而不恃，长而不宰。今汝饰知以惊愚，修身以明污，昭昭乎若揭日月而行也①。汝得全而形躯，具而九窍，无中道夭于聋盲跛蹇而比于人数，亦幸矣，又何暇乎天之怨哉！子往矣！②

在《庄子》此段文本之下，郭象注曰：

> 暗付自然也。凡非真性，皆尘垢也。凡自为者，皆无事之业也。率性自为耳，非恃而为之。任其自长耳，非宰而长之。

"踵"，陆德明《经典释文》曰"司马云：踵，至也"③。故"踵门"，即至门也。"诧"，马叙伦曰"陆德明曰：'诧，李本作讬。'伦案：诧讬一字，讬疑为讯之讹。〈说文〉曰：'讯，问也'"④。"见谓"，王叔岷曰："案见，犹今语被也，……'见谓'，被毁于人也，……"⑤ 故"居乡不见谓不修，临难不见谓不勇"的意思是居于乡里不被人批评为没有修饰，面临危难不被人批评为没有勇武。"田原"，成玄英《疏》解为"营田于平原"⑥。孙休喟叹其人生境遇，言己之"田原不遇岁，事君不遇世，宾于乡里，逐于州部"，但是寻找原因却并没有自身方面的过错，无可奈何而只好归之于"命"，曰："天哉！"其内心是充斥着对于命运不公的怨愤情绪的。但是，扁庆子对之予以了严厉的斥责，指出由于他"饰知以惊愚，修身以明污，昭昭乎若揭日月而行也"，也就是说自显己德，行事张扬，完全不符合

---

① 在《庄子·山木》篇中，"饰知以惊愚，修身以明污，昭昭乎若揭日月而行也"是大公任批评孔子的话，可见此处《庄子》对孙休的批评实际上是对儒家的批判。参考郭庆藩《庄子集释》，第 680 页。

② 郭庆藩：《庄子集释》，第 663 页。

③ 郭庆藩：《庄子集释》，第 663 页。

④ 马叙伦：《马叙伦全集·庄子义证》，浙江古籍出版社 2019 年版，第 431 页。

⑤ 王叔岷：《庄子校诠》，中华书局 2007 年版，第 713 页。

⑥ 郭庆藩：《庄子集释》，第 663 页。

圣人"为而不恃，长而不宰"的"自行"之道，所以无法全生避害，故"汝得全而形躯，具而九窍，无中道夭于聋盲跛蹇而比于人数，亦幸矣"，又哪里值得具有对"天""命"之怨愤呢?! 在此段中，无论对孙休的境遇如何评价（或"幸"或"怨"），它是一种外在境遇对于人生的强制和限制，这一点是确定的。对于这种具有外在强制性、限制性的人生境遇，孙休的初始心境是怨愤难平的，但是在遍寻原因之后无可奈何，而只好归因于"天""命"之无因、无解，所表现出来的即是他在面对无从抗拒的外境、外力及其作用之下的，对于这种外在境遇的自我认可与接受，和在认知上的自我派遣与消解。此处的"天哉"之"天"，在含义上应该是"运命之天"，表达的是人力之所无可奈何者，而在归因上亦无解与无因，无法再继续追问的意思。①

观郭象的注文，可见其是对"圣人"的"自行"之道的注解，而没有对孙休关于"命""天哉"的注解，表明了郭象对《庄子》本文中所蕴含的怨愤之情的否弃。关于"芒然彷徨乎尘垢之外，逍遥乎无事之业"，此为圣人之逍遥，而郭象以"凡非真性，皆尘垢也"，"凡自为者，皆无事之业也"注解之，可见他将圣人之逍遥建立在其"游外冥内"的"真性"的基础之上，而以"真性"之"自为"为其之"无为""无事"的真义。因为具有无心、无为的真性，故圣人因循万物，顺任其之自长自为，故曰："率性自为耳，非恃而为之。任其自长耳，非宰而长之。"至人的"自行"之"道"为"暗付自然"，此"自然"即其"真性"之自然与自行。如前所论，将个体之任何所"遇"都加以"性命"化，以及由此而来的必然化和"合理"化，这是郭象"安命"论之向"逍遥"论转化的关键节点和枢纽所在。对于至人而言，由于其"真性"（"性命"）即是"游外冥内"的超越心性，而任何其之所"遇"均可以被涵摄而入其"冥内""冥物"的作用与范围之域中，所以至人之"真性"的自然与自行即其逍遥，亦即其安命也。逍遥的作用范围即是安命的作用范围，二者对于至人来说

---

①　冯友兰：《三松堂全集》（第二卷），河南人民出版社1988年版，第43页。

是完全合一的[①]。

（十四）在《庄子·达生》篇中，《庄子》载

孔子观于吕梁，悬水三十仞，流沫四十里，鼋鼍鱼鳖之所不能游也。见一丈夫游之，以为有苦而欲死也，使弟子并流而拯之。数百步而出，被发行歌而游于塘下。孔子从而问焉，曰："吾以子为鬼，察子则人也。蹈水有道乎？"曰："亡，吾无道。吾始乎故，长乎性，成乎命。与齐俱入，与汩偕出，从水之道而不为私焉。此吾所以蹈之也。"孔子曰："何谓始乎故，长乎性，成乎命？"曰："吾生于陵而安于陵，故也；长于水而安于水，性也；不知吾所以然而然，命也。"[②]

在其下，郭象曰：

磨翁而旋入者，齐也；回伏而涌出者，汩也。任水而不任己。此章言人有偏能，得其所能而任之，则天下无难矣。用夫无难以涉乎生生之道，何往而不通哉。[③]

在此吕梁丈夫的典故中，《庄子》说"吾始乎故，长乎性，成乎命"，又解释说"吾生于陵而安于陵，故也；长于水而安于水，性也；不知吾所以然而然，命也"，对于"性""命""故"一并而论之，其基本思路在于强调三者共有的本然、自然和必然性，以及它们之不可

[①]　对于至人来说，由于其以超越心性为己之"性命"，所以就其自身而言，不存在真性失落的可能，故在他的存在处逍遥与安命的作用范围是完全合一的。但是，对于群品而言，由于其性有极，也就是有其存在和作用的范围之限制，因此越分妄为则会丧性殒命，安于所"遇"也并不一定即是己之性命的自然呈现，二者间在作用范围上有可能会错位，故逍遥与安命的作用范围也可能错位，不是完全合一的关系。

[②]　郭庆藩：《庄子集释》，第658页。

[③]　郭庆藩：《庄子集释》，第658页。

知、不可改变的特征。"故",从字面上讲,是本来就有的东西,是一种"本然"性质的存在;"性",是本质和本性,以及其之自然而然地存在和实现,是一种"自然"性质的存在;"命",是"不知吾所以然而然",具有不可知和不可变的特征,可以说是一种"必然"性质的存在①。在此处原文中,通过"故""性""命"三者的合一,《庄子》将人之"性命"存在的本然、自然和必然性特征作了整合性的说明。依照吕梁丈夫所言,其所谓蹈水之道,是以本然的"故"之现实作为基础,通过长期练习的功夫发展出一种自然之"性"的蹈水技艺,或说行动能力,可以随意回应水流的激荡与翻滚,"与齐俱人,与汩偕出,从水之道而不为私焉",以一种可以说是必然的("命")的方式来行动,而且因为这种与必然的合一而获得行动上的自由②。自由在于对必然的把握,这种对必然的把握不仅表现在于把握自身之"性""命""故",也在于对环境("水")之"性""命""故"的把握,二者间的合一("与齐俱人,与汩偕出,从水之道而不为私焉")才是"蹈水"中的技艺之道和自然之道。

在《庄子注》中,自然之道也可以是积习之道和技艺之道。郭象说"夫自然之理,有积习而成者"(《庄子·大宗师注》)③,"言天下之物,未必皆自成也。自然之理,亦有须冶锻而为器者耳"(《庄子·大宗师注》)④,"言物虽有性,亦须数习而后能耳"(《庄子·达生注》)⑤,"习以成性,遂若自然"(《庄子·达生注》)⑥,可见技艺的冶锻需要积习的实践,而积习的沉淀所带来的内外贯通使得内在性命的

---

① 在《庄子·秋水》篇中,《庄子》载:"牛马四足,是谓天;络马首,穿牛鼻,是谓人。故曰,无以人灭天,无以故灭命,无以得殉名。"郭象注曰"不因其自为而故为之者,命其安在乎!"(郭庆藩:《庄子集释》,第591页),其中的"故"与"人"相类,含义是指人为、有为、故意之举,不是本然、自然存在的意思。这是需要加以说明的。

② [瑞士] 毕来德:《庄子四讲》,中华书局2009年版,第21—24页。

③ 郭庆藩:《庄子集释》,第257页。

④ 郭庆藩:《庄子集释》,第280页。

⑤ 郭庆藩:《庄子集释》,第642页。

⑥ 郭庆藩:《庄子集释》,第642页。

呈现一如自然状态的发显一般的自动和自得；但是，"夫积习之功为报，报其性，不报其为也。然则学习之功，成性而已，岂为之哉！"（《庄子·列御寇注》）① 后天的积习之功只是对个体物在"初"时所禀赋之"性命"的外在催化。通过积习的作用，可以使得潜在的、内在的性命完全地呈现出来，而性命本身却是不可改变的。② 在本段注文中，郭象没有对己之"性命"与"故"、"习"之间的关系多着笔墨，他主要是强调物之"性命"（突出的是群品之偏能的方面）的自然性，以及由此产生的无心无为、顺任性命的治世原则。③ 比较郭象注文和庄子原文，他的注释应该是属于顺向性的诠释方向的。

（十五）在《庄子·山木》篇中，《庄子》载

孔子穷于陈蔡之间，……颜回端拱还目而窥之。仲尼恐其广己而造大也，爱己而造哀也，曰："回，无受天损易，无受人益难。无始而非卒也，人与天一也。夫今之歌者其谁乎？"回曰："敢问无受天损易。"仲尼曰："饥渴寒暑，穷桎不行，天地之行也，运物之泄也，言与之偕逝之谓也。为人臣者，不敢去之。执臣之道犹若是，而况乎所以待天乎！""何谓无受人益难？"仲尼曰："始用四达，爵禄并至而不穷，物之所利乃非己也，吾命有在外者也。君子不为盗，贤人不为窃。吾若取之，何哉！……""何谓无始而非卒？"仲尼曰："化其万物而不知其禅之者。焉知其所终？焉知其所始？正而待之而已耳。""何谓人与天一邪？"仲尼曰："有人，天也；有天，亦天也。人之不能有天，性也。圣人晏然体逝而终矣！"④

---

① 郭庆藩：《庄子集释》，第 1043 页。

② "夫假学可变，而天性不可逆也"。见郭庆藩：《庄子集释》，第 496 页。

③ 在《天运》篇中，《庄子》曰"性不可易，命不可变，时不可止，道不可壅"（郭庆藩：《庄子集释》，第 532 页），可见"性""命""时""道"的一体性，它们都具有自然性特征，是人力所无可奈何的，不可改变的存在，故只能够顺任和安顿于其中。

④ 郭庆藩：《庄子集释》，第 691—694 页。

在其下，郭象注曰：

> 唯安之故易。物之傥来，不可禁御。于今为始者，于昨为卒，则所谓始者即是卒矣。言变化之无极。皆自然。任其自尔，则歌者非我也。不可逃也。所谓不识不知而顺帝之则也。所在皆安，不以损为损，斯待天而不受其损也。感应旁通为四达。旁通，故可以御高大也。非己求而取之。人之生，必外有接物之命，非如瓦石，止于形质而已。盗窃者，私取之谓也。今贤人君子之致爵禄，非私取也，受之而已。……莫觉其变。日夜相代，未始有极，故正而待之，无所为怀也。凡所谓天，皆明不为而自然。言自然则自然矣，人安能故有此自然哉？自然耳，故曰性。晏然无矜，故体与变俱也。①

在《庄子》本文中，以仲尼之困于陈蔡之间的实例，说明所"遇"之"命"的外在强制性特征（"吾命有在外者也"）。孔子称他在陈蔡之间的困厄为"天损"，表明这种困厄（"损""穷桎不行"）的来源是自然的（"天"），其之运行宛如饥渴寒暑一般，是"天地之行也，运物之泄也"，所以不可改变，也不可抗拒，只能够采取因顺的态度，故曰："与之偕逝之谓也。"进一步，对于这种"天地之行也，运物之泄也"中所"遇"外在之物的变化，《庄子》强调了其中变化的绝对性。所谓"无始而非卒"，"化其万物而不知其禅之者"，就是说由于变化的绝对性，万物每一时刻都处在变化之中（"始"即是"卒"），而且这种万物之化是连绵不绝的，所以也无法知道它们接下来会变成什么样子的存在。因为万物的绝对变化，不可知其始，也不可知其终，但是它们又是无时不为始，亦无时不为终（"卒"），故唯有"正而待之而已"，"圣人晏然体逝而终矣"。这是针对"天损"性质的困厄之"命"；但是，针对"人益"性质的"始用四达，爵禄

---

① 郭庆藩：《庄子集释》，第690—695页。

并至而不穷"等"物之所利"，由于它们也是外来性质的，是"非己"性的"吾命有在外者"，也具有外在强制性，所以也只有采取因顺的态度，非"盗"非"窃"，"取之"而已矣。无论"天损"或是"人益"，就它们作为个体的外在之"命"的角度看，都是必然的，不可改变的，所以都只有以自然、因顺的态度"正而待之"而已矣，因此可以说："有人（益），天也；有天（损），亦天也。"对于任何外在性的所"遇"之"天"（"命"），它们都是人在主体性上对之无能为力，无法改变，不可抗拒的，因此可以说："人之不能有天，性也。""安命"是《庄子》对待"命"的基本态度，故曰"言与之偕逝之谓也"。"圣人晏然体逝而终矣！"圣人因"安命"而来的安宁之心是应该贯彻于人生的始终，从而与各种内外性质的命运之化而偕逝的。"知其不可奈何而安之若命，德之至也"，"安"于"天命"为圣人最高的德性所在，它高于君命。"执臣之道犹若是，而况乎所以待天乎！"

　　就郭象注文看，他对《庄子》本文的注解均是顺向性的诠释。"于今为始者，于昨为卒，则所谓始者即是卒矣"，此乃言变化之无时不变，变化无极，所谓"日夜相代，未始有极"，是对变易之道的普遍性和绝对性的阐发，而人与此无极之化混而为一，则天而非人，歌者非我，"晏然无矜，故体与变俱也"。因体与变俱，故所在皆安，不以损为损，此即"安命"，即由"安命"而有的超然心境。但是，"人之生，必外有接物之命，非如瓦石，止于形质而已"，所以圣人必有应感而动，因时应物之举，为此而旁通四达，御驭高大，厚致爵禄，均乃受之而已，而非求而取之也。又，与"道"类似，在《庄子注》中，"天"也不具有实体性，"凡所谓天，皆明不为而自然"，故所谓"天命"不过是在强调"命"之自然性特征而已；而"言自然则自然矣，人安能故有此自然哉？自然耳，故曰性"，则重在强调"性命"的自然性特征。无论或"性"或"命"，或内或外，变易之道无所不在，而人之所为，唯有安之而已。"唯安之故易"，不仅"天损"如此，"人益"亦何尝不是如此呢？

（十六）在《庄子·田子方》篇中，《庄子》载

夫哀莫大于心死，而人死亦次之。日出东方而入于西极，万物莫不比方。有目有趾者，待是而后成功，是出则存，是入则亡。万物亦然，有待也而死，有待也而生。吾一受其成形，而不化以待尽，效物而动，日夜无隙，而不知其所终，薰然其成形，知命不能规乎其前，丘以是日徂。①

在其下，郭象注曰：

夫心以死为死，乃更速其死；其死之速，由哀以自丧也。无哀则已，有哀则心死者，乃哀之大也。皆可见也。目成见功，足成行功也。直以不见为亡耳，竟不亡。待隐谓之死，待显谓之生，竟无死生也。夫有不得变而为无，故一受成形，则化尽无期也。自无心也。恒化新也。不以死为死也。薰然自成，又奚为哉！不系于前，与变俱往，故曰徂。②

"日出东方而入于西极，万物莫不比方"，指太阳出于东方，而入于西方，万物莫不顺着这个方向。"有目有趾者"，依据《天地》篇"凡有首有趾无心无耳者众"一句，马叙伦曰"'目'当依《天地》篇作'首'"③，"有首有趾者"指人。"有目有趾者，待是而后成功，是出则存，是入则亡"，指"有头有脚的人，见日起而后事可为，日出而作，日入而息"④。"万物亦然，有待也而死，有待也而生"，指万物和人一样，也是"待是而后成功"，所"待"之"是"指日，并进

---

① 郭庆藩：《庄子集释》，第707页。
② 郭庆藩：《庄子集释》，第708页。
③ 马叙伦：《马叙伦全集·庄子义证》，浙江古籍出版社2019年版，第464页。
④ 陈鼓应：《庄子今注今译》，第538页。

一步指出须"待"日而后有生、有死。"日出东方而入于西极"，万物
（包括人）的作息、生死、成功等，都依靠和决定于日的运行，"万物
莫不比方"。在《庄子》看来，这是一个被动的过程，万物（包括人）
对日的运行过程根本无法进行干预，而只能够承受和认同之。将这一
过程落实到人的生命进程中，"一受其成形，而不化以待尽"，其生乃
"薰然"乎自动成形①，其死乃是在"不知其所终"中"不化以待
尽"，而这一生死流转的过程由日之运行的外在力量所决定，吾之知
不能够规乎其前，吾之力亦对其之运行与作用为无可奈何，故"知
命"，故"丘以是日徂"。"徂"，往。"日徂"，指随任变化，参与其
中，与化为一。日的出入之运行是连绵不绝的，也是随时变化不息的；
与此相应，人之"知命""日徂"的过程也是"效物而动，日夜无
隙"的，这一过程也是连绵不绝，随时变化不息的。在本文中，《庄
子》以日的运行作用为例证，用来说明"命"的受动性和外在决定
性，而"知命""日徂"则说明了"命"之变动不息的特征，以及由
此而来的"安命"者的随任变化，与化为一的境界。

在注文中，郭象首先强调了无心无情的重要，反对因为死生的挂
碍而有哀乐之心，认为因死而哀和因生而乐是不懂得它们在实质上是
待之隐、显和出、入，所以并无真的死亡，而所谓死亡只是因为待隐
而入，入则不见，故以之为亡罢了②。站在崇有论的立场上，郭象反
对贵无，认为有物成形，则化尽无期，故有不得变而为无，一切都只
是永恒的日新之流，变化无息而已。圣人懂得变化日新的道理，故超

---

① 成玄英《庄子疏》曰"薰然，自动之貌。薰然禀气成形，无物使之然也"（郭庆藩：
《庄子集释》，第709页）。

② 郭象主张物"性"的无待、自生，但是在现象层面却还是主张物之有待、有生的。具
体到《庄子》"万物亦然，有待也而死，有待也而生"一句，因为"有目有趾者，待是而后成
功"，则其中的"待"应该是指"日"；在《庄子注》中，郭象说"待隐谓之死，待显谓之生，
竟无死生也"，其中的"待"应该是指个体物的形体。形体消隐，谓之曰死；形体成显，谓之曰
生。为什么又说"直以不见为亡耳，竟不亡""竟无死生"呢？因为"夫有不得变而为无，故一
受成形，则化尽无期也"，所以"有物"在形体上的消隐和成显其实是连绵不绝和化尽无期的，
故所谓生死、存亡等，都不过是幻名罢了。

越死生，不以死为死，而只是与化合一，与变俱往，知命、日徂而已。比较郭象注文与《庄子》本文，二者探讨的主题都集中在死生问题上，但是《庄子》本文在于强调万物（包含人）对于日之出入的依待，而郭象注文则重在强调死生的化尽无期。当然，由于超越死生，不因为哀乐而牵涉于其中，故圣人与化合一，任变日徂，这一境界无论庄、郭都是相同的。郭象的注文基本上是对《庄子》本文之顺向性的诠释。

（十七）在《庄子·知北游》篇中，《庄子》载

舜问乎丞曰："道可得而有乎？"曰："汝身非汝所有也，汝何得有夫道？"舜曰："吾身非吾有也，孰有之哉？"曰："是天地之委形也；生非汝有，是天地之委和也；性命非汝有，是天地之委顺也；孙子非汝有，是天地之委蜕也。故行不知所往，处不知所持，食不知所味。天地之强阳气也，又胡可得而有邪！"[1]

在其下，郭象注曰：

夫身者非汝所能有也，块然而自有耳。身非汝所有，而况（无）[道]哉！若身是汝有者，则美恶死生，当制之由汝。今气聚而生，汝不能禁也；气散而死，汝不能止也。明其委结而自成耳，非汝有也。气自委结而蝉蜕也。皆在自尔中来，故不知也。强阳，犹运动耳。明斯道也，庶可以遗身而忘生也。[2]

---

　　[1]　在本段引文中，无论《庄子》还是郭象，其论述的重心都在于"道"生万物或是气化过程的决定性与必然性上，而落实到"性命"问题上也重在说明其之给定性和不可改变的特征。这样，一己之"性命"的发生和落实于该物，其实也是一个所"遇"的问题，故也可以作为安于"遇命"的原材料去加以分析。引文见郭庆藩《庄子集释》，第739页。
　　[2]　郭庆藩：《庄子集释》，第740页。

此处《庄子》原文中的诸"有"，其含义是据有、拥有、占有，以及由此而来的支配、控制、改变等意思，是人对外物时之主体性方面的直接体现。依据《庄子》，以丞对舜的教导为例，人对自己的身体、生命、子孙、性命等诸方面均没有因"有"而来的支配、控制和改变的可能，就更不可能去因"有"而支配、控制和改变超然于万物（包括人）之上的道了。这是一方面；另一方面，无论是道对人的支配、控制、决定作用，还是人的性命、身体、生命，以及子孙等对人的作用和影响，它们都落实在人的存在之上，是人必须要加以认可和承受的。这些外在性的作用和影响，它们构成了人之存在和行为的条件和限制，但是人却既不能够避开和逃离，也无从抗拒和改变，所能做的只有承受、认可，并安顿于其中。由此，《庄子》说"故行不知所往，处不知所持，食不知所味"，所表达的就是人之由于"安命"而来的一种无心、无知的纯任自然的存在状态。在人的存在中既存在主动性、超越性的方面，也存在有限性和被动性的方面。承认人之存在中所具有的对外物、环境、天地之无法"有"之，从而"不可奈何"和"不得已"的方面，是人的有限性和被动性特征的突出表现。

从郭象的注文看，他的注解是对《庄子》本文的有力解读，并进而强调了人之由"知命"向"安命"转化的思想路径。对于道、气之对人之生命存在的作用和影响，个体均无法"有"之，也就是不能够控制、支配之，而只能够认可和接受之，此即"认命"；在"认命"的基础上，既然己之生命不能够"有"之，当然就只有"无"之，所谓"明斯道也，庶可以遗身而忘生也"，此即"有"而"无"之的修养工夫，是主体之由"认命"向"安命"的自然转变。由认可而接受，由接受而遗落，由遗落而超越，显然其中存在着一种精神的跳跃——"明斯道也"，也就是对在"天地之强阳气也"中所体现出来的总体性的运动变易之道的体认和合一。因为"遗身而忘生"，所以无论行、处、食，也就是整体性的生命形态与活动，皆任其"自尔"而"不知"也，此亦即"不识不知，而顺帝之则"，是在因顺己身和外物中体认和呈现己心之超越心性，而在其中更是存在着"安命"向

"逍遥"的提升和转化。

（十八）在《庄子·知北游》篇中，《庄子》载

　　冉求问于仲尼曰：未有天地可知耶？仲尼曰：可古犹今也。冉求失问而退。明日，复见曰：昔者吾问未有天地可知乎，夫子曰可，古犹今也，昔日吾昭然，今日吾昧然，敢问何谓也？仲尼曰：昔之昭然也，神者先受之；今之昧然也，且又为不神者求耶？无古无今，无始无终，未有子孙而有子孙，可乎？冉求未对。仲尼曰：已矣，未应矣，不以生生死。不以死死生，死生有待耶？皆有所一体。有先天地生者，物耶？物物者非物。物出不得先物也，犹其有物也；犹其有物也，无已。圣人之爱人也终无已者，亦乃取于是者也。①

在其下，郭象注曰：

　　言天地常存，乃无未有之时。虚心以待命，斯神受也。思求更致不了。非唯无不得化而为有也，有亦不得化而为无矣。是以夫有之为物，虽千变万化，而不得一为无也。不得一为无，故自古无未有之时而常存也。言世世无极。夫死者独化而死耳，非夫生者生此死也。生者亦独化而生耳。独化死生死与生各自成体。谁得先物者乎哉？吾以阴阳为先物，而阴阳者即所谓物耳。谁又先阴阳者乎？吾以自然为先之，而自然即物之自尔耳。吾以至道为先之矣，而至道者乃至无也。既以无矣，又奚为先，然则先物者谁乎哉？而犹有物无已，明物之自然，非有使然也。取于自尔，故恩流百代而不废也。

---

① 郭庆藩：《庄子集释》，第762页。

在《庄子》原文中，冉求问仲尼关于"未有天地"，也就是在天地之先的"道"的体认问题，仲尼回答是"古犹今也"，意思是说"道"的存在是贯通古今而永恒存在的。"神者先受之"是指先前在真常之心上自然地体认到了永恒之道，所以其心昭然；"又为不神者求耶"是指后来又付诸于是非之心的计较，于是陷入到了昧然状态之中。"无古无今，无始无终，未有子孙而有子孙"是指永恒之道超越于古今、始终之上，同时又是万物之生发的来源和根据，故曰"未有子孙而有子孙"，也就是说子孙们已经以潜在的方式预存于道体的根基性存在之中了。"已矣，未应矣"是指道不可问，问无应，且只有问无应（所谓"已矣"），方才意味着真正地体认到了"道"的无待与超越。在道之总体化的视域下，死生一体，物物者非物，而万物则连绵而生，接踵而起，无限无已，故道乃万物之母，生物无极，成物无极；圣心与道合一，故亦爱物无极，爱人无极。"亦乃取于是者也"，意思是说圣心之爱人无已，其依据就在于他对无极之"道"的体认，在于他之与"道"合一的缘故。

在《庄子注》中，郭象从"独化"之道的角度对有无、生死问题做出了独特性的阐发。在《庄子》处"道"是实体性的，但是在郭象处"道"的实体性被否定了，取而代之的是对"有物"之无极绵延的认知，故曰"非唯无不得化而为有也，有亦不得化而为无矣"，"然则先物者谁乎哉？而犹有物无已"，"有物"成为核心性的理论范畴。以个体性的"有物"之"独化"为依据，在生死问题上郭象也主张"生"者和"死"者的各自成体而独立无依，非复"生者生此死也"。然以"有物"之"独化"为理论依据，郭象"明物之自然"，言天地之常存，故虚心以待命，进而恩流百代而不绝，他对圣心的"安命"与"爱人无已"的诠释是与《庄子》本文相统一的。

（十九）在《庄子·徐无鬼》中，《庄子》记载曰

子綦有八子，陈诸前，召九方歅曰：为我相吾子，孰为祥？

九方歅曰：梱也为祥。子綦瞿然喜，曰：奚若？曰：梱也将与国君同食，以终其身。子綦索然出涕曰："吾子何以至于是极也？"九方歅曰："夫与国君同食，泽及三族，而况于父母乎！今夫子闻之而泣，是御福也。子则祥矣，父则不祥。"子綦曰："歅，汝何足以识之！而梱祥邪？尽于酒肉，入于鼻口矣，而何足以知其所自来！吾未尝为牧，而牂生于奥，未尝好田，而鹑生于宎，若勿怪，何邪？吾所与子游者，游于天地。吾与之邀乐于天，吾与之邀食于地。吾不与之为事，不与之为谋，不与之为怪。吾与之乘天地之诚而不以物与之相撄，斯不为也。吾与之一委蛇而不与之为事所宜。今也然有世俗之偿焉？凡有怪征者，必有怪行。殆乎！非我与吾子之罪，几天与之也！吾是以泣也。"无几何而使梱之于燕，盗得之于道，全而鬻之则难，不若刖之则易，于是乎刖而鬻之于齐，适当渠公之街，然身食肉而终。①

在其下，郭象注曰：

夫所以怪，出于不意故也。不有所为。随所遇于天地间。邀，遇也。怪，异也。循常任性，脱然自尔。斯不为也。斯顺也，无择也。夫有功于物，物乃报之。吾不为功而偿之，何也？今无怪行而有怪征，故知其天命也。夫为而然者，勿为则已矣。不为而自至，则不可奈何也，故泣之。全恐其逃，故不如刖之易售也。②

在《庄子》原文中，梱之命具有定命的性质。在子綦看来，他及其八子均以道家所推崇的无心自然的态度顺应天地间的一切，但是仍然无逃于"怪征""怪行"，其子梱亦终为盗人所刖而鬻之，其原因是无从追溯的，故只有归之于"天"；其结果是无法逃避的，故只有认

---

①　郭庆藩：《庄子集释》，第 860 页。
②　郭庆藩：《庄子集释》，第 860 页。

之为"命"。"天命"是对人之存在与努力的限制性领域，是作为异己性力量而呈现出来的。因为异己性，所以表现为对人之存在和价值要求的无视与无关；因为给定性，所以表现为对人之存在和内在心态的外在与强制。在《庄子》思想中，因为命运的外在强制性和异己性特征，存在着将其予以前定化和宿命化理解的运思理路。因为命运的前定化和宿命化，无可避免地会带来情感上的悲抑与绝望，如子綦之泣梱。但是，总体而言，由于"天命"和"遇命"的自然化，以及变易之道的绝对性，在《庄子》中，这种"天命"和"遇命"的前定性和宿命性特征是被冲淡和削弱了的。对于"天命"和"遇命"，《庄子》的主导思想倾向是"安命"于其中，是恬淡清虚、无心无情的。

相对于《庄子》原文而言，郭象注文偏重于强调"天命"的自然性特征，对其限定性着墨不多，但总体上是一种顺向性质的诠释。针对《庄子》原文中子綦及其八子的道家式生存方式，郭象以"随所遇于天地间"和"循常任性，脱然自尔"解说之，符合《庄子》原文的思想主旨。针对《庄子》原文中的"无怪行而有怪征"，郭象以"知命"解之，并以"不为而自至，则不可奈何也，故泣之"解说子綦之泣梱，他的解说也是符合《庄子》原文的思想主旨的。郭象对《庄子》随文加注，他的思想与《庄子》本文的思想是合一的。

（二十）在《庄子·则阳》篇中，《庄子》载

圣人达绸缪，周尽一体矣；而不知其然，性也。复命摇作而以天为师，人则从而命之也。忱乎知而所行恒无几时，其有止之也若之何！[①]

在其下，郭象注曰：

---

① 郭庆藩：《庄子集释》，第880页。

所谓玄通。无内外而皆同照。不知其然而自然者，非性如何！摇者自摇，作者自作，莫不复命而师其天然也。此非赴名而高其迹，帅性而动，其迹自高，故人不能下其名也。任知而行，则忧患相继。①

成玄英《疏》曰："绸缪，结缚也"。"圣人达绸缪，周尽一体矣"，指圣人体道悬解，物我不二，故与万物均混同一体也。在《庄子》看来，这种圣人所具的混一状态，作为他境智冥合、无心无知的化境，是其真性的直接体现，故曰"不知其然，性也"。"摇"，动也。圣人的所摇所作，都是他以天为师，从而复其真性的表现，但是民众、群品却据之赋予他以各种圣人的名号。若其摇作非出于真性，而是有知有为之举，则其之所行常不久，时或中止不能行，将奈它何！② 可见，"复命摇作"是指复归于己之性命，并依据自身的性命而自摇自作；"人则从而命之也"，是指人们因为自己的摇作而命名，从而给予他以圣人的名号。众人赋予圣人的名号予圣人，是针对他的"复命摇作而以天为师"的行为而发的，而就圣人自身而言，他是自然无心的，并没有勉强有为之举。

从郭象的注解看，他对圣人"性命"之无心无知、自然摇作的理解是符合《庄子》本文的原意的，他以"迹"释"名"，在圣人之"迹"与其"所以迹"（"性"）的本末式理论框架下解读民众对圣人的命名，是对《庄子》思想的引申式发挥。就《庄子》原文看，圣人以超越境界为其"性"，"而不知其然"，表明了圣心的自然性，而其心性之实现也具有无为无知、自发自然的特征。由此，郭象以"不知其然而自然者，非性如何"解说圣人之"性命"，不仅是其"性本论"思想的体现，同时也是符合《庄子》之思想原旨的。依照"性本论"的思想原则，个体物之"独化"要求"性命"的自然性实现，郭象说

① 郭庆藩：《庄子集释》，第880页。
② 陈鼓应：《庄子今注今译》，第673页。

"帅性而动"，"摇者自摇，作者自作，莫不复命而师其天然也"，也说明这一"独化"式的自然实现方式不仅适用于万物，也适用于圣人心性的实现过程。所谓"任知而行，则忧患相继"，则表明了对有知有为的实现方式的否弃，从而以反向衬托的方式强调了自然无心的"独化"式实现方式的合理性和必然性。

（二十一）在《庄子·则阳》中，《庄子》记载曰

夫灵公也死，卜葬于故墓不吉，卜葬于沙丘而吉。掘之数仞，得石椁焉，洗而视之，有铭焉，曰："不冯其子，灵公夺而埋之。"夫灵公之为灵也久矣，之二人何足以识之！①

在其下，郭象注曰：

子，谓蒯聩也。言不冯其子，灵公将夺汝处也。夫物皆先有其命，故来事可知也。是以凡所为者，不得不为；凡所不为者，不可得为。而愚者以为之在己，不亦妄乎！徒识已然之见事耳，未知已然之出于自然也。②

蒯聩，卫（后）庄公之名，卫灵公之子。"不冯其子"，陆德明《经典释文》引司马彪《注》文，"云：言子孙不足可凭，故使公得此处为冢也"③，意思是石椁上有铭文，记载说该墓主之子孙无能凭依以保其墓，故为灵公夺而埋之。而依照郭象的注文，则是指尽管灵公之子蒯聩荒淫无道，不足为凭，但是灵公仍然夺此主人之墓而居之，则其能够如此，依据的或说凭靠的不是在于其子蒯聩，而是在于其自身的先有之"命"。就《庄子》原文而言，是在解释灵公之"灵"，而

① 郭庆藩：《庄子集释》，第908页。
② 郭庆藩：《庄子集释》，第908页。
③ 郭庆藩：《庄子集释》，第908页。

郭象就此作了引申和发挥，强调了其死后之夺人墓处而居之的"已然之见事"，其实是出自于其自身的"自然"之"性命"，故曰"夫物皆先有其命，故来事可知也"。换句话说，灵公"先有"之"性命"已经决定了他在死后必然会夺此主人之墓而居之，这是必然的，是不可改变的，故曰："是以凡所为者，不得不为；凡所不为者，不可得为。"这是一个方面；另一方面，若换一个角度观之，也可以说该墓主之墓为灵公所居，这也是该墓主其自身"先有"之"性命"所决定了的，这一事件的发生对他而言也是必然的和不可改变的。所谓："愚者以为之在己，不亦妄乎！"就是说愚者认为这是个人的主观意志和努力所导致的，这种看法是不知"命"的表现，是愚昧和虚妄的。把这两方面结合起来，可以说，该墓主的"性命"决定了其墓必为灵公所居，而灵公的"性命"又决定了他必然会在其死后去居此墓主之墓，二者各自依据自己的"性命"而"独化"地实现出来，其结果则是由"独化"而"相因"，由"相因"而"玄合"和"俱生"，从而导致了这一夺墓事件的发生和完成。在郭象看来，这一过程是灵公和墓主各自"性命"之"独化"的结果，与他们各自之子无关，故曰"不冯其子"，所以他们各自之子都是改变不了这一事件的必然性的。① 郭象注文对《庄子》原文有所误读，但是就"命"之必然性乃至前定性这一思想主题而言，应该说二者之间是具有统一性的。

（二十二）在《庄子·寓言》中，《庄子》记载曰

　　　生有为，死也。劝公，以其［私］②，死也，有自也；而生阳也，无自也。而果然乎？恶乎其所适，恶乎其所不适？天有历数，

---

① "命之所有者，非为也，皆自然耳。"（郭庆藩：《庄子集释》，第507页）"言物皆自然，无为之者也。"（郭庆藩：《庄子集释》，第286页）

② 王孝鱼（校）言焦竑《庄子翼》所附《阙误》引张君房本其下有私字，依此以及郭象注文补之。见郭庆藩《庄子集释》，第959页。

地有人据，吾恶乎求之？莫知其所终，若之何其无命也？莫知其
所始，若之何其有命也？有以相应也，若之何其无鬼邪？无以相
应也，若之何其有鬼邪？①

在其下，郭象注曰：

> 生而有为则丧其生。自，由也。由有为，故死；由私其生，
> 故有为。今所以劝公者，以其死之由私也。夫生之阳，遂以其绝
> 迹无为而忽然独尔，非有由也。然而果然，故无适无不适而后皆
> 适，皆适而至也。皆已自足。理必自终，不由于知，非命如何？
> 不知其所以然而然，谓之命，似若有意也，故又遣命之名以明其
> 自尔，而后命理全也。理必有应，若有神灵以致之也。理自相应，
> 相应不由于故也，则虽相应而无灵也。②

从《庄子》原文看，它对于个我之生命的发生、存在的状态，还
有其终始、所适的状况，以及所涉及的天地之规律、自身与外物的关
系，包括鬼魂与命运的存在与否等，都持以难以确知，从而存疑的态
度，所以文中大多是疑问句，发问的语气强烈。而在《庄子注》中，
郭象针对《庄子》中的疑问，根据自己的"独化论"的思想，对它们
做了一一的回答。万物，因为独化，故无因而自尔，非有由也；因为
独化，故无为，而无为则绝迹也；因为独化，故无知，故不知其所以
然而然，无适无不适而皆至也。在独化论的思想基础上，物之所谓
"（遇）命"，均是其自身"性命"的发显，是其自身的"性命"之
"理"的"自生""自尔"，故其之存在，均乃"理"之自始亦"理必
自终"，其与外物的关系（感应）均"理必有应"而亦是"理自相
应"也。因为独化，其整个过程都是无知无为的，所以不能够有任何

---

① 郭庆藩：《庄子集释》，第958页。
② 郭庆藩：《庄子集释》，第959页。

认知观念的涉入和干扰①，即使是"命"的观念也不行，于是才有"谓之命，似若有意也，故又遣命之名以明其自尔，而后命理全也"的说法。这里的"命理"是指"命"之为"命"的道理，郭象对"命理"的理解当然是建立在其"独化论"的思想基础之上，其基本含义是指"明其自尔"。所谓"命理"的含义，一建立在"道"生万物、无始无终的基础之上，一建立在物之"性命"的无待、自生的基础之上，在郭象注文与《庄子》本文之间还是有所区别的。

（二十三）在《庄子·列御寇》篇中，《庄子》载

> 达生之情者傀，达于知者肖。达大命者随，达小命者遭。②

在其下，郭象曰：

> 傀然，大恬解之貌也。肖，释散也。泯然与化俱也。每在节上住，乃悟也。③

关于傀、肖之义，在《庄子集释》中，本句下有郭庆藩案语云："郭以傀为大，是也，以肖为释散则非。《方言》曰：肖，小也。（《广雅》同）肖与傀正相反，言任天则大，任智则小也。"一大一小，可见"达生之情者傀"与"达于知者肖"是相对而言的；同理，"达大命者"和"达小命者"也是相对而言的。成玄英《庄子疏》云："大命，大年。假如彭祖寿考，随而顺之，亦不厌其长久，以为劳苦也。小命，小年也。遭，遇也。如殇子促龄，所遇斯适，曾不介怀耳。"④

---

① 在《庄子·达生》篇中，《庄子》载："达生之情者，不务生之所无以为；达命之情者，不务知之所无奈何。"在其下，郭象注解曰："生之所无以为者，分外物也。知之所无奈何者，命表事也。"（郭庆藩：《庄子集释》，第 630 页）

② 郭庆藩：《庄子集释》，第 1059 页。

③ 郭庆藩：《庄子集释》，第 1059—1061 页。

④ 郭庆藩：《庄子集释》，第 1061 页。

但是，观郭象注文，可知他是将"达大命者随，达小命者遭"解释为"大达命者随，小达命者遭"，也就是说十分懂得安命道理的人会泯然与化而俱，而稍微懂得安命道理者则需要等到"节"处方才能够体认到"安命"的道理。"节"，《说文·竹部》云："节：竹约也。"又，《说文·糸部》云："约：缠束也。"可见"节"处即是限制、缠束、不得已处，也是人力之所无奈何处。又，"节"是竹之关节处，是关键点和枢纽处，是俩竹筒之相遇处，故《荀子·正名》有"节遇谓之命"的说法。"每在节上住，乃悟也"，这就不是"泯然与化俱"了，而是需要到关键的节度处方才能够领悟到"命"与"安命"的道理了。郭象此处相对于《庄子》原文而言，有误读的地方，但是算不上逆向性质的诠释，可以说是一种异向维度的诠解了。

二　对两者之间异同与顺逆关系的总结与分析

比较上面的二十三条郭象注文与相关《庄子》原文，能够对两者之间的异同和顺逆关系进行一个简单的总结和分析。具体如下。

其一，无论《庄子》还是郭象《庄子注》，就他们之"安命"（安于"遇命"）思想的理论出发点而言，应该是现实困境。这种现实困境，在个体之"命"的问题上，突出地表现为针对己之"运命"困境而有哀伤、激愤、悲泣等情感反应，从而无法真正地"认命"和"安命"的问题。在《庄子》中，对于或是申徒嘉之偏刖而独（见材料四），或是子綦及其子之无怪行而有怪征（见材料十九），或是子桑之霖雨殆病[1]，对于个体所"遇"之现实困境，在起始之时都是或"怫然而怒"，或"索然出涕"，或"若歌若哭"，是无法从一开始就"认命"与"安命"的。在郭象的思想中，远古"至德之世"的失落同时意味着原初恬淡民性的丧失，后世群品、众庶均以"成心"为己之"性命"（见材料一），故有是有非，偏心偏情，且易受外物尤其是

---

[1]　郭庆藩：《庄子集释》，第285页。

君上有为之治的引诱，从而流荡失性，越分妄为，而民性淫矣！所以，在《庄子注》中，群品、众庶之不安于己之"遇命"（与"性命"）是必然的。由现实困境到"认命""安命"，这是一个在认知上和心性修养上均需要体认和提升的过程。就现实困境的理论出发点而言，《庄子》和郭象思想之间是具有同一性的。

其二，郭象注《庄》，就"认命""安命"（安于"遇命"）的内容而言，同着说和顺着说是主导性倾向，其间基本上没有逆向性诠释。无论《庄子》还是郭象《庄子注》，对于"遇命"的外在异己性和限制性，以及人力（包含人之认知与行为）对其不可知和不可为，从而无可奈何、不能够加以改变的特征，都是具有共同的体认的（参见材料二）。因为不可知不可为，同时又无可避开，不可改造，个体之"遇命"呈现为一种必然性、限制性和强制性的外在性存在，人对此只有肯认和承受之，亦即认之为"命"，可简称为"认命"。因为"认命"，故在对待"遇命"的心态上就消除了由于"不认命"所导致的悲苦、激愤、不公等情感，而进一步将个体生命进程中的任何所"遇"之内容（无论构成现实困境与否）都归之于"遇命"，并由此接受和安顿于其中，此即"安命"（见材料五）。对于任何内容的己之所"遇"，"认命"和"安命"者的情感或情绪都是安定、平和的，是不加区分地予以接受和认同的（参见材料六、十五等）。就以上"安命"思想的内容而言，郭象的注文与《庄子》原文之间基本上是没有区别的①。

其三，郭象注《庄》，就"安命"（安于"遇命"）的理论依据而言，表现出较为强烈的异向性诠释的特征。对个体物来说，任何所

---

① 由此，对于《庄子》思想中有关圣人存在中的超越性特征，就需要强调其之所超越的对象主要不是社会现实及其困境，而是因为现实困境而来的不"认命"和不"安命"的激愤、悲苦和不公等情感或情绪，是在"道"之视域下的一己之是非"成心"和私我偏情。"是非之彰也，道之所以亏也；道之所以亏，爱之所以成"（郭庆藩：《庄子集释》，第74页），"道隐于荣华，言隐于小成"（郭庆藩：《庄子集释》，第62页）。其实，对于现实社会及其困境，在圣人超越性的心性存在处，它们已经不成其为困境，已经被"遇命"化，从而自然化、合理化和必然化了。

"遇"均是己之"遇命"，具有必然性特征，但是在此"遇命"之来源与依据的问题上，郭象的注解与《庄子》本文中的思想有区别。就《庄子》而言，任何物之所"遇"（包括其"性命"）均来自"道"（或"天"）的赋予，"道"（或"天"）具有实体性，它们的生发万物是其自身作用的体现，所谓"遇命"（包含"性命"）也是"道"（或"天"）之作用落实在该物之上的具体呈现（参见材料九）。就郭象而言，任何物之所"遇"均来自自身"性命"的决定作用，而己之"性命"的发生则是无待、自生的，其"性命"之实现则是自动自发的，故所谓"遇命"是该物自身"性命"之作用落实在"遇"之特定境遇之中的具体呈现。无论《庄子》或是郭象，他们的"安命"论思想中都表现出一定的"定命论"乃至于"宿命论"的思想倾向，但是，由于无论是"道"之生成万物（在《庄子》处，参见材料十七、十八等），或是物之依据自身"性命"而自生、自成（在郭象处，参见材料九），个体物之"遇命"的发生和实现过程都表现为一个连绵不绝的变易之流，所以无论《庄子》或是郭象，"安命"的过程主要不是因为"定命"或"宿命"而来的悲苦与绝望，而是顺任大化、与变合一的恬静与漠然（参见材料八、十、十二、十五、十六等）。郭象注《庄》，在"安命"的理论依据问题上，二者的思想有同有异，算不上逆向维度的注解，总体上应该说是异向性的诠释方向。

其四，郭象注《庄》，就圣人之由"安命"之向"逍遥"的提升与转化而言，也表现出较为强烈的顺向性诠释的特征。在《庄子》，因为个体所"遇"之任何"遇命"均是"事之变""命之行"，都是"道"（"天"）在个体物上的具体呈现，故个体之任何所"遇"即由此获得由"道"（"天"）而来的合理性和必然性，成为具有新的价值和意义的存在；圣人因"坐忘""心斋""见独"等功夫论上的修养或修炼而体"道"，并获得"以道观之"的超越精神境界（参见材料七）；圣人游心于大"道"之上，同时因为对任何己之所"遇"的肯认和安顿，从而在现实生活中表现为对任何日常性、世俗性人生境遇的随顺与因循，此即所谓"外化而内不化"，或曰"不遣是非，以与世俗处"。在郭象，因为圣人的"性命"即是其"游外冥内"的超越存在，且在实质上是他"冥道""冥物"的结果，所以他也同样具有一总体性的、超越性的"以道观之"的精神境界（参见材料二十）；对于"心斋""坐忘""见独"等修养方法，郭象给予以理化情和以理遣知式的、具有理性主义特征的注解，具有他自己的思想特征，但是不能够由此否弃其修养方法的存在及其合理性（见材料七）；因圣人以超越境界为性，且以"游外冥内"为其基本的实践方式，故其之任何所"遇"所"接"均成为圣人"冥物""冥内"之行动与作为的作用对象，从而使得圣人不仅游心、游神于方外绝境，同时也游形、游身于日常性的，尤其是政治性的名教领域之中。总之，无论《庄子》或郭象，圣人之逍遥均是超越性的，都具有"以道观之"的精神境界，他们之由"安命"而向"逍遥"的提升与转化具有基本相同的运思理路，郭象的注解主要具有顺向性诠释的方向性特征①。

其五，郭象注《庄》，就群品、众庶之"安命"与"逍遥"问题而言，也表现出较为强烈的顺向性诠释的特征②。就现实生活而言，无论《庄子》或是郭象，在他们的思想中，群品、众庶之心均为"成心"，均难以安于一己之"性命"与"遇命"，而总是为己心之是非和偏情所牵引，难以真正地"知命"和"安命"。就理论建构而言，无

---

① 当然，在"道"（"天"）的实体性问题上，在"心斋""坐忘""见独"等体"道"方法之特征等问题上，郭象与《庄子》的思想之间是存在差别的。但是，这并不否定二者在圣人由"安命"而"逍遥"的提升和转化问题上之基本运思理路上的一致性。

② 强调一点：不能够将《庄子》中圣人超越性的逍遥思想与郭象《庄子注》中群品、众人之"自足其性"的逍遥思想相比较，而是应该将《庄子》中圣人的逍遥思想与郭象《庄子注》中圣人的逍遥思想相比较；然后将《庄子》中群品、众人的"安命"与"逍遥"思想与《庄子注》中群品、众人的"安命"和"逍遥"思想相比较。无视《庄子注》中丰富的圣人超越性逍遥思想，而将郭象的逍遥思想仅仅限制在群品、众庶之"自足其性"的逍遥观上，然后将之与《庄子》中圣人的超越性逍遥观进行比较，并因此得出一系列对郭象逍遥观予以贬抑性评价的结论，这对于郭象其人和其思想而言都是不公平的，也是不符合其思想之实际的。换句话说，在对《庄子》和郭象《庄子注》中的安命论和逍遥思想加以比较时，需要注意"安命"主体和"逍遥"主体的一致性问题。

论《庄子》或是郭象，在他们的思想中，群品、众庶之"性命"均为理想性和价值性存在，均具有本真、朴素、自然，从而自足、自得和自乐的性质。《庄子》曰"彼至正者，不失其性命之情"①，又曰"吾所谓臧者，非仁义之谓也，臧于其德而已矣；吾所谓臧者，非所谓仁义之谓也，任其性命之情而已矣"②，可见"任性命之情"是《庄子》（尤其是其外篇之《马蹄》《骈拇》《胠箧》《在宥》等诸篇）关于群品、众庶之理想性、价值性存在的落实处（所谓"臧"），也是他们在安于"性命"和"遇命"中能够"自得其得"和"自适其适"③（此即郭象所谓群品、众庶之"逍遥"也）的基本依据所在。在《庄子注》中，通过应用"跨文本诠释"和"融贯性诠释"的方法，郭象"借助《马蹄》等篇的概念改造《齐物论》的理论，再以改造过的《齐物论》观点来改造《逍遥游》的观点"④，表现了强大的理论创造性。在圣人处，经过"不知命、不认命"到"知命、认命"，再到"安命"、"体道"（包含"齐物""坐忘"等思想），然后再到"逍遥""顺物"的这一立体上升的理论结构，对于《庄子》和郭象的思想而言都是具有同一性的。对于群品、众庶而言，经过"不知命、不认命"到"知命、认命"，再到"安命""足性"，再到"逍遥""守分"，似乎郭象确实是将《庄子·逍遥游》中立体上升的理论结构"压缩为以足性为中心的安命、齐物、逍遥一体的平面结构"⑤，从而

---

① 此句原文为"彼正正者不失性命之情"，郭庆藩引俞樾曰"上正字乃至字之误"，依照俞樾意见改之（郭庆藩：《庄子集释》，第317页）。

② 郭庆藩：《庄子集释》，第327页。

③ 郭庆藩：《庄子集释》，第327页。

④ 刘笑敢：《诠释与定向——中国哲学研究方法之探究》，第202页。

⑤ 刘笑敢：《诠释与定向——中国哲学研究方法之探究》，第204页。另外，在《庄子注》中，为证明"安命"的绝对性要求，郭象将个体物之任何所"遇"的"必然性都建立在其性命"的基础之上，其理论依据，推断起来，应该在于个物"性命"之中的"自物—世界"关系性结构，在于这种关系性结构中的"世界"之所指不仅仅是自然状态下的理想时世和正常时世，也应该还包含了非自然状态下的动荡乱世，以及在此状态下该个体物的任何所"遇"。郭象说"天地阴阳，对生也；是非治乱，互有也，将奚去哉？"（郭庆藩：《庄子集释》，第583页），他所言者即是这一个道理。当然，这并不意味着"自然"状态与非自然状态之间区分的抹平，而是强调通过"足性""安命"，去推动社会时世由动荡乱世向理想状态回归。

在其"性"本论和"独化论"的基础上建构了他在安命和逍遥问题上的独特思想体系。但是,仔细比较其群品、众庶之"足性逍遥"的思想,可以看出其基本理路均建立在《庄子》中关于万物之"性命之情"的思想基础之上。由此,可以将郭象关于群品、众庶之安命和逍遥的思想看作《庄子》关于万物"性命之情"思想的顺向性引申和发展。宽泛来说,对于群品和众庶而言,他们的逍遥就是"自足其性"的逍遥,他们的安命就是安于己之"性命"和"遇命"。在自然状态下群品、众庶的安于"性命"同时就是安于"遇命",而在现实状态下安于"性命"与安于"遇命"之间则存在着错位和偏差的可能。弥合和泯除二者之间的偏差与错位,这正是圣人无为之治的目标所在,也是圣人超越性逍遥的最终落实和呈现之域(参见材料十、十一等)。在"安命"与"逍遥"的问题上,应该说郭象《庄子注》与《庄子》的运思理路之间是具有同一性的,不能够以二者在安命论或逍遥观上的较多的思想差异为依据,去得出郭象的注解具有逆向性诠释定向的结论。对于郭象之注《庄》的诠释性方向问题,需要坚持具体问题具体分析,从而得出具体结论的方法。在"安命"问题上是如此,在"逍遥"观上也同样是如此。

第 八 章
坐 忘 论

　　摘要： "坐忘"论是郭象哲学思想中的一个重要方面。查郭象《庄子注》，共有十一处论述到"坐忘"。《庄子》和郭象的"坐忘"论具有基本相同的思想结构和超越精神。在郭象思想中，"坐忘"是一种修持方法，是一种外在形态，也是一种内在心境。考察郭象的"坐忘"论思想，有助于深入理解郭象的心性论、无为论等哲学思想，对进一步体认中国哲学思想中的诠释学传统亦不无裨益。

　　"坐忘"是《庄子》思想体系中的重要范畴。郭象注《庄》，"坐忘"论也是其哲学思想中的一个重要方面。查郭象《庄子注》，共有十一处论述到"坐忘"，其内容涉及圣人的内在境界和修持方法，其超越心性在向现实生活之落实过程中的具体行为，以及因内圣而外王，由其无心、无为之治所带来的社会之理想状态等多个方面。本文以对《庄子注》中此十一处原材料的分析为基本依据，着重研究郭象的"坐忘"论思想。这一研究将有助于深入理解郭象的心性论、无为论等哲学思想，对进一步体认中国哲学思想中的诠释学传统亦不无裨益。为论述的方便，我们首先简要考察《庄子》中的"坐忘"论思想。

一 《庄子》中的"坐忘"论思想

在《庄子》中，"坐忘"一词仅三见，均集中在《庄子·大宗师》"颜回曰：回益矣"一章之中。在此章中，《庄子》说：

> 颜回曰："回益矣。"仲尼曰："何谓也？"曰：回忘仁义矣。"曰："可矣，犹未也。"他日，复见，曰："回益矣。"曰："何谓也？"曰："回忘礼乐矣。"曰："可矣，犹未也。"他日，复见，曰："回益矣。"曰："何谓也？"曰："回坐忘矣。"仲尼蹴然曰："何谓坐忘？"颜回曰："堕肢体，黜聪明，离形去知，同于大通，此谓坐忘。"仲尼曰："同则无好也，化则无常也。而果其贤乎！丘也请从而后也。"（《庄子·大宗师》）①

观原文，可知"忘仁义"和"忘礼乐"是"坐忘"的前提，而"堕肢体"是"离形"，"黜聪明"是"去知"，二者是"同于大通"的前提。狭义而言，"坐忘"只包含"堕肢体，黜聪明，离形去知，同于大通"方面的内容。宽泛而言，"坐忘"应该同时包含了作为其前提之"忘仁义"和"忘礼乐"的这两个方面。在文中，颜回何以能够"忘仁义""忘礼乐"，进而又"堕肢体，黜聪明，离形去知，同于大通"呢？单观此章，难有确解。但是，对于《庄子》中的"坐忘"思想，若结合在其他篇章中有关"心斋""见独""撄宁"的相关内容，将能够获得更为深入的理解。在《庄子·人间世》中，《庄子》说：

> 回曰："敢问心斋。"仲尼曰："若一志，无听之以耳而听之以心，无听之以心而听之以气！听止于耳，心止于符。气也者，

---

① 郭庆藩：《庄子集释》，第283页。

虚而待物者也。唯道集虚。虚者，心斋也。"颜回曰："回之未始得使，实自回也；得使之也，未始有回也；可谓虚乎？"夫子曰："尽矣。吾语若！……绝迹易，无行地难。为人使易以伪，为天使难以伪。闻以有翼飞者矣，未闻以无翼飞者也；闻以有知知矣，未闻以无知知者也。瞻彼阒者，虚室生白，吉祥止止。夫且不止，是之谓坐驰。夫徇耳目内通而外于心知，鬼神将来舍，而况人乎！是万物之化也，尧舜之所纽也，伏羲几蘧之所行终，而况散焉者乎！"（《庄子·人间世》）①

观原文，可知所谓"心斋"，主要是一种"养心""养气"之术，以及由此所产生的虚通心境，而就方法而言，则具有较为独特的"内视"和"内听"的特征②。"徇耳内通"，这是"内听"，其过程即《庄子》所谓"无听之以耳，而听之以心，无听之以心，而听之以气"；"徇目内通"，这是"内视"，其结果即所谓"瞻彼阒者，虚室生白，吉祥止止，夫且不止，是之谓坐驰"。在《庄子》看来，这种"内听""内视"之术，它在心志上是专一的（所谓"若一志"），在心态上又是纯粹的，所以耳朵止于聆听，内心止于感应（所谓"听止于耳，心止于符"），而其所抵至的则是一种虚静、柔和的内在心境（所谓"气也者，虚而待物者也。唯道集虚，虚者，心斋也"）。因为专一和纯粹，所以在"徇耳目内通"时必须"外于心知"，也就是说要去除内心中的一切观念，无论其为仁义、礼乐，或者是外物、自身等。宛如在日常生活中招待贵客，需要首先打扫房间，以使之洁净一样，《庄子》曰"气也者，虚而待物者也"，则在"气"之虚静心境中的所"待"之"物"，亦当不是寻常俗物，而是超越性的本体之"物"，或可径直称之曰"道"了。换句话说，只有将内心中的所有观念均予以"忘"之，"外"之，也就是要尽力予以清空、清零，方才

---

① 郭庆藩：《庄子集释》，第 150 页。
② 陈鼓应：《庄子人性论》，中华书局 2017 年版，第 32—42 页。

能够使得内心达到一种极度虚静、柔和的"心斋"状态，并进而在此状态中"唯道集虚"，使得"道"就集结在此虚通的心境之中了。关于此虚通心境中的合"道"体验，在《庄子·大宗师》中有进一步的描述。《庄子》说：

> 南伯子葵问乎女偊曰："子之年长矣，而色若孺子，何也？"曰："吾闻道矣。"南伯子葵曰："道可得学邪？"曰："恶，恶可！子非其人也。夫卜梁倚有圣人之才，而无圣人之道。我有圣人之道，而无圣人之才。吾欲以教之，庶几其果为圣人乎？不然，以圣人之道，告圣人之才，亦易矣。吾独告而守之，参日而后能外天下。已外天下矣，吾又守之，七日而后外物。已外物矣，吾又守之，九日而后能外生。已外生矣，而后能朝彻，朝彻而后能见独，见独而后能无古今，无古今而后能入于不死不生。杀生者不死，生生者不生。为物无不将也，无不迎也，无不毁也，无不成也。其名为撄宁。撄宁也者，撄而后成者也。"（《庄子·大宗师》）①

所谓"圣人之道"，即是此"撄宁"之道，而"圣人之才"则是天性异秉，能够体认此"圣人之道"的人。显然，依照《庄子》，以"圣人之才"持守此"圣人之道"，其中的"外天下""外物""外生"的过程，其实也就是"坐忘"章中之"忘仁义""忘礼乐"，进而"堕肢体，黜聪明，离形去知"的过程；进一步，在"已外生矣"，也就是"离形去知"之后，其所谓"朝彻而后能见独，见独而后能无古今，无古今而后能入于不死不生"的过程，其实也就是"坐忘"章和"心斋"章中之"同于大通""唯道集虚""虚室生白，吉祥止止"的过程。依照《庄子》"心斋"章的描述，这一体"道"过程是一种"无知"之"知"式的直觉体认过程，具有内在的神秘性，而其所带来的"无翼"而"飞"式的精神逍遥也具有庄子个人独特的体验性

---

① 郭庆藩：《庄子集释》，第252页。

质。这是需要加以强调说明的。

但是，依照《庄子》"撄宁"章，这还没完，因为"道""无所不在""无乎逃物"，所以体"道""见独"的圣人也是与世俯仰、无不将迎的。他"同则无好也，化则无常也"，也就是说他不仅处事应物，而且在应物、处事的过程中没有偏好和执滞之心；所谓"绝迹易，无行地难"，也就是说脚不沾地容易，但是行脚于地却能够不留痕迹，这是一般人很难做到的，圣人却能够将一切世事都处理得恰到好处，也恰如其分。由此，圣人心境的安宁并不隔绝于世，而是呈现于，也成就于万物、世事的纷扰之中，此即所谓"撄宁也者，撄而后成者也"。在这句话中，安宁的超越心境是"体"，而世事的纷扰是"用"。在"撄宁"中包含着一种心性论上的体用式结构，这是没有疑问的。

要之，结合有关"心斋""见独""撄宁"的内容，可以看出《庄子》中的"坐忘"论思想是一个复杂的结构。在其中，既有以"外天下"、"外物"、"外生"和"忘仁义"、"忘礼乐"、"堕肢体，黜聪明，离形去知"为内容的修持方法，也有由此逐步修持所抵至的虚通心境；既有在此虚通心境下圣人由"朝彻"而"见独"，从而与"道"合一、"同于大通"的神秘体验，也有圣人之体"道"心性的由体及用，并因而在现实生活中的具体落实和发显出来。依照《庄子》，此圣人心性的确证和发用"是万物之化也，尧舜之所纽也，伏羲几遽之所行终，而况散焉者乎！"所以它也是一个由内圣而外王，并最终要落实到政治活动领域之中的过程。虚通心境与修持方法、体"道"心性与现实发用，以及由"内圣"而"外王"的一体贯通，它们是《庄子》"坐忘"论思想的基本理论结构。在下面的论述中，我们将看到，这些理论结构，它们不仅仅适用于《庄子》中的"坐忘"论思想，对于郭象在《庄子注》中的"坐忘"论思想而言，其实也是基本适用的。

二　"坐忘"是一种修持方法

在《庄子·大宗师注》"颜回曰：回益矣"一章中，关于《庄子》论及"坐忘"的这一段原材料，郭象注解说：

　　以损之为益也。仁者，兼爱之迹；义者，成物之功。爱之非仁，仁迹行焉；成之非义，义功见焉。存夫仁义，不足以知爱利之由无心，故忘之可也。但忘功迹，故犹未玄达也。礼者，形体之用；乐者，养生之具。忘其具，未若忘其所以具也。夫坐忘者，奚所不忘哉！既忘其迹，又忘其所以迹者，内不觉其一身，外不识有天地，然后旷然与变化为体而无不通也。无物不同，则未尝不适，未尝不适，何好何恶哉！同于化者，唯化所适，故无常也。（《庄子·大宗师注》）①

　　根据上面的注文，可以分析郭象的注解理路如下。

　　其一，以"损之"解"忘"。在《庄子》原文中颜回说他自己"益"矣，也就是说在体道的修养功夫上有进步了，他进步的具体内容是"忘仁义""忘礼乐""坐忘"的"忘"之逐步深化的过程。郭象注解说"以损之为益也"，可见在他看来对颜回的"忘"应该从否定、消解的角度进行解读。换句话说，他对"仁义""礼乐"还有"坐忘"中所涉及的"肢体""聪明"等均持以否定、消解的态度，是持以批判的理论立场的。

　　其二，"忘其迹"。为什么需要对"仁义""礼乐"等持以否定、批判的理论立场呢？郭象的解释是它们是"迹"（"具"），而不是"所以迹"（"所以具"），所以不能够"存之"，而是需要"忘之"，也就是说需要在大脑之意识领域中对这些主观性观念予以消解和排空，而不能够在其上停留和执滞。为什么需要消解和排空呢？因为"夫迹者，已去之物，非应变之具也，奚足尚而执之哉！执成迹以御乎无方，无方至而迹滞矣"（《庄子·胠箧注》）②，因为是"已去之

――――――――――

①　郭庆藩：《庄子集释》，第282—285页。
②　郭庆藩：《庄子集释》，第344页。

物，非应变之具也"，所以不能够执滞于其中，心中不能够存留有"仁义""礼乐"等这些既成之"迹"，否则就会因为不能够因时应变而导致执滞化、教条化应用的恶果，故需要对它们予以化解和排遣之。

其三，"忘其所以迹"。在郭象哲学中，所谓"所以迹"是指圣人的超越心性，而"迹"则是指他们的外在应迹①。"忘"圣人之"迹"，原因在于此"仁义""礼乐"之"应迹"所具有的诱惑群品、扰乱物性的弊端；"忘"圣人之"所以迹"，原因也在于由此圣人的超越心性之观念所触发的群品之模拟和效仿，故对此"所以迹"的观念也需要"外"之、"忘"之。对圣人的超越心性为什么也不能够模拟和效仿呢？原因在于"圣不可学，学不能至"。郭象说"虽下愚聋瞽及鸡鸣狗吠，岂有情于为之，亦终不能也。不问远之与近，虽去己一分，颜孔之际，终莫之得也"（《庄子·德充符注》）②，所言的就是这一个道理。

其四，至"忘"之境。这是对"坐忘"作为修持功夫所抵至之虚通心境的描述。因为："夫坐忘者，奚所不忘哉！"所以它所抵至的心境可以称之为至"忘"之境。在这种心境中，"内不觉其一身，外不识有天地，然后旷然与变化为体而无不通也"，其实质内容其实也就是《庄子》"坐忘"章中所谓"堕肢体，黜聪明，离形去知，同于大通"的虚通境界。当然，在郭象处，这种虚通心境的获得不需要《庄子》中"内视""内听"式的神秘体验，而主要是依据自然、独化之道去以"理"遣知（和以"理"化情③）的结果。在《庄子注·齐物论》中，郭象说：

---

① 汤一介：《郭象与魏晋玄学》，第251页。
② 郭庆藩：《庄子集释》，第221页。
③ 《庄子·徐无鬼》"嗟乎！我悲人之自丧者，吾又悲夫悲人者，吾又悲夫悲人之悲者，其后而日远矣"句，郭象注解说"子綦知夫为之不足以救彼而适足以伤我，故以不悲悲之，则其悲稍去，而泊然无心，枯槁其形，所以为日远矣"，这就是以"理"化"情"的例子。引文见《庄子·徐无鬼注》，第849页。

夫自是而非彼，彼我之常情也。……将明无是无非，莫若反复相喻。反复相喻，则彼之与我，既同于自是，又均于相非。均于相非，则天下无是；同于自是，则天下无非。何以明其然邪？是若果是，则天下不得（彼）〔复〕有非之者也。非若果非，〔则天下〕亦不得复有是之者也。今是非无主，纷然淆乱，明此区区者各信其偏见而同于一致耳。仰观俯察，莫不皆然。是以至人知天地一指也，万物一马也。故浩然大宁，而天下万物各当其分，同于自得，而无是无非也。（《庄子·齐物论注》）①

然则将大不类，莫若无心，既遣是非，又遣其遣。遣之又遣之以至于无遣，然后无遣无不遣而是非自去矣。（《庄子·齐物论注》）②

可见，"既忘其迹，又忘其所以迹"的"奚所不忘哉"之"坐忘"的过程，其实也就是上述注文中所谓"遣之又遣之"，以至于"无遣"的过程。为什么要"无所不遣"呢？因为"天地一指也，万物一马也"，万物各有其是非"成心"，并依此"成心"而各自"独化"。圣人具备超越万物之上的整体性视域，他"反复相喻"，"明此区区者各信其偏见而同于一致耳"，"仰观俯察，莫不皆然"，所以虽然群品各有其是非，而我"遣是非"，又"遣其遣"，并在"无遣无不遣"中"是非自去矣"。依照郭象所言，这种"无是无非"的心境是一种"浩然大宁"的状态，其实质也就是一种具有超越性特征的虚通境界。这也证明，郭象所言的"坐忘"，作为一种无所不"忘"之的修持工夫，它具有以"理"遣知（和以"理"化情）的理性化特征。在一定意义上讲，这种以"理"遣知的"坐忘"工夫，相对于《庄子》以"内听""内视"为修持途径的"坐忘"之术而言，它具有更好的可理解性和更普遍的可操作性。况且，即使是从《庄子》自身的

---

① 郭庆藩：《庄子集释》，第69页。
② 郭庆藩：《庄子集释》，第79页。

思想内容看，也并不是所有的修持方法都必须付诸于神秘化的内在体验的，故类似于郭象哲学中的这种以"奚所不忘哉"和"无遗无不遗"为内容的"坐忘"论思想其实也是一种很重要的、也很有效的修持方法①。对这一点，需要加以肯认和正视，而不能够加以否认和抹杀②。

其五，至"适"之境。在郭象看来，至"忘"之境同时也是一种至"适"之境。因为无所不"忘"，所以无所不"适"。之所以因"忘"而"适"，从圣人自身心境的角度看，是因为"忘"之、"外"之、"遣"之所抵至的虚通心境本身具有浩然大宁、虚静安适的特征，而从圣人与群品、万物的关系而论，则因为他具备"无心""无为"的心性境界，其心处在与万物之间无所不通畅，也无所不安适的状态之中，所以能够与"化"为体，亦唯"化"所适。又，在郭象看来，"识适者犹未适也"（《庄子·达生注》）③，"所造皆适，则忘适矣，故不及笑也"（《庄子·大宗师注》）④，"忘乐而乐足，非张而后备"（《庄子·天运注》）⑤，可见真正的安适是一种忘记安适的安适，它是恬淡的和清畅的，是在自发的，亦即非自觉状态中的一种自然性质的安适，从而不是外物刺激所引发的感性满足，也不是内在激情与欲求的放纵和狂荡。在其中，"忘"是条件，"适"是结果；因为"至忘"，所以"至适"。显然，这种因"忘"而"适"的体验主要是心性境界性质的，它是圣人因"忘"之修持所达至的超越心境所自然具有的一种体验性特征，或说主要是一种副产品而已。

---

① 例如，据《庄子·至乐》记载，庄子妻死，他鼓盆而歌，惠施不满，庄子解释说"是其始死也，我独何能无概然！察其始而本无生，非徒无生也而本无形，非徒无形也而本无气。杂乎芒芴之间，变而有气，气变而有形，形变而有生，今又变而之死，是相与为春秋冬夏四时行也。人且偃然寝于巨室，而我嗷嗷然随而哭之，自以为不通乎命，故止也"（郭庆藩：《庄子集释》，第615页）。这就是典型的以"理"化"情"，同时亦以"理"遣"知"。

② 钱穆：《中国思想史》，九州出版社2011年版，第129页。

③ 郭庆藩：《庄子集释》，第662页。

④ 郭庆藩：《庄子集释》，第277页。

⑤ 郭庆藩：《庄子集释》，第510页。

三　"坐忘"是一种外在形态

进一步，在郭象看来，"坐忘"还可以是圣人之一种身心合一的外在形态。在《庄子·逍遥游注》中，郭象说：

> 夫体神居灵而穷理极妙者，虽静默闲堂之里，而玄同四海之表，故乘两仪而御六气，同人群而驱万物。苟无物而不顺，则浮云斯乘矣；无形而不载，则飞龙斯御矣。遗身而自得，虽澹然而不待，坐忘行忘，忘而为之，故行若曳枯木，止若聚死灰，是以云其神凝也。其神凝，则不凝者自得矣。(《庄子·逍遥游注》)①

显然，所谓"坐忘行忘，忘而为之，故行若曳枯木，止若聚死灰"，是对圣人"神凝"，亦即其无心、无为之超越心境之落实于外在形态上的描述。在文中，"坐忘"与"行忘"相对而言，其内容分别就是"止若聚死灰"与"行若曳枯木"，而或"坐"或"行"，它们都是一种身心合一的具体形态。换句话说，郭象说"坐忘行忘，忘而为之"，其所谓"坐忘"即"忘而坐之"，而所谓"行忘"则是"忘而行之"。又，在《庄子·应帝王注》中，郭象说：

> 萌然不动，亦不自正，与枯木同其不华，湿灰均于寂魄，此乃至人无感之时也。夫至人，其动也天，其静也地，其行也水流，其止也渊默。渊默之与水流，天行之与地止，其于不为而自尔，一也。今季咸见其尸居而坐忘，即谓之将死；睹其神动而天随，因谓之有生。诚［能］应不以心而理自玄符，与变化升降而以世为量，然后足为物主而顺时无极，故非相者所测耳。此应帝王之

---

① 郭庆藩：《庄子集释》，第30页。

大意也。(《庄子·应帝王注》)①

可见，对于"坐忘"，郭象进一步将之规定为至人无感之时的身心状态。对于这种状态，郭象用"与枯木同其不华，湿灰均于寂魄""其静也地""其止也渊默""尸居而坐忘"等来加以形容。对这些描述，若结合郭象所言："仲尼曰：天下何思何虑！虑已尽矣，若有纤芥之虑，岂得寂然不动，应感无穷，以辅万物之自然哉！"(《庄子·则阳注》)② 以及《庄子序》③ 中所说"夫庄子者，可谓知本矣，……与夫寂然不动，不得已而后起者，固有间矣。斯可谓知无心者也"(《庄子·序》)④ 等内容加以理解，则其所谓"知无心者"是庄子等贤者，"无心者"则是孔子等圣人。作为圣人，当外物无感之时，如孔子等人他们"寂然不动"，处于"尸居""渊默""天下何思何虑"的"坐忘"状态；而当外物有感之时，孔子等圣人则会"不得已而后起"，"夫心无为，则随感而应，应随其时，言唯谨尔"(《庄子·序》)⑤，处于"应感无穷""神动而天随"的"行忘"状态。但是，无论"行忘"，还是"坐忘"，都需要圣人"应不以心而理自玄符"，需要他处于"无心""神凝"的超越心境之中。所以，郭象接着说：

> 夫水常无心，委顺外物，故虽流之与止，鲵桓之与龙跃，常渊然自若，未始失其静默也。夫至人用之则行，舍之则止，行止虽异而玄默一焉，故略举三异以明之。虽波流九变，治乱纷如，

---

① 郭庆藩：《庄子集释》，第300页。
② 郭庆藩：《庄子集释》，第887页。
③ 关于《庄子序》的作者，学界有争论，但是这并不妨碍我们引用其中关于孔、庄之间有圣、贤之别的原文来说明郭象的相关思想，因为郭象也是主张孔子为圣人而庄周为贤人的。对此，可参考汤用彤先生在《向郭义之庄周与孔子》一文中的相关分析（《汤用彤全集》第四卷，河北人民出版社2000年版，第88—95页）。
④ 郭庆藩：《庄子集释》，第3页。
⑤ 郭庆藩：《庄子集释》，第3页。

居其极者，常淡然自得，泊乎忘为也。(《庄子·应帝王注》)①

鲵桓，指大鱼的盘旋，其深处为渊，犹如流水之深处、止水之深处亦为渊一般。依照《庄子》，渊有九名，此为三焉。但是，在注文中，郭象却予以误读，他将"鲵桓"与《庄子》本文中所没有的"龙跃"相对，用它们来描述水流的平缓与激荡，并认为它们与水流的静止状态一样，都是水之无心、委顺万物的本性在外在形态上的不同反映。同理，至人在身心状态上有"湿灰"("示之以地文")、"杜权"("示之以天壤")、"不齐"("示之以太冲莫胜")、"波流"("示之以未始出吾宗")等"四异"之区别，但是它们都是圣人玄默心境的外在表现，故应该以玄默的心境为本为体，而以用舍、行止之外在形态为末为用。如前已论，在郭象哲学中，所谓玄默心境，其实也就是圣人因"忘"之、"遣"之、"外"之的修持方法所抵至的超越境界，而他的"示之以地文"、"示之以天壤"和"示之以太冲莫胜"、"示之以未始出吾宗"的外在形态，其实也就是其之或静态("坐忘")或动态("行忘")，或动或静而不定，以及动静一体、己物泯合等之在身心状态上的不同表现。要之，以水之无心、静默为喻，郭象对圣人心性存在中的本末、体用式结构作了很好的揭示。② 在这一本末、体用式结构的问题上，郭象的"坐忘"论思想主要是对《庄子》"坐忘"论思想的继承，同时也有一些他自己的发展。

四 "坐忘"是一种内在心境

如上所论，在郭象思想中，"坐忘"是一种"外"之、"遣"之、"忘"之的修持方法，也是一种圣人处于寂然无感之时的外在形态，而这两个方面都是与圣人的超越心境直接相关的。在郭象的《庄子

---

① 郭庆藩：《庄子集释》，第 303 页。
② 牟宗三：《才性与玄理》，广西师范大学出版社 2006 年版，第 161—167 页。

注》中，就他对"坐忘"一词的应用看，其含义更多的即是指谓此圣人之超越性的内在心境。郭象说：

> 夫理有至极，外内相冥，未有极游外之致而不冥于内者也，未有能冥于内而不游于外者也。故圣人常游外以（宏）［冥］内，无心以顺有，故虽终日（挥）［见］形而神气无变，俯仰万机而淡然自若。夫见形而不及神者，天下之常累也。是故观其与群物并行，则莫能谓之遗物而离人矣；观其体化而应务，则莫能谓之坐忘而自得矣。岂直谓圣人不然哉？乃必谓至理之无此。（《庄子·大宗师注》）①
>
> 以方内为桎梏，明所贵在方外也。夫游外者依内，离人者合俗，故有天下者无以天下为也。是以遗物而后能入群，坐忘而后能应务，愈遗之，愈得之。苟居斯极，则虽欲释之而理固自来，斯乃天人之所不赦者也。（《庄子·大宗师注》）②

此即对于圣人超越心境中"游外"与"冥内"之"理"的揭示。在郭象思想中，"游外"者，游于方外，指一种超越性的心性境界；"冥内"者，冥于方内，指圣人在世俗社会，尤其是名教、政治等领域之中的合俗、入群与应务。游外者必然冥于方内，而冥于方内者亦必然游于方外。二者必然一体，为圣人心性中的至极之理，故曰"遗物而后能入群，坐忘而后能应务，愈遗之，愈得之"；此至极之理，深玄奥妙，为群品之所不知，并对圣人之神、形有误解，故郭象曰"观其与群物并行，则莫能谓之遗物而离人矣；观其体化而应务，则莫能谓之坐忘而自得矣"。如此，则此二处原材料中所谓"坐忘"的含义，它们与"遗物"相应，应该就是圣人所具有的"游"于"方外"之超越性的内在心境的意思。

---

① 郭庆藩：《庄子集释》，第 268 页。
② 郭庆藩：《庄子集释》，第 271 页。

与此相同，在《庄子·则阳》"故圣人，其穷也使家人忘其贫，其达也使王公忘爵禄而化卑"句下，郭象注解说：

> 轻爵禄而重道德，超然坐忘，不觉荣之在身，故使王公失其所以为高。（《庄子·则阳注》）①

又，在《庄子·天运》"北门成问于黄帝曰：'帝张咸池之乐于洞庭之野，吾始闻之惧，复闻之怠，卒闻之而惑；荡荡默默，乃不自得'"句下，郭象亦注解曰：

> 不自得，坐忘之谓也。（《庄子·天运注》）②

显然，此二处所谓"坐忘"的含义也都是指圣人因体道而获得的超然心境。因为具有超然心境，故能够"轻爵禄而重道德"，并使得"王公失其所以为高"，而所谓"荡荡默默，乃不自得"，也不过是对此内在心境之作为超然状态的描述罢了。③ 当然，在郭象哲学中，"道德"不具有实体性含义，它们主要是指一种整体性的视域和由此获得的超越性境界，这是需要加以说明的。

进一步，关于此超越心境，以及其之无心的、自然性的实现方式，郭象说：

> 天者，自然之谓也。夫为为者不能为，而为自为耳；为知者不能知，而知自知耳。自知耳，不知也，不知也则知出于不知矣；自为耳，不为也，不为也则为出于不为矣。为出于不为，故以不

---

① 郭庆藩：《庄子集释》，第 879 页。

② 郭庆藩：《庄子集释》，第 502 页。

③ 成玄英《疏》曰："荡荡，平易之容。默默，无知之貌。第三闻之，体悟玄理，故荡荡而无偏，默默而无知，芒然坐忘，物我俱丧，乃不自得。"《疏》文见《庄子·天运疏》，第 502 页。

为为主；知出于不知，故以不知为宗。是故真人遗知而知，不为而为，自然而生，坐忘而得，故知称绝而为名去也。（《庄子·大宗师注》）①

（性修反德，德至同于初②。）恒以不为而自得之。（同乃虚，虚乃大。）不同于初，而中道有为，则其怀中故为有物也，有物而容养之德小矣。（合喙鸣;）无心于言而自言者，合于喙鸣。（喙鸣合，与天地为合。）天地亦无心而自动。（其合缗缗，若愚若昏，）坐忘而自合耳，非照察以合之。（是谓玄德，同乎大顺。）德玄而所顺者大矣。（《庄子·天地注》）③

（山林与！皋壤与！使我欣欣然而乐与！乐未毕也，哀又继之。哀乐之来，吾不能御，其去弗能止。悲夫，世人直为物逆旅耳！）不能坐忘自得，而为哀乐所寄也。（《庄子·知北游注》）④

（意！心养。）夫心以用伤，则养心者，其唯不用心乎！（汝徒处无为，而物自化。堕尔形体，吐尔聪明，伦与物忘;）理与物皆不以存怀，而暗付自然，则无为而自化矣。（大同乎涬溟，）与物无际。（解心释神，莫然无魂。）坐忘任独。（《庄子·在宥注》）⑤

可见，"坐忘"不仅指谓着圣人超越性的内在心境，也指谓着圣心之无心无情的、自然性的实现方式。⑥ 在上面的四份原材料中，"坐忘"的主体都是圣人之心，而其含义都是指圣心之无心、无为，从而自然、自得的状态。因为处于"坐忘"的状态之中，圣心不为哀乐所寄，其之合物亦"非照察以合之"，故"理与物皆不以存怀"，所谓

———————

① 郭庆藩：《庄子集释》，第224页。
② 引文中圆括号内均为《庄子》原文。下同。
③ 郭庆藩：《庄子集释》，第426页。
④ 郭庆藩：《庄子集释》，第767页。
⑤ 郭庆藩：《庄子集释》，第391页。
⑥ 刘崧：《庄子"坐忘"辨义及其审美指向》，《南昌大学学报》（人文社会科学版）2015年第1期，第39页。

"遗知而知，不为而为"，"知称绝而为名去也"。要之，在此诸原材料
处，郭象使用"坐忘"一词所表达的主要是圣心的一种自然而然、没
有刻意的放任状态，是在"不用心""无心而自动"中去达到圣心的
"自合"与"自得"。

五　研究郭象"坐忘"论思想的理论意义

研究郭象的"坐忘"论思想，对于我们深入理解郭象哲学，尤其
是他的圣人无为观和圣人心性观，具有重要的理论意义。同时，通过
比较郭象与《庄子》的"坐忘"论思想，对于进一步体认中国哲学思
想中的诠释学传统亦不无裨益。

其一，研究郭象的"坐忘"论思想，有助于深入理解他的圣人无
为观。

在《庄子注》中，因为圣心游外冥内，而其所冥合的"方内"的
含义主要就是世俗社会，尤其是名教与政治领域的意思，所以，相对
于《庄子》而言，对于圣人之无为，郭象亦有新解。郭象说：

> 夫治之由乎不治，为之出乎无为也。取于尧而足，岂借之许
> 由哉！若谓拱默乎山林之中，而后得称无为者，此庄老之谈所以
> 见弃于当涂。〔当涂〕者自必于有为之域而不反者，斯之由也。
> (《庄子·逍遥游注》)①

显然，这是以体用、本末关系论"无为"与"有为"的关系，从
而在圣人的心性上以"无为"为本，但是在具体行为上则以"有为"
为用。以此圣心之本末、体用的心性结构为据，一方面，在《庄子
注》中，郭象对《庄子》中许由式"拱默乎山林之中"的一无所为的
典型着力加以批判，同时反过来彰显了尧、舜等圣人有为之治的合理

---

① 郭庆藩：《庄子集释》，第24页。

性和必要性，而在另一方面，郭象说"为出于不为，故以不为为主；知出于不知，故以不知为宗"，又说"真人遗知而知，不为而为，自然而生，坐忘而得"，则他在此处使用"坐忘"一词所彰显的，就主要是圣心在本末合一和体用合一的自然状态下，其心性存在之由本及末、由体发用地实现于世俗"方内"之域。换句话说，在郭象处，圣人的超越心性不应该落实于清冷、高亢的山巅，而是需要显发和实现在世俗的政治和名教领域之中。在此角度上看，可以认为郭象将《庄子》中的逍遥理想与政治领域有机地结合起来了。在这一角度看，郭象所谓圣人之"坐忘"的心理机制，就其之必须落实在现实政治与名教领域而论，可以说主要是实现在对社会关系（尤其是政治关系）的使用之中。圣人"游心"于社会关系（尤其是政治关系）之中，而他将所涉及的各种社会关系（尤其是政治关系）都处理到出神入化的地步，则其"心"就"遗知而知""坐忘而得"，处在了"无"或"无化"的"坐忘"状态之中了。① 在此意义上，我们说，郭象"坐忘"论思想中既有着圣心之由"内圣"而"外王"的一体贯通，也有着由此而来的，由其之无为而治所带来的因成己而成物，从而物性得以普遍性实现之社会理想状态的方面。郭象的圣人无为观具有较为鲜明的魏晋玄学之综合儒道的理论特征。

其二，研究郭象的"坐忘"论思想，有助于深入理解他的圣人心性观。

关于这一点，除了郭象所谓"坐忘"的多方面含义之外，还突出地表现在此多方面含义（尤其是"坐忘"之作为修持方法与内在心境）的有机统一之上。在《庄子·齐物论注》中，郭象说：

　　　夫达者之于一，岂劳神哉？若劳神明于为一，不足赖也，与彼不一者无以异矣。……夫一之者，未若不一而自齐，斯又忘其

————————
① 康中乾：《从庄子到郭象——〈庄子〉与〈庄子注〉比较研究》，人民出版社 2013 年版，第 331 页。

一也。……夫以一言言一，犹乃成三，况寻其支流，凡物殊情，虽有善数，莫之能纪也。故一之者与彼未殊，而忘一者无言而自一。(《庄子·齐物论注》)①

此注文中的多处之"一"，即是《庄子》所谓"凡物无成与毁，复通为一"(《庄子·齐物论注》)②，"天地与我并生，而万物与我为一"的"妙一之理"(《庄子·齐物论注》)。③ 在郭象看来，圣人对于这种"妙一之理"的体认，因为他"岂劳神哉?"，"忘其一"，"忘一者无言而自一"，所以似乎毋须修持之工夫，而是一切自然天成，从而无心无为的。但是，在同一段《庄子·齐物论注》的注文中，郭象又说：

有有则美恶是非具也。有无而未知无无也，则是非好恶犹未离怀。知无无者，而犹未能无知。此都忘其知也，尔乃俄然始了无耳。了无，则天地万物，彼我是非，豁然确斯也。……谓无是非，即复有谓。又不知谓之有无，尔乃荡然无纤芥于胸中也。(《庄子·齐物论注》)④

这样看来，在《庄子注》中，对成圣之修持方法，郭象还是给予了大量的论述的。所谓由"有有→有无→知无无→无知而了无"和"谓无是非→不知谓之有无"的整个程序，就说明的是成圣的过程及其在工夫论层面上的层层展开。应该说，由无之工夫而得无之境界，这是庄子的一个基本理路，也是郭象《庄子注》的基本理路之一。这一点，与郭象以"坐忘"为圣心之修持方法的观点，显然是具有统一性的。

---

① 郭庆藩：《庄子集释》，第 82 页。
② 郭庆藩：《庄子集释》，第 73 页。
③ 郭庆藩：《庄子集释》，第 82 页。
④ 郭庆藩：《庄子集释》，第 81 页。

郭象所谓"坐忘"范畴的含义之间是具有统一性的。圣人以"坐忘"为修持方法，达到的是至"忘"之境的虚通境界。进一步，与万物以各自自"性"为自身存在依据的"性"本体论理论立场相一致，在圣人处，他的自"性"也是其自身存在的依据，而其内容则是超越性的"坐忘"境界。换句话说，在圣人处，其"坐忘"的内在心境，作为一种超越性的理想境界，在实质上它是圣人在心性修持上不断"外"之、"忘"之的结果，但是在理论结构上却被推升到了心性本体的位置，从而成为圣之为圣的自"性"依据，或说是其"所以迹"。以此心性本体为自身存在的"所以迹"，以其或"坐忘"或"行忘"的外在形态为其"迹"，则郭象所谓"忘其一"，"忘一者无言而自一"的命题，其所表达的其实只是圣人在心性实现的"至忘"状态。这种"至忘"状态是圣人的"忘"之工夫进入了化境，从而达到了最高实现状态的产物，因此，它是以"忘"之工夫为前提的。在这一意义上，我们说，至少在圣人的心性存在处，其无心、"放任"的自然状态与其"忘"之、"外"之的修持工夫之间是能够统一起来，而并不是"有放任，无工夫"[1]，或者说是"有工夫，无放任"的。这一点，结合郭象的"坐忘"论思想，是可以看得比较清楚的。[2]

其三，研究郭象的"坐忘"论思想，有助于体认中国哲学思想中的诠释学传统。

比较郭象与《庄子》的"坐忘"论思想，可以看出两者之间有相同的方面，也有不同的方面。两者所相同的方面，大致而言，主要表现为以下几点：（1）两者的"坐忘"论思想具有基本相同的理论结构。这种理论结构，包括虚通心境与修持方法、体"道"心性与现实发用，以及由"内圣"而"外王"的一体贯通。可以看出，两者在这

---

① 钱穆：《中国思想史》，九州出版社 2011 年版，第 129 页。

② 这一点并不与"圣不可学，学不能至"的理论观点相矛盾，因为"妙气"之凝，下为松柏，而上为圣人，这说的是"圣人之才"，而"坐忘"论所言的乃是"圣人之道"。有"圣人之才"，尚需守之以"圣人之道"，经历此一番修持工夫上的磨炼，如此才可成就圣心的超越境界。郭象曰"夫自然之理，有积习而成者"，"言天下之物，未必皆自成也，自然之理，亦有须冶锻而为器者耳"，所言的就是这样一个道理。引文分别见《庄子集释》第 257、280 页。

方面是基本一致的。(2) 具有渗透于各自"坐忘"论思想中的同一超越精神。

在《庄子》中，圣人"堕肢体，黜聪明，离形去知，同于大通"，"坐忘"之所得在于与"道"合一的虚通境界。在郭象处，尽管他否弃了绝对之"道"的实体式存在，所谓"言道……无所不在，而所在皆无"(《庄子·大宗师注》)①，但是郭象并未由此否定圣心之不断超越而至的虚通境界。"夫坐忘者，奚所不忘哉！既忘其迹，又忘其所以迹者，内不觉其一身，外不识有天地，然后旷然与变化为体而无不通也"，"内保其明，外无情伪，玄鉴洞照，与物无私"(《庄子·德充符注》)②，他所揭示的即是圣心修持过程的不断超升，以及由此所至境界的虚通与洞照特征。显而易见，《庄子》与郭象论"坐忘"，他们思想中所渗透的超越精神是基本一致的③。两者所不同的方面，大致而言，主要表现为以下几点：(1) "坐忘"之作为修持方法上的差别。《庄子》论"坐忘"，在修持方法上重在"内视"与"内听"，具有神秘主义特征；郭象论"坐忘"，在修持方法上主张以理化情和以理遣知，具有理性主义特征。(2) 圣人寂然无感之时在外在形态上的差别。《庄子》论"坐忘"，尽管《齐物论》中开篇即言"南郭子綦隐机而坐，仰天而嘘，荅焉似丧其耦"(《庄子·齐物论》)④，在《庄子疏》中成玄英解"坐忘"即为"端坐而忘"(《庄子·大宗师疏》)⑤，但是就《庄子》思想而言，毕竟未曾明确地将"坐忘"规定为圣人寂然无感之时的端坐形态，而在郭象处，通过将"坐忘"与"行忘"并

---

① 郭庆藩：《庄子集释》，第 248 页。
② 郭庆藩：《庄子集释》，第 215 页。
③ 在此意义上，我们认为，郭象注《庄》，他和《庄子》一样，是有着丰富的"坐忘"论和"心斋"论思想的。《庄子》言"唯道集虚。虚者，心斋也"，而查郭象《庄子注》，关于圣人体"道"，以及呈现其"虚通"之心的论述是很多的。例如，"夫视有若无，虚室者也。虚室而纯白独生矣"(《庄子·人间世注》，第 151 页)，"未始使心斋，故有其身"，"既得心斋之使，则无其身"(《庄子·人间世注》，第 148 页)，这些都是郭象注解《人间世》"心斋"章的注文，可见否定郭象有"心斋"论、"坐忘"论思想是不符合《庄子注》中的思想实际的。
④ 郭庆藩：《庄子集释》，第 43 页。
⑤ 郭庆藩：《庄子集释》，第 284 页。

列，其思想中是明确地以"坐忘"为圣人之端坐形态的。（3）圣心之
"外内不相及"与"游外冥内"的差别。依据《庄子》，圣心是"外
内不相及"（《庄子·大宗师》）[①] 的，故孔子自称为"游方之内者"，
子桑户、孟子反、子琴张等人才是"游方之外者"。但是，依照郭象
的思想，圣心游于"方外"，而冥于"方内"，所以说"夫理有至极，
外内相冥，未有极游外之致而不冥于内者也，未有能冥于内而不游于
外者也"（《庄子·大宗师注》）[②]，因此，圣人"游外以冥内，无心以
顺有"（《庄子·大宗师注》）[③]，在他的行动中将有为与无为、自然与
名教的关系有机地统一了起来。就此而言，郭象和《庄子》对圣人
"坐忘"境界的规定也是有重要区别的。

　　郭象注解《庄子》，是中国哲学史上经典诠释的典范。以"坐忘"
论为例子，可以看出郭象对《庄子》的思想是有所继承，也有所发展
的。所继承者，突出地表现为二者所具有基本相同的理论结构，以及
渗透于其中的同一超越精神；而所发展者，则表现为在"坐忘"之作
为圣人的修持方法、内在境界和外在形态的多个方面。从二者相同与
继承的角度看，可以说郭象对《庄子》是"顺"着说、"同"着说，
而从二者相异和发展的角度看，则也可以说郭象对《庄子》是"接"
着说和"逆"着说。傅伟勋先生曾站在他所谓"创造的诠释学"的立
场上，认为郭象亦如庄子，乃是一位创造性的诠释家，更是一位地地
道道的哲学思想家，意图以大无畏的探索精神，冲破早期道家思想的
某些限制，不但有助于禅宗哲理的建立，亦有助于触发超克道、禅二
家而辩证综合"有为"与"无为"的思维灵感。[④] 我们认同傅先生的
这一评价，认为郭象对《庄子》的诠释确实具有创造性，他是在
"同"着说和"顺"着说的基础上，把思想创造的焦点放在"接"着
说和"逆"着说之上，创造了一个与《庄子》本文不同的、具有自身

---

①　郭庆藩：《庄子集释》，第 267 页。
②　郭庆藩：《庄子集释》，第 268 页。
③　郭庆藩：《庄子集释》，第 268 页。
④　傅伟勋：《从西方哲学到禅佛教》，生活·读书·新知三联书店 1989 年版，第 383 页。

独特理论特征和思想内容的"独化"论的哲学体系。以郭象对《庄子》"坐忘"论思想的诠释为例子，可以看出，任何对于经典的创造性诠释，必须首先建立在"同"着说和"顺"着说的基础之上，必须先回到所诠释的经典，复归于经典，与经典有机对话，然后才有可能在这一过程中去体认经典之内在结构和基本精神，从而"得意忘言"，甚至"言""意"兼忘，才有可能在继承经典的基础上去发展经典、超越经典，也才有可能真正地"接"着说，并在某些重要方面能够"逆"着说。这是一个方面；而另一方面，思想的发展与创造又要求诠释不能够停留在"顺"着说和"同"着说的层次上，它要求必须能够"接"着说，乃至于"逆"着说。在一定意义上讲，发展经典、超越经典必然会带来对经典中一些重要思想内容的突破和批判，因此也必然会在某些重要思想内容方面"接"着说与"逆"着说。所以，严格来讲，任何创造性的思想家对于前人经典的诠释都应该是"同"着说、"顺"着说、"接"着说和"逆"着说的混合体，都需要结合具体的思想论题去具体分析。①　就郭象的"独化"论思想体系而言，由于它在一系列重要的思想内容方面，相对于《庄子》而言"接"着说，尤其是"逆"着说的比重较高，所以学界也有以"逆向诠释"来概括郭象哲学之诠释学特征者②。以郭象和《庄子》二者之"坐忘"论的思想比较为例子，应该说对于郭象思想的这一"逆向性诠释"的理论概括是具有一定的理论合理性的。但是，既然是经典诠释，笔者以为，"接"着说和"逆"着说还是需要建立在"同"着说和"顺"

---

①　以王弼从《老子》"天下万物生于有，有生于无"推出"道"即是"无"为例子，其推论能够成立的前提就是要以"无"为初始性的、本源性的存在，否则，若如庄子那样认为"有始也者，有未始有始也者，有未始有夫未始有始也者。有有也者，有无也者，有未始有无也者，有未始有夫未始有无也者"（《庄子·齐物论》，第79页），则何能合乎逻辑地直接推论出"道"是"无"，然后万物以无为本的结论？可见，创造性的注释总是必须要比原文多出一些东西，而不能够从注文与原文的比较中直接推论出来的。另外，在《老子》中"道"是"有""无"一体的，而在王弼则"道"只是"无"，可见在"道"与"有"的关系上，王弼对《老子》就是异向性的，甚至可以说是逆向性的诠释。

②　刘笑敢：《诠释与定向——中国哲学研究方法之探究》，商务印书馆2009年版，第175—207页。

着说的基础之上；同时，也只有在理解了二者之"同"着说和"顺"着说的基础之上，才能够对它们之间的"接"着说和"逆"着说的关系具备更好的理解和体认。这应该是研究郭象"坐忘"论思想在经典诠释学方面所能够提供的一个重要启示，它对于我们深入体认中国哲学思想中的诠释学传统亦不无裨益。

第 九 章
迹 冥 论

　　摘要： 在《庄子注》中，"迹""冥"是相对而言的一对重要哲学
范畴。圣人以"冥"为"实"，因"冥道"而"冥物"，其内容即是其
之"游外冥内"的超越性存在。圣人之"迹"主要是指圣人之应世、
"冥物"的外在行径与形姿，尤指在认知论框架下世人（后人）对其
"冥物""冥内"的"游身"与"游形"之姿的对象化把握，并可泛化
开来，而具有多方面的种类与内容。圣人之"名迹"以其"冥"为
"所以迹"，二者间具有圆融、统一的方面，但是，郭象重在论述"迹"
对"冥"的隔遮，并在逐"迹"求"一"和捐"迹"反"一"的流转
过程中强化了二者间的对立与冲突的性质。研究郭象的"迹冥"论思
想，有助于从一个方面深化对其哲学，尤其是其心性论思想的认识。

　　在《庄子注》中，"迹""冥"是相对而言的一对重要哲学范畴①。
对于二者之间的关系，或从统一的角度论之，主张迹冥圆融②；或从

---

　　① 王叔岷先生校对郭象《庄子注》，在《校记》中指出"郭之注《庄》，常以冥字会其
极，此在《庄》文中已先有启示。所谓冥者，即泯然无迹之意"。参见王叔岷《郭象庄子注校
记·序》，台湾商务印书馆 1993 年版，第 1—2 页。
　　② 牟宗三先生主张庄子、郭象思想为纯境界形态，认为抽象地单观冥体之自己，此为内
域；抽象地单观具体之散殊，此为外域；观迹冥圆，全冥在迹，全迹在冥，即迹即冥，非迹非
冥，斯乃玄智之圆唱，圣心之极致。此为玄，为具体之中道。此即主张迹冥圆融的典型。参见牟
宗三《才性与玄理》，广西师范大学出版社 2006 年版，第 161—167 页。

冲突的角度论之，主张迹冥隔遮①。郭象论"冥"，从"冥道"到"冥物"，具有宇宙论、认识论、工夫境界论以及政治哲学上的统一性；郭象论"迹"和"迹"、"冥"关系，从"迹"到"无迹"、"所以迹"，再到圣人之"名迹"在逐"迹"求"一"和捐"迹"反"一"中的流转过程，具有思想上的繁复性，但也具有理论上的完整性和统一性。在分析《庄子注》中"冥""迹"思想的基础上，本文认为圣人之"迹"主要是指圣人之应世、"冥物"的外在行径与形姿，尤指在认知论框架下世人（后人）对其"冥物""冥内"的"游身"与"游形"之姿的对象化把握，并可泛化开来，而具有多方面的种类与内容。在广泛搜集《庄子注》中关于"迹""冥"问题的相关原材料的基础上，本章对郭象的"迹冥"论思想进行了细致地分析。

一　从"冥道"到"冥物"

在《庄子注》中，"道"不具有实体性，不是一个实体范畴，但是它具有总体性和形式性，是一个形式化的总体性范畴。郭象说：

> 物所由而行，故假名之曰道。(《庄子·则阳注》)②
> 道之所容者虽无方，然总其大归，莫过于自得，故一也。(《庄子·徐无鬼注》)③
> (道恶乎隐而有真伪？言恶乎隐而有是非？)道焉不在！言何隐蔽而有真伪，是非之名纷然而起？(道恶乎往而不存？)皆存。

---

① 任博克（Brook ziporyn）先生在 *The penumbra unbound the neo‑taoist philosophy of guo xiang* 一书中认为迹冥之分在郭象哲学中构成他所谓"结构性图像"（the structural image），并强调了《庄子注》中"冥"的自发性、不可知和不可对象化特征，而对于"迹"，则指出了它们是世人（后人）的认知和意欲活动的工具，它们指向对圣人的理解，尤其会带来对圣人的敬慕和模仿。此即主张迹冥隔遮的典型。参见 Brook ziporyn, *The penumbra unbound the neo‑taoist philosophy of guo xiang*, state university of new york press, 2003, pp. 31–50.
② 郭庆藩：《庄子集释》，第919页。
③ 郭庆藩：《庄子集释》，第853页。

（言恶乎存而不可？）皆可。（道隐于小成，言隐于荣华。）夫小成
荣华，自隐于道，而道不可隐。则真伪是非者，行于荣华而止于
实当，见于小成而灭于大全也。（《庄子·齐物论注》）①

"道"乃"假名"，其内容"莫过于自得"，故不具有实体性，而
是一个形式化范畴。同时，"道"无所不在，皆存，皆可，"道不可
隐"，可见它具有普遍性和客观性。又，成玄英《庄子疏》曰："小成
者，谓仁义五德，小道而有所成得者，谓之小成也。"显然，他是把
"小成"理解为儒家仁义之学，从而与道家对"大道"的推崇相对而
论，所以成玄英接着说"故老聃曰：大道废，有仁义"②，而郭象在注
解中直接以"大全"称之，可见"道"与仁义五德的局于一偏而为
"小道"不同，是一个总体性的思想范畴。对于这样具有客观性、普
遍性和总体性特征的"道"，郭象强调了它的窈冥昏默的性质。他说：

> （至道之精，窈窈冥冥；至道之极，昏昏默默）窈冥昏默，
> 皆了无也。夫庄老之所以屡称无者，何哉？明生物者无物而物自
> 生耳。（《庄子·在宥注》）③
> 今名之辩无，不及远矣，故谓道犹未足也，必在乎无名无言
> 之域而后至焉，虽有名，故莫之比也。（《庄子·则阳注》）④
> 夫极阴阳之原，乃逐于大明之上，入于窈冥之门也。（《庄子·
> 在宥注》）⑤

"了"，有表达、抵至之义⑥。显然，"无"是"至道"之空洞无
物，没有实体性，但同时也是其之空虚其怀的、超越性的方面，而"大

---

① 郭庆藩：《庄子集释》，第64页。
② 郭庆藩：《庄子集释》，第64页。
③ 郭庆藩：《庄子集释》，第381页。
④ 郭庆藩：《庄子集释》，第914页。
⑤ 郭庆藩：《庄子集释》，第382页。
⑥ 《康熙字典·亅部》了：慧也，晓解也。又讫也，毕也。

明之上""窈冥之门"是指沿着追溯天地万物之本源的方向所抵至之"至道"的无形无象，混沌昏默的存在状态①。此状态不可言说，不可命名，故谓之"道"不可，谓之"无"亦不可，所谓"名之辩无，不及远矣"，"谓道犹未足也"。进一步，在注解《庄子》"视之无形，听之无声"，"于人之论者，谓之冥冥，所以论道，而非道也"等句时，郭象说：

> 明夫至道非言知之所得，唯在乎自得耳。冥冥而犹复非道，明道之无名也。……凡得之不由于知，乃冥也。故默成乎不闻不见之域而后至焉。（《庄子·知北游注》）②

"冥冥而犹复非道"，这是指"冥冥"也不能够作为一种定名，以用于指称"道"，因为"道"是无名的，故不可以任何名称以称谓之。但是，"凡得之不由于知，乃冥也"，"默成乎不闻不见之域而后至焉"，"必在乎无名无言之域而后至焉"，可见在郭象看来，"冥"是一种独特性的"体道"途径与方法。这种途径与方法，具有"无知"、"默成"与"自得"的特征，故可谓之"冥道"也。

进一步，关于"冥道"后所得之超越性的心性境界③，郭象亦谓之"冥""冥冥"。他说：

> （无始曰："……道无问，问无应。无问问之，是问穷也；无应应之，是无内也。以无内待问穷，若是者，外不观乎宇宙，内

---

① "……形形者竟无物也。有道名而竟无物，故名之不能当也"（郭庆藩：《庄子集释》，第758页），"……至道者乃至无也"（郭庆藩：《庄子集释》，第764页）等这些是"道"的空洞无物的方面；"言道之无所不在也，故在高为无高，在深为无深，在久为无久，在老为无老，无所不在，而所在皆无也。且上下无不格者，不得以高卑称也；外内无不至者，不得以表里名也；与化俱移者，不得言久也；终始常无者，不可谓老也"（郭庆藩：《庄子集释》，第248页）等，这是道的普遍性、超越性，及其总体性特征的表现。

② 郭庆藩：《庄子集释》，第757页。

③ "夫自是而非彼，彼我之常情也。……今是非无主，纷然淆乱，明此区区者各信其偏见而同于一致耳。仰观俯察，莫不皆然。是以至人知天地一指也，万物一马也，故浩然大宁，而天地万物各当其分，同于自得，而无是无非也。"见郭庆藩：《庄子集释》，第69页。

不知乎大初，是以不过乎昆仑，不游乎太虚。")若夫焚落天地，
游虚涉远，以入乎冥冥者，不应而已矣。(《庄子·知北游注》)①

常以纯素守乎至寂而不荡乎外，则冥也。(《庄子·刻意注》)②

约之以至其分，故冥也。夫唯极乎无形而不可围者为然。
(《庄子·秋水注》)③

夫察焉小异，则与众为迕矣。混然大同，无独异于世矣。故
昭昭者乃冥冥之迹也。将寄言以遗迹，故因陈、蔡以托意。(《庄
子·山木注》)④

所以"不应"，因为"道无问，问无应"，故"不应"而"冥
会"，方才能够"焚落天地，游虚涉远"。"昭昭"，应是指《庄子》原
文中所描述孔子之"饰知以惊愚，修身以明污，昭昭乎若揭日月而行"
的炫目行径，与之相对，"冥冥"则是指作为此种"昭昭"行径之依据
和基础的孔子之作为圣人的超越性境界存在。在《庄子》中，孔子是被
批评和教育的对象，而在注文中郭象以孔子为圣人，为其"昭昭"的形
姿进行辩解，认为它们是孔子作为圣人，其之超越性的"冥冥"存在对
世人的耀目与眩惑，故曰"昭昭者乃冥冥之迹"，"迹"指外在形姿之对
世人的耀目与眩惑，"冥冥"应该就是"冥物""游外冥内"的简称，
因与"昭昭"相对故迭称为"冥冥"。当然，之所以能够"游外冥内"、
与物相冥，这是圣人体"道"的缘故，从"道"之无形无象的、玄深昏
默的角度称之为"冥冥"，也是可以的。在郭象看来，圣人心性中自有
其"游外冥内""外内相冥"之"理"。郭象说：

夫理有至极，外内相冥，未有极游外之致而不冥于内者也，
未有能冥于内而不游于外者也。故圣人常游外以（宏）[冥]内，

① 郭庆藩：《庄子集释》，第759页。
② 郭庆藩：《庄子集释》，第546页。
③ 郭庆藩：《庄子集释》，第577页。
④ 郭庆藩：《庄子集释》，第682页。

无心以顺有，故虽终日（挥）[见]形而神气无变，俯仰万机而
淡然自若。夫见形而不及神者，天下之常累也。是故观其与群物
并行，则莫能谓之遗物而离人矣；观其体化而应务，则莫能谓之
坐忘而自得矣。岂直谓圣人不然哉？乃必谓至理之无此。是，故
庄子将明流统之所宗，以释天下之可悟，若直就称仲尼之如此，
或者将据所见以排之，故超圣人之内迹而寄方外于数子，宜忘其
所寄，以寻述作之大意，则夫游外冥内之道坦然自明，而庄子之
书故是涉俗盖世之谈矣。夫吊者，方内之近事也，施之于方外则
陋矣。皆冥之，故无二也。……其所以观示于众人者，皆其尘垢
耳，非方外之冥物也。（《庄子·大宗师注》）①

"外内相冥"，即"游于方外"与"游于方内"的"冥合"之理。
依照郭象所论，"游外"者乃圣人之"神"，而"冥内"者乃圣人之
"形"。由此，"游于方外"可谓圣人之"游心""游神"，而"冥于方
内"则可谓圣人之"游形""游身"。圣人超绝的逍遥之游包含了"游
心""游神"和"游形""游身"的两个方面，因为在圣人处，身心、
形神本为一体，且自然以"游心""游神"为本，而以"游形""游身"
为末也。当然，由于"见形而不及神"的缘故，众人不懂得"游外冥
内""外内相冥"的"至理"，故在阅读《庄子》时需要"宜忘其所寄，
以寻述作之大意"，也就是需要透过圣人之方内形迹（郭象亦简称为
"内迹"）而见其"坐忘而自得""遗物而离人"的游外境界②。圣人因
"冥道"而有超越心境，从而"极游外之致"，则必然会走向"冥内"
"冥物"，走向"游外以冥内，无心以顺有"。"冥物""冥内"建立在
"游"于"方外"的心性境界基础之上，而"游外"的境界也必然呈现

---

① 郭庆藩：《庄子集释》，第268—271页。

② 此"内迹"，就字面意思而言乃圣人"冥"于"方内"之形迹。但是，圣人"冥"于
"方内"实乃"无迹"，而不是"有迹"，故此"内迹"应该是众人观瞻下的圣人之"名迹"。换言
之，圣人之"名迹"是众人对圣人"冥内"之"游形""游身"存在的对象式把握，在众人眼中
它们的内容就是圣人之"冥内"本身，故可谓之"内迹"也。

在"冥物""冥内"的具体行为和活动之中。在郭象看来,这种"外内相冥"的关系是一种"至极"之"理",是具有绝对的必然性的。

关于圣人之"冥物",郭象在多处论之。他说:

> 知天人之所为者,皆自然也;则内放其身而外冥于物,与众玄同,任之而无不至者也。(《庄子·大宗师注》)①
>
> 不忘者存,谓继之以日新也。虽忘故吾而新吾已至,未始非吾,吾何患焉! 故虽离群绝尘而与物无不冥也。(《庄子·田子方注》)②
>
> 明夫自然者,非言知之所得,故当昧乎无言之地,是以先举不言之标,而后寄明于黄帝,则夫自然之冥物,概乎可得而见也。(《庄子·知北游注》)③
>
> 妙,善也。善恶同,故无往而不冥。此言久闻道,知天籁之自然,将忽然自忘,则秽累日去以至于尽耳。(《庄子·寓言注》)④

所谓"知天人之所为者,皆自然也","继之以日新也","自然者,非言知之所得","知天籁之自然",等等,它们都是对"大道"之"日新""自然"等特性的体认,它们也是圣人"冥道"的内容,而由此而来的"与众玄同""离群绝尘""善恶同""忽然自忘,则秽累日去以至于尽耳"等,则是对圣人由此所获得之超越心性境界的多维度描述⑤。"冥物"首先需要以"冥道"为前提条件,在这些原材料

---

① 郭庆藩:《庄子集释》,第224页。
② 郭庆藩:《庄子集释》,第711页。
③ 郭庆藩:《庄子集释》,第734页。
④ 郭庆藩:《庄子集释》,第957页。
⑤ 在论述《老子》中对生命超越问题的论述时,陆建华先生指出:问题是,如何"复归于婴儿",并且持守婴儿状态? 老子提出"常德不离""含德之厚"等方法。即是说,让生命包含道、拥有道,与道同在;让道包含生命、拥有生命,与生命同在。由此,生命将借助于道的永恒性而呈现婴儿的特质,保持婴儿的模样,以"初生"的面貌持久存在,并借助于道的永恒性而超越道所规定的、生命的、固有的、有限性。在郭象处,圣人"冥道",获得"游外冥内"的超越性生命存在,其理路与《老子》处的"赤子"式圣人是具有同一性的。可参见陆建华《存在与超越:老子生命论》,《哲学研究》2006年第8期,第41页。

处是看得很清楚的。在此基础上，郭象说：

> 夫与物冥者，无多也。故多方于仁义者，虽列于五藏，然自一家之正耳，未能与物无方而各正性命，故曰非道德之正。(《庄子·骈拇注》)①
>
> 故游于无小无大者，无穷者也；冥乎不死不生者，无极者也。若夫逍遥而系于有方，则虽放之使游而有所穷矣，未能无待也。(《庄子·逍遥游注》)②

这是指"冥物"者需要"无方"。所谓"无多"，是不多方（于仁义等）的意思。骈拇枝指，附赘悬疣，还有多方乎仁义而用之者，从他们各自的性命角度看，没有任何部分是多余和累赘的，都各自是本己一家之正。但是，圣人与群品、万物不同，他不能够"有多"，而需"无多"，需要"与物无方"，而非"有方"。因为只有如此，方才能够非"一家之正"，而乃"道德之正"，从而去真正顺任万物的"各正性命"。郭象又说：

> 夫自任者对物，而顺物者与物无对。故尧无对于天下，而许由与稷契为匹矣。何以言其然耶？夫与物冥者，群物之所不能离也。是以无心玄应，唯感之从。泛乎若不系之舟。东西之非己也。(《庄子·逍遥游注》)③
>
> 夫画地而使人循之，其迹不可掩矣；有其己而临物，与物不冥矣。故大人不明我以耀彼而任彼之自明，不德我以临人而付人之自德，故能弥贯万物而玄同彼我，泯然与天下为一而内外同福也。(《庄子·人间世注》)④

---

① 郭庆藩：《庄子集释》，第313页。
② 郭庆藩：《庄子集释》，第11页。
③ 郭庆藩：《庄子集释》，第24页。
④ 郭庆藩：《庄子集释》，第185页。

这是指"冥物"者需要"无己","泛乎若不系之舟,东西之非己也"。唯"无己"方可"顺物""任彼",从而"与物无对""无心玄应,唯感之从";而若"有其己而临物",则"与物不冥矣"。"夫与物冥者,群物之所不能离也",盖圣人自然为群品、庶物之所归依和拥戴,自然由内圣而外王也。在郭象看来,这正是尧与许由、稷契他们的区别所在,因为只有"无对于天下"方乃"君德"也。郭象又说:

> 夫使耳目闭而自然得者,心知之用外矣。故将任性直通,无往不冥,尚无幽昧之责,而况人间之累乎?(《庄子·逍遥游注》)①
>
> 言物无贵贱,未有不由心知耳目以自通者也。故世之所谓知者,岂欲知而知哉?所谓见者,岂为见而见哉?若夫知见可以欲为而得者,则欲贤可以得贤,为圣可以得圣乎?固不可矣。而世不知知之自知,因欲为知以知之;不见见之自见,因欲为见以见之;不知生之自生,又将为生以生之故见目而求离朱之明,见耳而责师旷之聪,故心神奔驰于内,耳目竭丧于外,处身不适而与物不冥矣。不冥矣,而能合乎人间之变,应乎世世之节者,未之有也。(《庄子·人间世注》)②

这是指"冥物"者需要"无心"。"夫使耳目闭而自然得者,心知之用外矣";进而言之,由于"物无贵贱,未有不由心知耳目以自通者也",所以即使在心知耳目之用上,也需要无心而任其自用,所谓任"知之自知","见之自见","生之自生",如此方可"任性直通,无往不冥","与物无不冥,与化无不一","尚无幽昧之责,而况人间之累乎?"显然,这是在谈论圣人之"冥物"的境界性、普遍性和绝对性,以及由此而来的圣王功业。

在《庄子注》中,"物"是一个常见的范畴。仅以对《逍遥游》

---

① 郭庆藩:《庄子集释》,第15页。
② 郭庆藩:《庄子集释》,第152页。

和《齐物论》中的相关注解为例，郭象说"天地者，万物之总名也。天地以万物为体，而万物必以自然为正"（《庄子·逍遥游注》）①，"物之生也，莫不块然而自生"（《庄子·齐物论注》）②，"夫六合之外，谓万物性分之表耳"（《庄子·齐物论注》）③，等等，这里的"物""万物"是自然性质的，可以将天地间的各种事物都包含于其中。但是，郭象说"夫物未尝以大欲小，而必以小羡大"（《庄子·逍遥游注》）④，"言物各有分，故知者守知以待终，而愚者抱愚以至死，岂有能中易其性者也"（《庄子·齐物论注》）⑤，"夫物情无极，知足者鲜"（《庄子·齐物论注》）⑥，等等，这里的"物"，主要是指有其"成心""偏情"的群品、众庶，是与圣人相对而言的。应该说，在《庄子注》中，"物"的后一种含义更为普遍。由此，"冥物"之所"冥"，就主要不是在世外山林中去体认和把握自然万物，而是在世俗社会中对群品、众庶等诸世事的处理与因应。⑦ 换句话说，唯有圣人方可"冥物"，而"冥物"即主要是"冥内"（"冥"于"方内"）。圣人因"冥道""游外"而"冥内""冥物"，其中"冥道""游外"是圣人的"游心""游神"之事，"冥内""冥物"则属于圣人的"游形""游身"之事。由此，"冥物"以圣心境界为条件，但是它却不能够完全归结为心性境界之事，也就是说它不能够只是在心性范围内打转，而是必须发之于圣人的内心境界，而向外落实于他之具体的、客

---

① 郭庆藩：《庄子集释》，第 20 页。
② 郭庆藩：《庄子集释》，第 46 页。
③ 郭庆藩：《庄子集释》，第 152 页。
④ 郭庆藩：《庄子集释》，第 13 页。
⑤ 郭庆藩：《庄子集释》，第 59 页。
⑥ 郭庆藩：《庄子集释》，第 60 页。
⑦ 戴琏璋先生指出"'冥'是取'玄合''浑化'的意思，'与物冥'即与物玄同于自然，彼此相忘，浑然一体之意"，又说"郭氏由返于冥极、与物相冥的工夫而发展出一套道家式的治国之道。"应该说，当"物"取自然事物、天地万物的含义时，"与物冥"指己物之玄同浑化，且尤指在生死观上的随变任化、无所不"吾"；而当"物"取群品、庶物的含义时，"与物冥"指人间世中对群品、庶物的因任与随顺，且尤指圣人治世的外王功业。参见戴琏璋《玄智、玄理与文化发展》，（台湾）"中央研究院"中国文哲研究所，2002 年版，第 280、284 页。

观的应世活动之中。同样的道理，也不能够将"冥物"视之为审美化的观照之事，盖因圣人因时应物，其行径主要是客观的、日常的经验性与世俗性活动。①

二 "迹"与"无迹"

《庄子·人间世》说"绝迹易，无行地难"②，又《庄子·天地》说"至德之世，不尚贤，不使能，上如标枝，民如野鹿；端正而不知以为义，相爱而不知以为仁，实而不知以为忠，当而不知以为信，蠢动而相使，不以为赐。是故行而无迹，事而无传"③，可见圣人"不在大地上行走是很难做到的，但走路不留足迹就容易办到"，也就是说一个人生活在世上，要想不做任何事情很难，但把事情做好，不给别人留下把柄和行事的痕迹，还是可以做到的。④ 而这，也就是"行而

---

① 例如，在言谈问题上，关于"冥道"，郭象强调"无言"乃至"无意"，"至理无言，言则与类，故试寄言之"（郭庆藩：《庄子集释》，第79页），"言之则孟浪也，故试妄言之"（郭庆藩：《庄子集释》，第100页），"夫道物之极，常莫为而自尔，不在言与不言。极于自尔，非言默而议之也"（郭庆藩：《庄子集释》，第919页），"至于两圣无意，乃都无所言也"（郭庆藩：《庄子集释》，第946页）。但是，在"冥内""冥物"的问题上，郭象则主张"言于无言"（郭庆藩：《庄子集释》，第851页），"发于言者，必于会同"（郭庆藩：《庄子集释》，第850页），"所言者皆世言"（郭庆藩：《庄子集释》，第896页），"苟所言非己，则虽终身言，故为未尝言也。是以有喙三尺，未足称长，凡人闭口，未是不言"（郭庆藩：《庄子集释》，第852页），"言彼所言，故虽有言而我竟不言也。虽出吾口，皆彼言也"（郭庆藩：《庄子集释》，第950页），"圣人无言，其所言者，百姓之言耳，故曰不言之言。苟以言为不言，则虽言出于口，故为未之尝言"（郭庆藩：《庄子集释》，第851页）等。可见，圣人不是不言，只是其所言的内容是"百姓之言""世言""所言非己""言彼所言"，而所谓"必于会同"者，即指"冥物"中的与"世""物"之"暗合""玄会"，也就是所言谈的内容恰合时世与物事的要求，能够自然地与之冥合而无迹也。"出处语默，常无其心而付之自然"（郭庆藩：《庄子集释》，第370页），"夫应而非会，则虽当无用；言非物事，则虽高不行"（郭庆藩：《庄子集释·庄子序》，第3页），可见"会"即与"物事"之"冥合""暗会"，是"常无其心而付之自然"，而既然需要发之于口，当然就不只是境界之事（"游神""游心"），而是具体的、经验性活动（"游形""游身"）。

② 郭庆藩：《庄子集释》，第150页。

③ 郭庆藩：《庄子集释》，第445页。

④ 张松辉：《庄子疑义考辨》，中华书局2007年版，第71—72页。

无迹，事而无传"的意思。《庄子》又言："夫六经，先王之陈迹也，岂其所以迹哉！今子之所言，犹迹也。夫迹，履之所出，而迹岂履哉！"(《庄子·天运》)① 可见"迹""履"之间既相区别，又有联系，而"履"也正是行动的意思②。在《庄子注》中，如上所论，"冥道"是圣人之"游心""游神"，而"冥物"则是圣人之"游形""游身"。无论"冥道"，还是"冥物"，它们均是"冥"，而非"迹"。在《庄子注》中，圣人因"冥道"而"冥物"，并因"冥物"而"无迹"，而不是"有迹"。那么，何谓"迹"和"无迹"呢？

（一）内外与名迹

郭象论圣人之"名""迹"，首先是在内外、身心，以及对之加以对象化把握的一种认知论式的理论框架下进行的③。以尧、舜为例，他说：

① 郭庆藩：《庄子集释》，第532页。

② 郭象在《庄子注》中说"若乃任驽骥之力，适迟疾之分，虽则足迹接乎八荒之表，而众马之性全矣"（郭庆藩：《庄子集释》，第333页)，又说"人迹所至为通达，谓今四海之内也"（郭庆藩：《庄子集释》，第892页)，"躃辟其步，逶蛇其迹"（郭庆藩：《庄子集释》，第705页)，"理解而无刀迹，若聚土也"（郭庆藩：《庄子集释》，第123页)。这些原文中的"迹"都是足迹、痕迹的意思，从而与"履""行"相对而言。

③ 郭象在《庄子注》中的内外观，除了"方内""方外"的特殊用法外，主要有两种：(1)内为心、神，而外为身、形。如"内保其明，外无情伪，玄鉴洞照，与物无私，故能全其平而行其法也"（郭庆藩：《庄子集释》，215页)，"外形委屈，随人事之所当为者"（郭庆藩：《庄子集释》，第144页)，"耳目，外也；心术，内也"（郭庆藩：《庄子集释》，第783页)；"形骸外矣，其德内也"（郭庆藩：《庄子集释》，201页)，"使形者，才德也"（郭庆藩：《庄子集释》，第211页)，"德充于内，(应)物 [应] 于外，外内玄合，信若符命而遗其形骸"（郭庆藩：《庄子集释》，187页)，"夫不平不恢者，岂唯伤其形哉？神德并伤于内也"（郭庆藩：《庄子集释》，539页）等主要均是这一含义上的；(2)内为性分之内，外为性分之外。如"其内实不足以服物。若镇物由乎内实，则使人贵老之情笃矣"（郭庆藩：《庄子集释》，1038页)，"动而过分，则性气伤于内，金木讯于外也"（郭庆藩：《庄子集释》，1054页)，"……用其自用，为其自为，恣其性内而无纤芥于分外，此无为之至易也"（郭庆藩：《庄子集释》，184页)，"举其性内，则虽负万钧而不觉其重也；外物寄之，虽重不及锱铢，有不胜其任者也"（郭庆藩：《庄子集释》，184页)，其所言者均是在这一含义上的。在圣人处，其内性主要是一种心性境界，所以这两个方面的含义是可以统一的。

夫圣人之心，极两仪之至会，穷万物之妙数。故能体化合变，无往不可，磅礴万物，无物不然。世以乱故求我，我无心也。我苟无心，亦何为不应世哉！然体玄而极妙者，其所以会通万物之性，而陶铸天下之化，以成尧舜之名者，常以不为为之耳。孰弊弊焉劳神苦思，以事为事，然后能乎！(《庄子·逍遥游注》)①

尧舜者，世事之名耳；为名者，非名也。故夫尧舜者，岂直尧舜而已哉？必有神人之实焉。今所称尧舜者，徒名其尘垢秕糠耳。……夫尧之无用天下为，亦犹越人之无所用章甫耳。然遗天下者，固天下之所宗。天下虽宗尧。而尧未尝有天下也。故也，故宵然丧之，而尝游心于绝冥之境，虽寄坐万物。之上而未始不逍遥也。四子者盖寄言，以明尧之不一于尧耳。夫尧实冥矣，其迹则尧也。自迹观冥，内外异域，未足怪也。世徒见尧之为尧，岂识其冥哉！(《庄子·逍遥游注》)②

就尧舜之"名"而言，其乃世事之名耳，为名者，非名也。就尧舜之"实"而言，其中具"神人之实焉"。此"神人之实"，首先就是"圣人之心"；所谓"极两仪之至会，穷万物之妙数"者，"冥道"也；所谓"体化合变，无往不可，磅礴万物，无物不然"者，游于"方外"也；所谓"世以乱故求我，我无心也。我苟无心，亦何为不应世哉"者，"冥"于"方内"也。所以，所谓"夫尧实冥矣，其迹则尧也"，即指"尧舜"之"实"为一"游"于"方外"，并进而"冥"于"方内"的无形、无名的超越性存在，而其"名""迹"则是一种具体的、能够作为"世事之名"的，并为世人所认知、推尚和企慕的圣人之外在行径和形姿。③ 关于"神人"之"实"，在其他地

---

① 郭庆藩：《庄子集释》，第32页。

② 郭庆藩：《庄子集释》，第34页。

③ 此外在形姿，当其成为圣人之"名迹"时，应该是世人加以执取和推尚，也就是予以对象化把握的结果。就神人之实而言，他与时俱迁，与化泯合，所谓外在的形姿（"行"）也是迁流不息，无从执取和给定的。

方，郭象说：

> 神人者，无心而顺物者也。(《庄子·人间世注》)①
>
> 夫神人即今所谓圣人也。夫圣人虽在庙堂之上，然其心无异于山林之中，世岂识之哉！(《庄子·逍遥游注》)②
>
> (德人者，居无思，行无虑，不藏是非美恶。四海之内共利之之谓悦，共给之之谓安；怊乎若婴儿之失其母也，傥乎若行而失其道也。财用有余而不知其所自来，饮食取足而不知其所从，此谓德人之容。)德者，神人迹也，故曰容。(愿闻神人)愿闻所以迹也。(曰：上神乘光，与形灭亡，此谓照旷。致命尽情，天地乐而万事销亡，万物复情，此之谓混冥。)乘光者乃无光也。无我而任物，空虚无所怀者，非暗塞也。情尽命至，天地乐矣。事不妨乐，斯无事矣。情复而混冥无迹也。(《庄子·天地注》)③

所谓"无心而顺物"，"虽在庙堂之上，然其心无异于山林之中"，都是指神人之为"游外冥内"的超越性存在。又，"德人"为"神人"之"迹"，又"德人"之"容"为容态、形容、形态，所以是从外在容貌、形态的角度对"神人"的描述和把握，其具体内容就是《庄子》原文中的"居无思，行无虑，不藏是非美恶。四海之内共利之之谓悦，共给之之谓安。怊乎若婴儿之失其母也，傥乎若行而失其道也。财用有余而不知其所自来，饮食取足而不知其所从"，分别是从居、行、财、饮食等角度对至人无心而为状态的描述，也表明"迹"是重在从外在形姿方面对神人、圣人等理想人格的摄取和表征。与"德人"重在外在形姿方面不同，"神人"重在内在心性境界方面，故曰"无我而任物，空虚无所怀"，显然这是指一种无我、空虚的内

---

① 郭庆藩：《庄子集释》，第179页。
② 郭庆藩：《庄子集释》，第28页。
③ 郭庆藩：《庄子集释》，第443页。

在心境。① 由此看来，郭象论"迹"，其含义首先是指对圣人的一种外在形态与姿容的执取与给定。② 在这个含义上，它是建立在对圣人之"冥物""冥内"，也就是"游"于"方内"的身形存在予以一种认知论式的对象化把握的基础之上的。

（二）与物冥而无迹

圣人之"迹"建立在其之"冥物""冥内"的基础之上，但是二者间毕竟有着重要的区别。一般说来，郭象认为圣人因"冥物"而"无迹"，而不是有"迹"。郭象说：

> ……故任而不助，则本末内外，畅然俱得，泯然无迹。（《庄子·齐物论注》）③
>
> 神人无用于物，而物各得自用，归功名于群才，与物冥而无迹，故免人间之害，处常美之实，此支离其德者也。（《庄子·人间世注》）④
>
> 愧道德之不为，谢冥复之无迹，故绝操行，忘名利，从容吹累，遗彼忘我，若斯而已矣。（《庄子·骈拇注》）⑤
>
> ……夫志各有趣，不可相效也。故因其自摇而摇之，则虽摇而非为也；因其自荡而荡之，则虽荡而非动也。故其贼心自灭，独志自进，教成俗易，闷然无迹，复性自为而不知所由，皆云我自然矣。（《庄子·天地注》）⑥
>
> 此真浑沌也，故与世同波而不自失，则虽游于世俗而泯然无

---

① 但是，也不仅限于精神境界的方面。"乘光者乃无光也"即是无我而乘物的意思，而"情尽命至，天地乐矣。事不妨乐，斯无事矣"则是圣人治世的理想功业和境界了。

② "人哭亦哭，俗内之迹也；齐死生，忘哀乐，临尸能歌，方外之至也。"（郭庆藩：《庄子集释》，第266页）

③ 郭庆藩：《庄子集释》，第112页。

④ 郭庆藩：《庄子集释》，第182页。

⑤ 郭庆藩：《庄子集释》，第329页。

⑥ 郭庆藩：《庄子集释》，第432页。

迹，岂必使汝惊哉！（《庄子·天地注》）①

　　从以上原材料看，"无迹"在于万物的自然实现、复归和完成的过程，在于圣人在无为中去顺任万物的自得、自成，并因此而没有任何己之作为的痕迹，故谓之"无迹"也②。在以上诸材料中，圣人任万物之实现自身，而无所助益和干扰，则万物将能够很好地实现自身，其内本之性命与外末之存在泯然合一，从而没有圣人作用的任何痕迹；神人无用于物，而万物各得自用，群才各得功名，圣人无所功，无所名，亦无所迹；以道德的无为为依据，圣人无为，故万物、群品冥复。因冥复，故无迹。万物各复其性，无知自为，但却同时又是教成俗易的过程。换句话说，教成俗易的过程，因为无为无知，无任何教化、改易之痕迹，故曰闷然无迹也。在此，无迹即指没有任何教化者之有心、有为与干扰、改造之痕迹；所谓真浑沌者，他与世同波而不自失，则虽游于世俗而泯然无迹，在彼为彼，在此为此，浑沌玄同，故游荡于人世间却无任何作为、造作的痕迹也。要之，与"迹"之为"履"之印记、痕迹的含义相对，"无迹"首先是指圣人的一种无所作为的状态，并因此而没有任何己之行为痕迹的意思。这种无为、自然的"无迹"状态，当然主要是就圣人之治世的作为而言的。

　　但是，圣人，因内圣而外王，作为为治者，他完全的一无所为，除了远古的理想时世，其实是难以做到的③。郭象说：

---

　　① 郭庆藩：《庄子集释》，第438页。

　　② "主能任其自行，故无迹也"（郭庆藩：《庄子集释》，第446页），"反任物性而物性自一，故无迹"（郭庆藩：《庄子集释》，第556页）。

　　③ 而且，在无为观上，郭象强烈主张无为乃真为，而不是一无所为的观点。"为其所有为，则真为也。为其真为，则无为矣，又何加焉！"（郭庆藩：《庄子集释》，第1065页），"若谓拱默乎山林之中而后得称无为者，此庄老之谈所以见弃于当涂，当涂者自必于有为之域而不反者，斯之由也"（郭庆藩：《庄子集释》，第24页），可见除了理想性的三代之治外，在现实政治活动中，郭象是反对圣王的一无所为的。在他看来，作为时世扭转的中枢，圣人是因时而为和应世而动的，是必须有为和真为的。

自三代以上，实有无为之迹。无为之迹，亦有为者之所尚也，
尚之则失自然之素。故虽圣人有不得已，或以槃夷之事易垂拱之
性，而况悠悠者哉？夫鹑居而鷇食，鸟行而无章者，何惜而不殉
哉！故与世常冥，唯变所适，其迹则殉世之迹也；所遇者或时有
盘夷秃胫之变，其迹则伤性之迹也。然而虽挥斥八极而神气无变，
手足盘夷而居形者不扰，则奚殉哉？无殉也，故乃不殉其所殉，
而迹与世同殉也。(《庄子·骈拇注》)①

这是指由于时世的变化，圣人不可能一直处于如三代以上之一无所
为的、顺任万物之自然实现的状态，而是因应时世变化的需要而必须有
所作为，乃至于无所不为，从而呈现为一种殉世、伤性的形姿（所谓
"不得已"）。而究其实质，所谓"殉世之迹""伤性之迹"者，其"实"
也是圣人之"与世常冥，唯变所适"，也就是其之"冥内""冥物"也。
圣人因"冥道"而"冥物"，因"冥物"而与物冥合，与时俱逝，与化
俱迁，从而在时世的流逝中尽管有各种不同的身形姿态，但是它们都是
无所滞留，无从执取，也就是说不可被对象化地加以把握，从而都是泯
然"无迹"的。在《庄子注》中，郭象说"圣人无心而应物，唯变所
适"②，"物情之变，未始有极"③，"时变则俗情亦变，乘物以游心者，
岂异于俗哉"④ 等，这是言圣人之"冥内""冥物"；郭象又说"随时
因物，乃平泯也"⑤，"唯所遇而因之，故能与化俱"⑥，"流行反覆"，
"故无心者斯顺"⑦，"顺物而畅，物情之变然也"⑧，"物理无穷，故知

①　郭庆藩：《庄子集释》，第 323—326 页。
②　郭庆藩：《庄子集释》，第 921 页。
③　郭庆藩：《庄子集释》，第 905 页。
④　郭庆藩：《庄子集释》，第 952 页。
⑤　郭庆藩：《庄子集释》，第 938 页。
⑥　郭庆藩：《庄子集释》，第 938 页。
⑦　郭庆藩：《庄子集释》，第 911 页。
⑧　郭庆藩：《庄子集释》，第 905 页。

言无穷，然后与物同理也"①，等等，这是言圣人之与"化""冥合"，从而因物随变，故能"平泯"而"顺""畅"。可见，所谓"无迹"，在这里，就不是指圣人行为上的一无所为，而主要是指圣人行为与外界时世的要求与需要之间的冥合无间、平泯无痕，从而没有阻障、对立与冲突的意思。同时，圣人随世流变，而时世之流变无极，因此"无迹"亦应包含有因为圣人之与世俱化，故不可由世人之认知和行动（如"推尚""矫效"等）去加以对象化把握的意思。就圣人自身而言，因为其存在形态其实是"无迹"而非有"迹"，故他之呈现为诸如"殉世之迹""伤性之迹"等的外在形态，就应该不是就其自身存在的视角而言的。那么，其之呈现为所谓"殉世""伤性"等之形姿，又是就何种视角而言的呢？

（三）圣"迹"的种类

笔者以为，所谓圣人的"殉世""伤性"之迹，当从圣人之观示于众人的角度言之。在《庄子注》中，郭象说：

> 圣人常游外以（宏）［冥］内，无心以顺有，故虽终日（挥）［见］形而神气无变，俯仰万机而淡然自若。夫见形而不及神者，天下之常累也。是故观其与群物并行，则莫能谓之遗物而离人矣；观其体化而应务，则莫能谓之坐忘而自得矣。……其所以观示于众人者，皆其尘垢耳，非方外之冥物也。（《庄子·大宗师注》）
>
> 圣人者，民得性之迹耳，非所以迹也。此云及至圣人，犹云及至其迹也。夫圣迹既彰，则仁义不真而礼乐离性，徒得形表而已。有圣人即有斯弊，吾若是何哉！……（《庄子·马蹄注》）②
>
> 圣人因物之自行，故无迹。然则所谓圣者，我本无迹，故物

---

① 郭庆藩：《庄子集释》，第 918 页。
② 郭庆藩：《庄子集释》，第 337—338 页。

得其迹，迹得而强名圣，则圣者乃无迹之名也。（《庄子·让王注》）①

在这里，关键在于圣人之"观示于众人"。圣人因"冥物"而有其形（行）的存在，它们本是"无迹"的；但是，众人观圣人之"形"，却不及其"神"，而是仅仅把握其"形表"，从而"物得其迹"。由此，所谓"迹"，就是众人对圣人的"游形""游身"之"冥内"存在所做的对象化把握。换句话说，同一个圣人之行径与形姿，若从"冥内""冥物"，也就是圣人自身之游外冥内的角度看，它们是"无迹"的；但是，若"见形而不及神"，则它们会在对象化的认识论框架下为世人（以及后人）所把握。由于"见形而不及神"的缘故，这种对象化把握往往是凝滞化、板结化，从而是扭曲和异化形态的，并对圣人内在的"神人之实"起到遮蔽和误解的作用，所以郭象亦称其为圣人之"尘垢"，"凡非真性，皆尘垢也"。要之，"迹"是圣人之外在行径与形姿，它既可以从圣人自身之"冥内""冥物"的角度加以把握，也可以从世人、众人出于他们的"成心"的认知角度加以把握。在前一情况下，圣人之形姿是与其内神和外境均浑然一体的，它是"无迹"的；但是，在后一情况下，它是世人、后人对圣人"无迹"存在的私自截取和命名，从而是与圣人自身的存在完全无关，也无所涉及的②。当然，作为圣人之行径与形姿，它们本身就存在着为世人、后人所对象化把握的可能，故"迹"与"无迹"就是一体之两面，它们不过是不同角度审视和把握的结果，实质上是同一个东西。

推扩言之，郭象也将圣人的治世效果称之为圣人之迹。郭象说：

---

① 郭庆藩：《庄子集释》，第989页。

② "随时而变，无常迹也"（郭庆藩：《庄子集释》，第519页）；"在彼为彼，在此为此，浑沌玄同，孰识之哉？所识者常识其迹耳"（郭庆藩：《庄子集释》，第439页），"皇王之称，随世之上下耳，其于得通变之道以应无穷，一也"（郭庆藩：《庄子集释》，第384页）。就此而言，圣人之"迹"宛若蜩甲、蛇蜕，它们从蜩、蛇之身上脱落下来，成为一种僵死的存在，而蜩、蛇本身却是在不断变易之中的，不可能为此僵死化的蜩甲、蛇蜕所制约和规范。圣人的超越存在"随时而变"，"浑沌玄同"，是"无迹"的。

夫圣人者，诚能绝圣弃智而反冥物极，物极各冥，则其迹利物之迹也。器犹迹耳，可执而用曰器也。(《庄子·胠箧注》)①

自三代以上，实有无为之迹。无为之迹，亦有为者之所尚也，尚之则失自然之素。故虽圣人有不得已。……(《庄子·骈拇注》)

若夫任自然而居当，则贤愚袭情而贵贱履位，君臣上下，莫匪尔极，而天下无患矣。斯迹也，遂撄天下之心，使奔驰而不可止。故中知以下，莫不外饰其性以眩惑众人，恶直丑正，蕃徒相引。是以任真者失其据，而崇伪者窃其柄，于是主忧于上，民困于下矣。(《庄子·在宥注》)②

三代以上，因为圣人的无为之治，万物各得其性命的自然实现，此即所谓"物极各冥"，而对其的对象化把握则是众人眼中的"利物之迹""无为之迹"。依照《庄子注》，物性的自然实现同时也会带来社会秩序的自然完成，所谓"贤愚袭情而贵贱履位，君臣上下，莫匪尔极，而天下无患矣"。同样，对此社会理想秩序的对象化把握也构成了圣人的治世之"迹"。因被对象化了，故可执而用，而亦能够为有为者之所推尚，"遂撄天下之心，使奔驰而不可止"，"于是主忧于上，民困于下矣"。显然，之所以能够如此，是因为圣人的"冥物""冥内"之举实质上就是其之"游身""游形"的治世活动的缘故。

再推扩言之，郭象也将圣人的治世器具称之为圣人之迹。郭象说：

夫赏罚者，圣王之所以当功过，非以着劝畏也。故理至则遗之，然后至一可反也。而三代以下，遂寻其事迹，故匆匆焉与迹竞逐，终以所寄为事，性命之情何暇而安哉！(《庄子·在宥注》)③

---

① 郭庆藩：《庄子集释》，第354页。
② 郭庆藩：《庄子集释》，第376页。
③ 郭庆藩：《庄子集释》，第367页。

法者，妙事之迹也，安可以迹粗而不陈妙事哉！（《庄子·在宥注》）①

名法者，已过之迹耳，非适足也。故曰，赢然无心者，寄治于群司，则其名迹并见于彼。（《庄子·则阳注》）②

刑者，治之体，非我为。礼者，世之所以自行耳，非我制。知者，时之动，非我唱。德者，自彼所循，非我作。（《庄子·大宗师注》）③

无论赏罚，或者名法、刑礼等，它们都是"圣知"运用的结果，是圣人因应时世需要而推出的暂时性工具，但是却可能因为它们的可执而用而被世人（后人）所坚执和推尚，从而也成为圣人之"迹"的重要内容。

再进一步，以圣人之无心、冥物为依据，郭象以仁义、礼乐等名教规范为迹。他说：

仁者，兼爱之迹；义者，成物之功。爱之非仁，仁迹行焉；成之非义，义功见焉。存夫仁义，不足以知爱利之由无心，故忘之可也。但忘功迹，故犹未玄达也。礼者，形体之用；乐者，养生之具。忘其具，未若忘其所以具也。（《庄子·大宗师注》）④

无不容者，非为仁也，而仁迹行焉。无不理者，非为义也，而义功著焉。仁义发中，而还任本怀，则志得矣，志得矣，其迹则乐也。信行容体而顺乎自然之节文者，其迹则礼也。（《庄子·缮性注》）⑤

夫黄帝非为仁义也，直与物冥，则仁义之迹自见。迹自见，

---

① 郭庆藩：《庄子集释》，第 398 页。
② 郭庆藩：《庄子集释》，第 887 页。
③ 郭庆藩：《庄子集释》，第 238 页。
④ 郭庆藩：《庄子集释》，第 285 页。
⑤ 郭庆藩：《庄子集释》，第 549 页。

则后世之心必自殉之，是亦黄帝之迹使物撄也。（《庄子·在宥注》）①

　　这样，对于魏晋时期的重要时代主题——自然与名教的关系，郭象通过"迹""冥"范畴，做出了自己较为独特的回答。按照这一理路，圣人无心而为、冥物而动，会带来"兼爱"、"成物"、"无不容也"、"无不理也"、"还任本怀，则志得矣"、以及"信行容体而顺乎自然之节文"等万物既各尽其性，而己身亦因顺自然而有相应之节度规制的结果。对于这些结果，众人（后人）对它们予以对象化把握，结果就是"仁""义""礼""乐"的名号、名目等名教规范的产生。从这一理路看，仁义礼乐等来自众人对圣人存在及其功业的观瞻和执取，故理应"忘"之，如此方可复归于自然之境。显然，以仁义礼乐诸名教规范为圣人之"迹"，郭象对它们是存贬抑态度的。

　　进而，郭象亦以百家之学，尤其是记载儒家圣人言谈和事迹的"六经"等为"迹"。他说：

　　　　所以迹者，真性也。夫任物之真性者，其迹则六经也。（《庄子·天运注》）②

　　　　况今之人事，则以自然为履，以六经为迹。（《庄子·天运注》）③

　　　　（……其在诗书礼乐者，邹鲁之士搢绅先生多能明之）能明其迹耳，岂所以迹哉！（《庄子·天下注》）④

　　　　（……其数散于天下而设于中国者，百家之学时或称而道之）皆道古人之陈迹耳，尚复不能常称。（《庄子·天下注》）⑤

---

① 郭庆藩：《庄子集释》，第 373 页。
② 郭庆藩：《庄子集释》，第 532 页。
③ 郭庆藩：《庄子集释》，第 532 页。
④ 郭庆藩：《庄子集释》，第 1068 页。
⑤ 郭庆藩：《庄子集释》，第 1069 页。

法家虽妙，犹有椎拍，故未泯合。(《庄子·天下注》)①

　　《庄子》言桓公读书，轮扁质疑，其以"圣人已死矣"为依据，认为："然则君之所读者，古人之糟粕已夫!"②与《庄子》的态度类似，郭象认为《诗》《书》《礼》《乐》《易》《春秋》等"六经"典籍，它们记载孔子、文武等儒家传统圣人之言行和行事，并为"邹鲁之士""搢绅先生"等加以瞻仰和推尚，但是究其实，则它们实际上只是此诸圣人之"迹"，而圣人之"实"则是他们之"冥道"与"冥物"("游外冥内")的"真性"③。另外，郭象对待百家之学的态度，与他对待儒家的态度是基本一致的。可见，任何传世典籍，在他看来，均只是"尘垢""古人之糟粕"，均只是"圣迹"而已。

　　特别地，郭象以历史上的各种圣人之名号为其"迹"。郭象说：

　　　　夫尧舜帝王之名，皆其迹耳，我寄斯迹而迹非我也，故骇者自世。世弥骇，其迹愈粗。粗之与妙，自途之夷险耳，游者岂常改其足哉!(《庄子·在宥注》)④

　　　　夫有虞氏之与泰氏，皆世事之迹耳，非所以迹者也。(《庄子·应帝王注》)⑤

　　　　不能大齐万物而人人自别，斯人自为种也。承百代之流而会乎当今之变，其弊至于斯者，非禹也。故曰：天下耳，言圣知之

---

　　① 郭庆藩：《庄子集释》，第1089页。

　　② "世之所贵道者，书也。书不过语，语有贵也。语之所贵者，意也，意有所随。意之所随，不可以言传也，而世因贵言传书。世虽贵之，我犹不足贵也，为其贵非其贵也。故视而可见者，形与色也；听而可闻者，名与声也。悲夫！世人以形色名声为足以得彼之情，夫形色名声，果不足以得彼之情，则知者不言，言者不知，而世岂识之哉！"(郭庆藩：《庄子集释》，第488页)

　　③ 圣人以"冥"("游外冥内")为其"真性"，而其"冥内""冥物"的主要内容即是"任物之真性"。因此，"所以迹者，真性也"与"任物之真性"之间是统一的。

　　④ 郭庆藩：《庄子集释》，第375页。

　　⑤ 郭庆藩：《庄子集释》，第288页。

迹非乱天下，而天下必有斯乱也。(《庄子·天运注》)①

　伏羲黄帝者，功号耳，非所以功者也。故况功于所以功，相去远矣，故其名不足以友其人也。(《庄子·田子方注》)②

　冉相氏，古之圣王也。居空以随物，物自成。(《庄子·则阳注》)③

在历史长河的流程中，存在着各种理想人格，他们各自有着不同的名号。不同的名号意味着不同的人格形象，有着不同的生命形姿和思想内容。但是，在郭象这里，这些名号的区别是外在的和表面的，它们是不同的时世背景下世人（后人）对圣人的"冥道"和"冥物"之"实"从不同维度加以不同的执取和对象化把握的结果，而圣人的实质其实都是普遍的、相同的，都是一种"游外冥内"的"神人之实"罢了。

总括而言，郭象所谓"迹"主要是指以下内容：圣人所完成的各种功绩（特别是民、物各得其性）；人们赋予圣人的各种美好的名号，如圣人、伏羲、黄帝、尧舜禹等；圣人所运用的具体的"圣法"；儒家和世俗所谓仁义礼智信等；六经；以上圣迹所造成的进一步的后果。④ 分析这些内容，它们显然都建立在对圣人"冥物""冥内"的"游身"与"游形"之形姿加以对象化把握的基础之上，是对后者的泛化与扩展。圣人具有"游外冥内"的"至极"之"理"，因此其"冥物""冥内"的"游形""游身"之举是建立在其"游心""游神"于"方外"之域的心性境界的基础之上的。圣人因"冥道"而"冥物"，可以用"冥"之一字来涵括其作为超越性存在的本质特征。接下来的问题是：应该如何理解圣人的"迹""冥"关系呢？

---

① 郭庆藩：《庄子集释》，第 529 页。
② 郭庆藩：《庄子集释》，第 727 页。
③ 郭庆藩：《庄子集释》，第 885 页。
④ 韩林合：《游外以冥内：郭象哲学研究》，商务印书馆 2016 年版，第 255 页。

三 "迹""冥"关系

在对郭象哲学中的"迹""冥"思想作了以上分析的基础之上，探讨《庄子注》中的"迹""冥"关系，可以看出在二者之间是存在着相互统一的、迹冥圆融的方面的；但是，在二者关系上，郭象重在论述"迹"对"冥"的隔遮，以及二者间的对立与冲突的性质。在《庄子注》中，前一方面突出地表现在他有关"所以迹"的概念，以及"迹"与"所以迹"的关系的论述中，而后一方面则在郭象对所谓逐"迹"失"一"和捐"迹"反"一"的社会历史观的论述中得到了强化式的表达。具体说来：

（一）"所以迹"的概念

关于"所以迹"，《庄子注》中说道：

> 夫有虞氏之与泰氏，皆世事之迹耳，非所以迹者也。所以迹者，无迹也，世孰名之哉！未之尝名，何胜负之有哉！然无迹者，乘群变，履万世，世有夷险，故迹有不及也。（《庄子·应帝王注》）①

> 夫尧舜帝王之名，皆其迹耳，我寄斯迹而迹非我也，故骇者自世。世弥骇，其迹愈粗。粗之与妙，自途之夷险耳，游者岂常改其足哉！故圣人一也，而有尧舜汤武之异。明斯异者，时世之名耳，未足以名圣人之实也。故夫尧舜者，岂直一尧而已哉！是以虽有矜愁之貌，仁义之迹，而所以迹者故全也。（《庄子·在宥注》）②

> （夫六经，先王之陈迹也，岂其所以迹哉！今子之所言，犹

---

① 郭庆藩：《庄子集释》，第288页。
② 郭庆藩：《庄子集释》，第375页。

迹也，而迹岂履哉。）所以迹者，真性也。夫任物之真性者，其迹则六经也。况今之人事，则以自然为履，六经为迹！（《庄子·天运注》）①

"所以"一词，表依据，也表原因②。此"所以"，或为"无迹"，或为"全"，或为"真性"，就其含义而言，都偏重于圣人所具有的超越性存在，尤其是其超越性的精神境界的方面。郭象说"夫神全形具而体与物冥者，虽涉至变而未始非我，故荡然无蚤介于胸中也"（《庄子·齐物论注》）③，又说"圣人之形，不异凡人，故耳目之用衰也，至于精神，则始终常全耳"（《庄子·徐无鬼注》）④，可见"全"偏重于游神、游心的精神境界方面。圣人之"真性"是指他的以"冥"为性，而其内容即指圣人之"游外而冥内"的特质与过程，也就是由"冥道"，进而"冥物"，从而与万物一体，并浑然"无迹"的意思。在"迹"与"所以迹"的关系上，因为"所以迹"为圣人之"全""无迹""真性"，而"迹"为圣人之被固定化的、对象化的外在形姿（与行为模式），则关键在于是否能够透过外在形姿（与行为模式）之"迹"而见其内冥之"所以迹"，盖前者偏于"形"，而后者偏于"神"也。这样，若能够见"形"而及"神"，则"迹""冥"之间确

　　① 郭庆藩：《庄子集释》，第 532 页。
　　② 关于"所以"的原材料，《庄子注》中较多，例如："圣人者，物得性之名耳，未足以名其所以得也"（郭庆藩：《庄子集释》，第 22 页），"心得纳养之中，故命续而不绝；明乎养生乃生之所以生也"（郭庆藩：《庄子集释》，第 130 页），"子贡不闻性与天道，故见其所依而不见其所以依。夫所以依者，不依也，世岂觉之哉！"（郭庆藩：《庄子集释》，第 271 页），"礼者，形体之用；乐者，乐生之具。忘其具，未若忘其所以具也"（郭庆藩：《庄子集释》，第 284 页），"众父父者，所以迹也"（郭庆藩：《庄子集释》，第 419 页），"伏羲黄帝者，功号耳，非所以功者也。故况功于所以功，相去远矣，故其名不足以友其人也"（郭庆藩：《庄子集释》，第 727 页），"物皆以任力称情为爱，今以勤俭为法而为之大过，则虽欲饶天下，更非所以为爱也"（郭庆藩：《庄子集释》，第 1075 页），"非其时而守其道，所以为墨也"（郭庆藩：《庄子集释》，第 1079 页），就这些材料中对"所以"一词的使用看，主要是原因、依据的意思。
　　③ 郭庆藩：《庄子集释》，第 96 页。
　　④ 郭庆藩：《庄子集释》，第 865 页。

实存在着本末、体用和内外的合一与圆融关系①。郭象说：

> 论语曰：伯夷叔齐饿于首阳之下，不言其死也。而此云死焉，
> 亦欲明其守饿以终，未必饿死也。此篇大意，以起高让远退之风。
> 故被其风者，虽贪冒之人，乘天衢，入紫庭，犹时慨然中路而叹，
> 况其凡乎？故夷、许之徒，足以当稷契，对伊吕矣。夫居山谷而
> 弘天下者，虽不俱为圣佐，不犹高于蒙埃尘者乎！其事虽难为，
> 然其风少弊，故可遗也。曰：许由之弊安在？曰：许由之弊，使
> 人饰让以求进，遂至乎之哙也；伯夷之风，使暴虐之君得肆其毒
> 而莫之敢亢也；伊吕之弊，使天下贪冒之雄敢行篡逆；唯圣人无
> 迹，故无弊也。若以伊、吕为圣人之迹，则夷、齐亦圣人之迹也。
> 若以夷齐非圣人之迹。则伊吕之事亦非圣矣。圣人因物之自行，
> 故无迹。然则所谓圣者，我本无迹，故物得其迹，迹得而强名圣，
> 则圣者乃无迹之名也。（《庄子·让王注》）②

此段原材料，还是需要从圣人存在的内外两个方面——内在的超
越境界（"所以迹"）与外在的行为事功（"迹"）——以及由于后人
追逐外迹，对其之对象化和凝结化把握所带来的弊端与恶果加以分析。
无论或许由，或伯夷、叔齐，或伊尹、吕尚，他们均有其常迹，也就
是有其固定的、特有的外在形姿与行为模式，并因此能够带来相应的
效仿行为。许由的外在形姿与行为模式（其"迹"），在于让天子之
贵，但是带来的弊端是会让后来者，如之、哙等，因此而为之危国殒
身③；伯夷、叔齐的外在形姿与行为模式（其"迹"），在于兄弟让国，
叩马谏伐，而其弊端则在于可能导致暴虐之君得肆其毒而莫之敢亢也；
伊尹、吕尚为圣佐，在汤、武革命时他们均辅助圣王讨伐桀、纣等暴
君，而其弊端则在于可能会有助于天下贪冒之雄敢行篡逆，从而搅乱

---

① 汤一介：《郭象与魏晋玄学》，第251—253页。
② 郭庆藩：《庄子集释》，第989页。
③ "之、哙"指燕王哙仿效尧舜故事，他禅让王位于燕相子之，结果却殒身危国的事情。

本来正常的天下秩序。为什么会有这些固定的、特有的外在形姿与行为模式呢？原因在于其内在性命的有限和有极，而不是无限无极，从而不能够无为而无不为，无可而无不可也。能够无为而无不为、无可而无不可者，唯有圣人，因其性无极，故其形亦无迹，也就是没有固定的、特有的外在形姿与行为模式，而是因化应物，随时而变，一切以时世的要求为转移，并因此而与时世的变化本身泯合为一，不留下任何造作、强为的痕迹（所谓"无迹"）①。从因应时世要求的角度看，当时世要求圣人呈现或许由，或伯夷、叔齐，或伊尹、吕尚等人的行为模式时，他也能够因时应物而动，从而呈现为相应的生命形态。在这个意义上，也可以说伊、吕，夷、齐，或许由，等等，他们都可以是圣人之"迹"。反过来说，当他们的行为模式不适应时世的要求，不能够很好地因时应物时，则无论夷、齐，许由，或是伊、吕，等等，他们亦均非圣人之"迹"矣。由此，圣人之行为模式为无为而无所不为，无可而无所不可，从其内在的、无为无可的超越心境，以及其超越性存在与世泯合，不可被对象化的角度看，可以说圣人为无迹、超迹，但是从其外在的、无不为和无不可的行为形态角度看，也可以说任何迹都可以是圣人之迹。"超迹""无迹"的超越心境应该落实到无所不可也无所不为的外在形姿和行为模式之中，而任何外在形姿与行为之"迹"，若究其根据，则它们又都是奠立在"超迹""无迹"的心性境界之上的。由此，"迹""冥"（"所以迹"）之间是互摄互涵的，它们之间是统一和圆融的关系。这是从统一的角度对迹冥关系的把握。

（二）迹冥兼忘

但是，若见"形"而不及"神"，则二者间的关系就同时是分裂、

---

① 《庄子》曰："凡人心险于山川，难于知天。天犹有春秋冬夏旦暮之期，人者厚貌深情。故有貌愿而益，有长若不肖，有顺懁而达，有坚而缦，有缓而悍。故其就义若渴者，其去义若热。"郭象注曰"但为难知耳，未为殊无迹"（郭庆藩：《庄子集释》，第 1055 页）。可见俗众、群品的行为模式有浅显粗疏者，也有厚貌深情者。"无迹"要求心境的超越和行为样态的因时无常，故只有圣者方可当之。

遮蔽和隔离的。从二者间对立与冲突的角度看，所谓"名迹"，又确实只是圣人的外在形姿（及其功业）为群品、俗众所认知和效仿，并被凝结和对象化的产物。世人（后人）观瞻圣人之形姿，将其对象化，并赋予以相应的圣人名号，此即"物得其迹，迹得而强名圣，则圣者乃无迹之名也"。对于这些被凝结和对象化了的圣迹，郭象主张"忘迹"。他说：

> 苟不能忘形，则随形所遭而陷于忧乐，左右无宜也。（《庄子·外物注》）①
> 忘视而自见，忘听而自闻，则神不扰而形不邪也。（《庄子·在宥注》）②
> 百体皆适，则都忘其身也。（《庄子·达生注》）③
> 唯傀然无矜，遗形自得，道乃尽也。（《庄子·外物注》）④
> 夫遗生而后能忘忧，忘忧而后生可乐，生可乐而后形是我有，富是我物，贵是我荣也。（《庄子·至乐注》）⑤

这是"忘形""忘身""遗生"。由于"迹"是圣人身形、形姿的对象化，故至少在圣人自身处，"忘形"、"忘身"和"遗生"能够使得圣"迹"的发生和作用失去根基，从而变得没有可能。"忘，故能有。若有之，则不能救其忘矣。故有者，非有之而有也，忘而有之也"（《庄子·刻意注》）⑥，所以，对"形""身""生"之"忘"带来的不是它们的失落，反而是它们的保存和成全。进一步，以仁义为例，郭象说：

---

① 郭庆藩：《庄子集释》，第 922 页。
② 郭庆藩：《庄子集释》，第 382 页。
③ 郭庆藩：《庄子集释》，第 662 页
④ 郭庆藩：《庄子集释》，第 923 页。
⑤ 郭庆藩：《庄子集释》，第 610 页。
⑥ 郭庆藩：《庄子集释》，第 537 页。

事至而爱，当义而止，斯忘仁义者也，常念之则乱真也。（《庄子·天道注》）①

凡名生于不及者，故过仁孝之名而涉乎无名之境，然后至焉。（《庄子·天运注》）②

斯乃忘仁而仁者也。（《庄子·天运注》）③

夫仁义者，人之性也。人性有变，古今不同也。故游寄而过去则冥，若滞而系于一方则见。见则伪生，伪生而责多矣。（《庄子·天运注》）④

"言仁义之誉，皆生于不足"（《庄子·天运注》）⑤，故真实的仁义之性的实现，其实不在于张扬仁义的旗号，而在于"忘"之、"过"之，在于"游寄而过去"，而不能够"滞而系于一方"。盖"游寄而过去则冥"，"冥"即冥合于仁义之真性，故"事至而爱，当义而止"；"滞而系于一方则见"，"见"即外在式的呈现，即"徒得形表而已"⑥，故"见则伪生，伪生而责多矣"。与"仁义"的名誉式存在相对，这种"仁义"之"性"的真实实现，郭象认为它是一种"无名之境"，并因之而提出"至仁"的概念。郭象说：

夫至仁者，无爱而直前也。世所谓无私者，释己而爱人。夫爱人者，欲人之爱己，此乃甚私，非忘公而公也。（《庄子·天道注》）⑦

无亲者，非薄德之谓也。夫人之一体，非有亲也；而首自在上，足自处下，府藏居内，皮毛在外；外内上下，尊卑贵贱，于

---

① 郭庆藩：《庄子集释》，第480页。
② 郭庆藩：《庄子集释》，第499页。
③ 郭庆藩：《庄子集释》，第524页。
④ 郭庆藩：《庄子集释》，第519页。
⑤ 郭庆藩：《庄子集释》，第524页。
⑥ 郭庆藩：《庄子集释》，第337页。
⑦ 郭庆藩：《庄子集释》，第479页。

其体中各任其极，而未有亲爱于其间也。……（《庄子·天运注》）①

冥山在乎北极，而南行以观之；至仁在乎无亲，而仁爱以言之；故郢虽见而愈远冥山，仁孝虽彰而愈非至理也。（《庄子·天运注》）②

显然，"至仁"是指一种"无爱""无亲"之"忘"境中的对己物存在的普遍性的实现。因为普遍性的实现，故谓之"至仁"；因为是在"忘"境中的无心而自得，故谓之"无爱""无亲"。因为此"忘"境的双向性与普遍性，有时郭象亦称之为"兼忘"。郭象说：

夫至仁者，百节皆适，而终日不自识也。圣人在上，非有为也，恣之使各自得而已耳。自得其为，则众务自适，群生自足，天下安得不各自忘我哉！各自忘矣，主其安在乎？斯所谓兼忘也。（《庄子·天运注》）③

《庄子序》曰"至仁极乎无亲，孝慈终于兼忘，礼乐复乎己能，忠信发乎天光"④，可见"兼忘"即是"无亲"之"忘"境的普遍化而已。在"至仁"之境中，天下群生皆各自得，圣人百姓，人己"兼忘"，这是至忘之境，也是至适之境。而若将这一"兼忘"的思想应用到"迹""冥"关系上，则郭象说：

仁者，兼爱之迹；义者，成物之功。爱之非仁，仁迹行焉；成之非义，义功见焉。存夫仁义，不足以知爱利之由无心，故忘之可也。但忘功迹，故犹未玄达也。礼者，形体之用；乐者，养

---

① 郭庆藩：《庄子集释》，第498页。
② 郭庆藩：《庄子集释》，第499页。
③ 郭庆藩：《庄子集释》，第500页。
④ 郭庆藩：《庄子集释·庄子序》，第3页。

生之具。忘其具，未若忘其所以具也。夫坐忘者，奚所不忘哉！既忘其迹，又忘其所以迹者，内不觉其一身，外不识有天地，然后旷然与变化为体而无不通也。无物不同，则未尝不适；未尝不适，何好何恶哉！（《庄子·大宗师注》）①

此"坐忘"的境界，也是一"兼忘"之境，是一"至适"之境。对于仁义礼乐之"迹"，理应"忘"之，因为"爱利出于无心"；但是，仅"忘迹"是不够的，还应该"忘"其"所以迹"，而"所以迹"者，圣人作为超越性存在之无迹也，真性也，冥也。故所谓"坐忘"者，即一"无所不忘"之"兼忘"的境界也②。在此境界中，所谓"迹冥"关系，不仅是在"忘"境中的迹冥圆融，且最终是归结于"迹冥兼忘"的。这是郭象迹冥论之最高的境界，它是一具实践性意义之理境，而非思辨性意义抽象之学理而已。③ 当然，这一理境，它主要是落实在圣人的心性境界和超越性存在之中的。

（三）逐"迹"失"一"

进一步，郭象哲学不仅仅是心性思考，它更多的是政治历史观。站在政治哲学与历史观的角度，对于"迹""冥"关系，郭象突出地强调前者对后者的遮蔽与扭曲的方面。在《缮性》篇，庄子说：

古之人，在混芒之中，与一世而得淡漠焉。当是时也，阴阳和静，鬼神不扰，四时得节，万物不伤，群生不夭，人虽有知，无所用之，此之谓至一。当是时也，莫之为而常自然。④

---

① 郭庆藩：《庄子集释》，第283—285页。
② 参见附录之一《〈庄子〉论"孝"探微》一文中对《庄子》一书中关于"忘""兼忘""至仁"等思想的分析。
③ 庄耀郎：《郭象玄学》，（台湾）里仁书局2003年版，第314—315页。
④ 郭庆藩：《庄子集释》，第550页。

在此段的注释中，郭象写道：

物皆自然，故至一也。①

郭象说"物自物，故冥也"，所以"物皆自然"的"至一"之境也是物皆自物的"玄冥之境"。这种"至一"和"玄冥"的境界同时是一种整体性的和谐状态。这种整体性的和谐境界是圣人实施无为之治的结果。依照《庄子》，此"至一"之境，在燧人伏羲、神农黄帝、唐虞等圣人之治中逐步没落，会导致"顺而不一""安而不顺""去性""从心""附文""益博"，"然后民始惑乱，无以反其性情而复其初"②的恶果。对此过程，在《庄子·缮性注》中，郭象说：

夫德之所以下衰者，由圣人不继世，则在上者不能无为而美无为之迹，故致斯弊也。世已失一，惑不可解，故释而不推，顺之而已。安于所安而已。③

圣人无心，任世之自成。成之淳薄，皆非圣也。圣能任世之自得耳，岂能使世得圣哉！故皇王之迹，与世俱迁，而圣人之道未始不全也。④

彼我之心，竞为先识，无复任性也。忘知任性，斯乃定也。⑤

文博者，心质之饰也。初，谓性命之本。⑥

这样，通过"迹"的概念，郭象将《庄子》中对燧人伏羲、神农黄帝、唐虞等圣人的指责予以扭转。"圣人之道未始不全也"，此"全"亦即圣人游外冥内之"无心""忘知"，亦即其"无迹""冥"

---

① 郭庆藩：《庄子集释》，第551页。
② 郭庆藩：《庄子集释》，第552页。
③ 郭庆藩：《庄子集释》，第552页。
④ 郭庆藩：《庄子集释》，第552页。
⑤ 郭庆藩：《庄子集释》，第553页。
⑥ 郭庆藩：《庄子集释》，第554页。

也。至于燧人伏羲、神农黄帝、唐虞等圣人之间的区别，则是"皇王之迹，与世俱迁"，是在顺应时世的不同中呈现为不同的圣人形象。若问时世为什么会从"至一"之世逐步没落呢？依照《庄子》之说，这是圣人之治扰乱人心的结果，而依照郭象的分析，这是因为圣不继世，后世君王不能够体认圣人的心性之"全"，而羡慕"无为之迹"，遂有逐"迹"求"一"之举，时世亦每况愈下，而致斯祸矣。换句话说，"迹"来自圣王在有事之世的因时应物之举，就圣王自身言可谓无心无为之举，而就群品、俗众之观瞻而言则突兀而高显，并易于引起后人的羡欲、矫效，从而带来万物之离性失德的恶果。接着，郭象又说：

> 莫知反一以息迹而逐迹以求一，愈得迹，愈失一，斯大谬矣。……反任物性而物性自一，故无迹。虽有事之世，而圣人未始不淡漠也，故深根宁极而待其自为耳，斯道之所以不丧也。（《庄子·缮性注》）①

"反一"，在《庄子》中的含义应该是指返回到"至一"的理想状态之中。在这种理想性的"至一"之世，圣王无为而治，一切都处于自然性的实现状态之中，因此没有任何具体作为的痕迹，可谓"无迹"，而民众均自然自得，也没有任何逐外矫效之举，故亦可谓"无迹"。而在《庄子注》中，郭象所谓"一"的含义偏向于强调万物性命与存在之间的自然合一，因此"反一"是指天地万物都回归于自然实现的理想状态之中，基本含义与《庄子》之间是没有区别的。虽在有事之世，圣人心性自全，游外而自然冥内，故他"深根宁极"，无论身处何种境况之中，"而未始不淡漠也"。但是，就时世本身而论，"逐迹以求一，愈得迹，愈失一"。郭象说：

---

① 郭庆藩：《庄子集释》，第555—556页。

夫物之形性何由而失哉？皆由人君挠之以致斯患耳。(《庄子·则阳注》)①

后世人君，将慕仲尼之遐轨，而遂忍性自矫伪以临民，上下相习，遂不自知也。今以上民，则后世百姓非直外形从之而已，乃以心神受之。(《庄子·列御寇注》)②

显然，在郭象看来，由于"圣人不继世"③，圣能任世之自得，而不能使世得圣，后世人君根本就不能够理解圣之为圣的"所以迹"，而只是为圣者之"迹"所迷惑，故或"慕仲尼之遐轨"而厉行名教之治，或"尚无为之迹"而不懂得无为乃真为的道理，"逐迹以求一，愈得迹，愈失一"，在"各奋其方，或以主物"中自然地"上之所为，而民皆赴之"，故使得万物生残性易，物性失落了。这一过程，由于"圣人不继世"是一个既定的事实，圣留其"迹"而后人必为所诱亦是一个必然的过程，因此，"天理自有穷通"④(《庄子·庚桑楚注》)，"至理之弊，遂至于此"(《庄子·天运注》)⑤，进而"弊生于理，故无所复言"(《庄子·天运注》)⑥。郭象说：

厉，恶人也。言天下皆不愿为恶，及其为恶，或迫于苛役，或迷而失性耳。然迷者自思复，而厉者自思善，故我无为而天下自化。⑦(《庄子·天地注》)

我们看到，在这里，针对物性之迷失，郭象并不认为整个形势会向恶性循环的方向发展，而是认为即使是在物性已失的情况下，作为

---

① 郭庆藩：《庄子集释》，第 903 页。
② 郭庆藩：《庄子集释》，第 1051 页。
③ 郭庆藩：《庄子集释》，第 552 页。
④ 郭庆藩：《庄子集释》，第 793 页。
⑤ 郭庆藩：《庄子集释》，第 529 页。
⑥ 郭庆藩：《庄子集释》，第 530 页。
⑦ 郭庆藩：《庄子集释》，第 452 页。

"迷者"和"厉者",他们仍然没有丧失其生命本性中内在的积极因素,仍然是"迷者自思复"和"厉者自思善",仍然会有复归其"真性"和"和性"的可能,整个社会也仍然有可能恢复到原初的和谐的理想状态中去。

(四)捐"迹"反"一"

在物性已失的情况下,如何复归物之本性呢?对此,郭象的回答简单而平易。在他看来,由于逐"迹"乃物性丧失的祸根,祸根当然不可能是福路,因此,不能以逐"迹"以求"一",而应该捐"迹"以反"一"。他说:

> 无己,故顺物,顺物而至矣。夫物,未尝有谢生于自然者,而必欣赖于针石,故理至则迹灭矣。今顺而不助,与至理为一,故无功。圣人者,物得性之名耳,未足以名其所以得也。(《庄子·逍遥游注》)①

> 由腐儒守迹,故致斯祸。不思捐迹反一,而方复攘臂用迹以治迹,可谓无愧而不知耻之甚也。(《庄子·在宥注》)②

> 桁杨(刑具也)以接为管,而梏梏以凿枘为用。圣知仁义者,远于罪之迹也。迹远罪,则民斯尚之,尚之则矫诈生焉。矫诈生而御奸之器不具者者,未之有也。故弃所尚则矫诈不作,矫诈不作则桁杨梏梏废矣,何凿枘椄榐之为哉。(《庄子·在宥注》)③

这样,一切有为有心之举,尤其是腐儒守迹,在郭象看来,都是以火救火,以水济水,纯属无益于事,甚乃至于愈复愈乖,愈救愈离,根本不能够起到真正的复性之功用。为了复性,不得有知,而应无知,不得有欲,而应无欲,不得有情,而应无情,一句话,不得有心有为,

---

① 郭庆藩:《庄子集释》,第22页。
② 郭庆藩:《庄子集释》,第377页。
③ 郭庆藩:《庄子集释》,第378页。

而应无心无为。无为至易，有为至难。在此至易之无心和无为中，由于万物本身所具有的自动恢复机制，或说本能，物性之回归乃是一个自复自归的过程。郭象说：

> 摇者自摇，作者自作，莫不复命而师其天然也。(《庄子·则阳注》)①
>
> 提携万物，使复归自动之性。(《庄子·在宥注》)②
>
> 复之不由于识，乃至也。(《庄子·大宗师注》)③
>
> 浑沌无知而任其自复，乃能终身不离其本也。(《庄子·在宥注》)④
>
> 使万物各复其根，抱一而已，无饰于外，斯圣王所以生成也。(《庄子·天下注》)⑤
>
> 夫率自然之性，游无迹之途者，放形骸于天地之间，寄精神于八荒之表；是以无门无房，四达皇皇，逍遥六合，与化偕行也。(《庄子·知北游注》)⑥

即使在物性普遍离失的现实处境下，作为治者之圣王，其所应做的仍不是奋发有为，而应是无心因顺，并在这种无心因顺中去做到万物的各复其根。同样，作为已失其性的万物自身，他们所应做的就不是一切有为之举，而应该是在无心任性中去达到自身自然之性的混沌自复。对于物性的伤而自复，郭象的态度是很宽容的，他说：

> 夫率性而往，自然也；往而伤性，性伤而能改者，亦自然也。

---

① 郭庆藩：《庄子集释》，第 881 页。
② 郭庆藩：《庄子集释》，第 396 页。
③ 郭庆藩：《庄子集释》，第 230 页。
④ 郭庆藩：《庄子集释》，第 391 页。
⑤ 郭庆藩：《庄子集释》，第 1066 页。
⑥ 郭庆藩：《庄子集释》，第 742 页。

（《庄子·大宗师注》）①

　　未能绝迹而玄会。（《庄子·徐无鬼注》）②

　　夫生之阳，遂以其绝迹无为而忽然独尔，非有由也。（《庄子·寓言注》）③

　　独性自为，无待自生，生发过程的无心、自然过程，并因此而言其"绝迹"，可见"迹"关乎到一种有心、有为、具有外在模仿与矫效特性的非自然性的实现方式。与此相反，"自然"是无心无为之举，是对物"性"的"玄会"，是"冥"，是"无迹"，是天地万物的混冥至乐，是万物皆"一"的完整实现，是"至一"之世的回复和复归。本然生命中蕴含着自然的生机和美丽，它们带给生命本身以无限的慰藉，使得生命能够在苦难的现实中仍然面向未来，不懈追求，对理想的远景仍然充满信心。这也许应该是我们从郭象论"迹""冥"关系之整个流转过程中得到的关于其玄学之内在精神的启发。

---

①　郭庆藩：《庄子集释》，第 281 页。
②　郭庆藩：《庄子集释》，第 867 页。
③　郭庆藩：《庄子集释》，第 958 页。

第 十 章
逍 遥 论

　　摘要："逍遥"是《庄子》一书和郭象《庄子注》中的核心性主题。以《庄子》和郭象《庄子注》中涉及"逍遥"一词的相关原材料为依据，能够获得对《庄子》之论"逍遥"和郭象之论"逍遥"，以及二者之间异同关系的直接性理解。比较《庄子》和郭象《庄子注》在逍遥观上的异、同与顺、逆，将有助于理解郭象注解《庄子》的诠释学特征，尤其是由此所呈现出来的诠释方向问题。

　　"逍遥"是《庄子》一书和郭象《庄子注》中的核心性主题。对于《庄子》中和郭象《庄子注》中的逍遥观，以及二者之间异、同的比较，学界的研究可谓多矣，但是一般多是将"逍遥"的主题放置在他们各自的整体性哲学体系中加以把握，然后再对二者逍遥观之运思理路予以比较和分析。但是，长期以来，对于《庄子》和郭象的整体性哲学体系的理解（尤其是后者），学界内部存在着较多的分歧，并相应地导致了在二者逍遥观之研究上的诸多不同结论。据查，在《庄子》中，除去《逍遥游》的篇名之外，共有五条涉及"逍遥"一词的原文材料，而在郭象《庄子注》中，涉及"逍遥"一词的注文共有十七条。分析这六条《庄子》原文和十七条《庄子注》注文，并分别将所涉及的相关郭象注文和

《庄子》原文一一比较，能够获得对《庄子》之论"逍遥"和郭象之论"逍遥"，以及二者之间异、同和顺、逆关系的直接性理解。郭象的《庄子注》是中国哲学史上经典诠释的突出例子，通过比较《庄子》和郭象《庄子注》在逍遥观上的异、同与顺、逆，将有助于理解郭象注解《庄子》的诠释学特征，尤其是由此所呈现出来的诠释方向问题。

一　六条《庄子》原文与相关郭象《注》文的比较

查《庄子》全书，除了《逍遥游》篇名之外，其它五处涉及"逍遥"的原文分别处于不同的《庄子》篇目之中。具体说来：

（一）在"内篇逍遥游第一"的篇题之下，郭象注曰

> 夫小大虽殊，而放于自得之场，则物任其性，事称其能，各当其分，逍遥一也，岂容胜负于其间哉！①

"逍遥"是叠韵词，"逍"与"遥"近音而同义。《说文解字·辵部》曰"逍：逍遥，犹翱翔也。从辵，肖声"，又曰"遥：逍遥也"。又，《说文解字·辵部》曰："辵：乍行乍止也。"② 可见"逍遥"之义，主要是走走停停，或行或止，在身心上都具有闲放、游乐、浮动的意态，而与鸟之翱翔联系起来，就更具有随意自在、无所约束的含义。这一含义，在《庄子》之前，如《诗经》《楚辞》中

---

① 郭庆藩：《庄子集释》，第1页。
② （汉）许慎撰，（宋）徐铉校定：《说文解字》，中华书局1963年版，第42页，第39页。

已开始使用了①，而在《庄子》中，"逍遥"的这种没有负累、无所约束和自在无事、随意闲逛的意味，与"游"字联系并用，则进一步指向了一种自主性和解脱性的、其本质是生命之自由运动的身心状态。

在《逍遥游》中，《庄子》多次提及北冥有鱼名鲲，化而为鸟名鹏，鹏飞九万里以徙于南冥之事，而其基本内容则是关于鲲、鹏与蜩、学鸠等之间的小、大之辩；联系这一有关小、大之辩的寓言，以及该寓言所指向的"知效一官，行比一乡，德合一君，而征一国者"与宋荣子、列子，还有"至人""圣人""神人"之间的小、大之辩，以及在惠施与庄子之间关于"大"而"无用"的争论，可以明确断言，《庄子·逍遥游》一篇的思想主题正是所谓"小大之辩"，而其所推崇的价值指向则在于"至人无己，神人无功，圣人无名"，在于他们之"乘天地之正，而御六气之变，以游无穷"的"无待"式（"彼且恶乎待哉！"）的逍遥。由此，《庄子》所谓"逍遥"，在此篇题下之所指，就不只是简单的、无所拘束的闲逛、游玩之义，而是一种"忘却世俗世界、包括个人身体之存在的超越的精神境界"②。这种超越性的精神境界，它建立在只有圣人等方才具有的"无己""无名""无功"的心性存在之上，是这种圣人心性的展开和实践，这是需要加以强调

---

① 例如，《诗经·清人》中说"清人在消，驷介麃麃。二矛重乔，河上乎逍遥"，其中"驷介"是由四匹披甲马挽引的战车，"麃麃"是勇武貌，"二矛"是插在车子两边的夷矛，"重"是重叠，"乔"借为"鷮"，长尾野鸡，此指矛上装饰的鷮羽毛；全句诗可以翻译为"清人来到消，四马披甲气势豪。两矛缀上野鸡毛，黄河岸上好逍遥"（许嘉璐、向熹：《文白对照十三经上册·诗经》，广东教育出版社1995年版，第43页），其中清人之"逍遥"中的闲散意味是很强烈的。又《诗经·羔裘》中说"羔裘逍遥，狐裘以朝。岂不尔思，劳心切切"，"切切"是忧思貌，但是指在家的贵妇人忧思其夫，而"羔裘逍遥"与"狐裘以朝"相对，是指其夫穿上羔裘在家中无事时闲逛、散步。又，《楚辞·离骚》曰"折若木以拂日兮，聊逍遥以相羊"，意思是说折下一些树枝来挡住太阳，我可以暂时从容地徜徉。（清）龚景瀚《离骚笺》集东汉王逸、宋洪兴祖等注，曰"王曰：聊，且也。逍遥、相羊，皆游也。洪曰：逍遥犹翱翔也，相羊犹排徊也"。作《离骚》时的屈原心境愁苦，所以才需要"聊逍遥以相羊"，从而在"逍遥""相羊"中暂时摆脱愁苦的压力，获得难得的轻松和闲适。"聊，且也"，就是姑且，暂时为之的意思。可见，"逍遥""相羊"均是自在、从容地来回徘徊、徜徉之义。可参考张松辉《庄子研究》，人民出版社2009年版，第225页。

② 刘笑敢：《诠释与定向——中国哲学研究方法之探究》，第181—182页。

说明的。

与《庄子·逍遥游》篇中注重小大之辩不同，在此篇题下的注文中，郭象将"逍遥"的含义规定为"物任其性，事称其能，各当其分"，也就是以万物（如鲲、鹏和蜩与学鸠等）之各自的任性、称能和当分为它们"逍遥"之内容。关于万物的"性"，郭象说：

> 目能睹，翼能逝，此鸟之真性也。今见利，故忘之。（《庄子·山木注》）①
>
> 马之真性，非辞鞍而恶乘，但无羡于荣华。（《庄子·马蹄注》）②
>
> 言卫君亢阳之性充张于内而甚扬于外，强御之至也。（《庄子·人间世注》）③
>
> 夫仁义自是人之情性，但当任之耳。恐仁义非人情而忧之者，真可谓多忧也。（《庄子·骈拇注》）④
>
> 夫小人之性，引之轨制则憎己，纵其无度则乱邦。（《庄子·人间世注》）⑤
>
> 夫民之德，小异而大同。故性之不可去者，衣食也；事之不可废者，耕织也；此天下之所同而为本者也。守斯道者，无为之至也。（《庄子·马蹄注》）⑥

可见，与《庄子》中圣人心性的精神性内容不同，郭象哲学中所谓万物的"性""德"（包含其"能""分"），其内容是多方面的。它们既可以是小人式的偏性跂情，也可以是普遍性的仁义之情；既可以是民德中的耕织之事，也可以是卫君式的亢阳之性；既可以是马之真

---

① 郭庆藩：《庄子集释》，第696页。
② 郭庆藩：《庄子集释》，第331页。
③ 郭庆藩：《庄子集释》，第142页。
④ 郭庆藩：《庄子集释》，第318页。
⑤ 郭庆藩：《庄子集释》，第164页。
⑥ 郭庆藩：《庄子集释》，第334页。

性中的顺鞍而乘，也可以是鸟性中的目睹翼逝。作为各自"逍遥"的内容，万物"性命"中既包含自然性的本能、欲望、情感，也包含社会性的仁义、角色和职分。由此，与《庄子·逍遥游》篇中以圣人超越现实的境界之游为逍遥不同，在郭象哲学中，万物之逍遥是其"性命"中的各自所具有的不同内容之展开和实现。在郭象看来，任何事物，尽管它们在彼此之间存在着各类小、大之分，但是只要能够各自任性、称能和当分，则它们在"逍遥"问题上就都没有胜、负之分！可见在"小大之辩"的问题上，一主小大有辩，一主小大无辩，两者的理论立场之间是具有重大区别的，在诠释方向上是可以被认定为逆向性质的。

（二）在《庄子·逍遥游》篇中，《庄子》载

> 惠子谓庄子曰："吾有大树，人谓之樗。其大本拥肿而不中绳墨，其小枝卷曲而不中规矩，立之涂，匠者不顾。今子之言，大而无用，众所同去也。"庄子曰："……今子有大树，患其无用，何不树之于无何有之乡，广莫之野，彷徨乎无为其侧，逍遥乎寝卧其下。不夭斤斧，物无害者，无所可用，安所困苦哉！"①

在此段《庄子》原文中，其对"逍遥"一词的使用是与"无为""无用"的思想联系在一起的，而《庄子》说"不夭斤斧，物无害者"，可见此处中的"无为""无用"主要是从全生避害角度论之的。从全生避害的角度看，"逍遥"与"彷徨"相对②，也是无约束、无目的、自由自在地游玩之义，可见在"逍遥"中，没有负累的、由内而外的、自在轻松的身心状态是关键性的。为什么要"游身世外"，从而需要将"逍遥"之能够"寝卧其下"的"大树""树之于无何有之

---

① 郭庆藩：《庄子集释》，第 40 页。

② 成玄英《疏》曰"彷徨，纵任之名"，陆德明《释文》曰"彷徨，犹翱翔也"。见《庄子集释》，第 41 页。

乡，广莫之野"呢？答案当在于在《庄子》中，世俗社会，或曰"人间世"，相对于个体"逍遥"的实现而言，所呈现出来的作为其根本性质之人生界限与障碍的负面性价值特征①。由此，在《庄子》中，其"逍遥"理论的出发点就是世俗社会（"人间世"）的人生困境性质，而所谓"至人"之"逍遥"的实现，在场域上就突出表现为对世俗社会（"人间世"）中各种人生困境的超脱与远离，从而总是以想象的方式翱翔在世俗社会与日常人世之外。但是，在此句原文之下，郭象却注解曰：

　　　　夫小大之物，苟失其极，则利害之理均；用得其所，则物皆逍遥也。②

　　郭象说"物各有性，性各有极"，此"极"既为极至，亦为极限。就极至而言，一物之"极"即其标准；就极限而言，一物之"极"亦为其限制。万物，无论大、小，苟"物任其性，事称其能，各当其分"，则"物皆逍遥"，各自实现各自的真实存在；相反，"苟失其极，则利害之理均"，无论何物，均陷于利害之域，而无从逍遥于其中矣。可见，在这里郭象也是从全生避害（所谓"利害之理"）的角度来论述万物之"逍遥"的。但是，在注文中他把《庄子》以现实世界（"人间世"）为利害场，从而遗"世"独立的"逍遥"讲成了安"分"守己，各尽其"性"的"逍遥"，从而表现出对现实世界（"人间世"），也就是世俗社会和日常人世的接纳、认可和肯定的立场。换句话说，在郭象注文中，世俗社会（"人间世"）的根本性质，相对于个体"逍遥"的实现而言，所呈现出来的就主要不是作为人生界限与障碍，而是作为万物之各自实现自身"性命"的场域与处所（所谓"放于自得之场"），从而主要是正面性质而不是负面性质的价值性存

　　①　崔大华：《庄学研究》，人民出版社 1992 年版，第 142、161 页。
　　②　郭庆藩：《庄子集释》，第 42 页。

在。从对待现实世界（"人间世"）的认知和价值态度而言，《庄子》和郭象之间存在着重要的区别，在诠释性方向上也可以说是逆向性质的。

（三）在《庄子·大宗师》篇中，《庄子》载

子桑户、孟子反、子琴张三人相与友，……。莫然有闲，而子桑户死，未葬。孔子闻之，使子贡往侍事焉。或编曲，或鼓琴，相和而歌曰："嗟来桑户乎！嗟来桑户乎！而已反其真，而我犹为人猗！"子贡趋而进曰："敢问临尸而歌，礼乎？"二人相视而笑，曰："是恶知礼意！"子贡反，以告孔子曰："彼何人者邪？修行无有，而外其形骸，临尸而歌，颜色不变，无以命之。彼何人者邪？"孔子曰："彼游方之外者也，而丘游方之内者也。外内不相及，而丘使女往吊之，丘则陋矣。彼方且与造物者为人，而游乎天地之一气。彼以生为附赘县疣，以死为决溃痈。夫若然者，又恶知死生先后之所在！假于异物，托于同体，忘其肝胆，遗其耳目，反覆终始，不知端倪，芒然彷徨乎尘垢之外，逍遥乎无为之业。彼又恶能愦愦然为世俗之礼，以观众人之耳目哉！"①

子桑户、孟子反、子琴张等作为圣人，他们"芒然彷徨乎尘垢之外，逍遥乎无为之业"，其"逍遥"之"游"是以"游"于"方外"为基本内容的。"方"，成玄英《疏》曰"区域也"，"方外"即指区域、场域之外。进一步，此"方外"所超离其外的作为"方"的场域，若与文中"彼方且与造物者为人，而游乎天地之一气"的命题结合起来，则应是指"极物而已"的经验世界和现象世界，是"四方之

---

① 郭庆藩：《庄子集释》，第268页。

内"与"六合之里"①,如此,则"方外"当指"四方"之外和"六合"之外,是超越于经验世界之外的"造物者"和"天地之一气",或说是超乎万物之上,同时又作为万物根源和基础的"道"的存在②。进一步,此"方外"所超离其外的场域,若与原文中的(丧)礼问题联系起来,则尤其应指超离于所谓"人间世"的世俗社会,特别是儒家、孔子所推崇之礼制的规范领域之外③。孔子曰"彼游方之外者也,而丘游方之内者也",又说"外内不相及",可见在《庄子》看来,能够体"道"的"方外"圣人和不能够体"道",从而也无法脱离经验世界和"礼"制规范的群品、众庶(包括此处原文中的孔子),他们之间相互隔开,完全不同,是无法彼此相及的。

进一步,在《庄子》中,由于"逍遥"主要是精神领域中的境界之游,所以对于孟子反、子琴张等人的"游"于"方外",也应该主要从"游心"的角度予以分析。从"游心"的角度分析,若以"方外"为六合、四海之外,则"逍遥"之"游乎方外",是心与"道"合的境界之游,而所谓"彼方且与造物者为人""登天游雾,挠挑无极""芒然彷徨乎尘垢之外,逍遥乎无为之业"等,即都是对这种境界之游的神话式,或曰幻想式的描述;而若以"方外"为礼仪规范的领域之外,则此诸体"道"圣人的"逍遥",作为一种内在心境的超越,在现实世界中就突出地表现为一种完全超脱于世俗性之礼仪教化的规范之外,从而无视其之范围和规定的姿态。这种姿态,所谓"假

---

① 《庄子·则阳》曰"少知曰:'四方之内,六合之里,万物之所生恶起?'太公调曰:'阴阳相照、相盖、相治,……此物之所有,言之所尽,知之所至,极物而已。睹道之人,不随其所废,不原其所起,此议之所止'"(《庄子集释》,第914页)。又,《淮南子·本经训》曰:"是故体太一者,明于天地之情,通于道德之伦;聪明耀于日月,精神通于万物;动静调于阴阳,喜怒和于四时;德泽施于方外,名声传于后世。"(陈广忠译注:《淮南子》,中华书局2012年版,第400页)

② 韩林合:《虚己以游世〈庄子〉哲学研究》,商务印书馆2014年版,第324—326页。

③ 《荀子·礼论》云"不法礼,不足礼,谓之无方之民;法礼足礼,谓之有方之士"(梁启雄:《荀子简释》,中华书局1983年版,第260—261页),《礼记·经解》曰"是故隆礼、由礼谓之有方之士,不隆礼、不由礼谓之无方之民"(王文锦:《礼记译解》,中华书局2001年版,第729页)。

于异物，托于同体，忘其肝胆，遗其耳目"，"修行无有，而外其形骸"，"临尸而歌，颜色不变"，就既是建立在对"形骸""耳目""肝胆"等之"外""忘""遗"的超越心性之上，同时又落实在圣人之身心合一的具体存在及其反俗化的特异性行为之中，从而表现为"心游""神游"与"身游""形游"的统一。换句话说，圣人之"游"乎四海和六合之外，这可以被视为主要是"心游""神游"之事，是他们所具有的超越境界之游的想象式描述与象征，而圣人之"游"乎世俗社会与礼仪规范之外，则应该被视为"心游""神游"与"身游""形游"的统一，故其之反乎流俗、"临尸而歌"的身形姿态也应该被视为圣人之超越心性在其身形、行为和日常生活之中的落实与呈现①。要之，在《庄子》原文中，只有孟子反、子琴张等人的"游乎方之外"才能够称之为"逍遥"，而子贡、孔子等人的"游乎方之内"是不能够称之为"逍遥"的。此两者之间的区别，《庄子》谓之为"外内不相及"，从而突出地表现了《庄子》对经验世界、世俗社会（尤其是儒家、孔子所推崇之礼制规范等）之批判和超离的理论立场和价值心态。

但是，在此段原文"彼，游方之外者也；丘，游方之内者也"句下，郭象却注解说：

> 夫理有至极，外内相冥，未有极游外之致而不冥于内者也，未有能冥于内而不游于外者也。故圣人常游外以（宏）[冥]内，无心以顺有，故虽终日（挥）[见]形而神气无变，俯仰万机而淡然自若。夫见形而不及神者，天下之常累也。是故观其与群物并行，则莫能谓之遗物而离人矣；观其体化而应务，则莫能谓之

---

① 在《庄子》中有多处"游心"的概念，但是在《庄子》和《庄子注》中均无"游形"的概念。笔者在此使用这一概念，主要是强调在《庄子》和《庄子注》中，"游心"是一种境界之游，但是"逍遥"的主体却并不仅是境界上的，而是身心合一的，需要将境界之心性落实在日常生活中各种处世应物的具体行动之中，从而使得圣人之"身""形"亦随之境界化了，故可将其相应境界化了的身、形之姿态谓之为"游形"。另外，在行文时，为了方便，本文有时也使用"心游""形游"的概念，它们与"游心""游形"在含义上并没有什么区别。

坐忘而自得矣。岂直谓圣人不然哉？乃必谓至理之无此。是故庄子将明流统之所宗，以释天下之可悟，若直就称仲尼之如此者，或者将据所见以排之，故超圣人之内迹而寄方外于数子，宜忘其所寄，以寻述作之大意，则夫游外弘内之道坦然自明而庄子之书，故是涉俗盖世之谈矣。①

另外，在"芒然彷徨乎尘垢之外，逍遥乎无为之业"句下，郭象注解说：

所谓无为之业，非拱默而已；所谓尘垢之外，非伏于山林也。②

这样，郭象就直接扭转了《庄子》中"外内不相及"的思想，而将其转换成了"外内相冥""游外弘内"的命题③。以圣人之"逍遥"而论，其"游心"与"游形"似乎分途，盖圣人之"游心"乃"遗物而离人""坐忘而自得"，而其"游形"则是"与群物并行""体化

① 郭庆藩：《庄子集释》，第 268 页。
② 郭庆藩：《庄子集释》，第 270 页。
③ 在《庄子·大宗师》"子桑户、孟子反、子琴张三人相与友"章中，所谓"外内不相及"的命题，首要的含义是指"游于方内"之群品众庶与"游于方外"的圣人之间是存在着性质上的差别的，二者之间不能够混同。但是，在《庄子》此章中，出于对世俗社会和"人间世"之批判和超离的价值立场，它认为如孟子反、子琴张等"游于方外"者，因为"心游"于六合和四海之外，所以也必然"形游"（和"心游"）于"人间世"中的礼仪规范之外；同样，"游乎方内"者，包括孔子与子贡等，他们只能够"形游"于世俗社会和礼仪规范之域之内，所以也只能够"心游"于"六合"之内，而不能够超乎其外。由此，至少是在《庄子》此章中，子桑户、孟子反等圣人，作为"游心"于"方外"（"六合"之外、大道之域）者，他们不可能同时"游形"于"方内"（"人间世"和礼仪规范）之域中，反之也是如此，而这就构成了其所谓"外内不相及"命题的进一步的含义："游心于方之外"者不可能同时"游形于方之内"，所以"游形于方之外"者与"游形于方之内"者，以及"游心于方之外"者与"游心于方之内"者均截然两分，彼此无涉，二者"不相及"。正是针对着"外内不相及"的这种进一步的含义，郭象的注解对《庄子》的思想作出了创造性的发展，他主张圣人（首先是孔子其人）"游心"于"方外"的同时亦可以"游形"于"方内"之域，此即其"游外弘内""内外相冥"之学说。

而应务"。二者之间的关系，在郭象看来当然是统一的，所谓"终日
（挥）［见］形而神气无变，俯仰万机而淡然自若"，此即所谓"外内
相冥"的"至极"之"理"，但是在凡俗之人眼中，则"夫见形而不
及神者，天下之常累也"，所以容易将二者予以分裂化的理解。圣人
"芒然彷徨乎尘垢之外，逍遥乎无为之业"，但是"所谓尘垢之外，非
伏于山林也"，"所谓无为之业，非拱默而已"，所以圣人实现其"逍
遥"之场域，不在于日常社会的"人间世"之外，而就在此"人间
世"之中，故所谓"逍遥"之"无为"，也并不是超脱于礼仪规范及
其要求的一无所为，而是尽性守分，并为其所当为。我们看到，通过
将《庄子》中"内外不相及"的思想转化为"内外相冥"的思想，
郭象注《庄》表现出了其突出的创造性的一面。而在本处注文的诠释
性方向的问题上，就郭象和《庄子》均承认圣人之"游心"于"方之
外"的方面而言，可以说是郭象之注《庄》是"同"着说，而就
《庄子》主张圣人之"游形"于"方之外"，"内外不相及"，而郭象
却主张圣人之"游形"于"方之内"，"游外冥内"，二者之间的观点
存在着重大不同而言，则郭象之注《庄》是"异"着说，在一定程度
上甚至可以说是"反"着说和"逆"着说。由于"游形"建立在
"游心"的基础之上，是后者在日常生活中的处世应物之姿态，所以，
郭象在继承《庄子》中圣人"游心于方外"（指所谓四海之外、六合
之外的超越境界）思想的基础上，将相关《庄子》原文中圣人只能够
"游形"于"方外"（指礼仪规范之域之外）的思想发展为圣人主要
是"游形"于"方内"（指礼仪规范之域）的观点，他的思想是对
《庄子》原文思想的发展，是"接"着说，而不是"照"着说。在本
段注文中，郭象对《庄子》原文的"接"着说中有"同"也有
"异"，是在"顺"着说中开出了重大的思想发展，在总体上可以视之
为异向性的诠释。

（四）在《庄子·天运》篇中，《庄子》载

古之至人，假道于仁，托宿于义，以游逍遥之虚，食于苟简之田，立于不贷之圃。逍遥，无为也；苟简，易养也；不贷，无出也。古者谓是采真之游。①

在此句下，郭象注解曰：

随时而变，无常迹也。有为则非仁义。且从其简，故易养也。不贷者以为物也。游而任之，斯真采也。采真则色不伪矣。②

在此处《庄子》原文和郭象注文中，都表现出了对儒家所主张的"仁义"规范的有限度的接纳之意。所谓"假道于仁，托宿于义"，实即以"仁义"为不得已的寄"形"和托"身"之处，而究其因，则在于"身"处"人间世"中。"天下有大戒二：其一命也，其一义也。子之爱亲，命也，不可解于心；臣之事君，义也，无适而非君也，无所逃于天地之间。是之谓大戒。"③ 但是，至人"心游"于"六合"之外，故其之"形游"于"仁义"之域中者，实乃其"迹"，而非"所以迹"也。换句话说，至人以"心"游"方外"为其"所以迹"，而因"身"处世俗社会的"人间世"之中，故在处理君、亲问题上呈现为"爱亲""事君"的"仁义"之姿，在应务、接物问题上呈现为"无为""无事"的"逍遥"之姿，在养生、自存问题上则呈现为"苟简""不贷"的啬朴之姿。无论"仁义""逍遥"或是"苟简""不贷"，作为"至人"在"人间世"的"形游"之姿，当它们建立在"心游"于"方外"的"所以迹"的基础之上时，此方为"采真

---

① 郭庆藩：《庄子集释》，第519页。
② 郭庆藩：《庄子集释》，第520页。
③ 郭庆藩：《庄子集释》，第155页。

之游"，故曰"采真则色不伪矣"①。比较此段《庄子》原文和郭象注文的内容，可以看出它们之间是具有基本相同的思想内容的，郭象的注释是对《庄子》原文的"顺"着说和"接"着说，具有顺向性诠释的理论特征。

（五）在《庄子·达生》篇中，《庄子》载

有孙休者，踵门而诧子扁庆子曰："休居乡不见谓不修，临难不见谓不勇；然而田原不遇岁，事君不遇世，宾于乡里，逐于州部，则胡罪乎天哉？休恶遇此命也？"扁子曰："子独不闻夫至人之自行邪？忘其肝胆，遗其耳目，芒然彷徨乎尘垢之外，逍遥乎无事之业，是谓为而不恃，长而不宰。今汝饰知以惊愚，修身以明污，昭昭乎若揭日月而行也。汝得全而形躯，具而九窍，无

---

① 在《庄子》中，"游心"是"内""本"，而"游形"是"外""末"，二者之间具有统一性。但是，它们之间的关系，当与"方内""方外"结合起来时，情况会变得复杂。为了便于说明，可以进一步作出区分：（1）"游心"于"方外"，而"游形"于"方外"。此为《庄子》所推崇之"藐姑射之山有神人居焉"之"神人"，其"神""心"游于"六合"之外，而与"道"合一，其"形"则遗"世"独立，而飘飘乎世俗社会与"人间世"之外，从而不受礼仪与名教的规范与制囿。在本质上说，由于人之"形""身"的经验性质和现象性质，所谓"游形"无法真正超脱于现实世界和"人间世"之外，故《庄子》所推崇的这种"神人"具有想象的、甚至是幻想的特征，不具有现实化的可能。但是，在这种"方外"之"游"的价值取向的影响下，一定意义和有限程度上的"游形"于"方外"还是可能的，例如庄子本人之拒绝进入政治领域之中，这就是"游形"于"山林"之中，这种"游形"是具有现实性的。（2）"游心"于"方外"，而"游形"于"方内"。这是郭象所主张的圣人形象，所谓"游外冥内"的"圣王"人格也。因为有超越的心性境界，圣人心寂于中而神满于外，故无心而冥合于万物，能够无所不循而无所不逍遥也。（3）"游心"于"方内"，而"游形"于"方外"。这是《庄子·让王》中所谓"形"处"山林"之中而"心"居"魏阙"之下的中山公子牟的情形。对于这种情形，《庄子》认为在"重生"亦无法克服其内在矛盾，会带来"重伤"的情形下，主张"纵之"，也就是应该回到"心""形"均游于"方内"之域的状态之中去。（4）"游心"于"方内"，而"游形"于"方内"。这是一般群品、众庶的情况，所谓"游心"于"方内"是指有区别之心，所谓"成心""机心"，而"游形"于"方内"是指接受礼仪、名法等现实规范、要求的范围和规范，从而不能够超越于其外。在《庄子》看来，群品、众庶的这种情形是不可能被视为"逍遥"的，"逍遥"必须建立在"游心"于"方外"之域的基础之上。但是，在郭象看来，只要没有伤"性"越"分"，则"游心"和"游形"于"方内"之域就是真实和合理的，也是可以被视为群品、万物之各自的"逍遥"的。

中道夭于聋盲跛蹇而比于人数，亦幸矣，又何暇乎天之怨哉！子往矣！"①

在此段原文下，郭象注曰：

> 暗付自然也。凡非真性，皆尘垢也。凡自为者，皆无事之业也。率性自为耳，非恃而为之。任其自长耳，非宰而长之。②

在此处《庄子》原文中，仍然对以孙休为代表的"游于方内"者予以批评和鄙视，而重在推崇扁子式的"游于方外"之"至人"。"为而不恃，长而不宰"是《老子》所谓"玄德"，这也说明"芒然彷徨乎尘垢之外，逍遥乎无事之业"主要是一种精神上的遨游，是"至人"在"忘""遗"的工夫下所抵至的超越性的体"道"境界。而在《庄子注》中，郭象说"凡非真性，皆尘垢也。凡自为者，皆无事之业也"，可见在他那里，"至人"的"逍遥"是"真性"之事，反过来也可以说凡是"真性"之事，亦均是"逍遥"。当然，在《庄子注》中，所谓圣人的"真性"也就是其之"游外冥内"的超越心性，是"率性自为耳，非恃而为之。任其自长耳，非宰而长之"的"玄德"境界。故就此段《庄子》原文和郭象注文看，郭象的注解是符合《庄子》原文的原意的，他的注解是"同"着说和"顺"着说，而不是"异"着说和"逆"着说，在诠释性定向上也具有主要依循文本而不是重在自我表现的特征。

（六）在《庄子·让王》篇中，《庄子》载

> 舜以天下让善卷，善卷曰："余立于宇宙之中，冬日衣皮毛，

---

① 郭庆藩：《庄子集释》，第664页。
② 郭庆藩：《庄子集释》，第664页。

夏日衣葛绨；春耕种，形足以劳动；秋收敛，身足以休食；日出而作，日入而息，逍遥于天地之间而心意自得。吾何以天下为哉？悲夫！子之不知余也！"遂不受。于是去而入深山，莫知其处。①

在此段原文下，郭象无注。但是在同篇中具备类似内容之"舜以天下让其友北人无择"的原文下面，郭象有注解。他说：

孔子曰：士志于仁者，有杀身以成仁，无求身以害仁。夫志尚清遐，高风邈世，与夫贪利没命者，故有天地之降也。②

在《庄子》原文和郭象注文中，对于善卷的让天下之举都是持以赞同的态度的。在《让王》篇中，类似这种让天下的寓言很多，郭象在篇末予以笼统性的注解，这表明郭象对待这类实例的总的态度，他称赞善卷的这种隐士人格为"志尚清遐，高风邈世"，也说明了在此处他的注《庄》主要是依循文本式的，是与《庄子》原文的原意相统一的。

二 十五条郭象《注》文与相关《庄子》原文的比较

如上已述，在郭象《庄子注》中，共有十七条涉及"逍遥"一词的注文。除去在上面已经分析过的《庄子·逍遥游》篇中的两条注文外，在下面我们将具体分析其余的十五条《庄子注》注文，并把它们与相关《庄子》原文加以比较，以探讨郭象之论"逍遥"及其诠释性定向问题。就思想内容看，郭象的逍遥论思想，可以区分为万物、群品之逍遥和圣人、圣王之逍遥两个层面论述之。

---

① 郭庆藩：《庄子集释》，第966页。
② 郭庆藩：《庄子集释》，第984页。

（一）万物、群品之逍遥

1. 在《庄子·逍遥游》篇中，《庄子》载

　　北冥有鱼，其名为鲲。鲲之大，不知其几千里也，化而为鸟，其名为鹏。……风之积也不厚，则其负大翼也无力。故九万里，则风斯在下矣，而后乃今培风；背负青天而莫之夭阏者，而后乃今将图南。……蜩与学鸠笑之曰："我决起而飞，抢榆枋，时则不至而控于地而已矣；奚以之九万里而南为？"……庖人虽不治庖，尸祝不越樽俎而代之矣。……今子有五石之瓠，何不虑以为大樽而浮乎江湖，而忧其瓠落无所容？则夫子犹有蓬之心也夫！①

在原文之下，郭象分别注解曰：

　　鹏鲲之实，吾所未详也。夫庄子之大意，在乎逍遥游放，无为而自得，故极小大之致以明性分之适。达观之士，宜要其会归而遗其所寄，不足事事曲与生说。自不害其弘旨，皆可略之耳。②
　　夫所以乃今将图南者，非其好高而慕远也，风不积则天阏不通故耳。此大鹏之逍遥也。③
　　苟足于其性，则虽大鹏无以自贵于小鸟，小鸟无羡于天池，而荣愿有余矣。故小大虽殊，逍遥一也。④
　　庖人尸祝，各安其所司；鸟兽万物，各足于所受；帝尧许由，各静其所遇；此乃天下之至实也。各得其实，又何所为乎哉？自得而已矣。故尧许之行虽异，其于逍遥一也。⑤

① 郭庆藩：《庄子集释》，第2—37页。
② 郭庆藩：《庄子集释》，第2页。
③ 郭庆藩：《庄子集释》，第8页。
④ 郭庆藩：《庄子集释》，第9页。
⑤ 郭庆藩：《庄子集释》，第26页。

蓬，非直达者也。此章言物各有宜，苟得其宜，安往而不逍
遥也。①

就《庄子》原文看，鲲、鹏与蜩、鸠的寓言是一种"喻体"，而
其所"喻"之指向（或曰"本体"）则是"无己""无功""无名"
的"至人"、"神人"和"圣人"，他们居于"藐姑射之山"，具有
"无待"式的"逍遥"，"其尘垢秕糠犹足以陶铸尧舜者也"。从"喻
体"与"本体"的对应关系上看，可以认为在《庄子·逍遥游》篇
中，鲲、鹏因为它们身形的巨大，以及它们在海中和空中所遨游、飞
翔的巨大气势，可以成为"至人"、"神人"和"圣人"之"无待"
式"逍遥"的象征，而蜩、鸠作为"小知不知大知，小年不知大年"
中"小知"的代表，它们无论如何是不可能成为"至人""神人"等
之"逍遥"的象征的。换句话说，在《庄子》原文中，如果说"大鹏
之逍遥"的命题是可以成立的话，则"小鸟之逍遥"的命题是不可能
成立的②。同理，在社会领域，因为心、形均遨游于"方外"之域，
故"许由之逍遥"的命题是可以成立的，而"帝尧"，因为其之游形
和游心均囿于"方内"之域，故"帝尧之逍遥"的命题是无法成立
的。但是，在《庄子注》中，郭象以"性分之适"为依据，将自然领
域中的大、小之物，以及社会领域中的庖人、尸祝、帝尧、许由等均
齐一而观，认为只要是"无为而自得"，即可"逍遥游放"，而这种圣
人与群庶、帝王与百姓均各安其所司、各静其所遇，亦各得其所宜的
状态就是"天下之至实"，也是"天下之至正"。在"小、大之辩"
的问题上，郭象是自觉地按照自己的创造性理解赋予了"逍遥"一词
以新解，他的注释确实是"反"着说和"逆"着说，是具有自我表现
式的诠释性特征的。

---

① 郭庆藩：《庄子集释》，第39页。
② 严格而言，在《庄子》中，"大鹏之逍遥"也只是一种"至人之逍遥"的象征。在
《庄子》中，万物无法逍遥，只有人方可逍遥；在众人中，只有圣人方可逍遥，群品、众庶无法
逍遥。

2. 在《庄子·养生主》篇中，《庄子》载

泽雉十步一啄，百步一饮，不蕲畜乎樊中。①

在原文之下，郭象注解曰：

蕲，求也。樊，所以笼雉也。夫俯仰乎天地之间，逍遥乎自
得之场，固养生之妙处也。又何求于入笼而服养哉！②

与鲲、鹏之作为圣人的象征类似，在此篇中，"泽雉十步一啄，
百步一饮，不蕲畜乎樊中"，也很好地象征了《庄子》中"圣人"
"至人"等"游心"与"游形"于"方外"之域，从而超越于礼仪、
名法等之规范和范围的姿态。在注文中，郭象强调了泽雉的"养生之
妙处"在于"俯仰乎天地之间，逍遥乎自得之场"，可见此泽雉的
"逍遥"在于其心意的"自得"，而其内容则是其自身"性命"的自
然性的实现和完成。就郭象对《庄子》此句原文的注解而言，基本上
是"同"着说和"顺"着说，具有依循文本和文义引申式的诠释学
特征。

3. 在《庄子·秋水》篇中，《庄子》载

……而吾未尝以此自多者，自以比形于天地而受气于阴阳，
吾在［于］天地之间，犹小石小木之在大山也，方存乎见少，又
奚以自多！③

在原文之下，郭象注解曰：

---

① 郭庆藩：《庄子集释》，第126页。
② 郭庆藩：《庄子集释》，第126页。
③ 郭庆藩：《庄子集释》，第566页。

穷百川之量而悬于河，河悬于海，海悬于天地，则各有量也。此发辞气者，有似乎观大可以明小，寻其意则不然。夫世之所患者，不夷也，故体大者快然谓小者为无余，质小者块然谓大者为至足，是以上下夸跂，俯仰自失，此乃生民之所惑也。惑者求正，正之者莫若先极其差而因其所谓。所谓大者至足也，故秋毫无以累乎天地矣；所谓小者无余也，故天地无以过乎秋毫矣；然后惑者有由而反，各知其极，物安其分，逍遥者用其本步而游乎自得之场矣。此庄子之所以发德音也。若如惑者之说，转以小大相倾，则相倾者无穷矣。若夫睹大而不安其小，视少而自以为多，将奔驰于胜负之境而助天民之矜夸，岂达乎庄生之旨哉！①

在此注下，郭象继续其对"小、大之辩"的注解，并对何谓"小""大"作出了明确规定。在《庄子》本文中，"小、大之辩"是形质上的，郭象则将其转换成了性命上的。何谓"小"呢？曰"无余"，指没有多余。何谓"大"呢？曰"至足"，指最高的满足。在郭象看来，若将"小、大之辩"拘囿在形质上，则"体大者快然谓小者为无余，质小者块然谓大者为至足"，其结果必然是"上下夸跂，俯仰自失"；但是，若将"小、大之辩"转换成为性命上的，则任何万物之"性命"，相对于其自身的需要而言，都既是"至足"的，也是"无余"的。因此，从"至足"而"大"的角度看，天下万物均各"至足"而"大"，万物（包括天地）中没有"大"于"秋毫"者，故"秋毫无以累乎天地矣"；从"无余"而"小"的角度看，万物（包括秋毫）亦均各"无余"而"小"，其中就没有"小"于"天地"者，故"天地无以过乎秋毫矣"。万物各安于其性命，其存在就是其各自性命的实现，此为"各知其极，物安其分，逍遥者用其本步而游乎自得之场矣"。就《庄子》本章原意看，其以河伯和北海若之对话的寓言形式所揭示的正是百川、河、海、天地之间的"小大之辩"，

---

① 郭庆藩：《庄子集释》，第566页。

正是郭象所谓"穷百川之量而悬于河，河悬于海，海悬于天地"，从而在"极小大之致"中褒"大"抑"小"，彰显的是一种无穷无极的超越精神；而在《庄子注》中，通过"极其差而因其所谓"，郭象对这种"小大相倾""观大明小"的思想予以批判，认为它实质上违反了"庄生之旨"。若问："庄生之旨"何在呢？则在《逍遥游》的开篇，关于"小大之辩"，郭象即有言曰"夫庄子之大意，在乎逍遥游放，无为而自得，故极小大之致以明性分之适"，也就是说在"明性分之适"中将"小大之辩"中的大物、小物间的区别予以抹平和消解，渗透其中的是万物均各自"无为而自得"的平等精神。郭象认为这才是《庄子》思想的真义，所谓"此庄子之所以发德音也"，并由此对主张"观大明小"之"惑者"（实际上是《庄子·秋水》篇中此章的原意）的思想予以批判。就郭象对"惑者"的批判看，他对己之注解与《庄子》本章原意之间的区别是有自觉意识的，但是他仍然认为自己的理解是"庄子之大意"和"庄子之旨"，其中的诠释学启示是值得让人深思的。当然，就诠释性方向而言，与《逍遥游》篇中关于"小、大之辩"的注释相同，郭象的注释主要是"反"着说和"逆"着说，是具有自我表现式的诠释性特征的。

4. 在《庄子·秋水》篇中，《庄子》载

　　夔怜蚿，蚿怜蛇，蛇怜风，风怜目，目怜心。夔谓蚿曰："吾以一足趻踔而行，予无如矣。今子之使万足，独奈何?"蚿曰："不然。子不见夫唾者乎? 喷则大者如珠，小者如雾，杂而下者不可胜数也。今予动吾天机，而不知其所以然。"蚿谓蛇曰："吾以众足行，而不及子之无足，何也?"蛇曰："夫天机之所动，何可易邪? 吾安用足哉!"[1]

在其下，郭象注解曰：

---

[1] 郭庆藩：《庄子集释》，第 593 页。

物之生也，非知生而生也，则生之行也，岂知行而行哉！故足不知所以行，目不知所以见，心不知所以知，俯然而自得矣。迟速之节，聪明之鉴，或能或否，皆非我也。而或者因欲有其身而矜其能，所以逆其机而伤其神器也。至人知天机之不可易也，故捐聪明，弃知虑，魄然忘其所为而任其自动，故万物无动而不逍遥也。①

在《庄子》原文中，夔独足而行，蚿众足而行，蛇无足而行，均不知其所以然，而各出自于己之"天机"。"天机"，指天然机关。因为天然，所以动而不知其所以然。因为天然，所以无为，而不能够有为。在《庄子注》中，郭象抓住"天机"的不知其然而然的特性，以及由此而生的无为要求，对相关原文作了深入地阐发。依其所论，万物之逍遥就是其自身性命的自发、自然式的实现，所以在自然状态下，万物各自天机自发，无为自得，故无动而不逍遥也。可以看出，郭象的注文是对《庄子》原文思想的"同"着说和"顺"着说，他的注释具有依循文本和文义引申式的诠释性特征。

5. 在《庄子·刻意》篇中，《庄子》载

刻意尚行，离世异俗，高论怨诽，为亢而已矣；此山谷之士，非世之人，枯槁赴渊者之所好也。语仁义忠信，恭俭推让，为修而已矣；此平世之士，教诲之人，游居学者之所好也。语大功，立大名，礼君臣正上下，为治而已矣；此朝廷之士，尊主强国之人，致功并兼者之所好也。就薮泽，处闲旷，钓鱼闲处，无为而已矣；此江海之士，避世之人，闲暇者之所好也。吹呴呼吸，吐故纳新，熊经鸟申，为寿而已矣；此道引之士，养形之人，彭祖寿考者之所好也。若夫不刻意而高，无仁义而修，无功名而治，无江海而闲，不道引而寿，无不忘也，无不有也，淡然无极而众

---

① 郭庆藩：《庄子集释》，第 593 页。

美从之；此天地之道，圣人之德也。①

在其下，郭象注解曰：

> 此数子者，所好不同，恣其所好，各之其方，亦所以为逍遥也。然此仅各自得，焉能靡所不树哉！若夫使万物各得其分而不自失者，故当付之无所执为也。②

在《庄子》原文中，"此数子者"，无论是"山谷之士"、"平世之士"、"朝廷之士"、"江海之士"还是"道引之士"等，他们都是"游心"于"方内"之域，具有分别之心，从而只能够"游形"于特定区域，无法无所不游，也不可能"无不忘也，无不有也"的例子。与此数子不同，圣人"游心"于"方外"之域，他的心中没有任何区分的意识，呈现的是一种与"道"合一的"无差别"境界（所谓"无不忘也"），所以能够"游形"于任何区域之内，具备一种无所不成就的普遍性功业（所谓"无不有也"）。在此，"圣人之德"，正犹如"天地之道"，其基本特征可以概括为"淡然无极而众美从之"，或用《老子》的话说，叫作"道常无为而无不为"。在《庄子》看来，只有"圣人"方可谓之"逍遥"，而"此数子者"，他们"游心"与"游形"于各自的特定区域，同时也受到了相关区域的限制与范围，应该是不能够称之为"逍遥"的（至少没有这样明确的表述）。但是，在郭象的注文中，"此数子者""游心"于各自的"方内"之域，具备与之相应的区别之心（所谓"成心"），这就是他们各自的"性命之情"③，而他们所各自"游形"于其中的特定区域，也就因此构成了他们各自

---

① 郭庆藩：《庄子集释》，第 537 页。
② 郭庆藩：《庄子集释》，第 536 页。
③ 所谓"夫心之足以制一身之用者，谓之成心"（《庄子集释》，第 61 页），"今日适越，昨日何由至哉？未成乎心，是非何由生哉？明夫是非者，群品之所不能无，故至人两顺之"（《庄子集释》，第 62 页）。

的"自得之境"。此数子者,各自以他们的"性命之情"("成心")为依据,实现自身于各自特定的"自得之境"中,因此构成他们各自的"逍遥"之所在。这一点,是郭象的注文与《庄子》的原文中彼此不同的地方,而在圣人之逍遥的问题上,郭象也主张只有圣人方可"无所执为"而"靡所不树",从而"使万物各得其分而不自失者"。分析郭象注文,可以看出,在"此数子者"之逍遥的问题上,郭象认为他们是可以逍遥的,而《庄子》原文中却没有这一层意思,二者的观点之间存在着重大差别。而在圣、凡之别,以及圣人之逍遥的问题上,郭象的注释是他对相关《庄子》原文中"圣人之德"(所谓"无不忘也,无不有也")的精妙解读。因此,在群品的逍遥问题上,郭象的注释可以说是"异"着说,而在圣人的逍遥问题上,郭象的注释是对《庄子》原意的"同"着说和"顺"着说,是依循文本,并作出文义引申式注释的很好例子。

(二)圣、凡之别与圣人之逍遥

1. 在《庄子·逍遥游》篇中,《庄子》载

小知不及大知,小年不及大年。①

在其下,郭象注解曰:

物各有性,性各有极,皆如年知,岂跂尚之所及哉!自此以下至于列子,历举年知之大小,各信其一方,未有足以相倾者也。然后统以无待之人,遗彼忘我,冥此群异,异方同得而我无功名。是故统小大者,无小无大者也;苟有乎小大,则虽大鹏之与斥鷃,宰官之与御风,同为累物耳。齐死生者,无死无生者也;苟有乎死生,则虽大椿之与蟪蛄,彭祖之与朝菌,均于短折耳。故游于

---

① 郭庆藩:《庄子集释》,第11页。

无小无大者，无穷者也；冥乎不死不生者，无极者也。若夫逍遥而系于有方，则虽放之使游而有所穷矣，未能无待也。①

在注文中，郭象对圣心、圣性作了境界式的解读。这一解读，强调了圣人境界的超越性和无极性，并由此阐发了圣人逍遥的无待性特征，以及其在道家式政治模式中的地位与作用。从政治模式的角度看，理想圣人的存在是君王角色的社会要求，而后者作为天下整体利益的代表，必须从有限、有分的个体与部分私利中摆脱出来，从而成就其无私与无我、无限亦无极的境界心性。依照郭象所言，圣人之心之所以能够成就一种无差别（无死无生、无小无大、遗彼忘我）的心性境界，是因为他已经超越现实世界中的所有差别（例如小与大，死与生，彼与我，等等）②。进一步，正是因为具有这种无极、无限亦无差别的心性境界，圣人才能够统小、大而齐死、生，并在无为之治中因循万物，冥此群异，所谓"异方同得而我无功名"也。在逍遥问题上，郭象认为圣王高居于群品、万物之上，他的逍遥是无待式的，这一点建立在他所特有的无极心性的基础之上，而群品、万物的逍遥是臣民式的，是有待的逍遥，也建立在他们各自有极、有限的性命基础之上。观《庄子·逍遥游》篇的原文，它所强调的"小大之辩"存在于鲲、鹏与蜩、鸠等万物之间，但是它们是一种象征，所象征的也是群品、万物与圣人之间在心性与逍遥问题上的区分和差别。在郭象注文中，通过对圣王之无待式逍遥与群品万物的有待式逍遥加以区分，他对《庄子》原文中的"小大之辩"作了自己的阐发。他的阐发应该说是"顺"着《庄子》"小大之辩"的理路往下说，其注释具有依循原文文本，并予以文义引申式阐发的特征。

---

① 郭庆藩：《庄子集释》，第11页。
② 圣人能够做到这一点，应该是他体认天地万物中的"独化""自然"之"道"，并因此"仰观俯察"，以"理"化"情"与"遣知"，从而"浩然大宁"的结果。对此，可参考郭象在《齐物论注》等篇目中的相关表述。

2. 在《庄子·逍遥游》篇中,《庄子》载

此虽免乎行,犹有所待者也。若夫乘天地之正,而御六气之辩,以游无穷者,彼且恶乎待哉![①]

在其下,郭象注解曰:

非风则不得行,斯必有待也,唯无所不乘者无待耳。天地者,万物之总名也。天地以万物为体,而万物必以自然为正。自然者,不为而自然者也。故大鹏之能高,斥鹦之能下,椿木之能长,朝菌之能短,凡此皆自然之所能,非为之所能也。不为而自能,所以为正也。故乘天地之正者,即是顺万物之性也;御六气之辩者,即是游变化之涂也。如斯以往,则何往而有穷哉!所遇斯乘,又将恶乎待哉!此乃至德之人玄同彼我者之逍遥也。苟有待焉,则虽列子之轻妙,犹不能以无风而行,故必得其所待,然后逍遥耳,而况大鹏乎!夫唯与物冥而循大变者,为能无待而常通,岂[独] 自通而已哉!又顺有待者,使不失其所待,所待不失,则同于大通矣。故有待无待,吾所不能齐也;至于各安其性,天机自张,受而不知,则吾所不能殊也。夫无待犹不足以殊有待,况有待者之巨细乎![②]

在文中,郭象对"至人"的"无待"式"逍遥"进行了自己的分析。按照这种分析,所谓"天地之正",即是"万物之性";所谓"六气之辩",即是"变化之涂";所谓"无待",即是"玄同彼我"而"所遇斯乘",从而与任何他物之间都不是处于对待、限制、局限的状态,故"无待"即是无所对待,并因此任何外物都不足以构成对

---

① 郭庆藩:《庄子集释》,第 17 页。
② 郭庆藩:《庄子集释》,第 20 页。

圣人之逍遥的限制与条件。由此，圣人之逍遥就是无条件的、绝对的、无极的逍遥。这是一方面；另一方面，由于圣人之"游外冥内"的境界心性，以及其之由"内圣"而自然"外王"的社会角色要求①，决定了圣王之"无待"式逍遥的实现又不能够凌虚蹈空和遗世独立，而是落实在其之顺任一切万物，并使得一切万物在其顺任中均自生、自得，从而各自得其所"待"而无不逍遥的帝王式政治实践之中的。就此而言，与《庄子》原文中的圣人之"逍遥"具有"无所待"（"彼且恶乎待哉！"）的特征，因此无须任何外物不同，郭象注文中的圣王之逍遥，因为他必须实现在对万物的顺任中，故必须顺待任何外物，因此似乎可以概括为"无所不待"式的②。但是，这种"无所不待"式逍遥中的"待"之含义，应该理解为"顺待"而不是"因待""困待"，并不因此否定圣人逍遥之无条件和无极化的性质。就圣王自身的本性而言，他"寂然不动，不得已而后起"③，"世以乱故求我，我无心也。我苟无心，亦何为不应世哉！"④ 所以他的内心是虚寂、恬淡的，他没有需要任何外物去填充自己的要求，不存在由此才得其所"待"以自生、自得的问题，故他的"无待"和"无所不待"式的逍遥并不是由此去肯定现实世界中一切存在的合理性。⑤ 在本段注文中，郭象是从自己的"圣性"论出发对《庄子》原文的深入解读，主要是"同"着说和"顺"着说，而不是"反"着说和"逆"着说。

---

① "夫无心而任乎自化者，应为帝王也。"（《庄子集释》，第 287 页）
② 刘笑敢：《诠释与定向——中国哲学研究方法之探究》，第 189—190 页。
③ 郭庆藩：《庄子集释》，第 3 页。
④ 郭庆藩：《庄子集释》，第 31 页。
⑤ 《庄子·人间世》篇中言"心斋"之术，曰"气也者，虚而待物者也"，其中的"待"的含义就是"顺待"的意思。只不过，因为"唯道集虚"，故在此"心斋"之"气"中所"顺待"的"物"应该是"集虚"之"道"，是"本体物"，而不是现象存在中的一般万物。在郭象的注文中，圣人"无所不乘"，"所遇斯乘"，此一"乘"字即表明圣人乃超然于万物之上，而不为任何所"遇"之物所对待和限制，故其之"无所不待"中的"待"，也只可能是"顺待"，而不会是"困待"和"因待"。在《庄子注》中，圣人以其超越心性而"顺待"群品、众庶，实即是他以无为之治去因循万物的需要，从而使得他们的本性要求都能够自然而然地实现出来，此即"岂［独］自通而已哉！又顺有待者，使不失其所待，所待不失，则同于大通矣"。

3. 在《庄子·逍遥游》篇中,《庄子》载

> 宋人资章甫而适诸越,越人断发文身,无所用之。尧治天下之民,平海内之政,往见四子藐姑射之山,汾水之阳,窅然丧其天下焉。①

在其下,郭象注解曰:

> 夫尧之无用天下为,犹越人之无所用章甫耳。然遗天下者,固天下之所宗。天下虽宗尧,而尧未尝有天下也,故窅然丧之,而常游心于绝冥之境,虽寄坐万物之上而未始不逍遥也。四子者盖寄言,以明尧之不一于尧耳。夫尧实冥矣,其迹则尧也。自迹观冥,内外异域,未足怪也。世徒见尧之为尧,岂识其冥哉!故将求四子于海外而据尧于所见,因谓与物同波者,失其所以逍遥也。然未知至远之所顺者更近,而至高之所会者反下也。若乃厉然以独高为至而不夷乎俗累者,斯山谷之士,非无待者也,奚足以语至极而游无穷哉!②

《庄子》原文重在阐明尧劣而四子优,但是在郭象注文中并没有转成尧优而四子劣,而是认为"四子者盖寄言,以明尧之不一于尧耳",换句话说,尧有迹、实两个方面:其"外迹"就是世人所见之尧,他的事迹、名号,所谓"与物同波者";其"实"则是所谓"内冥",也就是"至人"之"游外冥内"的、"冥物"的心性境界。那么,若问:"四子"作为"寄言",其所寄何意呢?则答案在于"以明尧之不一于尧耳",也就是说"尧"之"实","尧"之"所以为逍遥"的"心性"之"理",它是同一和相同的,但是却可以表现在不

---

① 郭庆藩:《庄子集释》,第 31 页。
② 郭庆藩:《庄子集释》,第 34 页。

同的"至人"形象之中，如孔子、文武、尧舜等儒家诸圣人均是如此，而藐姑射之山中的此"四子"亦属于其中。可见，郭象在注文中不是主张尧优而四子劣，他是主张尧与四子都是"至人"之"迹"，而他们的"内冥"之"实"都是相同的。就此处注文与《庄子》原文的关系看，郭象的注解是"异"着说，但是还到不了"逆"着说的程度。

4. 在《庄子·秋水》篇中，《庄子》载

> 蛇谓风曰："予动吾脊胁而行，则有似也。今子蓬蓬然起于北海，蓬蓬然入于南海，而似无有，何也?"风曰："然。予蓬蓬然起于北海而入于南海也，然而指我则胜我，鳅我亦胜我。虽然，夫折大木，蜚大屋者，唯我能也，故以众小不胜为大胜也。为大胜者，唯圣人能之。"①

在其下，郭象注解曰：

> 恣其天机，无所与争，斯小不胜也。然乘万物御群才之所为，使群才各自得，万物各自为，则天下莫不逍遥矣，此乃圣人所以为大胜也。②

在《庄子》原文中，以风为例子，重在说明"无胜"（"众小不胜"也）而"大胜"的道理，这实际上是"无用"之为"大用"的变换性说法。能够体悟和实践"无用""无胜"之为"大用""大胜"的道理的，当然只有"圣人"了。顺着《庄子》的这一思路，在郭象注文中，他把这一问题转化成了圣王"无为"而"大为""无不为"的道理，从而与其政治哲学结合了起来。圣王对万物无所与争，无能

---

① 郭庆藩：《庄子集释》，第 594 页。
② 郭庆藩：《庄子集释》，第 594 页。

无用，斯"小不胜"也，但是正因如此，他能够顺任万物，使得万物各自为而无不逍遥矣，斯"大胜"也。就注文与原文的关系看，郭象的注释是对《庄子》思想的"顺"着说和"接"着说，基本上具有依循文本式的诠释性方向与特征。

5. 在《庄子·秋水》篇中，《庄子》载

> 知穷之有命，知通之有时，临大难而不惧者，圣人之勇也。由处矣，吾命有所制矣。①

在其下，郭象注解曰：

> 圣人则无所不安。命非己制，故无所用其心也。夫安于命者，无往而非逍遥矣，故虽匡陈羑里，无异于紫极闲堂也。②

在《庄子》和郭象哲学中，"命"的含义主要是指一种外在境遇，以及它们对人之存在与努力的限制与裁断③。在对这种外在境遇之"命"加以解读时，或是把它作为"道"之作为世界整体存在在个体生存状态上的呈现（在《庄子》中），或是把它作为万物各自的"性命"本体及其"独化"历程的表现（在郭象《庄子注》中），因此，无论是在《庄子》还是郭象《庄子注》中，"命"都独立于主体的意志之外，但是却决定着发生在主体身上的任何事情（如饥渴寒暑、穷达富贵、生老病死、福祸夭寿等），从而对主体突出地呈现为一种外在的强制性和必然性力量④。对于这种力量及其结果，由于主体认知能力的有限性，它往往还具有盲目性特征，从而表现得"不可解于心"，而只能够接受和安顿于其中，此即所谓"安命"。在此段《庄

---

① 郭庆藩：《庄子集释》，第597页。
② 郭庆藩：《庄子集释》，第597页。
③ 张岱年：《中国哲学大纲》，江苏教育出版社2006年版，第307—309页。
④ 韩林合：《虚己以游世——〈庄子〉哲学研究》，第56页。

子》原文中，孔子表现出对"命"之必然性、决定性和外在强制性的
自觉体认，从而呈现为"安命"者的随顺形象，而在郭象注文中，他
说"虽匡陈羑里，无异于紫极闲堂也"，也是在强调相对于孔子所具
有的无差别的、"无所不安"的内在心境而言，"匡陈羑里"与"紫极
闲堂"之间是没有区别的，所以虽身处险境，而圣人自可无往而不逍
遥也。从注文与原文的关系看，应该说郭象的注解是"同"着说和
"顺"着说，其诠释主要是"依循文本"，而不是"自我表现"式的。

6. 在《庄子·知北游》篇中，《庄子》载

> 故九窍者胎生，八窍者卵生。其来无迹，其往无崖，无门无
> 房，四达之皇皇也。邀于此者，四肢强，思虑恂达，耳目聪明，
> 其用心不劳，其应物无方。天不得不高，地不得不广，日月不得
> 不行，万物不得不昌，此其道与！①

在其下，郭象注解曰：

> 言万物虽以形相生，亦皆自然耳。故胎卵不能易种而生，明
> 神气之不可为也。夫率自然之性，游无迹之涂者，放形骸于天地
> 之间，寄精神于八方之表，是以无门无房，四达皇皇，逍遥六合，
> 与时偕行也。人生而遇此道，则天性全而精神定。言此皆不得不
> 然而自然耳，非道能使然也。②

在《庄子》原文中，"无迹"是指"大道"的无形、无名的超越
性，以及其在生发万物之功能上的自然与无心，而在郭象注文中，
"无迹"是对"至人"之因为体"道"而来的超越心性，及其以此超
越心性在当机应物时与万物之间浑然一体、了无痕迹之存在状态的表

---

① 郭庆藩：《庄子集释》，第741页。
② 郭庆藩：《庄子集释》，第742页。

述。郭象否定了"大道"作为实体形式的存在，但是他仍然承认了天地万物中"独化"与"自然"之"道"的普遍性，承认由此而来的"至人"之心的超越境界。以此超越心境为基本内容，郭象对"至人"之"逍遥"状态的注解是符合《庄子》原文的相关描述的，他的诠释也具有明显的依循文本式的定向与特征。

三 一个简单的总结和分析

通过以上分析，可以看出，在逍遥问题上，郭象的注文，相对于《庄子》原文而言，其诠释性方向是复杂的，是兼杂有同、异和顺、逆之分的。在涉及"逍遥"一词的六处《庄子》原文和相关郭象注文，以及涉及"逍遥"一词的十七条《庄子注》注文和相关《庄子》原文的一一比较中（重合的有两条），可以称得上是逆向性诠释的共有八条，基本上属于顺向性诠释的则有十一条，还有两条主要是异向性质的。可见，在诠释性方向问题上，不能够简单地以《庄子》和郭象在逍遥观上的区别作为例证，去认为郭象之注《庄》构成了中国哲学在经典注释中进行逆向性诠释的典范，并因此在诠释性定向上可以视之为纯自我表现性定向的外化代表①。而就思想内容看，郭象注解《庄子》，在逍遥问题上主要关涉到小、大之辩和圣性境界这两大主题，其中的顺、逆与异、同关系值得深思。

在小、大之辩的主题上，郭象之注《庄》，主要是逆向性质的。《庄子》推崇体"道"圣人，认为只有他们的境界之游方可摆脱一切内外条件与限制（"待"），具备无极与无穷性，才是真正的逍遥，从而在其思想中存在小、大之辩。与《庄子》不同，郭象认为万物各有其"性命"，以及由此而来的能力和职分，只要"足性""安分"，守职而为，则无论小、大之物，或是圣、庶之别，均可在各自的"自得之境"中自足、自乐与自得，都可以被看作逍遥，因此在逍遥问题上

---

① 刘笑敢：《诠释与定向——中国哲学研究方法之探究》，第147页。

也认为不存在小、大之辩。就郭象的注文看，他关于小、大之辩的注解主要集中在《逍遥游注》和《秋水注》两篇之中，针对的就是《庄子》这两篇中关于鲲、鹏与蜩、鸠之间，以及在河、海、天地之间所存在着的小、大之分，也可见他是自觉地以自己所主张的"小大无辩"的观点去注释《庄子》中的"小大有辩"的思想，并使得他的注文突出地具有逆向性和自我表现式的诠释特征。这是一个方面；另一方面，郭象主张万物之间"小大无辩"的理论依据在于万物各自有其"性命之情"，而这种思想本身出自《庄子》中的《马蹄》《骈拇》《在宥》等诸篇，且这一思想本身构成自先秦老、庄至魏晋玄学之道家自然思想传统中的不可分割的部分。① 这样，通过对《庄子》全书的跨文本诠释和融贯性诠释②，郭象将《庄子》和道家思想传统中关于逍遥问题的一种可能的或曰潜在的思想理路予以了突出和明晰地表达，从而丰富和深化了道家和庄学在这一问题上的理论思考。从后一方面看，郭象注解《庄子》中的"小、大之辩"无疑是成功的，是中哲思想史上进行创造性诠释的一个典范。

在圣性境界的主题上，郭象之注《庄》，主要是顺向性质的，但是也有着自己的重大发展。比较涉及"逍遥"一词的郭象《注》文和相关《庄子》原文，其中约十一条属于顺向性诠释。分析这十一条注文的内容，可以看出，它们基本上都属于关于圣人所具有之超越性的心性境界，以及由此而来的圣心的境界之游的方面，这也表明在这一主题上，郭象与《庄子》一样，他们都认为只有圣人方才具备"游心"于"方外"的超越境界，这是二者之间相类同的方面，是郭象对《庄子》的"同"着说和"顺"着说。但是，在圣人"逍遥"之"游形"的方面，就《庄子》一书中对"逍遥"一词的六次具体的使用状

① "彼正正者，不失其性命之情"（《庄子集释》，第317页），"吾所谓臧者，非所谓仁义之谓也，任其性命之情而已矣"（《庄子集释》，第327页），"故君子不得已而临莅天下，莫若无为。无为也而后安其性命之情"（《庄子集释》，第369页）。又，"论太始之源以明自然之性，演幽冥之极以定惑罔之迷"（楼宇烈：《王弼集校释》，中华书局1980年版，第196页），"吾所谓得者，性命之情，处其所安也"（陈广忠译注：《淮南子》，中华书局2012年版，第47页）。

② 刘笑敢：《诠释与定向——中国哲学研究方法之探究》，第198—207页。

况看，其所描述的圣人基本上都是飘然世外、遗世独立的，他们对日常世俗社会和遵守礼仪规范的"方内"之域均持以超离和否弃之姿态，而郭象在多处注文中明确主张圣人乃理想式的治世君王，他们自然具有"游形"于"方内"之域的、随顺世俗的姿态，可见二者之间是存在着重大的理论区别。显然，这是在圣人逍遥问题上郭象对《庄子》之"异"着说，乃至于"逆"着说的方面，是郭象对《庄子》关于圣人逍遥思想的重大发展，这是一个方面。但是，另一方面，观《庄子》全书，若将目光不局限在该书对"逍遥"一词的具体使用，而是扩散开来，将该书中关于圣人之处世应物的具体作为加以整体性把握的话，则可以看出，在《庄子》全书多篇中，圣人之"游形"的方面，其实也不仅仅实现在超乎世俗之外的"方外"之域，也多处均落实在日常世俗生活与礼仪世界的"方内"之域中①。圣心之超越境界是传统哲学思想中的普遍性主题，这种超越境界之落实在日常生活与世俗领域之中是其自我实践的必然性要求。郭象针对《庄子·大宗师》篇中"子桑户、孟子反、子琴张三人相与友"章中"内外不相及"的观点，明确地提出了"游外冥内"的命题，他的注释不仅是他以《庄》注《庄》，对《庄子》全书进行跨文本诠释和融贯性诠释的结果，同时也是他对圣心境界这一普遍性思想主题加以创造性思考的理论结晶。

分析郭象《庄子注》中的"逍遥"论思想，能够为探讨经典注释中的诠释方向问题提供一些重要的方法论启示。这些启示，大致而言，有以下几点。

1. "进入实验室条件"的重要性和必要性。以经典注释的方式建构新的哲学体系是中国哲学诠释传统的重要特点，客观地诠释经典的原义和建立诠释者自身的哲学体系之间确实存在着内在的矛盾和紧张，

---

① "唯至人乃能游于世而不僻，顺人而不失己"（《庄子集释》，第938页），"圣人处物不伤物。不伤物者，物亦不能伤也。唯无所伤者，为能与人相将迎"（《庄子集释》，第765页），"若夫不刻意而高，无仁义而修，无功名而治，无江海而闲，不道引而寿，无不忘也，无不有也，淡然无极而众美从之；此天地之道，圣人之德也"（《庄子集释》，第537页）。

并由此带来了经典诠释作品中的诠释方向问题。针对这一问题，刘笑敢教授提出了"进入实验室条件"的解决方案，其具体内容是：首先分别考察原典和诠释作品究竟各自说了些什么，然后根据判断文本原义的两个原则分析原典所说与诠释作品所说之间的关系，然后再根据确定诠释方向的两个标准来考察诠释作品的方向性特征①。判断文本原义的两个原则是素朴性原则和相对的一致性原则，前者指只在文字学与语法规定的层面上确定所分析原材料的含义（所谓"实谓"的层面），后者指反对过分地强调逻辑的一致性。确定诠释方向的两个标准是"看诠释者提出的新理论是否可以从原作品的概念、命题、理论框架中合乎逻辑地直接推论出来"，以及"看诠释者对原来的经典中的主要概念、命题、架构是肯定还是否定"②。就本文对郭象《庄子注》中的"逍遥"论思想的诠释方向问题的分析看，刘笑敢教授的这一"进入实验室条件"的解决方案是大致可行的。《庄子》和郭象《庄子注》中分别涉及了六条和十七条有关"逍遥"的原材料，它们中的绝大部分原材料的诠释方向问题是可以通过应用这一"进入实验室条件"的方案及其程序而得到明确的确定的。

2. "以庄解庄"和"以郭（象）解郭（象）"之方法和原则的补充③。在确定《庄子》和《庄子注》中关于"逍遥"的原材料各自究竟说了些什么的过程中，由于相关原材料思想的复杂与深刻，需要在

---

① 刘笑敢：《诠释与定向——中国哲学研究方法之探究》，第147页。

② 刘笑敢：《诠释与定向——中国哲学研究方法之探究》，第140—147页。

③ 所谓"以庄解庄"的原则和方法，出自张默生先生所著《庄子新释》一书。在该书之《庄子研究答问》部分，以《庄子》中的"道"为例，张氏认为"总而言之，我们必须把庄子的作品中，明讲道者，暗讲道者，或抽象的曲说道之精微者，或具体的扮演道成人物者，或借寓言重言说明道之体用者，要下一番工夫，都把它一一抽出，用比较归纳的法子，来看庄子之所谓'道'，究竟是个什么物事，它的内涵多大，然后下一个'道'的定义，于是庄子所引用的道的术语，也就是他的中心思想，才可昭然若揭了"（氏著《庄子通释》，上海：东方书社发行，1948年10月初版，第30页）。将张先生的论说简化一下，所谓"以庄解庄"，即是在研究庄子某方面的重要思想时，需要以对《庄子》书中相关原材料的全面性把握为基础，通过比较、归纳和下定义的方法，去获得对庄子思想中该问题的整体性把握和理解。在本文中，所谓"以庄解庄"，即指以《庄子》一书中关于同一问题的相关原材料予以互相说明和解读的方法。"以郭（象）解郭（象）"含义可依此类推。

必要时引入"以庄解庄"和"以郭（象）解郭（象）"的方法和原则。例如，郭象将"逍遥"的含义规定为"物任其性，事称其能，各当其分"，若不通过引用《庄子注》中的其他相关注文去对其所谓物"性"（包括"能""分"）的内容和含义加以概括和分析，想说清楚这句原材料，以及由此分析郭象所论之万物、众品的逍遥与庄子所论之圣人逍遥的区别是有难度的。又如，《庄子·大宗师》言及"方外"和"外内不相及"，而郭象的注文则提出"游外冥内"的"至极"之"理"。显然，如果不联系《庄子》和《庄子注》中的其他相关原材料，不进入对圣人之"游心"与"游形"，以及二者之间本末、体用关系的层面加以分析，则很难把圣人逍遥之"外内不相及"与"游外冥内"之间的思想发展讲清楚，也就无法厘清郭象注《庄》在这一问题上的诠释方向问题。

3. 语义分析的方法。对哲学性原材料的理解，无论是原典还是注释，所关涉到的应该都不只限于字句解释等文字学和语法问题，而应该更多的是思想和语义问题，需要分析字词、文句的表达形式与其所表达的思想内容之间的关系，所以语义分析是无法避免的。这也表明，即使只是为了分析特定思想的诠释方向问题，对相关原材料的解读也不能够完全限定在字词、文本的字面含义之所谓"实谓"的层次上，在必要时也需要进一步向更深的、语义分析的层次上加以深化和发展①。而一旦进入语义分析的层面，具有了同一个思想母题，则将能够为古今互释和中西互释等研究方法的引入打开空间②。

4. 执行搜集无遗、"竭泽而渔"的原则与方法。在原典及其注释材料之间进行思想比较，分析相关注释材料的诠释方向问题时，对相关原材料的搜集必须全面，不能够有所偏向和遗漏，需要执行搜集无遗、"竭泽而渔"的原则与方法。以郭象《庄子注》中"逍遥"论的

---

① 刘笑敢：《诠释与定向——中国哲学研究方法之探究》，第 146 页。

② 关于哲学思想研究过程中语义分析的重要性和必要性，以及由此而来的研究方法的丰富性和开放性，可参见李巍《从语义分析到道理重构》之"导言"部分，商务印书馆 2019 年版，第 1—32 页。

思想为例，就需要至少将《庄子》原文和郭象《庄子注》中与"逍遥"直接相涉的所有原材料均搜集齐全，不能够有所遗漏，然后再"进入实验室条件"，在必要时运用"以庄解庄""以郭（象）解郭（象）"的方法与原则，逐一加以检视与分析，从而在对原材料做出有效分析的基础上自然地进入对思想母题的把握，进入语义分析的层次上，进而得出所要寻求的在诠释方向问题上的结论。这其实也是张默生先生在《庄子新释》一书中所提出的"以庄解庄"之原则和方法的内在要求。我们可以将之类推到"以郭（象）解郭（象）"的方法和原则上，进而应用到对郭象《庄子注》之逍遥观、安命论、道论、独化论、名教论等诸种重要思想之诠释性定向问题的分析上去。

附 录 1
《庄子》论"孝"探微

摘要：《庄子》论"孝"，重在"忘亲"。"忘"之为"忘"，在《庄子》中，存在着"因困而忘"和"因适而忘"的不同运思理路。所谓"忘亲"之"孝"，可以分别从"因困而忘"和"因适而忘"的角度加以分析。在传统之"以敬孝"和"以爱孝"的实现方式之上，《庄子》开出了一个更为超越的"忘亲"之"孝"的浑化境界，具有自己在理论内容和实践操作上的独特性，对我们今天的"孝"之实践也能够提供一定的参考和启示。

关于"孝"的思考，在《庄子》中，内容不多，但颇为惊艳①。《庄子》论"孝"，重在"忘亲"，"忘"之一字，可谓理解其论"孝"思想的关键。本文以对《庄子》论"忘"之思想理路的分析为基本路径，探讨其"忘亲"之"孝"思想的主要内容，并对其论"孝"之各层次的含义给出自己的分析。

一 "忘亲"之"孝"

查《庄子》一书，其关于"孝"的思想突出体现在《庄子·天

---

① 《庄子》一书，关于其作者，以及与其后学间的关系问题，学界较多争论。我们将其视为庄子学派的著作总集，对其之论"孝"的思想作一个整体性的把握。

运》篇"商大宰荡问仁于庄子"的一段材料中。在该篇中，《庄
子》说：

> 商大宰荡问仁于庄子。庄子曰："虎狼，仁也。"曰："何谓
> 也？"庄子曰："父子相亲，何为不仁！"曰："请问至仁。"庄子
> 曰："至仁无亲。"大宰曰："荡闻之，无亲则不爱，不爱则不孝。
> 谓至仁不孝，可乎？"庄子曰："不然，夫至仁尚矣，孝固不足以
> 言之。此非过孝之言也，不及孝之言也。夫南行者至于郢，北面
> 而不见冥山，是何也？则去之远也。故曰：以敬孝易，以爱孝难；
> 以爱孝易，以忘亲难；忘亲易，使亲忘我难；使亲忘我易，兼忘
> 天下难；兼忘天下易，使天下兼忘我难。夫德遗尧、舜而不为也，
> 利泽施于万世，天下莫知也，岂直太息而言仁孝乎哉！夫孝悌仁
> 义，忠信贞廉，此皆自勉以役其德者也，不足多也。故曰：至贵，
> 国爵并焉；至富，国财并焉；至愿，名誉并焉。是以道不渝。"
> （《庄子·天运》）①

分析上文中《庄子》论"孝"的思想，可以厘清其主要理路
如下。

（一）对"不及孝"的"不孝"之举予以否弃

这一点，可以从"虎狼，仁也"中得到说明。因为即使是虎狼之
禽兽，也是"父子相亲，何为不仁"，也就是说其中是存在着仁爱之
亲情的，所以，庄子认为"不孝"之举其实是连禽兽都不如的。又，
庄子主张"至仁无亲"，商大宰荡认为他是"至仁不孝"，而庄子的回
答是指出他对"至仁"的理解乃"南行者至于郢，北面而不见冥山，
是何也？则去之远也"，也就是说宛如向南走到楚国之都城郢，朝北
面看则见不到冥山，原因在于南辕北辙，越走离冥山越远，在行路的

---

① 郭庆藩：《庄子集释》，第497页。

方向上都存在问题。所以，在"孝"的问题上，《庄子》说"夫至仁尚矣，孝固不足以言之。此非过孝之言也，不及孝之言也"，他认为他自己所主张的"至仁"乃"过孝之言"，而不是"不爱""不敬"的"不及孝之言"。因此，对于主张"至仁"是"不及孝"的观点，《庄子》认为这也属于南辕北辙，是在理解的方向上存在问题。① 由此，也可见庄子对于"不及孝"的"不爱（亲）"和"不敬（亲）"之举是持以否弃的态度的。

（二）对传统意义上的"敬爱"之"孝"的双重态度

这种双重态度表现在两个方面，即一方面，相对于"不及孝"的"不孝"之举，庄子对传统意义上的"以敬孝"和"以爱孝"是承认和认可的，并因此认为它们是他所主张的"孝"之层次中的前面两个层次。况且，对于亲人，尤其是父母，既然是"孝"之情感，"以敬孝""以爱孝"就是其内在的必然要求，不存在说不"敬"、不"爱"，而仍然可谓之"孝"的。故，"孝"则必"敬"必"爱"，这是没有疑问的。但是，另一方面，或说主要地，站在其所谓"至仁无亲"的立场上，庄子对传统意义上的"敬爱"之"孝"中所存在的"自勉"式实现方式持以坚决的批判和否弃态度。这可以从其所说的"夫孝悌仁义，忠信贞廉，此皆自勉以役其德者也，不足多也。故曰：至贵，国爵并焉；至富，国财并焉；至愿，名誉并焉。是以道不渝"等语句中得到明确的说明。换句话说，在《庄子》看来，诸如"孝悌仁义，忠信贞廉"这样的人伦规范，它们都是人用来自我勉强以奴役其真德的，所以不值得推崇它们。由于传统意义上的"敬爱"之"孝"的实现方式是"自勉"性质的，也就是说是自我勉强和自我强制式的②，属于有心有为之举，因此并不具备"至仁"（实即"道"）

---

① 《释文》曰"'郢'，以井反，又以政反，楚都也，在江陵北。'冥山'，司马云北海山名"，见郭庆藩《庄子集释》，第499页。

② 《说文解字·力部》曰"勉：强也。从力免声"，可见"自勉"即自我勉强、自我强制之义。

中的"忘亲"之"德",从而也不是他所推崇的"孝"之"忘亲"式的实现方式,故应站在"至仁"立场上予以"并(摒)"焉。成玄英《疏》文中说"并者,除弃之谓也",又说"渝,变也,薄也"(《庄子·天运疏》)[1],可见站在"不渝"之"道"(亦即"至仁""至富""至贵""至愿")的立场上,对于有"渝"有变,并非恒道之"国爵"、"国财"、"名誉",以及"孝悌仁义,忠信贞廉"等,庄子均持以批判和否弃,亦即"并(摒)"之态度。可见,《庄子》并不否弃"孝亲"中的"敬亲"与"爱亲"之意,但他坚决否弃在传统意义上的"敬孝""爱亲"中所存在着的"自勉"式的实现方式。

(三)"至仁"中的"忘亲"之"德"

所谓"至仁无亲",亦即"至仁"之"忘亲"。所谓"至仁",与"至贵"、"至富"、"至愿"等一样,都是对"不渝"之"道"在功能上的指谓。《老子》三十七章中说"道常无为而无不为",其中"无为"是本,是体;"无不为"是功,是用。《庄子》继承《老子》的理路,认为"不渝"之"道",以及体"道"者所具有的"忘亲"之"德",从心性与行为原则的角度看是无心和无为的,并因此呈现为对一切"自勉"式之有心、有为之举的批判和超越,而从功能与效用的角度看则又是"无不为"的,且因此又呈现为在顺世应物中对天地万物和当时之务的无不成就。换言之,从"无不为"的功用角度言,可称之为"至仁"、"至贵"、"至富"、"至愿"与"至孝",但是,从"无为"的心性超越角度言,则可称之为"国爵并焉""国财并焉""名誉并焉",而在"孝亲"的问题上也可说:"岂直太息而言仁孝乎哉!"也就是说又怎么会去深深赞叹,以夸扬仁与孝呢?要之,圣人并不在意尧舜式的仁、孝等德行,从而无所作为,他的恩泽施加于万世而天下却无人知道,故他的功业建立在"忘亲"之"德"的基础之上,是他无心、无为之举的自然效用和结果。换句话说,以"道常无

---

① 郭庆藩:《庄子集释》,第501页。

为而无不为"和至人的体道之"德"为依据,《庄子》认为他可以在传统意义上的"孝"之"自勉"式实现方式之外和之上,提供出一个更为超越和理想性的"忘亲"之"孝"的实现方式。这种实现方式,他称之为"至仁无亲",我们也可以称之为"至孝忘亲"。

(四)《庄子》论"孝"的层次

在本段材料中,依据"以敬孝易,以爱孝难;以爱孝易,以忘亲难;忘亲易,使亲忘我难;使亲忘我易,兼忘天下难;兼忘天下易,使天下兼忘我难"的原文,《庄子》论"孝",可以分出六个层次,即以敬孝→以爱孝→忘亲之孝→使亲忘我之孝→兼忘天下之孝→使天下兼忘我之孝。作出这样的论断,理由如下。

1. 在"以爱孝易,以忘亲难"一句中,"以忘亲难"的含义应该是"以忘亲(而孝)难"。"忘亲"是方法,"孝"是目的,这样才可以与"以爱孝"相对而论,从而比较这二者在实现方式上的难易。可见,在"以忘亲难"中,《庄子》省略了"而孝"两字,需要在理解时加以补上。

2. 在"忘亲易,使亲忘我难"一句中,"忘亲"二字应该是直接承接上句中的"以忘亲(而孝)",不过省略了"以"之一字,其含义应该是指一种"忘亲之孝"。显然,这种"忘亲之孝"是站在子女角度言之的,是指在子女对父母之"孝"的过程中,作为子女,他们"忘"了父母之为父母的存在。

3. 相应地,"使亲忘我"的含义也应该是站在子女角度论"孝",其含义是"使亲忘我之孝"。也就是说,在子女对父母之"孝"的过程中,其"孝"使得父母"忘"了子女之为子女,此之谓"使亲忘我(之孝)"。

4. 类推言之,"兼忘天下"和"使天下兼忘我",也都是站在子女角度言之的,它们的含义分别是"兼忘天下之孝"和"使天下兼忘我之孝",是指在子女对父母之"孝"的过程中,由于其在"忘"之境界和范围上的外扩和深化,从而达到了"忘天下(人)"和"使天下（人）忘我"的层次和境界。

要之，与"以敬孝"和"以爱孝"的传统"孝"之层次相对而言，后四个层次乃《庄子》所特别开显出来的道家式"孝"之"忘"的境界。《庄子》论"孝"，重在"忘亲"，并进而进入一种与"天下（人）"相互"兼忘"的境界。理解《庄子》之论"孝"，以及在其中的它对传统敬爱之"孝"之"自勉"式实现方式的超越，关键即在于此一"忘"字。对此"忘"字，又当如何理解呢？

二 从"因困而忘"的角度论"孝"

在《庄子》中，"忘"是一个重要范畴。《庄子》所谓"忘"，除了少数地方乃世俗用途，其含义乃日常心理意义上的遗忘之义外，它主要是在体"道"的方法论意义上，作为圣人在心性上之超越活动的含义而言的①。"忘"之为"忘"，作为心性上的超越活动，其思想结构主要包含"忘"之所"忘"的被超越对象，以及"忘"之所"至"的超越境界（"道术"化境）这两端。进一步，若分析何以需有此超越性质的"忘"，则可将之区分为"因困而忘"和"因适而忘"两类情况。在"因困而忘"的情况下，所"忘"者乃是非"成心"与私我"机心"，"忘"之超越意味着对它们的否弃和批判；在"因适而忘"的情况下，所"忘"者乃工具、技术、环境等条件之域，"忘"之超越意味着后者之作为条件的实现和完成，并因它们的自然浑化而沉入背景之域。联系这两种《庄子》论"忘"之基本理路，将有助于我们对圣人"忘亲"之"孝"的理解和分析。具体说来如下。

---

① 这些世俗意义上的"忘"之用法，如《列御寇》篇曰"施于人而不忘"，《徐无鬼》篇曰"闻人之过，终身不忘"，《盗跖》篇曰"皆遗忘而不知察"等，其中的"忘"之主体均为世俗中人，"忘"（或"不忘"）之内容均是日常俗事，而"忘"之后果也主要是在世俗生活意义上论之的。

（一）因"困"而"忘"

在《庄子》中，"忘"之为"忘"，首先在于"因困而忘"。《说文解字·心部》解"忘"字，说：不识也。从心从亡，亡亦声。因此，"忘"的含义是指"心之亡"，指对主体之精神与意识内容的消除和遗落，也就是因它们之"亡"而"不识"的意思。为何需要"亡"之呢？在《庄子》体"道"之价值取向的思维背景下，首先在于这些内容所具有的对主体存在之负面性的价值特征。这些负面性的思想内容，在《庄子》中，突出地体现为主体存在中的"成心"与"机心"。《庄子》说：

> 人之生也，固若是芒乎？其我独芒，而人亦有不芒者乎？夫随其成心而师之，谁独且无师乎？奚必知代而自取者有之？愚者与有焉。……道隐于小成，言隐于荣华。故有儒墨之是非，以是其所非而非其所。（《庄子·齐物论》）①
>
> 吾闻之吾师，有机械者必有机事，有机事者必有机心。机心存于胸中，则纯白不备；纯白不备，则神生不定；神生不定者，道之所不载也。（《庄子·天地》）②

"成心"为儒墨式的是非小成之心，"机心"则为有机事者的投机取巧之心。《庄子》说"去知与故，循天之理"（《庄子·刻意》）③，可以认为是非之"成心"偏于"知"之一面，而有功利之"机心"则偏于"故"的一面。进一步，《庄子》说"机心存于胸中，则纯白不备；纯白不备，则神生不定；神生不定者，道之所不载也"，又说"是非之彰也，道之所以亏也。道之所以亏，爱之所以成"（《庄子·

---

① 郭庆藩：《庄子集释》，第56页。
② 郭庆藩：《庄子集释》，第433页。
③ 郭庆藩：《庄子集释》，第539页。

齐物论》）①。也就是说，在《庄子》看来，"机心"存于心中，便不
能保持内心的纯洁空明，进而会心神不定，从而无法与"道"合一。
《庄子》又说，有了是非的造作，"道"（或说是与"道"合一的超越
心境）就会亏缺，并进而有私好、偏爱之"成心"的出现。可见，以
体"道"之境为修养目标，对于是非、爱恶之"成心"，以及功利性
的"机心"等，《庄子》是持以批判和否弃的态度的。换句话说，无
论"成心"或是"机心"，它们并非圣者体"道"心性的本真状态，
而是在道德之境的亏缺中窃入人心，并入主其中的东西。关于此被窃
入之人心，《庄子》说：

> 汝慎无撄人心。人心排下而进上，上下囚杀，淖约柔乎刚强，
> 廉刿雕琢，其热焦火，其寒凝冰，其疾俯仰之间，而再抚四海之
> 外，其居也渊而静，其动也縣而天。偾骄而不可系者，其唯人心
> 乎！（《庄子·在宥》）②
> 富贵显严名利六者，勃志也。容动色理气意六者，谬心也。
> 恶欲喜怒哀乐六者，累德也。去就取与知能六者，塞道也。此四
> 六者不荡胸中则正，正则静，静则明，明则虚，虚则无为无不为
> 也。（《庄子·庚桑楚》）③

《在宥》篇又言"天下脊脊大乱，罪在撄人心"（《庄子·在
宥》）④，其所言之"人心"即是指因是非、情绪之波荡而上下翻滚的
癫狂之心。在此"人心"中，个体之情欲、是非、爱恶、追逐等内外
交织，互相结缚，宛如囚笼，使得人的生命身陷困境、左冲右突，却
又无从解脱。在《庄子》中，其人生哲学的出发点即在于这种普遍性
的生命困境，而究其之身陷困境的根因，应该说主要还是在于一己之

---

① 郭庆藩：《庄子集释》，第74页。
② 郭庆藩：《庄子集释》，第371页。
③ 郭庆藩：《庄子集释》，第810页。
④ 郭庆藩：《庄子集释》，第373页。

成心与机心①。相应地，欲破此困境，关键就在于通过体"道"去否弃和超越它们。又，依照《庚桑楚》篇所言，此"人心"的内容，沿着"成心""机心"的方向进一步延伸，则波荡所及，它们的范围几乎包含了主体在知、情、意等领域的所有内容。此四六之人心，若不荡于胸中，则心中虚静、正明；若荡于心中，则其心上下囚杀，偾骄而不可系（也就是说，其心拘禁、伤杀于消沉与高举之间，实在是骄悍而不可羁制啊）。由此可见，在《庄子》眼中，它们完全是否定性和负面性价值的存在，应该去之离之。《德充符》言"彼为己，以其知得其心，以其心得其常心"②，针对有"知"的是非"成心"（以及"机心"）等，主体还是要"得其常心"，也就是说要回归到体道的真常之心中去，这样才能够从其"上下囚杀"的困境状态中摆脱出来。问题在于，如何方可体道而"得其常心"呢？《庄子》说：

> 颜回曰："回益矣。"仲尼曰："何谓也？"曰："回忘仁义矣。"曰："可矣，犹未也。"他日，复见，曰："回益矣。"曰："何谓也？"曰："回忘礼乐矣。"曰："可矣，犹未也。"他日，复见，曰："回益矣。"曰："何谓也？"曰："回坐忘矣。"仲尼蹴然曰："何谓坐忘？"颜回曰："堕肢体，黜聪明，离形去知，同于大通，此谓坐忘。"仲尼曰："同则无好也，化则无常也，而果其贤乎！丘也请从而后也。"（《庄子·大宗师》）③

可见，"忘"是《庄子》体"道"的修炼方法与途径。颜回体道，不断进益，曰"忘仁义""忘礼乐"，进而至于"堕肢体，黜聪明，离形去知，同于大通，此谓坐忘"，其中的"离形""堕肢体"即偏于否弃"机心"的一面，而"去知""黜聪明"则偏于否弃"成心"的一面。在这一过程中，所以要否弃（"忘"）仁义、礼乐，进而

---

① 崔大华：《庄学研究》，人民出版社1992年版，第146页。
② 此处句读依照陈鼓应《庄子今注今译》，中华书局1983年版，第145页。
③ 郭庆藩：《庄子集释》，第284页。

至于"离形去知",原因就在于它们乃波荡"人心",或说乃是非"成心"和功利"机心",对于体道而言乃阻碍性、负面性的存在,故此处之"忘"亦可谓之为"因困而忘"。要之,为了"得其常心"("同于大通"),无论"机心",或是"成心"等,它们都是需要被"忘"而"亡"之,也就是要被"有"而"无"之的东西①。

(二)圣人以仁(孝)义撄人之心

《庄子》论"孝",除《天运》篇"商大宰荡问仁"一段较集中外,其他材料均颇为零散,且多与仁义、忠信、礼乐等名教规范相并而论。而正如《论语·学而》篇中所说:"君子务本,本立而道生。孝悌也者,其为仁之本与!""仁义"与"孝慈"等本就可以被视为一体。又,在《庄子》中,就"仁义"和"孝慈"的使用情况看,他对它们也是一体视之,并没有加以区别对待的。由于在《庄子》中关于"孝"的原材料相对较少,因此我们也可以通过对其"仁义"思想的分析,以间接地达到对《庄子》论"孝"之思想的一个方面的把握。这也是本文使用"仁(孝)义"之用语的原因。

将《庄子》"因困而忘"的运思理路应用到《庄子》之论"孝",关键在于指出他所批判乃至否弃之"孝"与"成心"、"机心"的内在关联,而对于这一点的证实,也突出地体现在《庄子》之对圣人之以仁(孝)义撄乱人心的严厉批评上。《庄子》说:

> 昔者黄帝始以仁义撄人之心,尧舜于是乎股无胈,胫无毛,以养天下之形,愁其五藏以为仁义,矜其血气以规法度。然犹有不胜也,尧于是放讙兜于崇山,投三苗于三峗,流共工于幽都,此不胜天下也。夫施及三王而天下大骇矣,下有桀跖,上有曾史,而儒墨毕起。于是乎喜怒相疑,愚知相欺,善否相非,诞信相讥,而天下衰矣。大德不同,而性命烂漫矣;天下好知,而百姓求竭

---

① 杨国荣:《庄子的思想世界》,北京大学出版社2006年版,第112页。

矣。于是乎钘锯制焉，绳墨杀焉，椎凿决焉。天下脊脊大乱，罪在撄人心。(《庄子·在宥》)①

夫至德之世，同与禽兽居，族与万物并，恶乎知君子小人哉，同乎无知，其德不离；同乎无欲，是谓素朴。素朴而民性得矣。及至圣人，蹩躠为仁，踶跂为义，而天下始疑矣，澶漫为乐，摘僻为礼，而天下始分矣。……夫残朴以为器，工匠之罪也；毁道德以为仁义，圣人之过也！(《庄子·马蹄》)②

这是《庄子》中对仁义、礼乐等儒家思想予以严厉抨击的经典材料。在其中，"毁道德以为仁义"的思想直接转引自《老子》。《老子》第三十八章中说"失道而后德，失德而后仁，失仁而后义"；又《老子》第十九章中说"绝圣弃智，民利百倍；绝仁弃义，民复孝慈；绝巧弃利，盗贼无有"，故对仁义、礼乐等儒家基本概念的直接否定似乎构成了老庄之学的悠久传统。但是，在《老子》郭店竹简本中却没有这几句话，有的是"绝智弃辨"、"绝巧弃利"和"绝伪弃虑"③。这一方面说明传世本《老子》中"绝圣弃智""绝仁弃义"的词语是后人加工的结果，另一方面也说明既使是对"仁义""礼乐"之弃绝，在《老子》处，其所要弃绝的对象也并不是民心之中的本然"孝慈"，而主要只是夹杂于"仁义""礼乐"之中的"智辨"、"巧利"和"伪虑"。换句话说，若是出于"智辨"、"巧利"和"伪虑"，则无论"孝慈"或是"仁义"，它们均是应予以否弃的诈伪式存在；相反，若是出于本然的真实，则无论"仁义"或是"孝慈"，它们均应该得到道家和《老子》的肯认④。这种"智辨"、"巧利"和"伪虑"，显然，在《庄子》处它们即表现为"成心"和"机心"。依照《庄子》，在

① 郭庆藩：《庄子集释》，第373页。
② 郭庆藩：《庄子集释》，第336页。
③ 对于竹简本"绝智弃辨"章的文字判定与解读，学界争论较多，可参考丁四新《郭店楚竹书〈老子〉校注》，武汉大学出版社2010年版，第3—16页。
④ 陈鼓应：《从郭店楚简看〈老子〉尚仁及守中思想》，《道家文化研究》1999年第17辑，第69—74页。

"至德之世"中,群品、万物"同乎无知,其德不离;同乎无欲,是谓素朴。素朴而民性得矣",故在原初社会之素朴性的民心与民性中是没有"成心"和"机心"等存在之位置的。但是,在历史的演进过程中,由于圣人们以其智慧创生仁义、孝慈、礼乐等社会规范,并进而以它们范导万物,制裁天下,结果却搅乱了民心,带来了民性之逐步的沦落。也就是说,在《庄子》退化史观的批判性视野下,民心、民性之所以下堕,细究之,原因还是在于居于上位者的有心和有为之治,在于圣智之知,在于"黄帝始以仁义撄人之心"。由此,《庄子》说:

> 吾未知圣知之不为桁杨椄槢也,仁义之不为桎梏凿枘也,焉知曾史之不为桀跖嚆矢也!(《庄子·在宥》)①

所谓"桁杨"和"桎梏",均是古代的刑具,而"椄槢"和"凿枘"则分别是刑具上的小梁和孔枘。"曾"指曾参,"史"指史鳅,他们两人均是先秦之"忠""孝",或说是"仁义"的典范,而《庄子》将他们与桀、跖并列,并认为前者乃后者之"嚆矢"。"嚆"是呼声;"嚆矢"是指响箭,是矢之鸣者。响箭射出后,声音先到而箭方后至,故"嚆矢"喻发生在先的事物,或说是事物的开端。以曾史为桀跖之嚆矢,正在于以前者为后者的发端。可见,在《庄子》看来,圣知、仁(孝)义和曾史等为先导之因,而桀跖、桁杨和桎梏等为接踵之果。二者之间存在着因果关系,要否弃后者,就必须先否弃前者。

(三) 夫仁(孝)义之行,且假乎禽贪者器

如上所论,天下人心之沦落,原因在于圣人以仁义撄人之心。所谓"撄",就是扰乱,就是有心有为。何以圣人能够以仁义撄乱人心呢?关键在于他们居于社会之上位、君位。例如,《缮性》篇中说:

---

① 郭庆藩:《庄子集释》,第 377 页。

古之人，在混芒之中，与一世而得淡漠焉。当是时也，阴阳和静，鬼神不扰，四时得节，万物不伤，群生不夭，人虽有知，无所用之，此之谓至一。当是时也，莫之为而常自然。逮德下衰，及燧人、伏羲始为天下，是故顺而不一。德又下衰，及神农、黄帝始为天下，是故安而不顺。德又下衰，及唐、虞始为天下，兴治化之流，枭淳散朴，离道以善，险德以行，然后去性而从于心。心与心识知而不足以定天下，然后附之以文，益之以博。文灭质，博溺心，然后民始惑乱，无以反其性情而复其初。（《庄子·缮性》）①

依此，社会历史形态是一个由"至一→顺而不一→安而不顺→离道以善→附文益博"而逐次衰退的过程。之所以逐次衰退，主要原因在于君德之下衰。盖在至一（最高的合一状态）之世，君德于混沌蒙昧中淡漠无为，故鬼神不扰，万物不伤。但是，从燧人、伏羲之顺应自然，到神农、黄帝之安定天下，再到唐、虞之出来治理和教化天下，随着君德之逐次下衰，其为治之道也由无为到为之，再到仁义和礼法之治，而其结果是在所谓"善""行"之推崇中使得人心由淳朴变为浇薄，偏离了大道，也伤害了真德。显然，这一因果推移的过程之所以成立，是与君王在社会权力体系中的中枢位置紧密相关的。

进一步，在《庄子》看来，在推崇仁（孝）义与人心的沦落之间，存在着一种恶性循环。也就是说，在人心已经因为仁（孝）义之撄而沦落而为成心、机心之后，此已经沦落之成心、机心进而以仁（孝）义为工具，而对其加以利用，二者相互摇荡，彼此推波助澜，从而使得人心、人性在沦落之路上一去而难以复返。这一点，突出地体现在仁（孝）义之为禽贪者器。《庄子》说：

夫民，不难聚也；爱之则亲，利之则至，誉之则劝，致其所

---

①　郭庆藩：《庄子集释》，第550页。

恶则散。爱利出乎仁义,捐仁义者寡,利仁义者众。夫仁义之行,唯且无诚,且假乎禽贪者器。是以一人之断制利天下,譬之犹一瞡也。(《庄子·徐无鬼》)①

"器"指工具。"假",指借用。所谓"假乎禽贪者器",指为禽贪者之所借用为工具。"捐",指捐弃,批判和否弃的意思。所谓"捐仁义者寡,利仁义者众",指能够批判和否弃仁(孝)义的人很少,而将仁(孝)义作为工具加以利用的人很多。而一个对仁(孝)义普遍性地加以功利化使用的社会,当然不是原初性的至德之世,而是已经沦落了的衰败后世。在此衰败后世中,由于民心已经"机心"化和"成心"化了,故《庄子》说"善人不得圣人之道不立,跖不得圣人之道不行;天下之善人少,而不善人多,则圣人之利天下也少,而害天下也多"(《庄子·胠箧》)②。由此,《徐无鬼》篇说:"凡成美,恶器也;君虽为仁义,几且伪哉!"(《庄子·徐无鬼》)③ 认为凡是大家公认的美好事物,都是作恶的工具。所以君王行使仁义之道,大概也是虚伪非真的,也就是一个自然的结论了。

进一步,关于仁(孝)义之行,除了抨击其背后之好名求利动机外,《庄子》亦重在揭示其所引发之"无诚","且伪",并进而殉名害身的恶劣性后果。以孔子为例,《庄子》说:

> 尔(指孔子,引者注)作言造语,妄称文武,冠枝木之冠,带死牛之胁,多辞缪说,不耕而食,不织而衣,摇唇鼓舌,擅生是非,以迷天下之主,使天下学士不反其本,妄作孝弟而侥幸于封侯富贵者也。(《庄子·盗跖》)④

---

① 郭庆藩:《庄子集释》,第861页。
② 郭庆藩:《庄子集释》,第346页。
③ 郭庆藩:《庄子集释》,第827页。
④ 郭庆藩:《庄子集释》,第992页。

《庄子》说"人卒未有不兴名就利者"(《庄子·盗跖》)①,"且子正为名,我正为利。名利之实,不顺于理,不监于道"(《庄子·盗跖》)②,也就是说尽管名利之实逆理昧道,但是其力量实在不是一般性的理性思考和道德规范之所能够抵御,故无论尧与禹等圣王,以及孔子等之为圣人,对于名利的诱惑都难以胜之,更何况世俗性的天下之主与天下学士,自然均为其所迷而不能返归于朴素之根本矣。进一步,《庄子》又说:

> 外物不可必,故龙逢诛,比干戮,箕子狂,恶来死,桀纣亡。人主莫不欲其臣之忠,而忠未必信,故伍员流于江,苌弘死于蜀,藏其血三年而化为碧。人亲莫不欲其子之孝,而孝未必爱,故孝己忧而曾参悲。(《庄子·外物》)③
>
> 演门有亲死者,以善毁爵为官师,其党人毁而死者半。尧与许由天下,许由逃之;汤与务光,务光怒之,纪他闻之,帅弟子而踆于窾水,诸侯吊之,三年,申徒狄因以踣河。(《庄子·外物》)④

这是对仁(孝)义、忠信等名教规范下万物之殉名害身后果的揭示与批判。盖忠孝乃臣子之节,但守忠、行孝之后果,却多是服其殃而致其患。之所以如此,就内因而言在于忠孝之名节的工具化与成心、机心之间的互相因导,而就外因言之,则在于父子、君臣关系的复杂性。作为一种伦理规范和要求,"孝"存在于子女与父母的关系之中。在此关系的两端,无论子女,或是父母,其之"人心"中都存在着因为"孝"之"撄"而变得"成心"和"机心"化的可能。一旦如此,则"孝"之要求与实践将会变得虚伪、异化和扭曲。而就父母与子女,以及君臣关系的复杂性而言,如大舜之父顽、母嚚和弟傲,又如

---

① 郭庆藩:《庄子集释》,第1008页。
② 郭庆藩:《庄子集释》,第1005页。
③ 郭庆藩:《庄子集释》,第920页。
④ 郭庆藩:《庄子集释》,第944页。

《人间世》中颜回之欲以一己之身强谏卫君，孔子就诫之曰"且德厚信矼，未达人气，名闻不争，未达人心。而强以仁义绳墨之言术暴人之前者，是以人恶有其美也，命之曰菑人。菑人者，人必反菑之，若殆为人菑乎！"（《庄子·人间世》）①。在这里，庄子借孔子之口指出，虽然颜回有着淳厚的品德和良好的名誉，但是他的这些德性，以及其不争名誉的心志却并没有为他人所了解。在这种情况下，如果他强行要在卫君面前夸耀仁义、规范之言行，则卫君会认为这是在有意揭示他的过恶以彰显颜回自己的美德，从而认为这是在害人。而害人者，人必反害之。② 可见，无论在《庄子》的战国时代，或者在实行皇权大一统制度的后世社会，守忠信、行仁孝之服殃致患都具有相当的普遍性。因此，即使是从全身避害的角度看，对于忠孝、信义等名教规范也不能趋近之，而是应该远离之。

要之，从"因困而忘"的角度论"孝"，《庄子》重在批判和否弃。其批判与否弃之指向，重在作为伪诈之"孝"之内在动因的"成心"和"机心"，并因此着力揭示了由此而来的"孝"之虚伪不真和伤性害生的恶果。将这一点应用到对《庄子·天运》篇"商大宰荡问仁于庄子"一段材料中的"忘亲"之"孝"的解读上，则无论"忘亲"与"使亲忘我"，或是"忘天下"与"使天下忘我"，其中的"忘"都包含有对以"成心""机心"为动因而去"孝""仁"的否弃和批判之意。这一点，也可以从接下来《庄子》说"夫孝悌仁义，忠信贞廉，此皆自勉以役其德者也，不足多也"中得到说明。盖所谓"自勉以役其德者"，其之所指，主要也就是在"孝悌仁义，忠信贞廉"中因为"成心"和"机心"而来的有心、有为的（亦即"自勉"的），具有外在化和强制化特征的实现方式。对于它们，《庄子》持以完全否弃和批判的态度，这一点应该说是没有疑问的。

---

① 郭庆藩：《庄子集释》，第 136 页。
② 陈鼓应：《庄子今注今译》，第 112 页。

三　从"因适而忘"的角度论"孝"

与"因困而忘"重在否弃和批判的价值取向不同，在《庄子》中，"因适而忘"的价值取向重在肯认和实现。在"因适而忘"的情况下，所"忘"者并非主体之"成心"或"机心"，而乃工具、技能、环境等条件之域，"忘"之超越意味着后者之作为条件的实现和完成，并因它们的自然实现之浑化状态而因"忘"而入背景之域。从"因适而忘"的角度论"孝"，我们将能够对《庄子》有关"孝"之思想获得一种新维度的认识。

（一）因"适"而"忘"

在《庄子》中，存在着较多的"因适而忘"的使用情况。例如，《庄子》说：

> 颜渊问仲尼曰："吾尝济乎觞深之渊，津人操舟若神。吾问焉，曰：'操舟可学邪？'曰：'可。善游者数能。若乃夫没人，则未尝见舟而便操之也。'吾问焉而不吾告，敢问何谓也？"仲尼曰："善游者数能，忘水也。若乃夫没人之未尝见舟而便操之也，彼视渊若陵，视舟之覆犹其车却也。覆却万方陈乎前而不得入其舍，恶往而不暇！……"（《庄子·达生》）①

"数能"，速能。"善游者数能，忘水也"，意思是善于游泳的人很快就能够学会，这是因为他适于水性②。显然，在此处，"善游者"的所谓"忘水"之"忘"，不应该是"因困而忘"，而只可能是"因适而忘"。至于比"善游者"技能更高的"没人"（潜水之人），则不仅

---

① 郭庆藩：《庄子集释》，第641页。
② 陈鼓应：《庄子今注今译》，第475页。

"忘水",且已"忘舟";不仅"忘"了水、陆之别,且已"忘"了舟覆、车却之万方(船之翻覆与车之倒退的各种状态)。换句话说,在"没人"处,其操舟之技能已经不只是一种技术,且已经深化成为一种本能,已经从心"舍",也就是意识自觉的领域中退出,从而使得它们的实现完全自发化和本能化了,故"恶往而不暇!"哪里会不从容闲暇呢!在《达生》篇中,《庄子》又说:

> 忘足,屦之适也;忘要,带之适也;知忘是非,心之适也;不内变,不外从,事会之适也。始乎适而未尝不适者,忘适之适也。(《庄子·达生》)①

所谓"忘足",首先是"忘屦";因为"忘屦",所以能够进而"忘足"。所谓"忘要",首先是"忘带";因为"忘带",所以能够进而"忘要"。进一步,问:何以"忘屦"呢?答:因为"屦之适"。又,何以"忘带"呢?答:因为"带之适"。可见,在此诸处之"忘"均是"因适而忘",而不是"因困而忘"。同理,因有"心之适",故有"心之忘",而所谓"知忘是非",不过是"心之忘"的具体表现;因有"事会之适"(处理事情时恰到好处的舒适),故有"事会之忘",而所谓"不内变,不外从"(没有内在的变化,也没有外在的盲从),也不过是这种"事会之忘"与"事会之适"的具体表现。再进一步,《庄子》说"忘适之适",认为忘记了舒适的舒适才是真正的舒适,是"始乎适而未尝不适",也可说是"始乎忘而未尝不忘"。《庄子》说:

> 鱼相造乎水,人相造乎道。相造乎水者,穿池而养给;相造乎道者,无事而生定。故曰,鱼相忘乎江湖,人相忘乎道术。(《庄子·大宗师》)②

---

① 郭庆藩:《庄子集释》,第662页。
② 郭庆藩:《庄子集释》,第272页。

"造"，诣、到、至的意思。鱼之所诣，适其性者莫过于江湖之深水；人之所至，得其意者莫过于"道术"之化境。在江湖之水中，鱼与鱼各各自适，进而彼此相适，亦彼此相忘；在"道术"化境里，人与人各各自适，进而彼此相适，亦彼此相忘。因"适"而"忘"，亦因"忘"而"适"，"适""忘"互为因果，彼此推移，并在自适其适和彼此相适中有所谓"忘适之适"，此为"至适"之境，亦为"至忘"之境，更为"道术"化境。在《庄子》中，"道术"化境是"忘"之超越所欲"至"的终极目标，是物、我存在及其关系所应回归于其中的价值理想，也是圣者在其生命实践中所追求的最高境界。

（二）真伪与天人之辩

将"因适而忘"的思想运用于《庄子》之论"孝"，关键在于指出"孝"之规范和要求的自然性和合理性，从而使得具体的"孝"之实践不是个体生命的困境之因，而相反却是其个体生命的内在要求和自我实现本身，并进而在这一过程中不断超升，以逐步臻向于"道术"化域。就此，在"孝"的问题上，《庄子》有所谓真、伪与天、人之辩①。他说：

> 孔子愀然曰："请问何谓真？"客曰："真者，精诚之至也。不精不诚，不能动人。故强哭者虽悲不哀，强怒者虽严不威，强亲者虽笑不和。真悲无声而哀，真怒未发而威，真亲未笑而和。真在内者，神动于外，是所以贵真也。其用于人理也，事亲则慈孝，事君则忠贞，饮酒则欢乐，处丧则悲哀。忠贞以功为主，饮酒以乐为主，处丧以哀为主，事亲以适为主。功成之美，无一其迹矣。事亲以适，不论所以矣；饮酒以乐，不选其具矣；处丧以哀，无问其礼矣。礼者，世俗之所为也；真者，所以受于天也，自然不可易也。故圣人法天贵真，不拘于俗。愚者反此。不能法

---

① 吴锋：《中国传统孝观念的传承研究》，吉林人民出版社 2005 年版，第 176—189 页。

天而临于人，不知贵真，禄禄而受变于俗，故不足。惜哉，子之蚤湛于人伪而晚闻大道也！"（《庄子·渔父》）①

可见，问题的关键在于真、伪之辩。在这里，《庄子》强调"真"是发自内心、"精诚之至"的纯粹生命情感，从而与一切有心、有为的造作和刻意无关。将此"真"之要求运用于人理，它在子女与父母的关系中表现为"处丧则悲哀"和"事亲则慈孝"，且"事亲以适，不论所以矣"，"处丧以哀，无问其礼矣"，也就是说无须拘执于各种"礼""俗"之具体要求，而是重在能够使得亲人觉得安适，重在真实地表达出自己的内在深情。之所以如此，因为在《庄子》此处，"处丧"中的"悲哀"和"事亲"中的"孝慈"才是"天"之"自然"，而所谓"礼""俗"的各种规范和要求则是"人"之"人伪"。《庄子》又说：

> 仲尼曰："天下有大戒二：其一命也，其一义也。子之爱亲，命也，不可解于心；臣之事君，义也，无适而非君也，无所逃于天地之间。是之谓大戒。是以夫事其亲者，不择地而安之，孝之至也；夫事其君者，不择事而安之，忠之盛也；自事其心者，哀乐不易施乎前，知其不可奈何而安之若命，德之至也。为人臣子者，固有所不得已。"（《庄子·人间世》）②
>
> 子独不闻假人之亡与？林回弃千金之璧，负赤子而趋。或曰："为其布与？赤子之布寡矣；为其累与？赤子之累多矣；弃千金之璧，负赤子而趋，何也？"林回曰："彼以利合，此以天属也。"夫以利合者，迫穷祸患害相弃也；以天属者，迫穷祸患害相收也。夫相收之与相弃亦远矣。（《庄子·山木》）③

---

① 郭庆藩：《庄子集释》，第1032页。
② 郭庆藩：《庄子集释》，第155页。
③ 郭庆藩：《庄子集释》，第685页。

"子之爱亲，命也，不可解于心"，"为人臣子者，固有所不得已"，此"不得已"的"孝"亲之情，作为一种随血缘事实而来的人心之"真"，它不可解释，但却自然"天属"，并因此在有祸害相迫时自然"相收"而不是"相弃"。对此"天属"之"自然"，当然只有"安之若命"，而不可背逆之。又，《庚桑楚》言及父母与子女关系之"天属"，说道：

> 蹍市人之足，则辞以放骜，兄则以妪，大亲则已矣。故曰：至礼有不人，至义不物，至知不谋，至仁无亲，至信辟金。(《庄子·庚桑楚》)①

对此，成玄英《疏》说"履蹑市廛之人不相识者之足脚，则谢云，己傲慢放纵错误而然，非故为也者。蹑著兄弟之足，则妪翎而怜之，不以言愧。若父蹑子足，则默然而已，不复辞费。故知言辞往来，虚伪不实。自彼两忘，视人若己，不见人己内外，何辞谢之有乎"(《庄子·庚桑楚疏》)②。也就是说，若是踩到了市井中陌生人的脚，会马上道歉，表示是自己傲慢放纵所致的错误，并不是有意为之的；若是踩到了兄弟的脚，则会怜惜抚慰，但是不必要表示出自己的惭愧之心；而若是父亲踩到了自己儿子的脚，则会只是默然而已，不需要说出任何言辞。因此，言辞的往来其实是虚伪不实的，而在父亲与儿子"相忘"的状态下，由于视人如己，彼此没有人己、内外的区别和意识，又哪里会有言辞上的赔罪呢？可见，在此处的"至仁无亲"之"无"，以及"自彼两忘"之"忘"，其原因都不在于自己与亲人间关系的疏离与隔阂，而是因为血缘亲情之发实乃天性所在，本为天底下最为自然不过的事情，故彼此间的关系因亲情之浸润而相适，由相适而淡然，并最终淡然而相忘了。

---

① 郭庆藩：《庄子集释》，第808页。
② 郭庆藩：《庄子集释》，第809页。

进一步，若问：同是"孝"亲之规范与要求，为什么会有真、伪之分呢？就此，《庄子》引入天人之辩。他说：

> 牛马四足，是谓天。落马首，穿牛鼻，是谓人。(《庄子·秋水》)①
>
> 无为为之之谓天。(《庄子·天地》)②

可见，"天"之为"天"，其含义其一在于先天存在的本然性情，其二则在于"无为为之"中的无为性和自然性的实现方式。将二者统一起来，则所谓"天"，就尤指万物本然性情之无为与自然方式的实现，而所谓"人"，则指对于自身存在之人为的、非自然的实现方式，以及由此所产生的异化、扭曲，乃至虚伪、不真之性质的结果。《庄子》说"眇乎小哉，所以属于人也！謷乎大哉，独成其天！"(《庄子·德充符》，第 217 页)，又说"天之小人，人之君子；人之君子，天之小人也"(《庄子·大宗师》)③，可见在其处，天、人之间主要是对立的。将这一对立性的区分应用于仁、孝之情的问题上，《庄子》说：

> 天下均治之为愿，而何计以有虞氏为！有虞氏之药疡也，秃而施髢，病而求医。孝子操药以修慈父，其色燋然，圣人羞之。至德之世，不尚贤，不使能；上如标枝，民如野鹿；端正而不知以为义，相爱而不知以为仁，实而不知以为忠，当而不知以为信，蠢动而相使，不以为赐。是故行而无迹，事而无传。(《庄子·天地》)④

---

① 郭庆藩：《庄子集释》，第 590 页。
② 郭庆藩：《庄子集释》，第 406 页。
③ 郭庆藩：《庄子集释》，第 273 页。
④ 郭庆藩：《庄子集释》，第 444 页。

可见，在原初社会的自然状态中也存在着大量"端正"、"相爱"、"实"、"当"和"蠢动而相使"等人伦关系上之肯定性和正面性的价值事实，而只是在民心、民性中它们不会被观念化和是非化，不会成为"仁（孝）义""忠信"、赏赐等价值观念，然后再以"自勉"化，也就是"成心"化和"机心"化的方式加以实现出来罢了。《老子》第十八章中说，"大道废，有仁义；智慧出，有大伪；六亲不和，有孝慈；国家昏乱，有忠臣"，亦可见所谓仁义、孝慈、忠信等观念，它们作为是非、善恶的标准，以及相应的伦理实践，在道家的思想传统里，都已经落入了下乘之流，而并非治民之至道。若问：至道何在？答：天下均治之为愿，而何计以有虞氏为！由此，孝子之操药以修慈父，其色燋然，何如其父之无药无恙？有虞氏之以仁（孝）义求天下之均治，又何尝不是秃而施髢，病而求医，亦何如天下之无病无医？换句话说，在《庄子》看来，天下太平大家的心愿也就达到了，又何必需要虞舜的治理呢？因此，孝子操药以医治其父之病，面色十分憔悴，但是圣人认为这其实并不如其父无病而并不需要操药以医；同样，虞舜以仁（孝）义治理天下，也何尝不是宛如医治头疮，秃了头然后戴上假发，病了之后再去求医，又哪里比得上无病无医呢？① 可见，依照《庄子》，在原初性的至德之世里，"上如标枝，民如野鹿"，君王如在上的树梢之枝，恬淡无为；民众如在下的闲散野鹿，放而自得，不存在君王以仁（孝）义去搅乱民心的问题。因此，以仁（孝）义为治世之具，其原因在于时世的下沉，其结果则是人心、民性的沦落。显然，能够作出如是选择和分判，依据就在于仁、孝问题上的天、人之分。

（三）对"孝"之实践层次的进一步分析

最后，让我们再回到"商大宰荡问仁于庄子"中关于"孝"的相关材料。关于此段材料中"孝"之实践的六个层次的具体含义，陈鼓

---

① 陈鼓应：《庄子今注今译》，第328页。

应先生有译。他说:

> 至仁是最高的境界,孝还不足以说明它。……所以说:用敬来行孝容易,用爱来行孝难;用爱来行孝容易,使父母安适难;使父母安适容易,让父母不牵挂我难;让父母不牵挂我容易,使天下安适难;使天下安适容易,让天下忘我难。……①

因"适"而"忘",亦因"忘"而"适"。尽管在"安适"与"相忘"之间有所区别,但是,将"忘亲"和"兼忘天下"解释为"使父母安适"和"使天下安适",可见陈鼓应先生也主要是从"因适而忘"的角度去理解这一段材料的。又,关于此"孝"之阶段的具体含义,傅佩荣先生有他个人的阐释。他说:

> ……首先,用恭敬来行孝。(解"以敬孝"。引者注。下同)……。其次,用爱心来孝顺。(解"以爱孝")……。第三,行孝时忘记双亲。……所谓行孝时忘记双亲,就是子女把父母当成自己的好朋友。(解"忘亲之孝")……。第四,行孝时让双亲忘记我。这种孝顺更进一步,使父母忘记子女是子女,把子女当成朋友,完全没有什么代沟问题。(解"使亲忘我之孝")……。第五,行孝时我同时忘记了天下人。这时我已经超越了世俗的评价,对别人说我孝或不孝,已经毫不在意了。(解"兼忘天下之孝")……。第六,行孝时让天下人同时忘记我。这是难以想象的境界。……简单说来,就是使天下人无法察觉我在孝顺,甚至在看到我与父母相处时,完全忘记了"孝顺"这个评价字眼,大家都像鱼一样,在江湖中彼此相忘(解"使天下兼忘我之孝")。②

---

① 陈鼓应:《庄子今注今译》,第365页。
② 傅佩荣:《向庄子借智慧》,中华书局2009年版,第91—93页。

接着"以敬孝"和"以爱孝"这两个阶段，在"忘亲之孝"和"使亲忘我之孝"的阶段，傅先生强调了父母与子女关系的亲密无间，及由此所导致的角色意识的消解，和彼此关系的泯然合一。显然，这是由于在"孝"之传统性的敬亲、爱亲的过程中，由于"孝"之规范与要求的内化和深化，它们进而在这一"忘亲"和"使亲忘我"的过程中本能化和自然化了。又，"兼忘"，指两忘。《庄子》说："泉涸，鱼相与处于陆，相呴以湿，相濡以沫，不如相忘于江湖。与其誉尧而非桀也，不如两忘而化其道。"（《庄子·大宗师》）① 泉水干涸了，鱼一起困处于陆地，互相吹气来湿润对方，互相吐泡沫来濡湿彼此，不如在江湖中互相忘记对方。由此，与其称颂尧而批判桀，不如将二者都忘记，而融化于大道之中。可见，在这里，《庄子》之所"两忘"的内容，乃是尧、桀的名号之分，以及存在于其中的是非与善恶之辩。将此思想应用于"兼忘天下"和"使天下兼忘我"的解释之上，傅先生仍然强调了在行孝过程中的"两忘"与浑化状态。由此，则所谓"兼忘天下"和"使天下兼忘我"，其之所"忘"的，也主要是己与天下之间在行"孝"过程中的角色性区分，或径直说其所"忘"者是"孝"之角色意识，以及随此角色意识而来的是非和善恶之辩（如"孝"或"不孝"的世俗性评价，以至于"孝顺"这个评价字眼等）。就傅先生的阐释看，他也主要是从"因适而忘"的角度去理解这一段史料的。

下面，结合陈先生的译文和傅先生的阐释，并参考成玄英的《疏》文，在对《庄子》以"忘"论"孝"之理路予以如上分析的基础上，我们对《庄子》论"孝"之层次可有进一步的理解。具体说来如下。

1. 以敬孝易，以爱孝难。

"以敬孝"和"以爱孝"，从它们作为"孝"之前两个层次的角度看，若联系所谓"虎狼仁也"，"父子相亲，何为不仁"，以及《庄

---

① 郭庆藩：《庄子集释》，第242页。

子》摒弃"自勉"式"孝"之实现方式的观点看,《庄子》实际上肯定和认同的是它们之自然性和无为性的实现方式,是子女对父母的自然之"敬"和自然之"爱",并因此而论及其"孝亲"的合理性和在"孝"之等级序列中的相应层次。若问:为何二者间存在难易之别呢?则成玄英《疏》文中说"夫敬在形迹,爱率本心。心由天性,故难;迹关人情,故易也"(《庄子·天运》)①,当可备为一说。当然,既然是真实、自然之"以敬孝",此"孝"中之"敬"亦当出自内在天性,只不过在"以敬孝"中多畏肃之意,父母与子女间的角色意识较为严明,不如在"以爱孝"中多亲和之意,父母与子女间的角色意识也相对淡漠,故在二者间有难易之别。

2. 以爱孝易,以忘亲难。

此处之"忘亲",主要是"因适而忘",也就是说是因为能够使得父母觉得安适,从而得以"忘亲"。在这里,"忘亲"之"忘",其对象应该是子女相对于父母而言的己之角色意识,其内容也主要是自己作为子女的职责、规范和要求。换句话说,在"以敬孝"和"以爱孝"的深化与发展过程中,所有"孝"之角色性职责、规范与要求"由习惯而成自然",从而内在化和本能化了,所以行"孝"的过程是一个内在的"孝"亲之情得以自然化实现出来的过程。在这一过程中,由于子女与父母均是安适的,所以为子女者能够"因适而忘",亦能够"因忘而适",从而在"适""忘"交织中既"忘"了自己之为子女的角色性存在,也"忘"了父母之为父母的角色性存在。若问:何以"以爱孝易,以忘亲难"呢?则成玄英之《疏》文中说"夫爱孝虽难,犹滞域中,未若忘亲,淡然无系"(《庄子·天运疏》)②,亦当可备为一说。盖成氏所说的"域中",即是指名教之域,也就是子女、父母等角色性规范的相对之域。在名教之域中,子女以角色意识范导自身,自觉自为,一步一趋,其中既存在着明确的是非与善恶

---

① 郭庆藩:《庄子集释》,第499页。
② 郭庆藩:《庄子集释》,第500页。

之辩，也存在着父母与子女角色间的彼此和内外之分。而这相对于
"忘亲"之"淡然无系"的状态，显然在二者间是存在着实现层次上
的难易之别的。

3. 忘亲易，使亲忘我难。

此处"忘亲"是指"忘亲之孝"，"使亲忘我"是指"使亲忘我
之孝"。无论"忘亲之孝"，或是"使亲忘我之孝"，也都应该主要是
"因适而忘"。在"忘亲之孝"的情况下，为子女者自然地实现着自己
的"孝"亲之情，因"适"而"忘"，亦因"忘"而"适"，从而在
自己作为子女的一端实现了父母与子女之角色间的"两忘"之浑化状
态。进一步，将这一过程深化和发展下去，若能够使得这种"两忘"
的浑化状态不仅存在和实现于子女的一端，且亦能够存在和实现于父
母之一端，这即是"使亲忘我之孝"。成玄英《疏》文中说："夫腾蝯
断肠，老牛舐犊，恩慈下流，物之恒性。故子忘亲易，亲忘子难。自
非达道，孰能行之！"（《庄子·天运疏》）① 可见在子女处实现"两
忘"的浑化状态易，而在父母处实现"两忘"的浑化状态难。此之谓
"忘亲易，使亲忘我难"。

4. 使亲忘我易，兼忘天下难。

此处"兼忘天下"之"忘"，或有主要理解为"因困而忘"者，
如成玄英《疏》文中说"夫兼忘天下者，弃万乘如脱履也"（《庄子·
天运疏》）②，显然他是以国家权力解释"天下"，并进而以"外天下"
来解释"忘天下"。但是这种解释不够确切，因为在原文中"兼忘天
下"是接着"忘亲""使亲忘我"而言之的，且接下来《庄子》说
"使天下兼忘我"，则"天下"之义显然是指天下人，而不应该是指国
家权力。又，此处"兼忘天下"的含义是指"兼忘天下（人）之
孝"，是指子女对父母的孝行达到了"兼忘天下（人）的"层次与境
界，则此"忘"也应该主要在"因适而忘"的维度上加以诠释。如是

---

① 郭庆藩：《庄子集释》，第 500 页。
② 郭庆藩：《庄子集释》，第 500 页。

理解，则所谓"兼忘天下"，是指子女以己之孝行的实践不仅让自己的父母觉得安适，从而可以"因适而忘"之，且能够进一步让天下人都觉得安适，从而可以亦"因适而兼忘"之。所谓"兼忘"，在此处，就子女之"孝"行言，既指其"忘"之领域的扩展，从而不仅"忘亲"，且进而"兼忘"天下（人），也指其"忘"之境界的深化，从而能够不仅与父母"两忘"而"化其道"，且能够与"天下人"均"两忘"而"化其道"。显然，能够如此，在于世俗社会关于"孝"行的名教性规范也已经在子女对待父母的"孝"之实践中"由习惯而成自然"，从而完全内在化和自然化了。在此"因适而忘"的角度看，认为"兼忘天下"的含义是指"我行孝时，可以忘记天下人的存在。意即：别人的看法、世俗的评价"，傅先生的这一观点是可以成立的。

5. 兼忘天下易，使天下兼忘我难。

此处"使天下兼忘我"是指"使天下兼忘我之孝"。这是在"孝"之问题上的天下人之间的彼此相忘状态，而所谓"使天下兼忘我之孝"不过是此"孝"之普遍性相忘状态的一个例子罢了。"兼忘"之"兼"，在这里意味着不仅使父母忘我，而且使天下人也忘我。使父母忘我，是因为我之孝亲使得父母处于无所不安适的状态，进而由相适而自然，由自然而相忘，且最终进入一种己、亲两忘的浑化境界之中去了。使天下人忘我，是因为天下人均自然地实现着他们作为子女之"孝"亲的职责，从而使得整个社会都处于无所不安适的状态。这一过程也是由相适而自然，由自然而相忘，然后也由此而进入一种天下人均彼此两忘的浑化境界之中去了。这种浑化境界，它始乎适而未尝不适，是至适之境，是至忘之境，也是在"孝"之问题上的至孝之境与道术化境。在此"道术"化境里，子女对父母之孝顺正有如四时一般自然，这是因为它们原本就应该如此的。在父母与子女之间，他们彼此相适和相忘，没有所谓的角色意识和"孝""慈"的观念，这就是《庄子》论"孝"之"忘亲"的境界。所谓"兼忘天下之孝"和"使天下兼忘我之孝"，它们与"忘亲之孝"和"使亲忘我之孝"是同一类性质的境界，不过有着实践范围上的广狭和实践程度上的难易罢了。

要之，《庄子》论"孝"，重在"忘亲"。"忘亲"之"忘"，意味着父母与子女间角色意识的消解，也意味着"孝""慈"等名教观念的遗落和淡忘。然则，为何而"忘"呢？其理路有二：因"困"而"忘"和因"适"而"忘"。在因"困"而"忘"的理路下，"忘"之内容是成心、机心，在"孝"的问题上尤其体现为仁、孝观念之撄乱人心，而其关键则在于孝亲之自勉式的实现方式及其虚伪不真、殉名害身的恶劣后果，故"忘亲"之"忘"主要意味着对"孝""慈"观念及其自勉式实现方式的批判和否弃。在因"适"而"忘"的理路下，"忘"之内容是环境、技能等条件之域，在"孝"的问题上尤其体现为父母与子女之角色职责的自然实现，并由相适而自然，由自然而相忘，进而在彼此的相适中进入己、亲两忘的浑化之境了。《庄子》论"孝"，注重天人、真伪之辩。其"天""真"在于本然孝慈之情的真实与自然，而其"人""伪"则尤在于由于成心、机心而来的伪饰与造作。在"孝亲"的问题上，去"伪"方能避免"孝亲"过程中的异化和扭曲，而存"真"则意味着对"孝亲"之情的自然实现和超越。在"孝亲"的实践过程中，"道术"化境是《庄子》之"忘"所欲抵至的超越性的至孝绝境，同时也是普遍性的至适和至忘之境。我们看到，《庄子》论"孝"，在传统之"以敬孝"和"以爱孝"的实现方式之上，它开出了一个更为超越的"忘亲"之浑化境界，具有自己在思想内容和实践操作上的独特性，对我们今天的"孝"之实践也能够提供一定的参考和启示。

最后，对《庄子》论"孝"思想的当代意义略作探讨。这种当代意义，可以表现在以下几个方面。

1. "孝"之人伦规范实现上的柔弱化处理。

在"孝"的问题上，《庄子》激烈批判儒家学说，原因主要就在于贯穿于后者之中的"自勉"式的，也就是强制式的实现方式，以及由此而来的对人心、人性之扭曲和异化的恶劣后果。相对于儒家之自勉式、强制式的伦理规范之实现方式而言，道家主张一种柔弱化的、辅助式的实现方式。《老子》第三十八章说"上德不德","上仁无为而无以为，上义为之而无以为"，又第六十四章说"辅万物之自然而不敢为"，《庄子》论"仁义""忠信"，亦言"上如标枝，民如野鹿；端正而不知以为义，相爱而不知以为仁，实而不知以为忠，当而不知以为信，蠢动而相使，不以为赐"（《庄子·天地》）①，可见不是不要仁义、孝慈与忠信的人伦规范，而是主张这些规范的实现方式应该是自然、冲淡、柔弱乃至无化的，从而在其中既没有名教式的名节、名号、名誉与名利，也没有相应而来的标签化和招牌化，更勿论对其予以强势地固化和强化了。显然，在"孝"之实现问题上，道家和《庄子》所秉持的"以弱为用"的行为原则，对于当今时世中的人伦规范之实践而言是有其重要的启示意义的。

2. "孝"之实践问题上的独特性理路。

在"孝"之实践的问题上，道家之柔弱化、自然化的实现方式，在《庄子》中进一步落实为"因适而忘"的独特性理路。在这一理路中，作为人心、人性中本然之情的自然实现，"孝"之规范与要求所带来的就不是压制与困厄，而是自适与相适，且进而"因适而忘"，亦"因忘而适"，并进一步在这种"适""忘"之互动中成就其为"忘亲"之"孝"的超越境界了。显然，能够如此，原因在于"敬亲"与"爱亲"过程中对"孝"之本然真情的触动和引发，以及在其进一步实现过程中的自发与自动。因为自发与自动，所以"孝"的实践过程已经自然化和本能化了，在其中就没有父母与子女这样的角色观念和职责意识，甚至也已经没有了"孝"之作为名教规范的观念本身，而有的只是"孝"之本然亲情的脉脉流淌与自然实现，有的只是在这一过程中子女与父母间的"自忘"与"相忘"，以及"自适"与"相适"。在《庄子》看来，这种"忘亲"之"孝"中的"自适"和"相适"，其性质应该是平淡和恬愉的。它应该是一种自然的、自忘的状态，在其中没有刺激性，不是狂欢，不是极乐，而是一种"忘适"

————————————
① 郭庆藩：《庄子集释》，第445页。

之"适"，也就是说是一种在回身之反省中方才发现的"自适"和"相适"的状态。个人以为，这种"因适而忘"的实践理路，尽管在《庄子》中说起来似乎玄妙，但是在普通中国人的"孝"之日常实践中其实也随处可见，并不神秘，也并不突兀。显然，追求孝亲之情的真实、本然与其实现过程中的自然而然，《庄子》中的这种"忘亲"之"孝"的思想是平实、亲切和可信的，对我们日常的"孝"之实践也是具有指导意义的。

3. 圣人"孝"之实践中的"道术化境"。

但是，在《庄子》中，"忘"更多的是作为圣人之体"道"的途径和方法而存在的，其因"忘"而至的"道术化境"，撇开在本体论方面的含义不论，就其落实到圣人的心性之中而言，即步步展开而呈现为道家式的理想人格及其日常实践。再具体言之，如在圣人之处理己与父母的关系问题上，"孝"之实践即层层深化，亦层层外化，其由"忘亲"而"使亲忘我"，再进而"忘天下"和"使天下忘我"，由此所抵达而至的"道术化境"显然具有了理想化的性质。这是一个方面；另一方面，《老子》第三十七章说"道常无为而无不为"，《庄子》也说"无不忘也，无不有也，淡然无极而众美从之。此天地之道，圣人之德也"（《庄子·刻意》）[1]，可见圣人之心性因体道而为虚静、无为的超越境界，此为圣人之内本；但是圣心寂然不动，感而遂通，故自有其应世顺物之外在行为，此为圣人之外末。将这种圣人应世顺物的外末性行为落实于人伦领域，就体现在他处理自己与父母关系中之"无不忘也，无不有也"的"孝亲"实践上。由此可见，在道家式的理想人格中，圣人之境界越超越，其行为之落实就越平实。个人以为，作为一种价值理想和至高标准，《庄子》所揭示的这种道家式圣人的理想人格，对于我们当今的人伦实践而言，也还是具有一定的参考和启示意义的。

---

[1] 郭庆藩：《庄子集释》，第537页。

附 录 2
庄子论"待"及其意义

摘要："待"是庄子哲学中的一个重要范畴。在本因论上,庄子之"待"的含义指一事物对另一事物(最终是对"道")的单向的、外在的依存和依赖,并可以被称之为"因待"的关系;在人生论上,"待"有着"困待"、"期待"和"顺待"等这样三个基本含义,并集中地体现了庄子人生探思的起点,路径和所抵至的目标境界。将庄子论"待"的这两种意义区分开来,不仅是因其含义的各不相同,从庄学研究的历史看,也具有一定的方法论意义。

20 世纪 60 年代,关锋曾用"有待—无己—无待"的公式概括庄子哲学的骨架,在当时及后来引发了较大的争议。争议的焦点在于这一概括是否恰当,但也自然地延伸到了对"有待"、"无待"和"待"等范畴本身含义的剖析。在探讨深化的过程中,有学者通过考证较为有力地指出了"有待"和"无待"在《庄子》中还尚未成为真正的哲学范畴,但对"待"的概念并未涉及。笔者以为,"待"应该是庄子哲学的一个重要范畴,前人对其含义的剖析为我们提供了运思的基本思路,但关于这一范畴,我们还可以作进一步的更确尽的探讨。这种探讨并不是为了翻掇陈年旧帐,而是在探析中,我们将会看到,"待"这一范畴所涉及的哲学问题及其所反映出的解决问题的思路,对我们理解庄子尤其是他的人生哲学具有重要的意义。

一

庄子之"待",首先应用于"物—物"关系上。从这一角度对"待"之含义的剖析,可以关锋为代表。在他看来,所谓"有待","简单一点说,即指一切现象都有它依赖、依存的对立面,用古语说是有所对待,用今语说就是各有其依赖、依存的对立面",相应地,所谓"无待","就是没有对待,就是绝对"。① 在这里,关锋直接点出了他以"对待"解"待"的思路,而所谓"对待",则主要是从事物矛盾双方彼此依存的角度去理解的。视"待"为表示"物—物"关系的范畴,能够在《庄子》中找到依据。突出的,如《齐物论》之"罔两问景"段:

> "罔两问景"曰:"曩子行,今子止;曩子坐,今子起;何其无特操与?"
>
> 景曰:"吾有待而然者邪?吾所待又有待而然者邪?吾待蛇蚹蜩翼邪?恶识所以然!恶识所以不然!"

成玄英疏指出:"景之所待,即是形也。""待"在这里,表示的正是景形关系。但这种关系能否被规定为"对待"呢?换句话说,能否以"对待"为"待"之确解呢?查原文气脉,可以看出,"待"于此处,正是应用于景对己身存在在原因上外向的追寻,这种追寻并不停留在某个中间点(如"形"上),而是在对"待"之"所待"的追问中把对原因的溯问一直推向究底,换句话说,溯问一开始就指向着本因。在上段引文中,庄子的追问最后停却在不可知论式的悬浮状态里,但在内容基本相同的《寓言》篇"众罔两问景"的追问中,庄子越出了不可知论而探究到了一个最终的本因——"无有待者"。《庄

---

① 关锋:《庄子哲学批判》,《哲学研究》1960 年第 7—8 期。

子》说：

> ……予，蜩甲也，蛇蜕也，似之而非也。火与日，吾屯也；阴与夜，吾代也，彼吾所以有待邪？而况乎以［无］有待者乎！……①

此"无有待者"，在《庄子》中，显然即是"道"，因为只有"道"才"自本自根，未有天地，自古以固存"（《庄子·大宗师》）同时又"六合为巨，未离其内；秋毫为小，待之成体"（《庄子·知北游》）的。陆钦先生在其《庄子通义》中释此"无有待者"正是为"天道"，为"无所依赖的东西"。②　那么，在此"景—形—……—道"之关系中的"待"，表示的就是一种在本因论角度上的物与物进而物与道间的关系，因此，其确切的含义，笔者以为，亦应该从其在"景—形—……—道"的整个追问系列的使用中去给予更明确的界定。庄子使用"待"这一范畴，在这里，亦即在本因论上，表示的是从现象存在出发，对存在原因的单向的、外溯式的追问，因此，"待"之含义也就应该是指一事物对另一事物（最终是对"道"）的单向的、外在的依存、依赖关系。这种关系，我们可以称之为因待，它不具有相互性，构不成中国古人所说的"对待"，更不能与矛盾范畴中彼此双方之既对立又统一的关系进行类套。在本因论上，庄子所使用之"待"，是有它特定的含义的。

二

与关锋等就"物—物"关系的角度理解"待"的含义不同，另一些学者则主要是从"物（人）—人"关系上去理解庄子之"待"。如

---

① "无"字依王孝鱼点校补。
② 陆钦：《庄子通义》，吉林人民出版社 1994 年版，第 619 页

徐复观先生即认为："人生之所以受压迫，不自由，乃在于不能自己支配自己，而须受外力的牵连。受外力的牵连，就会受到外力的限制甚至支配，这种牵连，就称之为'待'。"① 王兴华先生也指出："所谓'有待'，就是指人的某种愿望和要求的实现需要具备一定的条件，这些条件往往成为对人们'自由'的束缚。"② 显然，这么理解的"待"，从正面看，指的是人之自由的条件，而从反面看，这种条件，同时亦正是一种"束缚"，是"外力的牵连"。得其所待，则自由能够实现，乃逍遥；所待不得，则生命受限而沦入困境。庄子之"待"，在人生论上，实在应从"困境"与"逍遥"的人之处境的双重性上去给予理解。例如：

① "此虽免乎行，犹有所待者也，若夫乘天地之正，而御六气之辩，以游无穷者，彼且恶乎待哉！"（《庄子·逍遥游》）③

② "既使我与若辩矣……然则我与若与人俱不能相知也，而待彼也邪？……化声之相待，若其不相待。和之以天倪，因之以曼衍，所以穷年也。忘年忘义，振于无竟，故寓诸无竟。"（《庄子·齐物论》）④

③ "虽然，有患。夫知必有所待而后当，其所待者特未定也。庸讵知吾所谓天之非人乎？所谓人之非天乎？且有真人而后有真知。"（《庄子·大宗师》）⑤

④ "有目有趾者，待是而后成功，……万物亦然，有待也而死，有待也而生。……吾一受其成形，而不化以待尽……知命不能规乎其前，丘是以日徂。"（《庄子·田子方》）⑥

⑤ "非以生生死，非以死死生。死生有待邪？皆有所一体。"

① 徐复观：《当代新儒家八大家集·徐复观集》，群言出版社1993年版，第309页。
② 王兴华：《相对主义是庄子哲学思想的核心》，《哲学研究》1981年第3期。
③ 郭庆藩：《庄子集释》，第17页。
④ 郭庆藩：《庄子集释》，第107—108页。
⑤ 郭庆藩：《庄子集释》，第225页。
⑥ 郭庆藩：《庄子集释》，第707页。

(《庄子·知北游》)①

　　在以上诸例中,"待"之使用正是与相应人生困境有关,而"待"在此"物(人)—人"进而"人—道"关系系列中的作用与含义,也正是在对相应人生困境的突越,或说消解中显现出来的。束景南先生认为庄子人生观的骨架可以概括为"有待—待道—无待"的模式②,个人认为,上述《庄子》引文中的内容也可以用这一模式予以套嵌。列表说明如下。

人生困境	有待	待道	无待
逍遥	列子之待风	乘天地之正,御六气之辩	至人无待,游于无穷
认知	虽盛、有患	知有所待而后当	有真人而后有真知
辩争	化声之相待	待彼	和之以天倪,因之以曼衍
死生	死生有待	(死生)皆有所一体	知命、日徂

　　结合上表,对"待"在人生论上之用途与含义进行分析,可以得出这样一些结论。

　　(1)"待",首先得从"物—我"困待的关系中理解。物(人)是与我相对待的,这相待之彼方,有所待之风,认知的对象,辩争的对方,生命之死亡等。"待",正是表示着己与这些相"待"存在之间在生存困境之中的既相成(所谓"条件")更相反(所谓"牵连")的,可以径直称之为"困待"的关系。以上所引资料中的"列子之待风""化声之相待""死生有待"等其中的"待",其含义都是此"困待"意义上的外物对人之存在的牵连。但人之沦入此种困境,是否如徐复观先生所言,主要来自"自我的封界"及所形成的"物我之对立"呢?我们看上面的诸多困境,就它们作为相对性困境而言,应该说徐氏的看法是有一定道理的,在所"待"之条件得到满足(而不是

---

　　① 郭庆藩:《庄子集释》,第763页。
　　② 束景南:《论庄子哲学体系的骨架——兼驳关锋的新发现》,《哲学研究》1979年第11期,第51页。

消除所谓"自我的封界")后，困境中"物我之对立"亦即外物对人之存在的牵连得到消解，主体获得自由，获得其存在之真实的实现。但再察庄子于此之文脉，其关注之焦点似乎不在于这些相对性的困境之上，死亡正不必说，逍遥者追求的是绝对自由，认知者追求的是绝对的知识，辩争者追求的也是一个绝对的（尤其在儒墨之辩式，亦即主要是价值观上的）是非，而这些，从根本上说，由于人之存在"相对""有限"亦即"有待"的本性，它们与生俱来，并不相对，也并不是因为主体在"自我的封界"中沉沦而入"主客的对立"所致，因此，这些困境，或说问题，它们也并不能够通过困境者自身客观的努力去予以突越和解决。作为人之存在必然具有的这些终极性困境，它们只能够通过人在精神上的主观超脱去予以消解。怎么消解呢？束景南先生说得好，"待道"。"待"，其次应从"人（困境者）—道"的关系中理解。（2）"待"，在"人—道"关系中，就困境者心态而言，它指谓着"有待"主体对"无待"之道（圣人）的期待与呼唤；就困境的消解而言，则指谓着人对"道"的顺待与依归。"待"的这二层含义，同样可以从上引资料中得以说明。

在辩争困境中，"我与若与人俱不能相知"，欲从此困境中解脱出来，则必须"待彼"；此"彼"不能与"我""若""人"类似，不是"第四人"或者"论争的对象"，相反，他应该对"我""若""人"均能相知，因此，此处所"待"之"彼"只可能是体"道"了的"圣人"。"而待彼邪？"在此问语中，"待"之一词表达了沦入困境者对作为"彼"的"圣人"（"道"）是期待甚殷的。又如在认知困境中，"知必有所待而后当"，此"待"之"所待者"不能够被解释为知识之"境""对象"，或者是"具体条件"，而应该解为"认知的绝对原则"；只有此"绝对原则"确定后，建立于此原则之上的整个认知体系方才有着坚实的底基，"而后当"了。在《庄子》处，这种原则曾被认为是"天人之分"，但此原则"特未定也"，也就是说并不能够被普遍地应用于实际认知过程而起到作为"所待者"之"绝对原则"的作用。"天人之分"其实也是一个认知困境。怎么办？"且有真人而后有真知",要得到"真知",则"所待者"实乃"真人",更准确地说是"道"。只有此绝对之"道"才可能作为认知的绝对原则存在而不致因此又沦入了认知中的困境。"待"在这里表示的亦正是困境者对于"道"("真人")的在主体心态上的期待和呼唤。

　　《庄子》是哲学,不是宗教,因此,上面所"待"之"真人""圣人"主要地并不是指一外在并超越于困境者之上的他人乃至人格神的存在,而是困境者通过体"道",在对精神境界的提升中能够求至的圣果。"死生有待邪?皆有所一体。"沉沦而入了生死的困境中了吗?从中解脱出来,在这里,不像后来的佛教,靠的并不是他人(神、佛)的救助,而是自身要去体会此"(死生)皆有所一体"之"道"。得"道"则困境自解,问题自消了。这种困境的自解,究其实,并不是指相待之彼方的消失,而是指在体道的"圣人""真人"那里,此"彼方"不再具有了与己身相待的性质。"化声之相待,若其不相待"。能够"若其不相待",则是因为自身已"振于无竟,寓诸无竟"的缘故。所谓"无竟",亦即"道境",是人把自身提升到了"道"的境界,是人对"道"的依归并与之合为一体。此"道"乃是无限的绝对,它作为"总体的自然实在"①,不仅具有超越性,且亦贯通于一切存在,包括那些所谓"困境"中与己身相待的彼方。从"道"的角度看,个人的生死,实在乃"非以生生死,非以死死生",二者并不是绝对的排斥和互限,而是在"皆有所一体"中存在之整体性的流逝。体道者,"知命不能规乎其前",是以不再囿于困境之中,他"日徂","不化以待尽"。此处之"待",则指谓着主体因体"道"而有的新的心态。在这种心态里,对于迎面而来的死亡,主体心中不再是以往困境中的"其热焦火,其寒凝冰",而是在安然"不化",亦即无动于衷的对一切变化的顺待;所顺待者似乎是死亡,但此死亡,因经历了"道"的洗礼,他已是"死而不亡",或说已由死亡转为"不知之化"的性质了。"夫孟孙氏尽之矣,……若化为物,以待其所

---

　　①　崔大华:《庄学研究》,人民出版社 1992 年版,第 141 页。

不知之化已乎！"（《庄子·大宗师》）① 此处所谓"不知之化"，正是指在死亡之"化"中乃显露其面容的无待之"道"的存在。在这里，"待"指谓着人对"道"的顺待和依归。

综上所析，"待"，在人生论，亦即在"物—人"和"人—道"关系中，就有着"困待"、"期待"和"顺待"等这样三个基本含义。对照所谓《庄子》之"有待—待道—无待"的人生观基本骨架，我们可以看出，"待"的这三种含义及其发展集中地体现了庄子人生探思的起点，路径和所抵至的目标境界。正是在这一意义上，个人以为，将前人已经有所探究的庄子"待"的含义进一步引向具体和深入是有价值的，它有助于我们对庄子哲学的理解。

三

在前文，结合在解决相关哲学问题中的具体用途，我们分别剖析了庄子之"待"在本因论和人生论上的具体含义。但这两种含义之间，是否存在联系呢？细加探究，我们认为是存在的，它突出地体现在人生论上的"困待"其实乃是本因论上"因待"得以发衍的原发驱力，而此"因待"之溯求亦正是向人生论的"待道"发展的中间环节。且看《大宗师》的最后一节：

> 子舆与子桑友，而霖雨十日。子舆曰："子桑子殆病矣！"裹饭而往食之。至子桑之门，则若歌若哭，鼓琴曰："父邪！母邪！天乎！人乎！"有不任其声而趋举其诗焉。子舆与，曰："子之歌诗，何故若是？"曰："吾思夫使我至此极者而弗得也。父母岂欲吾贫哉！天不私覆，地不私载，天地岂欲私贫我哉？求其为之者而不得也，然则至此极者，命也夫！"②

---

① 郭庆藩：《庄子集释》，第234页。
② 郭庆藩：《庄子集释》，第286页。

此段引文中，诚然无一“待”字，但沦入困病之境的子桑向外推问，茫茫求索但终不可得的溯因心路却历然可见。不类于古希腊人面对外界自然出于好奇心的无穷追问，在这里，追问也是一溯求底，但其内容则只是切身的己之处境与存在。正如崔大华先生指出的，庄子的哲学以人生哲学为中心，而其人生哲思，与其他先秦诸子从人性论出发不同，是以人生困境作为出发点的。沦入诸如“桎梏”“倒悬”等困境之苦中的庄子，敏感而又好思的庄子，在困境中，首要的把目光转到了对困境之因的理性探索。沦入困境，原因何在呢？在于自身吗？作为动荡时代的一个软弱的平民知识分子的代表[①]，庄子又何曾有过什么自作孽而不可活的行径呢？其因唯有外求外索。这种求索单向地，外在地绵延而伸，最终推究到了最后的“无有待”的绝对存在——“道”之上，并因此构成了一个从己身存在出发，对存在原因的单向的，外溯式的追问系列整体。《庄子》好“三言”，这种在“因待”上的溯底性追问思路就集中地体现在“罔两问景”和“众罔两问景”的两段寓言之中。“吾有待而然邪？吾所待又有待而然邪？”其中的第一个人称——“吾”，正透露出“因待”之问源发于人生“困待”之境中的庄子特有的运思。这种运思最终归结于作为“本因”的“无有待者”——“道”的存在之上。在庄子那里，人作为本性上有待的存在，正是在“待道”，亦即将自身与此绝对之“道”相合一的过程中才超越了自身“有待”的本性，消解了生存所面临的诸多困境（尤其是那些终极性困境）进而获致无限的、绝对的逍遥之游的。待于外在于和超越于人的存在之上的绝对存在，这可以说是庄子消解人生困境的基本思路。

当然，在强调二者联系的同时我们也不能够忽视它们之间的区别，这是因为，一方面，庄子之“待”，如前已论，由于所要处理的哲学问题的不同，在本因论和人生论上，其含义是各不相同的；况且，人生论上所待之“道”，在《庄子》中，主要的也不是作为本因而是作

[①]　庄子的阶级属性，学界有较大争议，本文采陈鼓应、刘笑敢说，以庄子为平民知识分子的代表。

为本原和本体而存在的。另一方面，将二者区分开来，从庄学研究的历史看，也具有一定的方法论意义。在 20 世纪 60 年代和 80 年代有关庄子哲学骨架等问题的争论中，由于一些论者未曾将这两个方面区分开，结果引致了一些不必要的混乱与争执。例如关锋，一方面，他仅以"物—物"的对待关系解"待"，另一方面，他又设定了一个主要是人生论意义上的"有待—无己—无待"的骨架模式，当然就难以避开有些论者提出的"有待"之现象界不是主体，又何以能够"无己"进而化为"无待"之"道"的责难了①。其实，只要我们把本因论和人生论之"待"分开，分清二者各自不同的含义及要处理的不同问题，则关锋对庄子之"待"的剖析，包括他的"有待—无己—无待"的基本骨架，如果不以人废言的话，还是能够对我们厘清庄子哲学的思路起到相当的作用的。在研究古人思想的过程中应用古人未曾形成的哲学范畴，应该说是可以的，在有时候甚至是必要的，重要的不在于"有待""无待"等范畴能否被应用于庄子哲学的研究，而是应该在对庄子之"待"的含义进行深入剖析的基础上准确地把握和运用它们。

人以在世的方式存在着，即所谓人生在世。人生在世，由于人之存在有限的本性，大概正如冯友兰先生所言："总有些问题是不可能解决而只能取消的。"② 这些问题，亦即所谓人之存在的终极性困境。针对这些生命困境，庄子先知先觉，以其"待"的思想为自身，也为后人开出了一条能够从其中有效地超脱出来的精神思路。庄子之"待"，如上面的分析所显示的，无论在本因论还是人生论上，都是有它特定的含义的。分析这些含义的内涵及其流衍和演变，我们能够更好地理解庄子在消解人生困境时特有的运思，这些运思对我们理解庄子的哲学尤其是他的人生观是有益的，对我们今天的人生思考也能够有所启发。

---

① 任继愈主编：《中国哲学发展史·先秦卷》，人民出版社 1983 年版，第 471 页。
② 冯友兰：《中国哲学史新编》第 2 册，人民出版社 1984 年版，第 141 页。

附 录 3

《老子》所谓"德"

摘要："德"是《老子》思想中的重要范畴。"道"之下落为"德"。"道"下落于自然领域，为万物本性之"德"；下落于内心领域，为圣人心性之"德"；下落于社会政治领域，为王者无为治道之"德"。对"德"之内涵的分类以及彼此之间关系的探讨将有助于我们理解《老子》思想的整体运思理路，以及它所反映的传统中国人根本的信仰和思维方式。

"德"是《老子》[①]思想中的重要范畴。"道"之下落为"德"，下落的领域不同，所相应的"德"之内涵亦各有区别。略观学界对《老子》之"德"的探讨，似多深入于其内涵之单一性的分析，而少见在分类研究基础上对之予以系统把握者。本文从"道"之分别下落于自然万物、圣人心性和社会政治领域这三个方面对《老子》所谓"德"之内涵加以探讨，在此基础上剖析诸内涵之间的辩证关系，以及由此所凸显出来的《老子》思想的整体运思理路，和其所反映的传统中国人根本的信仰和思维方式。

---

① 《老子》的作者和流传过程，学界存在争议，本文以通行本《老子》为主，将之视为一个整体，同时参考帛书本和竹简本的相关内容（在必要时会予以注出）。

一 万物本性之"德"

在《老子》自然观中，"德"之内涵决定于它与道和万物之间的关系。关于道体本身，《老子》第一章说：

> 道可道，非常道。名可名，非常名。无，名天地之始；有，名万物之母。故常无，欲以观其妙；常有，欲以观其徼。此二者同出而异名，同谓之玄。玄之又玄，众妙之门。

"道"是有与无的统一体，二者同出于"道"，不过一个是天地之始（发端），一个是万物之母（根据）。作为万物与天地之终极发端与根本依据，《老子》之"道"与任何具体事物不同，它无形无象，所谓"视之不见""听之不闻""搏之不得"，"是谓无状之状，无物之象，是谓惚恍"（《老子》十四章），从而不可见闻，不可触摸，不是一个有具体形象的存在；进而，由于"物固有形，形固有名"（《管子·心术上》），"名"是随"形"而来的，因"道"无形，故"道"亦不可名，不可道，而可道即非常道，可名即非常名也，这是一方面，是"道"之作为"无"的存在的方面。另一方面，作为创生万物的形上实体，"道"中潜藏着无限的生机，它"惚兮恍兮，其中有象；恍兮惚兮，其中有物。窈兮冥兮，其中有精；其精甚真，其中有信"（《老子》第二十一章），而依高亨所言，此处"'精'疑当读为'情'……，'精'、'情'古通用"[1]，而"情"者"实"也，"其中有情"即指"道"为实有之物，后一句"其中有信"句中"信"字亦有"实"义。可见，在《老子》处，"道"之存在尽管恍惚幽玄，难以形容，但其中并不是空无所有，而是有着绝对真实的存在内容的，故亦可谓之为"大象"、大"有"。作为有与无的统一体，"道"是独立不依的

---

① 高亨：《高亨著作集林》（第五卷），清华大学出版社 2004 年版，第 90 页。

绝对存在，它是一切事物的源泉，同时作为流变的过程，它又内在于万物之内，道不离物，从而与抽象共相式的超离存在判然有别①。然则，"道"如何发挥它创始和成就万物的作用呢？《老子》第五十一章说：

> 道生之，德畜之，物形之，势成之。是以万物莫不尊道而贵德。道之尊，德之贵，夫莫之命而常自然。故道生之，德畜之。长之育之，亭之毒之，养之覆之。生而不有，为而不恃，长而不宰，是谓玄德。

所谓"玄德"容后再论，先论蓄物之"德"。万物由"道"而生发，由"德"而蓄养，由成"物"而定其形，由环境（"势"）而成就之。"道""德"同为尊贵，在于它们所具有的对万物之自然性的长育、安定（"亭毒"）和养覆作用。那么，此"德"之内容何在呢？张岱年说：

> ……道是万物由以生成的究竟所以，而德则是一物由以生成之所以。一物之所以为一物者，即德。……德是一物所得于道者。德是分，道是全。一物所得于道以成其体者为德。德实即是一物之本性。……②

冯友兰亦曰：

> ……首先，万物都由"道"所构成，依靠"道"才能生出来（"道生之"），其次，生出来以后，万物各得到自己的本性，依靠自己的本性以维持自己的存在（"德蓄之"）。……在这些阶段中，

---

① 郭齐勇：《中国哲学史》，高等教育出版社2006年版，第42页。
② 张岱年：《中国哲学大纲》，江苏教育出版社2006年版，第44页。

"道"和"德"是最基本的。没有"道",万物无所从出;没有"德",万物就没有自己的本性。……①

这样,依张、冯之论,"德"就是"道"之下落于万物之中而为万物之本性者。② 对此本性之"德",因为"道"之为"有"为"无",故其之下落于万物之中亦有"有""无"之两个方面。就"道"之"无"的层面之下落而言,《老子》有言:

> 谷神不死,是谓玄牝。玄牝之门,是谓天地根。绵绵若存,用之不勤。(《老子》第六章)
> 三十幅共一毂,当其无,有车之用。埏埴以为器,当其无,有器之用。凿户牖以为室,当其无,有室之用。故有之以为利,无之以为用。(《老子》第十一章)

万物的形体是"有",但形体之中的中空状态则是"无"。溪谷的中空之地为"谷神",天地的来源为"玄牝",而"牝"者,中空之女性生殖之器也。有车中轴轮之中空,故有车轮轮转之用;有器皿之中空,故有其盛物之用;有户室之中空,故有其为屋舍之用。所谓"有之以为利,无之以为用",强调了万物之中其形体之"无"层面的中虚、无形的存在,以及它对万物之形体之"有"的层面所发挥之潜性的支配与成就的作用。万物个体存在中的"无"的层面是"道"之"无"在万物个体存在上的体现和象征,是后者在万物之中的下落和落实,并由此构成万物本性之中的"虚玄"之"德"。

就"道"之为"有"的层面而言,"道"是一、是全,而"德"则有歧异与区分,并因此而万物之"德"各有不同。此下落于万物之

---

① 冯友兰:《三松堂全集》(第七卷),河南人民出版社 2000 年版,第 254 页。
② 钱穆在《庄老通辨》中言曰"凡《老子》书中言德字,则皆指一种自然之德言,此乃指人之禀赋而谓之德,其义略近于儒家所言之性字"(生活·读书·新知三联书店 2005 年版,第 182 页),亦可供参考。

中的"德",其内涵是什么呢?《老子》说:

> 天下万物生于有,有生于无。(《老子》第四十章)
>
> 道生一,一生二,二生三,三生万物。万物负阴而抱阳,冲气以为和。(《老子》第四十二章)

两句对比,则"道"之"有"乃所谓"一"、"二"与"三"的存在,而此所谓"一"、"二"和"三",联系其后万物之"负阴"与"抱阳",则其内涵应该即是气之混沌、气之阴阳与气之冲和①。作为"道"与万物之间在生发序列中的桥梁,它们由"道"所生发,而又落实于万物之中,化为万物所禀赋的各自之"德"与"性"。这样,由"一"、"二"和"三"之气所下落而化生,万物各自之"德"之存在,其内涵其实也就是万物在生发之"初"时各自所禀赋的阴阳之气在结构、厚薄、清浊、多少等方面的质性、气性之别,并因此构成万物各自分类和个别存在的依据所在。由于《老子》中没有对物之本性的描述,故可看其后《庄子》对物之本性的相关分析,如:

> 马,蹄可以践霜雪,毛可以御风寒,龁草饮水,翘足而陆,此马之真性也。虽有义台路寝,无所用之。(《庄子·马蹄》)
>
> 彼民有常性,织而衣,耕而食,是谓同德;一而不党,命曰天放。(《庄子·马蹄》)
>
> 彼至正者,不失其性命之情。故合者不为骈,而枝者不为跂;长者不为有余,短者不为不足。是故凫胫虽短,续之则忧;鹤胫虽长,断之则悲。故性长非所断,性短非所续,无所去忧也。(《庄子·骈拇》)

---

① 《淮南子·天文训》曰"道始于一,一而不生,故分而为阴阳,阴阳合而万物生,故曰一生二,二生三,三生万物",可为对"一""二""三"予以"气"之内涵解读的例证。

显然，马之真性和民之常性应在所谓物之质性、气性的角度予以理解之，其内涵即是万物各自的生命之本然存在。站在万物各"不失其性命之情"的角度上看，则万物之物性都是自足自得的，所谓"凫胫虽短，续之则忧；鹤胫虽长，断之则悲"，需要的只是将此本有的、内在的、原初就已禀赋的纯真生命质性、气性予以实现和完成罢了。总之，在自然观上，所谓"德"即指"道"之在万物之中的下落，而由于"道"之"有"与"无"的层面，故万物之"德"也有"有"和"无"的两个方面。在"无"的层面，万物有其虚玄之"德"，而在"有"的层面，万物有其质性、气性之"德"。万物的本性就是虚玄之"无"与质性、气性之"有"的统一体，这是我们对《老子》"德"之内涵的第一层把握。

二 圣人心性之"德"

《老子》言"孔德之容，惟道是从"（《老子》第二十一章），"道"落实到圣人内心世界，化为圣人之超越性的心性存在，此为圣人心性之"德"。对于此"德"之具体内涵，依据道的运行法则，可以大略区分为以下两个层面加以剖析。

（一）层面之一

1. 依反而动。

关于事物中普遍存在的正反相生的规律，《老子》说：

> 反者道之动，弱者道之用。（《老子》第四十章）
> 祸兮福之所倚，福兮祸之所伏。孰知其极？其无正？正复为奇，善复为妖。人之迷，其日固久。（《老子》第五十八章）

"反者道之动"，所谓"飘风不终朝，骤雨不终日"（《老子》第二十三章），万物之运动是辩证的，在一定条件下会向着相反方向运动，故"有无相生，难易相成，长短相形，高下相倾，音声相和，前后相随"（《老子》第二章），反向运动是普遍的规律与法则。利用此反向运动的辩证法，圣人亦求常人之所求，但他所采用的方法却是与俗背反的。《老子》说：

> 将欲歙之，必固张之。将欲弱之，必固强之。将欲废之，必固兴之。将欲取之，必固与之。是谓微明。柔弱胜刚强。（《老子》三十六章）

> 大成若缺，其用不弊。大盈若冲，其用不穷。大直若屈，大巧若拙，大辩若讷。静胜躁，寒胜热。清静为天下正。（《老子》四十五章）

显然，圣人并非不求在争斗中的胜利，故有类似兵家之反向操作之举；同样，圣人也并非不求己身事业与存在之"大成"、"大盈"、"大直"、"大巧"与"大辩"，但他明白，它们并非排斥所谓"缺"、"冲"、"屈"、"拙"和"讷"之对立面的存在，而是需要将后者作为必备的因素纳入己身之中，甚至就表现和实现于后者之中的。要之，《老子》是求强的，为达此目的，依循反向操作的辩证行为原则，它却主张以弱为用。

2. 以弱为用。

关于以弱为用，《老子》说：

> 人之生也柔弱，其死也坚强。草木之生也柔脆，其死也枯槁。故坚强者死之徒，柔弱者生之徒。是以兵强则灭，木强则折。强大处下，柔弱处上。（《老子》第七十六章）

> 天下莫柔弱于水，而攻坚强者莫之能胜，以其无以易之。弱之胜强，柔之胜刚，天下莫不知，莫能行。（《老子》第七十八章）

"老聃贵柔"（《吕氏春秋·不二》），原因在于"道"对万物的创生和化育遵循的正是自然无为，以顺任万物自生自化的柔弱原则。将此原则应用于自然与人事，则"坚强者死之徒，柔弱者生之徒"（《老子》第七十六章），柔弱代表了生机，而强横则会走向灭亡，原因就在于物极则反，"物壮则老"（《老子》第三十章），所谓"持而盈之，不如其己；揣而锐之，不可长保"（《老子》第九章），事物发展到顶点则会走向衰败，欲求长保则应适可而止；相应地，"天下莫柔弱于水，而攻坚强者莫之能胜"，柔弱之物看似无力，其内在力量却连绵不绝，水滴石穿，从而在足够的持久和耐心中达到转弱为强、以弱胜强的目标。[①] 将此以弱为用的原则落于心性之上，有圣人之"常德"。

3. 圣人之"常德"。

关于圣人依反而动，以弱为用的心性之"德"，《老子》说：

> 知其雄，守其雌，为天下溪。为天下溪，常德不离，复归于婴儿。知其白，守其黑，为天下式。为天下式，常德不忒，复归于无极。知其荣，守其辱，为天下谷。为天下谷，常德乃足，复归于朴。（《老子》第二十八章）

所谓"一阴一阳之谓道"，"万物负阴而抱阳"，雌与雄、白与黑、荣与辱等，都是二元对立性的存在，而"道"它无所不包、无所不在，对一切对立性的双方均应该予以总体性的涵括与融和，故它应该是所谓"雌雄一体"的有机整体，这是一方面，而另一方面，"道"之为"天下溪"、"天下式"和"天下谷"，却主要还是存在与呈现于雌、黑、辱的低洼之地，而不是雄、白和荣的高亢之所。将"道"落于心性之中，圣人有所谓"常德"。此"德"，首先是"知雄"、"知白"和"知荣"，其次是"守雌"、"守黑"和"守辱"，其中反射出的是《老子》出于辩证思维和阴性智慧的独特视角，其主要内涵就是

---

① 陈鼓应、白奚：《老子评传》，南京大学出版社 2001 年版，第 188 页。

依反而动和以弱为用，从而所谓"常德"之圣人心性，就既是"雌雄一体"、阴阳和谐的整体人格，又同时主要通过雌柔守弱而不是雄武争强以达到维护个体心境之平衡、事业之发达和与外部世界关系之和谐的多维目标①。要之，依"反"而动和以"弱"为用是圣人心性之"德"的重要方面，但，"道"不限于此，"常德"等亦不限于此。它们还有另外的层面。

（二）层面之二

1. 依"返"而动。

《老子》曰"反者道之动"。"反"者反也，但亦"返"也。万物和"道"的运行，不仅仅只是正反相生，各自向对立方向的运动，进而它们也是一种返回和回归式的运动，是循环，是圆圈，是"归根"和"复命"。《老子》说：

> 有物混成，先天地生。寂兮寥兮，独立而不改，周行而不殆，可以为天下母。吾不知其名，强字之曰道，强为之名曰大。大曰逝，逝曰远，远曰反。（《老子》第二十五章）
>
> 致虚极，守静笃。万物并作，吾以观复。夫物芸芸，各复归其根。归根曰静，静曰复命，复命曰常，知常曰明。不知常，妄作凶。（《老子》第十六章）

显然，无论是物的运动还是"道"的运动，其运行轨迹都是回归性的，都是向起点和原点的返回和复归。"夫物芸芸，各复归其根"，万物之运行各复归于万物各自的本性之"德"，以及作为本性之"德"之来源的"道"，而"道"的运行则一方面独立于万物之外为不改之本体和母体，另一方面它又运行于万物之中，由"大"而"逝"而"远"而"反"，在极远处即由远点而向原点回归，并最终归根于作为

---

① 刘笑敢：《老子古今》，中国社会科学出版社 2006 年版，第 319 页。

独立之万物先天母体的寂寥存在。然，"道"却以何为用呢？

2. 以"无"为用、以"无"为心。

"道"是以"无"为用，进而以"无"为心的。《老子》说：

> 大道泛兮，其可左右。万物恃之以生而不辞，功成而不名有，衣养万物而不为主。常无欲，可名于小。万物归焉，而不为主，可名为大。以其终不自为大，故能成其大。（《老子》第三十四章）

"道"以"无"为用，此"无"用之于万物。万物各有其自足、有限而不易的本性，是谓其各自之"常""命"。以"无"为用者，大道因循万物之德性，它"知常容，容乃公，公乃全，全乃天，天乃道，道乃久，没身不殆"（《老子》第十六章），故包容、公正、自然和长久，不会因其存在之封域而有所偏私和遗落，从而能够生发一切、蓄养一切。以"无"为心者，"道"同时将此"无"之原则反作用于己身，从而泯除掉在己身之中可能生发的一切自大、自有和主宰之心，它"道法自然"，"万物恃之以生而不辞，功成而不名有，衣养万物而不为主"，故有"生而不有，为而不恃，长而不宰"之"玄德"。显然，能够以"无"为心，是大道之所以虚通、充盈从而能够真正以"无"为用的基本前提。将此以"无"为用和以"无"为心的原则落于心性之上，有圣人所谓"赤子"之"德"。

3. "赤子"之"德"。

关于"赤子"之"德"，《老子》说：

> 含德之厚，比于赤子。毒虫不螫，猛兽不据，攫鸟不抟。骨弱筋柔而握固，未知牝牡之合而全作，精之至也。终日号而不嗄，和之至也。（《老子》第五十五章）

"赤子"是柔弱的，他骨弱筋柔，呈现的是圣人以弱为用的柔弱之德;"赤子"是淳朴的,他精和之至,呈现的是圣人与"道"同体的真朴之德;"赤子"是愚闷的,他独异于人,而贵食母(《老子》第二十章),呈现的是圣人以"无"为心的无知之德。就内容看,"赤子"之"德"主要是"道"体之"无"的层面在心性之中的下落,并将"道"体之以"无"为用和以"弱"为用的方面圆融地结合在了一起①。要之,"赤子"之"德"是圣者心性中之与"道"同一的境界,是其对自我和万物之有限质性的顺任与实现,是在这一实现中的复归于原初之混沌同时又虚通的状态。

三 无为治道之"德"

"道"下落于政治领域,有无为治道之"德"②。此"德"分两个层面,曰无为心性之"德",曰无为治术之"德",宜结合它们在现实世界之对立面而分别论之。

---

① 在圣者心性之"德"中,以"无"为用和以"弱"为用是圆融和统一的,它突出体现在以"弱"为用是圣者虚静心境在应事处世时的具体表现。通过以"无"为用和以"无"为心,圣者有其虚通、澄明的心境。以此"无"之心境为内、本,其在应事处世时的具体表现则是外、末。内外合一、本末合一,故圣心的虚无和空灵使得它既可以将其功能和作用实现在"绵绵若存,用之不勤"(《老子》第六章)的对万物的柔性蓄养和安顿之中,同时其创生作用又不会被任何既定的模式和规范所壅塞和僵化,而是可以同时超越于任何固有的现象层面之外,以确保其生发和创造功能的虚灵与无限的。这是一方面;另一方面,由于有因体"道"而来的虚静和澄明心境作为内在的依据和支撑,圣者的以"弱"为用就决不意味着懦弱和胆怯,而更多地是一种策略和手段,是真正有实力的强者在面对他者时所呈现之谦下、不争的姿态。这一点,结合本文对君王无为心性之"德"的分析,将能够得到更好的理解。要之,圣人心性之"德"中"以弱为用"的方面实涉及主与客、内与外、体与用等多重关系,对此我们将在以后作出进一步的厘清。

② 《老子》在第三十八章中说"故失道而后德,失德而后仁,失仁而后义,失义而后礼。夫礼者,忠信之薄而乱之首也","德"存在于"道""仁""义""礼""法"等之间,表现为"道"之失落的一个阶段。关于此"德"之内涵,如本文所析,它一方面是一种政治谋略,是一种治术,另一方面它与君王心性之"德"相联,故又象征着理想化的无为之治道。但,此"德"毕竟是第二位性的,它是原初之"道"在政治社会领域之中的下落,而原初的混沌之"道"则是超升于政治与社会之上,而在一切君长、名位、名分等社会政治制度的分立之前的。

（一）无为治术之"德"

关于现实治术，《老子》说：

> 大道废，有仁义；慧智出，有大伪；六亲不和，有孝慈；国
> 家昏乱，有忠臣。（《老子》第十八章）
>
> 天下多忌讳，而民弥贫。民多利器，国家滋昏；人多伎巧，
> 奇物滋起；法令滋彰，盗贼多有。（《老子》第五十七章）

可见，在日常世界中常见的乃是有为之法令、伎巧、忌讳和利器，
乃是应该弃绝之圣智、仁义和巧利等现实治术。作为治国之器，它们
乃是大道没落的结果，是国家滋昏、社会祸乱的根源，故应视为治国
之劣术而否弃之；但，问题在于弃绝有为治术后的回归之路。《老
子》说：

> 绝圣弃智，民利百倍；绝仁弃义，民复孝慈；绝巧弃利，盗
> 贼无有；此三者，以为文，不足。故令有所属：见素抱朴，少私
> 寡欲。（《老子》第十九章）
>
> 上德不德，是以有德。下德不失德，是以无德。上德无为而
> 无以为，下德无为而有以为①。上仁为之而无以为，上义为之而
> 有以为，上礼为之而莫之以应，则攘臂而扔之。（《老子》第三十
> 八章）

这样，在治术上，"德"之内涵就是圣人治国之"无为"，所谓
"以无事取天下"（《老子》第五十七章）。进一步，具体到"上德"
与"下德"之分的问题上，无为治术应是指"下德"，因为作为一种
"术"，它对"德"之追求具有有心、有为而将之工具化、手段化的特

---

① 帛书本无此"下德无为而有以为"一句，此据通行本。

征，故虽"无为"而实是"有以为"的。"下德"需要向"上德"提升，所谓"此三者，以为文，不足。故令有所属"。"属"于什么呢？曰"见素抱朴，少私寡欲"，故问题最终还是落到君王之心性上来。无为治术，若求不沦入沉沦，则要求无为之心性。

（二）无为心性之"德"

关于现实君王之心性，《老子》说：

> 民之饥，以其上食税之多，是以饥。民之难治，以其上之有为，是以难治。民之轻死，以其求生之厚，是以轻死。夫唯无以生为者，是贤于贵生。（《老子》第七十五章）

现实中君王的心性是有为的，他们损民众之不足以补一己之有余（《老子》第七十七章），故可谓之为"盗夸"（强盗头子，《老子》第五十三章）。与此相反，圣王则以己之有余而奉天下之不足，其存在与天道相类，他们具有无为之心性。

关于圣王无为之心性，予以粗略地概括，可以从以下几个方面剖析之。

1. 居下不争之"德"。

为王者当居于人下，而有不争之德。《老子》说：

> 江海之所以能为百谷王者，以其善下之，故能为百谷王。是以圣人欲上民，必以言下之。欲先民，必以身后之。是以圣人处上而民不重，处前而民不害。是以天下乐推而不厌。以其不争，故天下莫能与之争。（《老子》第六十六章）

显然，这是依"反"而动，以"弱"为用的大道运行法则以及圣人之"贵柔""守雌"之"德"在政治领域的推演，如此则"处上而民不重，处前而民不害"，"夫唯不争，故天下莫能与之争"，"是谓配天之极"(《老子》第六十八章)。

2. 以愚治国之"德"。

为王者当以愚治国，而不能以智治国。《老子》说：

> 其政闷闷，其民淳淳。其政察察，其民缺缺。(《老子》第五
> 十八章)

> 古之善为道者，非以明民，将以愚之。民之难治，以其智多。
> 故以智治国，国之贼。不以智治国，国之福。知此两者，亦稽式。
> 常知稽式，是谓玄德。玄德深矣、远矣！与物反矣，然后乃至大
> 顺。(《老子》第六十五章)

主张以愚治国，从而追求万物之复归于淳朴，这也是"无"之原
则的反作用于己身，故亦可名之为王者心性之无为"玄德"。显然，
此"玄德"是与圣人心性中的"无知"之"德"相适应的。

3. "啬"智无为之"德"。

在《老子》处，身国一体，养生之道和治国之道是同一的。《老
子》说：

> 治人事天莫若啬。夫唯啬，是谓早服。早服谓之重积德，重
> 积德则无不克，无不克则莫知其极，莫知其极，可以有国。有国
> 之母，可以长久。是谓深根固柢，长生久视之道。(《老子》第五
> 十九章)

《韩非子·解老》曰"啬之者，爱其精神，啬其智识也"，《老子
河上公章句》曰"治身者当爱精气而不放逸"，则"啬"者，当谓收
藏其神形而不用，以归于无为也。以"啬"养生，则长生久视；以
"啬"治国，则可以长久。在此处，"德"之内涵应该是指王者的无
心、无为之"德"，积此无心无为之"德"，以之用于无论养生或治
国，均无所不克。显然，这不过是以"无"为心和以"无"为用的圣

人德性在政治和养生实践中的应用和推演罢了。

4. 将此圣王心性之"德"应用于具体的治国行为之中。

《老子》说：

> 善建者不拔，善抱者不脱，子孙以祭祀不辍。修之于身其德乃真，修之于家其德乃余，修之于乡其德乃长，修之于邦其德乃丰，修之于天下其德乃普。故以身观身，以家观家，以乡观乡，以邦观邦，以天下观天下。吾何以知天下然哉？以此。(《老子》第五十四章)

显然，在《老子》处，圣王之"玄德"不能够仅仅停留在心性之内，而需要由内而外地发显和展开，其基本路径即是身→家→乡→邦→天下，而其心性之"德"也由此而真→余→长→丰→普。可见，《老子》走的也是由"成己"而"成物"的路径，它在本质上是内圣外王的君王之学。

四 道德合一

以《老子》之"德"为桥梁，对《老子》之"道"及其与现实政治的关系，我们可以获得更为深入的理解。具体说来如下。

(一) 道→圣人心性→君王之德

沿着《老子》"道→圣人心性→王者之德"之顺延而下的线路，我们可以将"道"与君王之德对应起来，并通过后者以更好地理解前者。具体说来：(1)"道"的超越性与君德的超越性之间的对应。道是宇宙本体，具有超越性，同时存在与作用于万物之中；"道"下落于圣人内心，为超越心性，同时存在与作用于圣人之和光同尘的应世活动之中；王者之"德"具有超越性，它来源于君王名位相对于臣民而言的高居其上与其外，同时其为政之功用又下落和贯穿于全体臣民和社会领域之中。显然，以圣人心性为桥梁，"道"之德性与君王之德性是相互对应的，"道"之存在主要下落和落实在君王之德性中。（2）"道"的运行法则与君王之德的具体要求之间的对应。反者道之动，弱者道之用，这是"道"的运行法则；圣人之心居下、守弱，且以无为用，亦以无为心；君王之德，依照《老子》的要求，正是居下不争、以愚治国和"啬"智无为。我们认为，这种对君德的要求更多地植根于政治斗争中的历史智慧，且围绕之中轴仍然是君王之位的保有、强盛和长久。显然，以圣人之心性为桥梁，"道"的运行法则与君德之具体要求也是彼此对应的关系。

（二）道→万物德性→臣民之德

沿着《老子》"道→万物德性→臣民之德"之顺延而下的线路，我们可以通过"臣民之德"来理解《老子》对"万物德性"的规定，进而达到对"道"之"玄德"的深入理解。具体说来：（1）万物德性与"道"之无为玄德的相互关系。在《老子》中，万物的"德"性是"道"的下落，其内涵是虚玄之"无"与质性、气性之"有"的合一，而其特征则是自足、自得和自乐等价值性的。对此万物"德"性的自得、自足和自乐特征，从万物作为价值主体的角度看，是指他们的本性、需要、能力等，与由其本性所先天决定的其生命之生存、展开和实现的环境、范围等之间的统一性和适应性，他们不能够逾越其外，而进入并非其类的领域，从而悖逆了它的天性，而是应该生存、实现和完成于其中，从而也是自得、自足与自乐于其中的。从万物作为价值客体的角度看，万物"德"性的自得、自足和自乐特征，则意味着它们是自适其适，而非适人之适，是自得其得而非得人之得，也就是说它们自我满足亦满足自我，它们不是被改造的对象，它们的存在不是满足大道和他物的要求和需要，它们由大道生发之后其存在与实现完全是自我展开和自我完成的，大道与它们之间是自然无为的关系，这也正是所谓"道"之"玄德"。（2）万物"德"性与臣民之"德"的相互对应。从《老子》作为君王之学的角度看，臣民对其名位应该安于其中，应该自得与自足其中而非越分妄为，从而破坏社会的整体秩序和政治等级制度，此乃臣民之"德"。而从另一个角度看，社会中的臣民能够自我完成其自身的职分，社会的名教与名法等组织制度也具有自我调整、筛选和自我组织的功用，作为君王者应该实行无为之治，应该尽可能对臣民之完成其职分之举不加干涉，应该尽力尊重臣民自身的自得、自力与自足，而不要实行有为之治，而破坏了无为而无不为的政治格局。这是《老子》对君王与臣民关系的基本考量，由此而产生的对臣民存在及其职位的尊重应该是他赋予万物之"德"性以价值化特征的根本原因。

（三）道德合一

中国哲学有天人合一的思想传统。在这一思想传统中，所谓"天"主要是一个本体论—价值论概念，并非外在于人的自在之物，故天人之间是相通不隔的。因为相通不隔，所以超越性的价值源头与根据在内而不在外，从而构成了中国文化价值系统之"内在超越"的个性特征。进一步，在个体"为仁由己""反求诸己"的"内转"基础上，中国哲学强调了作为价值之源的超越性心灵同时需要"外推"，从而在"推己及人"中外通于他人乃至天地万物。将"内转"与"外推"统一起来，就是人们常说的"内圣外王之道"。"如果要进一步追问为何天人相通合一，就只能回答说，这是儒家乃至传统中国人根本的信仰和思维方式。"①

在道家思想中，这一思想传统可以具化为"道""德"之间的贯通与统一。进一步，在《老子》中，"道""德"之间的贯通与统一可以区分为两个方面，或说两条路线：（1）道→万物德性→心性、君王之德→现实经验领域。显然，"道"下落于自然界为万物德性；类同大道蓄养万物之"玄德"，大道下落于心性之中，有圣人作为心性主体的存在；圣人的心性存在推衍于现实政治领域，有理想化的君王

---

① 郭齐勇：《中国儒学之精神》，复旦大学出版社 2009 年版，第 249 页。

之"德";与此理想化的君王之"德"相对应,现实世界中的君王和政治乃诸般有为之弊相。这是一条顺延而下的线路,它表明:《老子》的"道"存在,以"德"为桥梁,它落实在现实经验和社会领域,最终是归结在《老子》对现实政治的批判和对理想政治的建言之中的。

(2)现实经验领域→心性、君王之德→万物德性→道。显然,这是一条逆推而上的线路。依照其逻辑理路,由现实君王到心性主体,这是第一层超越;由心性圣王到万物德性,这是无为之治,是心性之圣在无为之治中的扩充和落实,也可以说是第二层超越;而到了"道"的层次,则"道"是价值本体,它高居于世界和社会之上与之外,是无限和永恒的渊源,是一切人间价值的来源和依据。这是最高的超越,同时也是最后的归结。因为道、德相通与合一,我们看到,这两条线路之间也应该是平衡的,它们使得《老子》的思想一方面具有强烈的政治性、现实性和实践性,而并不凌虚蹈空,天人两隔,同时又具有深刻的形上性、超越性和虚灵性,而并不可以完全归结于任何具体的经验处境和历史现实。相对西方本体论之超验、两离的知识论传统而言①,我们应该较多地关注《老子》道、德合一思想中所反映出来的传统中国人在信仰和思维方式上的独特特征。

总之,在《老子》中,"德"是"道"的下落,下落的领域不同,"德"的内涵也各有差别。"德"是《老子》之"道"向自然万物和现实世界的落实,是它们之间联系的中介与桥梁。对《老子》"德"之范畴的剖析,有助于我们理解《老子》思想的整体运思理路,也有助于我们理解传统中国人根本的信仰和思维方式。

---

① 俞宣孟:《本体论研究》,上海人民出版社 1999 年版,第 27 页。

附 录 4
逍遥与政治：谢安玄学人格探微

摘要：逍遥是传统道家人生思想的重要精华，但它能否实现在政治领域之中呢？以玄学圣人无待逍遥观的理论为据，谢安将逍遥精神注入到了他的为政实践之中，取得了较大的成功，但也暴露出了一些根本性的问题。本文以对谢安玄学人格的探讨为主旨，对逍遥与政治的关系作了一些探讨和研究。

谢安（公元 320—385），字安石，陈郡阳夏（今河南太康）人，东晋著名政治家。祖父谢衡以儒学知名，历官西晋国子祭酒、太子少傅和散骑常侍；其父谢裒，官至太常卿。谢安早年高卧东山，年四十余始出仕。出仕前，他"优游山林，六七年间，征召不至。虽弹奏相属，继以禁锢，而晏然不屑"（《世说·赏誉》注引《续晋阳秋》），追求和实践着一种悠闲自适、与道合一的逍遥人生；出仕后，他将逍遥的精神注入自己的政治实践之中，"非唯风流，兼有为政之实"（《晋书·庾亮传》），且其"风流"正是存在和实现于具有"为政之实"的政治活动之中，故有所谓"风流宰相"之美誉。然，高卧东山的逍遥人生是如何向政治领域自然扩展而能够不丧失其内在精神的呢？将政治与逍遥结合起来的个人实践，在"风流宰相"成功身影的背后，是否还存在着深层的矛盾与局限呢？逍遥与政治的结合，或者说逍遥于政治领域之中，到底是否可能呢？下面，以对谢安玄学人格的深入探讨为主旨，我们对这些问题试作探究与分析。

一

从咸康四年（338）十八岁辞王导掾直到升平四年（360），谢安基本上都是高卧于会稽东山。据《世说·雅量》刘孝标注引《中兴书》曰"安先居会稽，与支道林、王羲之、许询共游处。出则渔弋山水，入则谈说属文，未尝有处世意也"，可见在隐居东山期间，谢安过着相当悠闲的生活：既有文艺的陶冶、义理的切磋，更有自放于山光水色、纵情于丝竹、书法等艺术之中的闲适情怀。其所作《与王胡之诗》第六首："朝乐朗日，啸歌丘林。夕玩望舒，入室鸣琴。五弦清激，南风披襟。醇醪淬虑，微言洗心。幽畅者谁，在我赏音。"（《晋诗》卷十三）所描述的就是隐者的日常生活和感受，字里行间表露出了作者对这种生活方式的陶醉之情；其《兰亭诗》二首其二："相与欣佳节，率尔同褰裳。薄云罗阳景，微风翼轻航。醇醑陶丹府，兀若游羲唐。万殊混一理，安复觉彭殇。"更可从中看出他对庄子思想深有领会。对一个年青士子而言，二十岁到四十岁时期正值步入仕途一展身手的大好年华，谢安于仕途却夷然不屑。在此期间，他所实现和实践的应该说正是传统的隐居于山林以求己之自适的逍遥之路。山林与庙堂之间是有着清晰的界限的，谢安对此也是具有自觉的自我意识的。

就其本怀而言，或可说谢安本无意仕进。但，升平元年（357）、二年（358），谢尚、谢奕相继去世；升平三年（359）谢万于寿春战败，被免为庶人；谢石权位尚低；而谢安正值盛年，振兴家族的重担自然落在他身上。升平四年（360），征西大将军桓温辟他为司马，谢安没有拒绝，从此走上仕途。然，出处有异，庙堂与山林有别，且当时一般性的社会舆论正是褒处而贬出。据《世说·排调》载：

> 谢公在东山，朝命屡降而不动。后出为桓宣武司马，将发新

亭，朝士咸出瞻送。高崧时为中丞，亦往相祖，先时多少饮酒，因倚如醉，戏曰："卿屡违朝旨，高卧东山，诸人每相与言：'安石不肯出，将如苍生何！'今亦苍生将如卿何？"谢笑而不答。

（谢安出任桓温司马后，）"于时人有饷桓公药草，中有远志。公取以问谢：'此药又名小草，何一物而有二称？'谢未即答。时郝隆在坐，应声答曰：'此甚易解。处则为远志，出则为小草。'谢甚有愧色。桓公目谢而笑曰：'郝参军此过乃不恶，亦极有会。'"

"谢笑而不答"句，在《晋书·谢安传》中正是"安甚有愧色"，则就如上两则史料而论，当其初入仕时，面对当时社会舆论的讥讽，就谢安个人的反应而论，应该说他也心有惭愧而并非完全的自信与坦然。但在他真正走入政治舞台之后，包括他去世之后，对于他的由"处"而"出"，在士林中，尽管玄学的影响仍在，却并不再存在着如上一类的批判和责难。谢安个人的声名与形象，在后世之所以千古不灭，应该说也主要是因为他的在仕经历所决定的。那么，以谢安为典型，当时是否还存在着一种比流行的"褒处贬出"更高的评判标准，且其理由亦能够是为当时的士人所认可和接受的？据《晋书·谢万传》：

（谢万）"叙渔父、屈原、季主、贾谊、楚老、龚胜、孙登、嵇康四隐四显为八贤论，其旨以处者为优，出者为劣，以示孙绰。绰与往反，以体玄（据《世说·文学》改）识远者则出处同归"。

又，《世说·排调》注引《妇人集》载：

桓玄问王凝之妻谢氏曰："太傅东山二十余年，遂复不终，其理云何？"谢答曰："亡叔太傅先正以无用为心，不以（此二字据文意补）显隐为优劣，始末正当动静之异耳。"①

孙绰所谓"体玄识远者"，实即传统所谓体道之圣人，而依照如上孙绰和谢道蕴对圣人存在的理解，其人格应该是"以无用为心"，并在此"无用之心"中"出处同归"，所谓"始末正当动静之异耳"。这种观点，相对于传统的褒处而贬出的道家超越思想而言，应该说是一种对圣人逍遥观的新的理解②。可见，这里的关键在于这种新的对圣人存在及其逍遥的理解上。在玄学之前，乃至在嵇康处，逍遥的存在是不能够实现在政治领域之中的。政治之域正应该是逍遥实现的界限所在。但在玄学思想发展的过程之中，特别是到了郭象玄学的阶段，我们可以看到，这一界限被有效地超越。在郭象看来，圣人与群品有别，其逍遥乃无待的逍遥，而群品之逍遥则是有待的。在《庄子·逍遥游注》中，他说：

> 故乘天地之正者，即是顺万物之性也；御六气之辩者，即是游变化之途也。如斯而往，则何往而有穷哉！所遇斯乘，又将恶乎待哉！此乃至德之人玄同彼我者之逍遥也。苟有待焉，则虽列子之轻妙，犹不能以无风而行，故必得其所待，然后逍遥耳，而况大鹏乎！夫唯与物冥而循大变者，为能无待而常通。岂独自通而已哉，又从有待者，使不失其所待，不失则同于大通矣。……
>
> 夫尧之无用天下为，亦犹越人之无用章甫为。然遗天下者，固天下之所宗。天下虽宗尧，而尧未尝有天下也，故窅然丧之，而尝游心于绝冥之境，虽寄坐万物之上而未始不逍遥也。……夫圣人虽在庙堂之上，其心无异于山林之中，世岂识之哉！徒见其

---

① 桓玄乃一介武夫，并非士林中人，且其父桓温欲移晋鼎，所遭受的主要阻力之一即来自谢安，其之责难谢安的由"处"而"出"有特别的背景，不足以代表当时的士林舆论。

② 庄子思想中也存在内圣外王的重要内容，但没有圣人应在政治领域中实现其逍遥的思想，他所谓无为而治的思想，也主要是表现了一种道家心目中的理想政治局面，重在强调为政者对万物的不加干涉。逍遥，在庄子处，主要还是士人式的，不是圣王式的。

戴黄屋，佩玉玺，便谓足以缨拔其心矣；见其历山川，同民事，便谓足以憔悴其神矣，岂知至至者之不亏哉！

　　显然，圣之为圣，根本点在于他所具有的"与物冥而循大变"，进而"无待而常通"的"绝冥"的精神境界。在魏晋时代，由于权力和政治的特殊性质，更由于当时虚伪和险恶的政治现实，应该是在国家政治领域里个人最直接地体会到了外境的异己伤害性（所谓"有待"），而所谓隐逸之风的盛行正是对苦难之现实的逃避和抗议。所谓"出""处"之分，并进而褒"处"而贬"出"，应该说反映的就是这一普遍性的士人心态。但，这是对一般群品而言的，而真正的、最高的圣人，在郭象看来，因为他天然的精神境界之高邈，并因此能够超越利害、死生和彼我之别，以致对一般群品而言的所谓异己伤害性的政治之场，其实倒正是圣人展开其"圣"性的领域（所谓"无待"）。圣人因应时世的由"处"而"出"，由此而言，就不是人格与境界的下坠，而是圣性之超越的具体体现。圣人乃"内圣"，并由"内圣"而自然"外王"，也只有"内圣"才能以"无我"之心行使无为之治道，能够辅助万物以返归于"大通"之境。可见，以郭象的思想为代表，玄学突破了《庄子》中的逍遥之外限———权力和政治领域，至人更多地应该是在政治领域里实现他的逍遥，他的逍遥就主要实现在其以"无为"之治道治国平天下的政治性活动之中。

　　对于郭象的逍遥学说，应该说谢安是十分熟悉的。他与支遁等切磋义理，而支遁对郭象逍遥观的批判正是集中在后者所谓群品之有待的逍遥上，而对圣人之精神境界式的无待的逍遥则予以了继承和转用。从圣人精神境界的角度出发，谢安正是把逍遥的思想与政治性活动结合起来了。《晋书·谢玄传》记载道：

　　　　安尝戒约子侄，因曰："子弟亦何预人事，而正欲使其佳？"诸人莫有言者。玄答曰："譬如芝兰玉树，欲使其生于庭阶耳"。安悦。

谢安叔侄的对答，历来难得确解。所谓“预人事”，应当就是《世说·排调》“孝武属王蜔求女婿”条中及《晋书·谢混传》中所谓王敦、桓温“好预人家事”之意，亦即觊觎晋室权力；所谓“生于庭阶”，应该即指进入庙堂之域以从事政治性活动；而所谓“使其佳”则或是指当时“诸谢皆富贵，轰隐交路”，以至于韩康伯有“此复何异王莽时”（《世说·方正》）之叹的谢氏家族繁盛的景象。既然对权力具有超越意识，为什么又要入于庙堂之中去从事政治性活动呢？原来真正的超越，依照玄学所论，其实倒正是应该实现在政治性领域之中而不是之外的，就像芝兰玉树应让它们生长于庭阶之上一样。又，《世说·文学》载曰：

> 谢公因子弟集聚，问毛诗何句最佳，遏称曰：“昔我往矣，杨柳依依。今我来思，雨雪霏霏。公曰：吁谟定命，远犹辰告，谓此句偏有雅人深致。

“吁谟定命，远犹辰告”，句出《诗经·大雅·荡》，毛苌注曰：“吁，大也。谟，谋也。大谋，谓不为一身之谋，而有天下之虑也。定，审定不改易也。命，号令也。辰，时也。告，戒也。辰告，谓以时播告也”，则此句的含义就是指为王者深谋远虑，果敢决策，定时播告，布之四方了。以此外王之为为“偏有雅人深致”，则一方面说明谢安对玄学有关圣人应于政治活动中追求逍遥实现的思想有着切身的体会，另一方面也说明这种思想同时也对他的个人人格，包括审美意识等具有强烈的影响。如是而为者，依玄学所论，应该只是圣人之事，而谢安却正以圣贤自许。《世说·言语》载其言曰：“圣贤去人，其间亦迩。子侄未之许。公叹曰：若郗超闻此语，必不至河汉。”他是具有自觉的圣人意识的。

二

东晋一朝，国力衰落。在外，需要抗衡北方胡羯的入侵，以维护北南间的力量平衡和江左的偏安局面；在内，则需要在保证司马氏皇权地位的前提下，通过维持大姓士族之间的力量平衡，以维持当时侨姓士族与皇权共有神器的门阀政治格局。但，在谢安入仕之后，随着他逐步身入中枢，这两种平衡的局面却都面临着严重的危机。谢安的主要政治活动及其人格风范，也就集中体现在他对内外危机的应对与化解之中。《晋书》其本传云：

> 简文帝疾笃，温上疏荐安宜受顾命。及帝崩，温入赴山陵，止新亭，大陈兵卫，将移晋室，呼安与王坦之，欲于座害之。坦之甚惧，问计于安。安神色不变，曰："晋祚存亡，在此一行。"即见温，坦之流汗沾衣，倒执手版。安从容就席，坐定，谓温曰："安闻诸侯有道，守在四邻，明公何须壁外置人耶？"温笑曰："正自不能不耳。"遂笑语移日。……

简文帝本是桓温在废弃海西公之后所立，其时内外军权已几尽桓温之手。咸安二年（372），简文帝病死，其首道遗诏有"少子可辅者辅之，如不可，君自取之"之言，则皇权本身在桓温的力量下已经完全屈服。但，以太原王氏、陈郡谢氏等为主的几家最有影响的门阀士族，他们则力图维护司马氏的帝位，抗拒桓温的非分之求，以求恢复门阀士族间的平衡状态。谢安与王坦之曾均为桓温之下属，桓温对于他们之力阻当然内心更为愤恨。次年，桓温带兵入朝，欲移晋鼎，并诛杀谢、王等人。见温时，与王坦之的慌张失态相比，谢安则是意态坦然，望阶趋席，旁若无人，并在筵席上作洛生之咏，从而以一种从容优雅的风度趣临杀机四伏之地，缓解了当时的紧张气氛，也缓解了晋室当时面临的十分危险的局面。从玄学的角度看，在此处谢安所表现出来的心理上的从容镇定即是其内在超越境界的一个表现。有此超越的境界为内本，以其趋临危机处境时的从容风度为外现，内外合一，本末合一，则自然有超人之举，自然形成风流婉转的外在气象。"风流宰相"的人格形象，于斯已现。

桓温死后，不久谢安即转尚书仆射，领吏部，加后将军。及中书令王坦之出为徐州刺史，安又总关中书事。其时强敌寇境，边书屡至，南北矛盾日益紧张，并最终于太元八年（383）爆发了著名的淝水之战。《晋书》本传记载曰：

> 坚后率众，号百万，次于淮肥，京师震恐。加安征讨大都督。玄入问计，安夷然无惧色，答曰"已别有旨。"既而寂然。玄不敢复言，乃令张玄重请。安遂命驾出山墅，亲朋毕集，方与玄围棋赌别墅。安常棋劣于玄，是日玄惧，便为敌手而又不胜。安顾谓其甥羊曰："以墅乞汝。"安遂游涉，至夜乃还，指授将帅，各当其任。玄等既破坚，有驿书至，安方对客围棋，看书既竟，便摄放床上，了无喜色，棋如故。客问之，徐答云："小儿辈遂已破贼。"既罢，还内，过户限，心喜甚，不觉屐齿之折，其矫情镇物如此。

能够如是之"临大事而有静气"，一方面不能排除先天心理素质的作用，但在谢安身上，玄学所追求的"大我"进而"无我"的精神境界应该说发挥了重要的影响。所谓"大我"之境，它是来自人之与"道"合一，从而能够从个体存在的囿限中超脱出来，不为外物所决定和动摇的一种精神境界；所谓"无我"之境，则应该是指谓这一种圣人在"以道观物"时其心境存在的虚明、清畅和安寂的状态，也就是说能够不动心，不动情，虽应万物而无个我纤介之私虑也。观谢玄和张玄之所为，他们的精神境界可以说是一种为外物所动，从而物于物而不是物物的状态。与他们相对，谢安之所作所为，无论是战前的军事部署还是战后的观看战报，则都很好地体现了一种因高度的文化修养而来的心理上的自持、通畅与平衡。这种高度的精神境界，当然是在精神修养过程中以道观物，以理化情的结果，认之为"矫情镇物"的观点应该说是不太适当的。在谢安处，境界的存在是真实有力的，至于他之"心喜甚，不觉屐齿之折"，则应该是其之存在中的其他方面予以作用的结果。人格存在的完全境界化本是难以达到的。

在日常行政中，谢安继承了王导无为之治的为政方针和清净、宽简的为政风格，力求达到和维护一种和谐的政治局面。史载"孝武帝富于春秋，政不由己，温威振内外，人情噂沓，互生同异。安与坦之尽忠匡翼，终能辑穆"，"安义存辅导，虽会稽王道子亦赖弼谐之益"（《晋书·谢安传》），从而在皇权与门阀士族间尽力追求彼此关系的平衡。淝水战后，上下游桓氏与谢氏的矛盾走向激烈，但太元九年桓冲死后，谢安并未并吞其地境，而是以桓豁诸子以及桓伊分督荆、江、豫三州，"彼此无怨，各得所任"，"其经远无竞，类皆如此"，从而使得彼此间的矛盾得到了完满的解决。在上下关系上，他"每镇以和靖，御以长算"，"不存小察，弘以大纲"，恭行玄学上无为而下有为的治国之道。王羲之曾以"虚谈废务，浮文妨要"为由，对谢安提出过批评，而谢安回答曰："秦任商鞅，二世而亡，岂清谈之患耶？"对名法等有为性质的治国方略予以了否定。在魏晋时期，无为之治是时代精神之所在，安之所为正是时代要求之体现，并因此取得了相应的为政效应①。从个人自由的角度看，也只有为政无为方才可能提供出一种闲适的内外环境，进而为在政治领域中的逍遥提供必要的条件。分析谢安的风流之治，我们说逍遥之能够向政治领域扩展而不丧失其精神，其基本条件，就是要求为政者本身必须具有因体道而来的真实的精神境界。只有具有了真实的超越境界，政治领域方才不会因其异己性而成为避畏之场，而能够反过来变成逍遥的实现之地。士人之由

①　但这并不意味着谢安为政走向消极的一无所事。安在三吴地方为官，"无当时誉，去后为人所思"；他与桓温周旋，阻止桓温加九锡计划的实行；奏"兴灭继绝"；与桓氏子弟协调关系；"欲混一文轨，上疏求自北征"，虽终未成行，但这表明他有恢复中原统一南北的考虑；他在太元二年九月"除度田收租之制"，轻徭薄赋，让利于民，以至王夫之有"安之宰天下，思深而道尽""体天经以定民制矣"（《读通鉴论》卷十四）的感叹。

"处"而"出",也就不是因为功利之心的牵引,不是人格存在的下坠,而是因应时世需要的"以无用为心"和"应感而为"。所谓无为之治,其基本前提就是治理者不能够拥有强烈的权力心态,应该清净其心,宽简其为,而这,也是以超越的为人境界为前提条件的。

三

如上已论,谢安以人格存在中的超越境界为本,自觉地将逍遥精神向政治领域扩展,时人即比之为王导,且认为他文雅过之。就此而论,我们说,谢安的圣王式逍遥实践是成功的,但,依照史料所述,在其为政生涯中,他却"东山之志始末不渝"。《晋书》本传云:

> 安虽受朝宗,然东山之志始末不渝,每形于言色。及镇新城,尽室而行,造泛海之装,欲须经略粗定,自江道还东。雅志未就,遂遇病笃。

为政期间,他曾与王羲之共登冶城,悠然遐想,有高世之志。登台辅后,在土山经营别墅,经常携子侄们游赏其间,"肴馔亦屡费百金,世颇以此讥焉,而安殊不以屑意"。在他心目中,东山始终是一个永恒的情结,具有比身处"庙堂"更为亲切的意味。依照玄学的要求,圣人"至至不亏","虽处庙堂之上,其心无异山林之中",谢安却意欲由"出"返"处","自江道还东"。谢安的这一心态,因他是逍遥于政治领域之中的典型,故具有重要的意义,值得我们深加分析。

东晋初形成了门阀政治格局。琅琊王氏、鄢陵庾氏、谯郡桓氏先后与司马氏共天下,其中琅琊王氏王敦、谯郡桓氏桓温皆曾表露出篡位之志,并付诸行动。东晋中期,陈郡谢氏仍被视为"新出门户"(《世说·简傲》);及至谢安出仕并官任宰相,谢氏迅速从众多士族中崛起,势盛内外,无疑会遭到猜忌和排挤。显然,王敦、桓温在家族势力达到峰巅时的篡权行动在人们心理上造成阴影,使人们对势倾内外的家族及其关键人物心存疑忌。淝战前夕，孝武帝以司马道子共录尚书，即已分谢安之相权。淝水战后，谢安功高不赏，而谗毁迭起。安婿"王国宝专利无检行，安恶其为人，每抑制之。及孝武末年，嗜酒好内，而会稽王道子昏醟尤甚，惟狎昵谄邪，于是国宝谗谀之计稍行于主相之间。而好利险诐之徒，以安功名盛极，而构会之，嫌隙遂成。"（《晋书·桓伊传》）谢安在朝中处境甚为艰难。在孝武帝宴会上，桓伊曾吟唱《怨诗》"为君既不易，为臣良独难。忠信事不显，乃有见疑患。周旦佐文武，《金縢》功不刊。推心辅王政，二叔反流言"，其时"安泣下沾衿，乃越席而就之，捋其须曰：'使君于此不凡！'帝甚有愧色"，主相矛盾已经达到了十分尖锐的程度，以致谢安不能自存于中枢而不得不于太元九年八月自请北征，并于十年四月出居广陵，八月即病笃而逝。在力抗桓温之后，谢安曾多方帮助其时衰弱的皇权谋求振兴，但有所振兴的皇权，在谢氏家族走向巅峰时即开始对后者予以限制乃至打击。在封建政制下，政治领域中的权力竞争是不可改易的必然规律，皇权的专制与独断更是几千年中封建政制的主要态势，所谓东晋时期的门阀之治不过是这一基本态势在特殊条件下的暂时变态而已，其向皇权政治的回归实具历史的必然性和不可逆转性。面对着与皇权相对的权力竞争态势，在对权力本身真正具有超越意识的前提下，谢安式的由"出"归"处"、欲"自江道还东"的心态乃至行动应该说是一种十分自然的选择。逍遥是根本目的所在，政治领域不过是其实现之场。当政治处境的恶化使得在其中的逍遥变得艰难时，后者当然会选择退出之路而转向新的实现之域。依照玄学的逻辑理路，圣人无待之逍遥本是映证实现在险恶的政治环境之中的，但政治处境的过于恶化是否也反过来构成了对前者的限制进而否定呢？

　　人的存在本是具体的，是身心的统一体。在逍遥理论的逻辑建构中，理论本身能够沿着精神的超越之路走向绝对与无限，但，在具体的个体身上，人之存在的有限性却是一个必须要亲身面对的本真事实。谢安晚年曾自言："昔桓温在时吾常惧不全。"（《晋书·谢安传》）其时距桓温去世已十六年，但他对当初的那种死亡恐惧感仍记忆犹新，所谓超越死生之别的以理化情其实具有其实践上的有限性。"谢太傅于车船行。小人引舫，或迟或速，或停或待，又放船从横，撞人触岸，公初不呵谴。人谓公常无嗔喜。曾送兄征西葬还，日暮雨驶，小人皆醉，不可处分。公乃于车中手取车柱撞驭人，声色甚厉。无以水性沉柔，入隘奔激，方之人情，固知迫隘之地，无得保其夷粹"（《世说·尤悔》），"安虽放情丘壑，然每游赏，必以妓女从"，"及登太辅，期丧不废乐"（《晋书·谢安传》），我们再联系谢安在接到淝水战报后"入内，过户限，心喜甚，不觉屐齿之折"的事实，则一方面说明他之真实玄学人格存在的有限性，另一方面也说明人之情感乃至欲望的存在本是人存在中真实而又有力的方面，欲图通过体"道"来遣情和化欲以追求绝对超越的思路，在实践中也是不具有完全的可行性的。玄学认为圣王的逍遥存在于政治领域乃至汤武式的讨伐和革命之举中，其理论依据就在于圣人人格上的完全境界化，从而可以在精神上超越政争所带来的异己性而实践其无待的逍遥。谢安曾以圣人自诩，他的为政经历也说明一定程度上的逍遥于政治之中是可能的，但这不具有绝对性。人归根结底是有限性的存在，这构成了逍遥于政治之中得以实现的根本性的阻障。这一阻障，当它与具体的政治险恶处境相结合的时候，我们说，逍遥于政治之域得到实现的可能性就只是相对的和有限的，政治领域不是逍遥真正和最终的安身之地。西哲培根有云：凡有所学，皆成性格。观谢安之人格与立身行事，其所受玄学圣王观，尤其是圣人无待逍遥思想之影响可谓大矣。理论自有其相对独立的逻辑建构，但现实生活的实践本身则是理论的来源和最终的检验地。以谢安"风流宰相"式的个人实践为标志，玄学对现实的理论干预达到了它的顶点，但也因此暴露了其理论本身的内在局限。谢安去世后，东晋政局迅速颓败，寒人政治开始兴起，门阀政制随之没落。作为门阀士族的意识形态，玄学已经走完了它的全部历程，而佛学已经开始登场了。我们对谢安玄学人格所作的分析，可以折射出这一历程，也具有一定的历史和审美的价值，而对于当前的现实人生，包括政治实践而言，却没有太大的借鉴意义。

主要参考文献

暴庆刚：《反思与重构——郭象〈庄子注〉研究》，南京大学出版社 2013 年版。

Brook Ziporyn, *The penumbra unbound the neo - taoist philosophy of guo xiang*, State University of New York Press, 2003.

Brook Ziporyn, *Zhuang Zi – the essential writings*, Hackett Publishing Company, 2008.

陈鼓应：《庄子人性论》，中华书局 2017 年版。

陈鼓应：《庄子今注今译》，中华书局 1983 年版。

陈明：《儒学的历史文化功能》，学林出版社 1997 年版。

崔大华：《庄学研究》，人民出版社 1992 年版。

陈寅恪：《金明馆丛稿初编》，上海古籍出版社 1980 年版。

戴琏璋：《郭象的自生说和玄冥论》，（台湾）《中国文哲研究集刊》1995 年第 7 期。

冯达文：《郭象哲学的"有"范畴及其文化含蕴》，《道家文化研究》1994 年第 4 期。

冯友兰：《三松堂全集》（第 9 卷），河南人民出版社 1991 年版。

傅伟勋：《从西方哲学到禅佛教》，生活·读书·新知三联书店 1989 年版。

［日］沟口雄三著：《中国的思想》，赵士林译，中国财富出版社 2012 年版。

康中乾：《有无之辨——魏晋玄学本体思想再解读》，人民出版社

2003 年版。

康中乾：《从庄子到郭象——〈庄子〉与〈庄子注〉比较研究》，人民出版社 2013 年版。

康中乾：《对郭象"独化"论的一种诠释》，《中国哲学史》1998 年第 3 期。

韩林合：《游外以冥内：郭象哲学研究》，商务印书馆 2016 年版。

韩林合：《虚己以游世：〈庄子〉哲学研究》，商务印书馆 2014 年版。

韩林合：《郭象独化说新解——兼与维特根斯坦的相关观点比较》，《文史哲》2018 年第 4 期。

黄圣平：《郭象玄学研究——沿着本性论的理路》，华龄出版社 2007 年版。

兰喜并：《试释郭象的"玄冥之境"》，《中国哲学史研究》1986 年第 2 期。

李聪：《傅伟勋哲学思想研究》，吉林人民出版社 2011 年版。

李泽厚：《中国古代思想史论》，人民出版社 1985 年版。

李泽厚：《美的历程》，文物出版社 1981 年版。

刘国民：《郭象对魏晋文人时间意识的玄学思考——兼论当代青年超越迁逝之变的智慧》，《中国青年社会科学》2016 年第 2 期。

刘笑敢：《老子古今（上卷）》，中国社会科学出版社 2006 年版。

刘笑敢：《诠释与定向——中国哲学研究方法之探究》，商务印书馆 2009 年版。

楼宇烈：《王弼集校释》，中华书局 1980 年版。

楼宇烈：《温故而知新》，商务印书馆 2004 年版。

罗宗强：《玄学与魏晋士人心态》，浙江人民出版社 1991 年版。

卢国龙：《郭象评传》，广西教育出版社 1996 年版。

马鸿雁：《郭象〈庄子注〉文献学研究综述》，《成都大学学报》（社会科学版）2012 年第 4 期。

马良怀：《崩溃与重建中的困惑——魏晋风度研究》，中国社会科学出版社 1993 年版。

蒙培元：《心灵超越与境界》，人民出版社 1998 年版。

牟宗三：《才性与玄理》，台湾学生书局 1986 年版。

钱穆：《中国思想史》，九州出版社 2011 年版。

钱穆：《庄老通辨》，生活·读书·新知三联书店 2002 年版。

任继愈主编：《中国哲学发展史（魏晋南北朝卷）》，人民出版社 1988 年版。

［美］任博克著：《玄冥：王弼与郭象的理》，陈霞译，《中国哲学史》2006 年第 3 期。

苏新鋈：《郭象庄学平议》，台湾学生书局 1980 年版。

唐君毅：《郭象〈庄子注〉中之自然独化及玄同彼我之道》，《中国哲学史研究》1985 年 3 期。

汤用彤：《汤用彤全集》，河北人民出版社 2000 年版。

汤一介：《郭象与魏晋玄学》，北京大学出版社 2000 年版。

汤一介、胡仲平（编）：《魏晋玄学研究》，湖北教育出版社 2008 年版。

［美］梯利著，伍德增补：《西方哲学史》，葛力译，商务印书馆 2004 年版。

韦政通：《中国哲学辞典》，吉林出版集团有限责任公司 2009 年版。

王德有：《郭象哲学的基点及相应的几个概念》，《文史哲》1987 年第 1 期。

王江松：《郭象个体主义哲学的现代阐释》，中国社会科学出版社 2008 年版。

王国维：《海宁王静安先生遗书》，商务印书馆 1940 年版。

王晓毅：《郭象评传》，南京大学出版社 2006 年版。

王中江：《郭象哲学的一些困难及其解体》，《中国哲学与文化》，第 2 辑，2007 年。

徐长福：《走向实践智慧——探寻实践哲学的新进路》，社会科学文献出版社 2008 年版。

徐复观：《中国人性论史》，华东师范大学出版社 2005 年版。

许抗生等著：《魏晋玄学史》，陕西师范大学出版社 1989 年版。

许抗生：《关于玄学哲学基本特征的再研讨》，《中国哲学史》2000 年第 1 期。

许慎：《说文解字》，中华书局 1963 年版。

姚维：《才性之辨——人格主题与魏晋去学》，人民出版社 2007 年版。

杨立华：《郭象〈庄子注〉研究》，北京大学出版社 2010 年版。

袁闯：《管理哲学》，复旦大学出版社 2008 年版。

余敦康：《魏晋玄学史》，北京大学出版社 2004 年版。

张岱年：《中国哲学大纲》，江苏教育出版社 2006 年版。

章启群：《论魏晋自然观》，北京大学出版社 2000 年版。

庄耀郎：《郭象玄学》，台湾里仁书局 1998 年版。